U0725389

住房城乡建设部土建类学科专业“十三五”规划教材
高等学校土木工程学科专业指导委员会规划教材
（按高等学校土木工程本科指导性专业规范编写）

轨道结构

（铁道工程专业方向适用）

高　亮　主　编
雷晓燕　肖　宏　副主编
刘学毅　主　审

中国建筑工业出版社

图书在版编目(CIP)数据

轨道结构/高亮主编. —北京：中国建筑工业出版社，2018.7（2024.6重印）
住房城乡建设部土建类学科专业“十三五”规划教材. 高等学校土木工程学科专业指导委员会规划教材（按高等学校土木工程本科指导性专业规范编写）（铁道工程专业方向适用）
ISBN 978-7-112-21929-2

Ⅰ.①轨… Ⅱ.①高… Ⅲ.①轨道（铁路）-结构-高等学校-教材 Ⅳ.①U213.2

中国版本图书馆CIP数据核字(2018)第046842号

本书为住房城乡建设部土建类学科专业“十三五”规划教材，根据高等学校土木工程学科专业指导委员会制定的《高等学校土木工程本科指导性专业规范》编写。

全书共8章，主要包括：有砟轨道结构、无砟轨道结构、轨道的几何形位、轨道结构力学分析、道岔、无缝线路等内容。本书重点系统介绍轨道基本知识和基本原理，同时把最新的轨道结构及部件相关知识融入其中。

本书为高校铁道工程专业本科生和研究生的教学用书，也可以供相关专业技术人员参考。

本书作者制作了教学课件，有需要的老师可以发送邮件至：jiangongkejian@163.com免费索取。

责任编辑：聂　伟　吉万旺　王　跃
责任校对：李欣慰

住房城乡建设部土建类学科专业“十三五”规划教材
高等学校土木工程学科专业指导委员会规划教材
（按高等学校土木工程本科指导性专业规范编写）
轨道结构
（铁道工程专业方向适用）
高　亮　主　编
雷晓燕　肖　宏　副主编
刘学毅　主　审

*

中国建筑工业出版社出版、发行(北京海淀三里河路9号)
各地新华书店、建筑书店经销
北京科地亚盟排版公司制版
建工社（河北）印刷有限公司印刷

*

开本：787×1092毫米　1/16　印张：19¾　字数：416千字
2018年6月第一版　2024年6月第三次印刷
定价：**44.00**元（赠教师课件）
ISBN 978-7-112-21929-2
（31846）

本系列教材编审委员会名单

出 版 说 明

近年来，高等学校土木工程学科专业教学指导委员会根据其研究、指导、咨询、服务的宗旨，在全国开展了土木工程学科教育教学情况的调研。结果显示，全国土木工程教育情况在2000年以后发生了很大变化，主要表现在：一是教学规模不断扩大，据统计，目前我国有超过400余所院校开设了土木工程专业，有一半以上是2000年以后才开设此专业的，大众化教育面临许多新的形势和任务；二是学生的就业岗位发生了很大变化，土木工程专业本科毕业生中90%以上在施工、监理、管理等部门就业，在高等院校、研究设计单位工作的本科生越来越少；三是由于用人单位性质不同、规模不同、毕业生岗位不同，多样化人才的需求愈加明显。土木工程专业教指委根据教育部印发的《高等学校理工科本科指导性专业规范研制要求》，在住房和城乡建设部的统一部署下，开展了专业规范的研制工作，并于2011年由中国建筑工业出版社正式出版了土建学科各专业第一本专业规范——《高等学校土木工程本科指导性专业规范》。为紧密结合此次专业规范的实施，土木工程教指委组织全国优秀作者按照专业规范编写了《高等学校土木工程学科专业指导委员会规划教材（专业基础课）》。本套专业基础课教材共20本，已于2012年底前全部出版。教材的内容满足了建筑工程、道路与桥梁工程、地下工程和铁道工程四个主要专业方向核心知识（专业基础必需知识）的基本需求，为后续专业方向的知识扩展奠定了一个很好的基础。

为更好地宣传、贯彻专业规范精神，土木工程教指委组织专家于2012年在全国二十多个省、市开展了专业规范宣讲活动，并组织开展了按照专业规范编写《高等学校土木工程学科专业指导委员会规划教材（专业课）》的工作。教指委安排了叶列平、郑健龙、高波和魏庆朝四位委员分别担任建筑工程、道路与桥梁工程、地下工程和铁道工程四个专业方向教材编写的牵头人。于2012年12月在长沙理工大学召开了本套教材的编写工作会议。会议对主编提交的编写大纲进行了充分的讨论，为与先期出版的专业基础课教材更好地衔接，要求每本教材主编充分了解前期已经出版的20种专业基础课教材的主要内容和特色，与之合理衔接与配套、共同反映专业规范的内涵和实质。此次共规划了四个专业方向29种专业课教材。为保证教材质量，系列教材编审委员会邀请了相关领域专家对每本教材进行审稿。

本系列规划教材贯彻了专业规范的有关要求，对土木工程专业教学的改革和实践具有较强的指导性。2016年，本套教材整体被评为《住房城乡建设部土建类学科专业“十三五”规划教材》，请各位主编及有关单位根据《住房城乡建设部关于印发高等教育职业教育土建类学科专业“十三五”规划教材选题的通知》要求，高度重视土建类学科专业教材建设工作，做好规划教材的编写、出版和使用，为提高土建类高等教育教学质量和人才培养质量做出贡献。在本系列规划教材的编写过程中得到了住房和城乡建设部人事司及主编所在学校和单位的大力支持，在此一并表示感谢。希望使用本系列规划教材的广大读者提出宝贵意见和建议，以便我们在重印再版时得以改进和完善。

高等学校土木工程学科专业指导委员会
中国建筑工业出版社

前　言

本书为住房城乡建设部土建类学科专业“十三五”规划教材，根据高等学校土木工程学科专业指导委员会制定的《高等学校土木工程本科指导性专业规范》编写。

当前，我国铁路及城市轨道交通正处于快速发展的时期。为满足快速增长的旅客运输需求，建立省会城市及大中城市间的快速客运通道，我国《中长期铁路网规划（2016年调整）》确立了客运专线铁路网“八纵八横”以及区域连接线衔接、城际铁路补充的高速铁路网，实现省会城市高速铁路通达、区际之间高效便捷相连。截至2017年底，我国已建成运营的高速铁路超过2.5万km，到2020年规划建成高速铁路总里程3万km以上，覆盖80%以上的大城市。同时，我国“一带一路”和铁路“走出去”迈出重大步伐，形成了全方位对外交流合作的良好态势。为与实施铁路发展战略相适应，近几年轨道工程在设计、施工及养护维修方面的理念、方法及相应规范等各个方面发生了较大变化，为了满足本科教学及技术人员培训的需要，编写了本书。

本书吸纳了作者近年来主持及参加项目所取得的最新科研成果，并大量总结归纳了国内外最新设计规范、技术标准、专著及研究报告等相关资料。第1章介绍了世界铁路和我国高速铁路、重载铁路、城市轨道交通的新发展、新技术。第2章介绍了各种轨道结构。第3章对轨道几何形位进行介绍。第4章对轨道结构力学分析模型进行了说明。第5章介绍了铁路道岔的相关内容。第6章介绍了无缝线路的相关内容。第7章对轨道的修理与管理进行了介绍。第8章对城市轨道交通的轨道结构进行了介绍。

本书由北京交通大学高亮主编。编写分工为：第1章由北京交通大学高亮编写，第2章由兰州交通大学李斌编写，第3章由华东交通大学张鹏飞编写，第4章由北京交通大学肖宏编写，第5章由石家庄铁道大学黄守刚编写，第6章由华东交通大学雷晓燕编写，第7章由北京交通大学高亮、肖宏、辛涛编写，第8章由北京交通大学谷爱军编写。最后的统稿工作由高亮、肖宏完成。全书由西南交通大学刘学毅主审。

本书编写过程中参考了新近颁布的相关规范和国内外相关文献及教材，对其作者表示感谢。

由于编者水平有限，本书难免存在不足之处，敬请读者不吝赐教，以资改正。

目　录

第1章 绪论

本章知识点

【知识点】 国外铁路的发展概况、我国铁路及城市轨道交通的发展概况、轨道结构的作用及特点。

【重　点】 国内外铁路的发展概况，我国铁路及城市轨道交通的发展状况。

【难　点】 理解轨道结构的作用及特点。

1.1 世界铁路的发展概况

1.1.1 世界铁路的发展概况

铁路是一种有轨运输工具。从简单意义上来说，车厢由机车驱动，靠车轮在轨道上转动前进。它的诞生，为人类的迁徙和政治、经济、军事活动提供了便利，改变了人类的生活面貌，在人类发展史上产生了深刻的影响。

世界上第一条铁路产生在19世纪初，它的出现可以说是工业革命的产物。1825年，英国在达灵顿（Darlington）至斯托克顿（Stockton）间修建了第一条铁路，这条耗时三年多修建成功的线路，标志着铁路正式商业运营的开始，也拉开了近代世界铁路轰轰烈烈的发展序幕。从那时起，铁路经历了初期发展、建设高潮和建设鼎盛时期三个阶段。到19世纪末，世界铁路里程已经发展到79万km，到1913年，世界铁路营业里程达到110.4万km，其中80%集中在美、英、法、德、俄五国。从19世纪后半期起，铁路的兴建才由欧洲、美国扩展到殖民地和半殖民地国家。1870年，亚洲、南美洲、大洋洲及非洲的铁路只占世界铁路总长的9.4%。到了1913年，上述四大洲的铁路里程达到了世界铁路网总长的31.8%。从19世纪末到20世纪20年代的30年是世界筑路高潮时期，也是铁路发展的黄金时代。此时铁路运营总里程达到了127万km，工业发达的国家都基本形成了铁路网。

1913年到20世纪50年代，由于经历了两次世界大战，世界各国经济都受到了严重的破坏，主要资本主义国家的铁路基本停止发展，而殖民地、半殖民地、独立国、半独立国的铁路则发展较快。1940年世界铁路营业里程达到了135.6万km。第二次世界大战中，西欧各国的铁路受到了战争破坏，直到1955年前后才恢复旧貌。在20世纪后期，由于其他新兴交通运输方式的出现，特别是高速公路和民用航空的快速发展，使得铁路在这段时间内遭受了历史性的重创，客货运量锐减，铁路营业亏损严重。不少国家不得不将铁路收归国有，并持续封闭、拆除铁路。从1917年开始，美国不断封闭和拆除铁路，铁路网逐年减缩，60年间营业里程减少约9万km。不仅美国如此，其他一些国家也有这种情况。英国是世界上拆除铁路比例最大的国家，从原有的33000km拆剩到21世纪初的18100km，拆掉了约整个路网的45%。因而，铁路一度被称为“夕阳产业”。与此同时，苏联和第三世界国家的铁路却有所发展，到1970年，铁路仍然是世界上的主要运输工具，它的总长度约为120余万公里，可以绕地球赤道30圈。1970年以后，世界铁路发展逐步由低谷走向复兴，这主要有以下几个方面的原因：

1. 世界能源资源紧缺和环境恶化的现实矛盾日益凸显。世界各国普遍认识到，在加快经济发展的同时，必须高度重视能源资源节约和生态环境保护，实现世界经济和人类社会的可持续发展。公路、航空业的迅速发展，在给人们的出行提供更多便利的同时，也给人类社会可持续发展带来负面的影响。20世纪70年代爆发的世界石油危机给过分依赖汽车和飞机的发达国家带来了战后最严重的经济危机，让人们重新开始审视交通政策。

在全球能源紧张、环境恶化的大背景下，铁路以其独特的技术经济特征，再次进入人们的视野。在高新技术的推动下，高速铁路技术与货运重载技术快速发展，铁路运量大、节能、环保、快捷、安全的优势更加突出。按照完成单位运输周转量造成的环境成本测算，航空、公路客运分别是铁路客运的2.3倍和3.3倍，货运分别是铁路的15.2倍和4.9倍。同时，在完成同样运输任务的情况下，铁路的占地和排放二氧化碳、氮氧化物等污染物的数量远小于公路和航空等交通方式。由于降耗和减排的显著优势，铁路已被公认为“绿色交通工具”，许多国家纷纷把发展铁路作为交通产业政策调整的重点。

2. 当代高新技术的广泛运用，促使铁路加快升级换代。以信息技术、自动化技术、制造技术和材料科学等为代表的当代高新技术在铁路行业的广泛运用，使铁路运输在高速、重载等方面实现了历史性跨越。

高速铁路是多种高新技术的系统集成，融合了交流传动技术、复合制动技术、高速转向架技术、高强轻型材料与结构技术、减振降噪技术、密封技术、现代控制与诊断技术等一系列当代最新科技成果。在高新技术的带动下，世界上第一条高速铁路——日本新干线于1964年成功运营，从此拉开了世界高速铁路发展的帷幕。

世界铁路重载技术起步于20世纪50年代，并在美国、加拿大、俄罗斯、澳大利亚等一些幅员辽阔、矿产丰富的国家得到迅速发展。进入21世纪以来，牵引动力采用大功率交流传动机车，货车向大轴重、低自重、低动力作用的方向发展，列控系统采用无线同步操纵技术。由于货物重载运输具有运量大、成本低的巨大优势，其快速发展极大地提高了铁路在中长距离、大宗货物运输市场的竞争力。

3. 信息管理水平大幅度提高。发达国家把信息技术广泛应用于铁路管理，使管理效率倍增，铁路管理效率、运输组织水平和运输服务质量都有了显著提高，主要表现在以下方面：

（1）铁路管理效率显著提高。现代信息技术和管理手段的应用，促使铁路管理模式和管理方法发生了重大变革，许多国家在运力资源管理、经营资源管理、办公信息管理以及经营决策管理等方面基本实现了信息化、自动化，明显提高了效率。

（2）运输组织水平显著提高。发达国家铁路通过计算机和通信技术系统集成，实现了通信信号一体化、机电一体化、车站区间一体化和地车控制的统一指挥管理，大幅度提高了运输效率和安全可靠度。日本新干线采用综合调度系统，实现了运输计划、行车指挥、通信信号、牵引供电、动车组运用、安全监控等系统的高度自动化。在过去10年间，东海道新干线列车运行正点误差保持在6s左右。

（3）运输服务质量显著提高。日本、德国、法国等国家普遍采用人工智能技术、电子商务技术、综合信息采集通信技术、铁路客货服务信息系统，已经从单向静态客货服务信息的发布，逐步实现动静结合、实时发布、交互查询。客运站全部实现计算机联网售票、旅客进出站自动售检票、站内引导信息系统清晰醒目、指向明确，主要客运站基本实现了各种交通运输方式的“零换乘”。货主可以通过客户服务中心，随时查询、申请和办理货运业务，公铁联运衔接顺畅。铁路运输服务质量的提高，极大地改善了旅客出行和货主运货的条件，增强了铁路市场的竞争能力。实践证明，铁路信息化是铁路行业发展的战略制高点和现代化的主要标志。

（4）管理体制重大变革为铁路注入生机活力。世界铁路改革经过几十年艰辛探索，取得了积极成效。铁路经营状况和服务质量不断提高。同时政府对铁路基础设施投资力度加大，对公益性服务的保证能力进一步增强。可以说，这些改革为铁路的发展提供了动力，注入了生机与活力。纵观世界主要国家的铁路改革，有以下几个共同点：

一是实行市场化经营；二是重新界定政府和铁路的关系；三是推进铁路投资主体多元化；四是实施基础性改革，为铁路体制性变革创造条件。总之，铁路改革比较复杂，需要一个渐进的过程，大多数国家的铁路改革仍处于探索和深化之中，还有许多复杂的问题需要不断地在实践中逐步解决。

铁路的行车速度是随着经济发展和科技进步逐步提高的。特别是第二次世界大战以来，世界发达国家经济复苏，对交通运输提出了新的更高的要求。便捷的公路运输、高速的航空运输，打破了铁路的垄断地位，使运输进入了竞争时代。各种运输方式的激烈竞争，迫使铁路改变技术停滞、速度落后和在竞争中处于衰落的状态，重新认识提高速度的意义，提高铁路客运速度便成为铁路求生存、图发展的重要举措。

铁路在不同经济发展水平地区，采用不同层次的技术和装备，使世界各国铁路旅客列车速度都有了不同程度的提高。1948～1962年间，世界各国旅客列车平均技术速度增加了12km/h，增长最快的是法国，平均增长了25km/h。特别引人瞩目的是，一些国家在经济发达地区各大城市间的运输中，首先改造客货运繁忙的既有干线，使旅客列车最高速度提高到140～160km/h。1963年世界铁路列车达到这种速度的营业里程线路总长度达13000km，在此基础上又修建了高速铁路。

既有线路的提速主要涉及以下几个方面：

(1) 列车速度目标值的选择。普遍认为，铁路既有线列车提速的目的是：缩短旅行时间，提高与其他交通工具的竞争力，增加铁路收入。世界铁路在180多年的发展过程中，积累了既有线列车提速的丰富实践经验。目前，世界上对于繁忙铁路干线，提速的速度目标值大多在140～160km/h，若要将速度目标值提高到200km/h，则需要相当大的投资。采用摆式列车可以在不改造或少改造线路条件下，使列车最高速度达160～200km/h，这是30多年来开辟的既有线提速的一条新途径，意大利、西班牙、瑞典、瑞士等国都已相继采用。我国广深线也已采用摆式列车。

(2) 既有线客车提速的同时还要提高货车速度。由于列车速度不同，会让货车占用很多的能力，因此客车提速后扣除系数急剧增大，要减少这种扣除，最有效的办法是提高货车速度，以便更合理的规划列车运行图。

(3) 既有线提速宜分步实施。各国铁路实践证明，既有线上客车最高速度为140km/h时，运营机车车辆、线路和通信信号设备等改造工程量较小，投资少，见效快。最高时速为160km/h时，可利用现有的技术装备，稍许改造线路断面，改进机车车辆的走行部分，提高牵引力和制动力，并应采用自动闭塞等。最高时速提高到200km/h时，对既有客货混跑的线路，需要改善线路断面，采用多显示机车信号，更好地提高制动力（如采用电阻制动、磁轨制动）以及将平交道口改为立交等。

(4) 既有线提速不是单一追求提高最高速度。从国内外铁路既有线列车提速实践来看，提速涉及铁路交通系统的各个组成部分，提速是一项系统工程。提高客车速度需要考虑以下主要因素：

一是要提高机车车辆、地面设备（线路、桥梁、供电和信号设备）的性能、养护维修水平等硬技术能力，包括最高速度，通过曲线、道岔、坡道和桥梁、隧道等的速度，以及加减速度。二是要考虑营业政策、运输设备等条件而编制的列车运行图，即软技术能力，包括车站的设置、接续、列车间的速度差、待避和列车交会等。

各国既有线提速证明，列车最高速度相同，但旅行速度相差很大。而旅行速度的提高才是提高列车速度的真正目的，只有旅行速度的提高才对旅客有吸引力，经济效益才显著。20世纪80年代初，联邦德国研究指出，旅行速度由100km/h提高到130km/h，每年可以增加约10亿马克的经济效益。

1.1.2 世界高速铁路的发展

20 世纪 60 年代，高速铁路技术横空出世，成为铁路现代化的一个主要标志。根据中国国家铁路局的定义，高速铁路是指新建设计开行 250km/h（含预留）及以上动车组列车、初期运营速度不小于 200km/h 的客运专线铁路。

高速铁路是发达国家在 20 世纪 60～70 年代逐步发展起来的一种城市与城市之间的交通运输工具。日本在 1964 年修建了世界上的第一条快速铁路——东海道新干线，速度达 210～230km/h，突破了保持多年的铁路运行速度的世界纪录。英国铁路公司于 1977 年开行的运营于伦敦、布里斯托尔和南威尔士之间的旅客列车，采用两台 1654kW（约 2250 马力）的柴油机作动力，速度可达 200km/h。法国也在 1984 年修建了高速铁路，随后德国、西班牙、意大利等国家先后跟上。目前修建高速铁路已成为铁路发展的主要方向。随着科学技术的发展和进步，高速铁路的速度也由开始的 200km/h 提高到了 250km/h、280km/h、300km/h、350km/h、400km/h 及以上，并且高速铁路的乘坐舒适度和服务质量也有了很大的进步，使铁路与其他交通方式相比有了更强的竞争力。2007 年 4 月 3 日，法国高速列车 TGV 在巴黎-斯特拉斯堡东线铁路上以 574.8km/h 的运行速度创造了有轨列车最高时速新的世界纪录。由于 TGV 列车可以延伸到既有线上运行，因此 TGV 的总通车里程超过 2500km，承担着法国铁路旅客周转量的 50%以上。经过 50 多年的发展，世界上已有高速铁路营业里程 37500km，分布在中国、日本、法国、德国、意大利、西班牙、比利时、荷兰、瑞典、英国、韩国等 19 个国家，一些国家还有在建和规划的一批高速铁路项目。可以说，发展高速铁路已经成为一种浪潮。

1.1.3 重载铁路技术的发展

在发展高速铁路的同时，铁路重载技术也在快速发展。世界铁路重载运输起步于 20 世纪 50 年代。伴随着牵引动力的现代化改造，新型大功率电力机车和内燃机车逐步取代了蒸汽机车，开启了铁路重载运输的新纪元。世界各国重载铁路借助于高新技术，促使重载列车牵引重量不断增加，重载列车最高牵引重量的世界纪录已达 10 万 t，最高平均牵引重量达 3.9 万 t。随着重载运输的发展，国际重载协会（IHHA）在 2005 年国际重载协会巴西年会上对重载铁路的标准做了最新的修订，重载铁路必须满足下列三条标准中的至少两条：重载列车牵引重量至少达到 8000t；轴重（或计划轴重）为 27t 及以上；在至少 150km 的线路区段上年运量达到 4000 万 t 及以上。我国《重载铁路设计规范》中对重载铁路的定义与国际一致。50 多年来，重载运输在美国、加拿大、俄罗斯、澳大利亚、中国、巴西等一些幅员辽阔、矿产资源丰富的国家得到快速发展，成为世界铁路发展的一个重要趋势。这些国家充分地发挥了重载运输的优势，取得了良好的经济效益，使之成为盈利的运输产业，并在交通运输业中占据重要的地位。

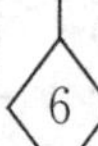

1.1.4 城市轨道交通的发展

自1863年英国伦敦建成世界上第一条地铁以来，人们除了好奇外，还认识到了它的重要性，因为正是它的出现，缓解了伦敦城市的交通堵塞。之后，布达佩斯、波士顿、巴黎、纽约等发达城市都相继引进这种高效快捷的交通工具。到20世纪末，地铁已经在英国、法国、德国、美国、俄罗斯、日本等20多个国家发展成熟，在城市交通中担负着主要的交通运输任务。

莫斯科地铁被公认为是世界最繁忙的地铁之一，800万莫斯科市民平均每天每人要乘坐一次地铁；纽约地铁的日客运量已达到2000万人次；巴黎地铁的日客运量也已超过1000万人次。现在世界上已有几十个国家100多个城市建成了地铁并投入运营，产生了巨大的社会效益和经济效益。如今世界上著名的城市几乎都将城市轨道交通作为城市公共交通的主要工具，大大改善了城市交通，在促进城市经济发展的同时，城市轨道交通也成为现代化大城市的标志。

经历了150多年的发展，目前世界上已有50多个国家和地区100多个大中城市修建了总长超过10000km的地铁。截至2017年12月，中国大陆建成投运地铁的城市31个，中国港澳台建成投运地铁的城市4个，总里程世界第一。

由于城市轨道交通具有占地少、载客量大、运载效率高、节省能源、污染少、使用寿命长等优势，再加上有自己的专用通行道、与城市道路平面交叉较少、不受市内道路交通的干扰等特点，城市轨道交通具有其他任何路面交通工具无法比拟的优越性，是解决时间集中、客流量特别大的城市交通问题的最有效和最理想方式。发展城市轨道交通已经成为解决大城市交通拥堵问题的重要手段。当前被广泛使用的城市轨道交通方式主要有地下铁道、市郊铁路和轻轨铁路，它们组成的轨道交通已成为世界许多大都市客运交通的骨干。

目前，高速铁路、重载铁路和城市轨道交通正处在蓬勃发展的重要历史时期，对全球经济和人类社会发展的促进作用显示了其强大的生命力。高速铁路、重载铁路和城市轨道交通有效地提高了客货运输能力，极大地改变了人们的时空观，大大提高了人们的出行能力，使铁路及城市轨道交通运输发生了革命性变化，提高了铁路在客货运市场中的竞争力，可以说是当今铁路最主要的发展方向。

1.2 我国铁路的发展概况

近年来，我国铁路建设得到了很大的发展，尤其是在路网建设、线路状况、技术装备和运输效率上，都取得了辉煌的成就。其中，1992～2002年，我国对铁路的投资高达850亿美元，我国铁路营运里程急剧增加。截至到2017年底，我国铁路运营里程达12.7万km，我国成为世界上高速铁路运营里程最长、在建规模最大的国家；2016 年旅客发送量超过 28 亿人次，货物发送量超过 33 亿 t，总换算周转量 23792.26 亿 t·km，其中高速铁路营运里程已突破 2.5 万 km，占全世界高铁总量的 65%左右。既有线提速技术、重载运输技术跻身世界先进行列；机车车辆装备现代化取得重大突破；青藏铁路建设技术和运营管理达到世界先进水平；以时速达 300（350）km/h 的京津城际铁路、武广高速铁路、郑西高速铁路、沪宁城际高速、沪杭城际高速以及京沪高速铁路、广深港高速铁路等为代表的高速铁路建设、运营管理技术达到世界最高水平。2016 年 7 月重新调整的《中长期铁路网规划》在原规划“四纵四横”主骨架基础上，打造“八纵八横”铁路网，最终实现相邻大中城市间 1～4h 交通圈、城市群内 0.5～2h 交通圈。目前，我国铁路现已成为世界上最繁忙的铁路，在推动社会经济发展进程中占有重要的地位。

1.2.1 既有繁忙干线的提速

1997 年以前我国铁路运输的需求，主要集中在五大繁忙干线上，而这五大干线的客货运量已接近饱和，提高客车速度就会压缩货车的开行数量，影响货运任务的完成，但是不提高客车的速度，客流量就会损失。我们国家从长远的角度考虑，把提高旅客列车的速度作为一项别无选择的战略性措施。同时，通过提速也实现了铁路技术创新，为今后的铁路建设提供了良好的技术储备。既有繁忙干线提速，是选择既有线条件比较好的区段，通过改造，加强线路的养护，更换基础设备，把列车的运行速度提高。这种做法既能快速收到效果，又可节省投资，这是一种多快好省的办法。

我国铁路从 1997 年开始，先后进行了六次较大规模的既有线提速，铁路运输事业取得很大的发展。2007 年 4 月 18 日，我国铁路成功实施了第六次大面积提速，时速 200km/h 及以上提速线路延展里程达到 6003km，其中时速 250km/h 的“和谐号”动车组线路达到 1019km（图 1-1）。

图 1-1 第六次大提速中的“和谐号”动车组

第六次大提速使时速 200km/h 及以上的网络一次达到这么大的规模，不仅标志着中国铁路既有线提速跻身世界铁路先进行列，而且在许多方面实现世界铁路首创。一是在繁忙干线实施时速 200km/h 提速，时速 200km/h 提速线路延展里程一次达到 6003km，无论是提速线路里程总量，还是最高速度值，都走在了世界铁路前列。二是京沪、沪昆（浙赣段）、胶济等主要干线部分提速区段，既要开行时速 200km/h 及以上动车组，又要开行 5500t 重载货物列车和双层集装箱列车，这在世界铁路是首创。三是在繁忙干线客货混跑、行车密度很大的情况下，密集开行时速 200km/h 及以上动车组列车，这种运输组织方式在世界铁路上是独有的。

1.2.2 我国重载铁路发展

20 世纪中期，重载铁路得到长足的发展，现已成为铁路运输技术的重要发展方向。重载铁路的主要特点在于加大列车轴重，加大列车的编组，实现全程的直达运输，利用一条线路，按照具体的技术条件，尽可能多地输送车流，充分发挥铁路集中、大宗、长距离、全天候的运输优势，提高运输能力，取得较好的经济效益。我国幅员辽阔、资源丰富，为满足国家建设对资源物资的需求，20 世纪 90 年代初，我国建成第一条重载铁路——大同—秦皇岛运煤专线，开行 6000t 及 10000t 的重载列车。2004 年 12 月成功开行了 20000t 的重载列车，2008 年的年运量达到 3.4 亿 t，成为世界上年运量最大的铁路线，这标志着我国的重载运输达到了国际先进水平。2010 年 12 月 26 日，大秦铁路提前完成年运量 4 亿 t 的目标，为原设计能力的 4 倍，2011 年大秦铁路的年运量达到 4.4 亿 t，相比 2010 年增长了 10%，2014 年大秦线累计完成货物运输量 4.5 亿 t。此外，在京沪、京广、京哈等重要干线普遍开行了 5000t 的重载列车、轴重 25t 的双层集装箱列车等，重载铁路占据了我国货运市场 54.6%的份额，取得了显著的经济效益，为国民经济建设做出了巨大的贡献。

1.2.3 高速铁路

我国铁路客、货列车在很长时间里都是在同一条线上混跑，这种情况很难提高客运列车的速度，由于速度相差较大，快速列车开得越多，扣除系数就越大；此外，客运提速与货运重载对线路的要求存在一定的矛盾。因此，要想提高客车速度就必须新建客运专线。

为满足快速增长的旅客运输需求，建立省会城市及大中城市间的快速客运通道，我国《中长期铁路网规划（2016 年调整）》确立了客运专线铁路网“八纵八横”以及区域连接线衔接、城际铁路补充的高速铁路网，实现省会城市高速铁路通达、区际之间高效便捷相连。2017 年我国高速铁路建设约 2.5 万 km，到 2020 年规划建成高速铁路 3 万 km 以上，覆盖 80%以上的大城市。具体建设内容如下：

(1)“八纵”通道

沿海通道。大连（丹东）—秦皇岛—天津—东营—潍坊—青岛（烟台）—

连云港—盐城—南通—上海—宁波—福州—厦门—深圳—湛江—北海（防城港）高速铁路（其中青岛至盐城段利用青连、连盐铁路，南通至上海段利用沪通铁路），连接东部沿海地区，贯通京津冀、辽中南、山东半岛、东陇海、长三角、海峡西岸、珠三角、北部湾等城市群。

京沪通道。北京—天津—济南—南京—上海（杭州）高速铁路，包括南京—杭州、蚌埠—合肥—杭州高速铁路，同时通过北京—天津—东营—潍坊—临沂—淮安—扬州—南通—上海高速铁路，连接华北、华东地区，贯通京津冀、长三角等城市群。

京港（台）通道。北京—衡水—菏泽—商丘—阜阳—合肥（黄冈）—九江—南昌—赣州—深圳—香港（九龙）高速铁路；另一支线为合肥—福州—台北高速铁路，包括南昌—福州（莆田）铁路。连接华北、华中、华东、华南地区，贯通京津冀、长江中游、海峡西岸、珠三角等城市群。

京哈—京港澳通道。哈尔滨—长春—沈阳—北京—石家庄—郑州—武汉—长沙—广州—深圳—香港高速铁路，包括广州—珠海—澳门高速铁路。连接东北、华北、华中、华南、港澳地区，贯通哈长、辽中南、京津冀、中原、长江中游、珠三角等城市群。

呼南通道。呼和浩特—大同—太原—郑州—襄阳—常德—益阳—邵阳—永州—桂林—南宁高速铁路。连接华北、中原、华中、华南地区，贯通呼包鄂榆、山西中部、中原、长江中游、北部湾等城市群。

京昆通道。北京—石家庄—太原—西安—成都（重庆）—昆明高速铁路，包括北京—张家口—大同—太原高速铁路。连接华北、西北、西南地区，贯通京津冀、太原、关中平原、成渝、滇中等城市群。

包（银）海通道。包头—延安—西安—重庆—贵阳—南宁—湛江—海口（三亚）高速铁路，包括银川～西安以及海南环岛高速铁路。连接西北、西南、华南地区，贯通呼包鄂、宁夏沿黄、关中平原、成渝、黔中、北部湾等城市群。

兰（西）广通道。兰州（西宁）—成都（重庆）—贵阳—广州高速铁路。连接西北、西南、华南地区，贯通兰西、成渝、黔中、珠三角等城市群。

(2)“八横”通道

绥满通道。绥芬河—牡丹江—哈尔滨—齐齐哈尔—海拉尔—满洲里高速铁路。连接黑龙江及蒙东地区。

京兰通道。北京—呼和浩特—银川—兰州高速铁路。连接华北、西北地区，贯通京津冀、呼包鄂、宁夏沿黄、兰西等城市群。

青银通道。青岛—济南—石家庄—太原—银川高速铁路（其中绥德至银川段利用太中银铁路）。连接华东、华北、西北地区，贯通山东半岛、京津冀、太原、宁夏沿黄等城市群。

陆桥通道。连云港—徐州—郑州—西安—兰州—西宁—乌鲁木齐高速铁路。连接华东、华中、西北地区，贯通东陇海、中原、关中平原、兰西、天山北坡等城市群。

沿江通道。上海—南京—合肥—武汉—重庆—成都高速铁路，包括南京—安庆—九江—武汉—宜昌—重庆、万州—达州—遂宁—成都高速铁路(其中成都至遂宁段利用达成铁路)，连接华东、华中、西南地区，贯通长三角、长江中游、成渝等城市群。

沪昆通道。上海—杭州—南昌—长沙—贵阳—昆明高速铁路。连接华东、华中、西南地区，贯通长三角、长江中游、黔中、滇中等城市群。

厦渝通道。厦门—龙岩—赣州—长沙—常德—张家界—黔江—重庆高速铁路（其中厦门至赣州段利用龙厦铁路、赣龙铁路，常德至黔江段利用黔张常铁路)。连接海峡西岸、中南、西南地区，贯通海峡西岸、长江中游、成渝等城市群。

广昆通道。广州—南宁—昆明高速铁路。连接华南、西南地区，贯通珠三角、北部湾、滇中等城市群。

(3) 拓展区域铁路连接线

在“八纵八横”主通道的基础上，规划建设高速铁路区域连接线，进一步完善路网、扩大覆盖。

东部地区。北京—唐山、天津—承德、日照—临沂—菏泽—兰考、上海—湖州、南通—苏州—嘉兴、杭州—温州、合肥—新沂、龙岩—梅州—龙川、梅州—汕头、广州—汕尾等铁路。

东北地区。齐齐哈尔—乌兰浩特—白城—通辽、佳木斯—牡丹江—敦化—通化—沈阳、赤峰和通辽至京沈高铁连接线、朝阳—盘锦等铁路。

中部地区。郑州—阜阳、郑州—濮阳—聊城—济南、黄冈—安庆—黄山、巴东—宜昌、宣城—绩溪、南昌—景德镇—黄山、石门—张家界—吉首—怀化等铁路。

西部地区。玉屏—铜仁—吉首、绵阳—遂宁—内江—自贡、昭通—六盘水、兰州—张掖、贵港—玉林等铁路。

(4) 发展城际客运铁路

在优先利用高速铁路、普速铁路开行城际列车服务城际功能的同时，规划建设支撑和引领新型城镇化发展、有效连接大中城市与中心城镇、服务通勤功能的城市群城际客运铁路。

京津冀、长三角、珠三角、长江中游、成渝、中原、山东半岛等城市群，建成城际铁路网；海峡西岸、哈长、辽中南、关中、北部湾等城市群，建成城际铁路骨架网；滇中、黔中、天山北坡、宁夏沿黄、呼包鄂榆等城市群，建成城际铁路骨干通道。届时，形成以特大城市为中心覆盖全国、以省会城市为支点覆盖周边的高速铁路网，实现相邻大中城市间 1～4h 交通圈，城市群内 0.5～2h 交通圈，城市间的时空距离将会被进一步拉近，经济和社会运行效率将会大大提高，将会有更多的城市和地区享受到高速铁路带来的便捷生活和全方位的“拉动效应”。

根据客运专线所处地理位置、环境、地域人口、经济发展各不相同，在设计各条客运专线时技术标准有一定的差异，大致分为三类，具体如下：

第一类为城际客运专线，如京津、广深港、广珠等城际客运专线；

第二类为仅运行动车组的长大客运专线，如武广、郑西等客运专线；

第三类为近期兼营货运业务的客运专线，如石太、合武、合宁、甬台温、温福、福厦等客运专线。

目前中国已成为“世界上高铁系统技术最全、集成能力最强、设计速度最高、运营里程最长、在建规模最大的国家”。其中，京沪高速铁路是新中国成立以来一条建设里程长、投资大、标准高的高速铁路，是中国“四纵四横”客运专线网的其中“一纵”。2008 年 4 月 18 日，历经十几年讨论，总投资 2209.4 亿元的京沪高速铁路全线开工，并于 2011 年 6 月 30 日正式开通运营，它的建成使北京和上海之间的往来时间缩短到 5 小时以内。京沪高速铁路是《中长期铁路网规划》中投资规模最大、技术含量最高的一项工程，是目前世界上里程最长的高速铁路，正线全长约 1318km，与既有京沪铁路的走向大体并行，全线为新建双线，可与既有线实行客货分线运输，可使新线和既有线的能力得到充分的发挥，使我国铁路运输的运行速度有很大的提高。京沪高速铁路设计时速 380km/h，开始运营速度为 300km/h。2017 年 9 月 21 日，中国标准动车组“复兴号”正式提速，率先在京沪高铁实现 350km/h 运营，如图 1-2 所示。京津城际铁路又称京津城际高速铁路、京津城际，是一条连接北京和天津两大直辖市的城际客运专线，设计时速为 350km/h，目前运行速度最高 300km/h，是满足中国高速铁路定义的中国大陆第一条城际高速铁路，也是《中长期铁路网规划》中的第一个开通运营的城际客运系统，标志着我国高速铁路建设技术取得了重大突破。

图 1-2　时速 350km/h 的复兴号高速列车运行在京沪高铁上

1.2.4　具有战略意义的青藏铁路

2006 年 7 月 1 日，举世瞩目的青藏铁路全线开通，修建青藏铁路是党中央、国务院在进入 21 世纪之际做出的重大战略决策，是国家“十五”四大标志性工程之一，是西部大开发的重点工程之首。

青藏铁路是当今世界海拔最高、最长的高原铁路。青藏铁路北起青海省西宁市，南至西藏自治区拉萨市，全长约1956km，线路经过地区海拔4000m以上的地段有960km，翻越唐古拉山线路最高处海拔达5072m；经过多年连续冻土地段550km，经过九度地震烈度区216km。沿线高寒缺氧，生态环境脆弱，地壳运动活跃。在这样的区域修建铁路，具有很强的探索性和科研性，建设任务艰巨。青藏铁路从设计规划到施工着重于青藏高原的生态环境的保护，建设过程中应用了许多新技术，进行了许多科研攻关，促进了铁路创新技术的发展，成为我国铁路建设史上的一座里程碑（图1-3和图1-4）。

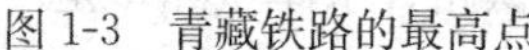
图1-3 青藏铁路的最高点

图1-4 青藏铁路的高架桥

青藏铁路的通车结束了西藏自治区不通铁路的历史，进一步改善了青藏高原的交通条件和投资环境，促进了西藏资源开发和经济快速发展。对加强内地与西藏的联系，促进藏族与各民族的文化交流，增进民族团结，造福沿线人民，发挥了重要作用。

《西藏自治区"十二五"时期国民经济和社会发展规划纲要》明确提出，"十二五"期间，西藏将加快铁路建设，建成青藏铁路首条延伸线——拉萨至日喀则铁路。拉萨至日喀则段于2010年9月正式开工建设。这条连接西藏两个最大城市的铁路东起青藏铁路终点站拉萨站，蜿蜒253km抵达藏西南重镇、历代班禅的驻锡地日喀则市。它最大限度地挖掘青藏铁路的巨大发展潜力，最大限度地发挥青藏铁路的强大辐射作用，扩大铁路在西藏的覆盖区域，进一步提高铁路运输保障能力；对于改善藏西南交通条件和投资环境、优化能源消费结构、保护生态环境以及增强西藏对外交流和自我发展能力，维护民族团结和边疆稳定，促进西藏经济社会繁荣发展，都具有十分重要的意义。

1.2.5 我国城市轨道交通的发展概况

国际上对城市轨道交通并没有统一的定义。我国的国家标准《城市公共交通常用名词术语》中，将城市轨道交通定义为"通常以电能为动力，采取轮轨运转方式的快速大运量公共交通的总称。"城市轨道交通一般包括地铁、轻轨列车、有轨电车等。

城市轨道交通因具有节能、省地、运量大、全天候、无污染（或少污染）和安全等特点，属绿色环保交通体系，符合可持续发展的原则，因此成为城市公共交通的骨干。

城市轨道交通是一种独立、封闭、自成体系的有轨交通系统，其运行不受其他因素的影响，能够按设计的能力正常运行，完成快捷、安全、舒适地运送乘客的任务。由于城市轨道交通采用电力牵引、效率高，能够实现大运量运输的要求，因此具有良好的社会效益和经济效益。尽管城市轨道交通建设周期长、投资大、技术要求高，但其优越性也是目前其他交通模式所无法比拟的，因此还是受到人们的青睐，成为市民出行的首选交通工具。

北京地铁 1 号线是中国第一条地下铁道，建于 1965 年 7 月，第一期工程全长 22.17km，于 1971 年开始投入运营。随后地铁 2 号线、13 号线、八通线相继开通运营。2008 年奥运会前完成建设的地铁 5 号线、10 号线一期（含奥运支线）和轨道交通机场线，新增运营里程 84km，累计达到 200km，客运量日平均 400 万次。至 2017 年 12 月，北京地铁全网总里程（运营里程）达到 608km。已开通 22 条线路。

近年来，随着经济及城镇化的快速发展，城市客运量大幅增长，在一些特大城市，单纯采用常规公共交通系统已经不能适应我国城镇化的实际需求。随着我国城市交通的迅速发展，轨道交通越来越受到重视。建设以大容量轨道交通为骨干，形成一个包括地面、地下、高架多平面、多交通模式的现代化交通网络，是解决城市交通问题，特别是像北京、上海这样大城市交通问题的必然选择。同时，城市轨道交通项目的建设，是一个城市建设史上最大的公益性基础设施，是一个涉及面广、综合性很强的系统工程。它的建设是城市发展中的百年大计，对城市的全局和发展模式都将产生深远的影响。

我国的城市轨道交通建设虽然起步较晚，但随着改革开放和国民经济的发展也得到大力发展，建设速度惊人。自 1971 年我国第一条地铁在北京投入运营后，城市轨道交通在天津、上海、广州、深圳、南京等城市也相继建成和投运。随着国内“拉动内需，大力发展城市基础建设”方针的推行，我国许多大城市结合城市规划，在改善城市形象和提高市民生活质量的前提下，掀起了城市轨道交通建设的新高潮。至 2017 年底上海已建成 15 条运营线路、666km 的运营里程的城市轨道交通网络；至 2020 年北京将实现 30 条运营线路、运营里程达 1177km 的建设规划；广州地铁也有 600 余千米的远期线路建设规划。此外深圳、南京、成都、武汉、沈阳、杭州、苏州、无锡、哈尔滨、青岛等大城市，也都在建设和规划城市轨道交通网络。城市轨道交通建设已成为城市基础交通设施中最有市场的产业。随着我国城市化进程的加快，城市轨道交通建设已成为 21 世纪中国城市为解决市民出行难问题的有效手段，这既是历史的选择，也是中国经济发展的必然结果。

我国的城市轨道交通，经历了 50 多年的发展历程。总结发展过程，大致经历以下几个阶段：

(1) 起步阶段

从 20 世纪 50 年代，我国开始筹备地铁建设，规划了北京地铁网络。1965～1976 年建设了北京地铁 1 号线一期工程（54km）。当时地铁建设的指导思想

更注重人防功能。随后建设了天津地铁（7.1km，现已拆除重建）、哈尔滨人防隧道等工程。

（2）开始建设阶段

20世纪80年代末至90年代初，由于城市规模限制及道路等基础设施比较薄弱，北京、上海、广州等特大城市的交通问题非常突出。以上海轨道交通1号线（21km）、北京地铁复八线（13.6km）和地铁1号线一期工程改造、广州地铁1号线（18.5km）等建设项目为标志，我国内地真正以城市交通为目的的地铁项目开始建设。我国台湾省台北市也于1997年3月开通了第一条地铁线路。

（3）建设高潮开始阶段

进入20世纪90年代，随着北京、上海、广州地铁项目的建设，一批城市包括沈阳、天津、南京、重庆、武汉、深圳、成都、青岛等开始计划建设轨道交通项目，并进行了大量的前期工作。

（4）调整阶段

由于各大城市要求建设的地铁项目较多，且在建地铁项目的工程造价较高，1995年12月国务院发布国办60号文，暂停了地铁项目的审批，并要求做好发展规划和国产化工作。同时，国家计委开始研究制定城市轨道交通设备国产化政策。至1997年底，提出以深圳地铁1号线（19.5km）、上海轨道交通3号线（24.5km）和广州地铁2号线（23km）作为国产化依托项目，并于1998年批复了上述三个项目的立项，从此城市轨道交通建设项目重新启动。

（5）建设高潮阶段

随着实施积极的财政政策以进一步扩大内需，国家于1999年开始陆续批准一批城市轨道交通项目开工建设。1995～2008年间，我国有轨道交通的城市，从最初2个增加到10个，运营里程从43km增加到730km，年客运总量达22.1亿人次，其中，北京地铁的满载率和单车运行均居世界第一。根据初步统计，截至2009年年底，全国已有25个城市的轨道交通近期建设规划获得国务院批复。截止至2018年3月，全国已有35个城市建成地铁166条，总里程5250km。

1.3 轨道的作用与特点

轨道的作用是引导机车车辆的运行，直接承受来自列车的荷载，并将荷载传至路基或者桥隧结构物。轨道结构应具有足够的强度、稳定性和耐久性，并具有固定的几何形位，保证列车安全、平稳、不间断地运行。因此，可以说轨道结构的性质和状况决定了列车的运行品质。

轨道最早是由两根木轨条组成，后改用铸铁轨，再发展为现在的工字形钢轨。目前，世界上多数铁路采用1435mm的标准轨距。轨距较此窄的称窄轨铁路，较此宽的称宽轨铁路。轨道自上而下由钢轨、扣件、轨枕、道床组成。钢轨、轨枕、道床是一些不同力学性质的材料，以不同的方式组合起来。轨枕一般用木或钢筋混凝土、钢制成；道床采用碎石、卵石、矿渣等材料。传统的轨道结构多是钢轨与钢轨用联结部件相互联结、轨枕横向铺设于碎石道床内，钢轨与轨枕用扣件连接成轨排，此种轨道称为有砟轨道，已有上百年的历史，目前仍然在广泛的使用。有砟轨道如图 1-5 所示。

图 1-5　有砟轨道

轨道结构是长大的工程结构物，受外界地理、环境因素影响较大。处于轨道最上层的钢轨由特殊的高碳钢组成，承受车辆施加的巨大压力，通过本身的挠曲，将荷载向下传递到轨枕。轨枕是钢轨的支撑结构，由钢筋、混凝土制成。当轮载由钢轨传递到轨枕时，相邻的轨枕会共同承担，传到轨枕的压力约减小 1/2，且因为钢轨与轨枕之间接触面积较大，轨枕的应力一般不会超过其强度极限。道床通常指的是轨枕下面、路基面上铺设的石砟（道砟）垫层，其主要作用是支承轨枕，把来自轨枕上部的巨大荷载，均匀地分布到路基面上，大大减少了路基的变形。另外，道床的弹性还能吸收机车车辆的冲击和振动，使列车运行比较平稳，而且大大改善了机车车辆和钢轨、轨枕等部件的工作条件，延长了轨道使用寿命。轨枕与道床之间的接触面积数倍于钢轨与轨枕的接触面积，使得由散体材料堆积而成的碎石道床应力减小。经道床的扩散，最后传递到路基、桥隧结构物的应力更小，传力机理非常合理。另外，轨枕地面和道砟颗粒间的摩擦阻力又为轨道提供了很大的纵、横向阻力，保障了轨道结构的坚固和稳定。

小结及学习指导

本章内容包括世界铁路的发展概况，着重介绍了世界铁路及城市轨道交通在 20 世纪 60 年代后的快速发展，尤其是各种高新技术的应用使高速铁路技术、重载铁路技术以及城市轨道交通技术得到快速发展。在世界铁路大发展的背景下，我国铁路技术也得到快速发展。高速铁路技术已经实现全世界范围内的最高运营速度，重载铁路技术的发展使大秦铁路成为全世界年运量最大的线路，城市轨道交通的快速发展与建设高潮的来临，使我国城市轨道交通技术逐年提高。此外，还介绍了轨道的作用与特点。

通过本章的学习，要求熟悉国内外铁路发展概况，详细了解世界铁路发展的三个时期；掌握我国铁路发展的基本进程，包括高速铁路、重载铁路以及城市轨道交通的发展建设；掌握轨道的作用及特点。

思考题与习题

1-1 简述我国及世界铁路的发展历程。

1-2 阐述铁路在国民经济中的重要性。

1-3 根据所学知识，谈一下铁路为什么一度被称为“夕阳产业”?

1-4 结合我国具体国情，分析高速铁路、重载铁路及城市轨道交通等在我国的发展趋势。

1-5 简述我国发展高速、重载铁路以及既有线提速的必要性。

1-6 简述轨道结构的作用及特点。

第2章 轨道结构

本章知识点

【知识点】 有砟轨道及无砟轨道结构部件组成及各部件功用，轨道加强设备，轨道类型和各种线路对轨道结构的要求。

【重　点】 有砟轨道及无砟轨道结构各部件的功用及技术要求。

【难　点】 高速、重载、城市轨道交通对轨道结构各部件技术要求，尤其是高速铁路轨道结构的相关技术要求。

有砟轨道是指轨下基础为石质散粒道床的轨道，通常也称为碎石道床轨道（图 2-1），是轨道结构的主要形式之一。它具有弹性良好、价格低廉、更换与维修方便、吸噪特性好等优点。但相对无砟轨道来说，其也具有线路平面几何形状不易保持，使用寿命短，养护维修工作量大等缺点。有砟轨道结构主要包括钢轨、轨枕、联结部件、道床、道岔等部件。天砟轨道是指不用道砟铺设的轨道结构，具有轨道稳定性高，刚度均匀性好，结构耐久性强和维修工作量少等特点。本章介绍有砟轨道钢轨、轨枕、联结部件、道床、无砟轨道结构以及轨道加强部分，道岔部分内容见第 5 章。

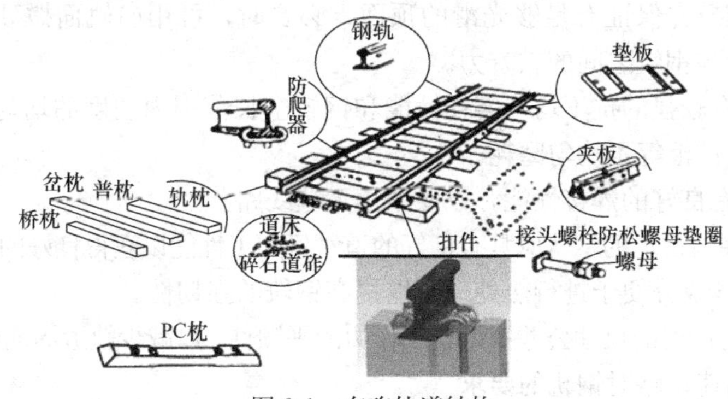

图 2-1　有砟轨道结构

2.1　钢轨

2.1.1　钢轨的功能及基本要求

1. 钢轨的功能

钢轨是轨道结构最重要的组成部件。它的作用是为车轮提供连续、平顺和阻力最小的滚动表面，引导机车车辆前进；直接承受车轮的巨大压力，并将其分布传递到轨枕；在电气化铁道或自动闭塞区段，还兼作轨道电路之用。

对高速铁路而言，钢轨要提供的轮轨踏面平顺性和钢轨内侧工作边平顺性要求比普通铁路高得多。为保证列车高速运行，轨道结构需要高度的平顺性，轨道结构各部件及下部基础，都要为钢轨的正常工作提供良好的条件。而钢轨本身，其内在质量、材质性能、断面公差、平直程度等均应满足相应的要求。

2. 钢轨的基本要求

(1) 钢轨使用的一般要求

1) 具有足够的强度和耐磨性。钢轨的工作条件十分复杂。车轮施加于钢轨上的作用力其大小、方向和位置都具有很强的随机性。除轮载外，气候及其他因素对钢轨受力也有影响。

钢轨使用寿命与钢轨强度和硬度有密切的关系。在一般铁路上，由于客、货混跑，车辆轴重大、行车密度高，钢轨伤损比较突出。随着轨道结构的强化和钢轨重型化，钢轨的伤损越来越集中于钢轨的头部，轨头部分的疲劳损伤、轨面剥离、压溃及波磨已成为钢轨伤损的主要形式。因此钢轨强度和硬度的提高有利于提高钢轨承载能力和使用寿命，但硬度过高，钢轨又容易受冲击而折断，因此，又要求钢轨具有一定的韧性。

2) 具有较高的抗疲劳强度和冲击韧性，防止轨头内侧剥离及可能由此引起的钢轨横向断裂。钢轨长期在列车周期性重复荷载下工作，应有较高的疲劳强度和较好的冲击韧性。

3) 具有足够光滑且有一定粗糙度的顶面。机车依靠其动轮与钢轨顶面的摩擦作用前进，这就要求钢轨顶面粗糙，但对车辆来说，摩阻力太大又会使行车阻力增加，这又要求钢轨有一个光滑的表面。从这一矛盾的主要方面出发，钢轨应首先保证有足够光滑的顶面，必要时，可用向轨面撒砂的方法提高机车动轮与钢轨之间的黏着力。

4) 具有较强的抗不均匀磨耗性能和钢轨全长范围内硬度的均匀性，避免引起波纹、波浪等不均匀磨耗。

5) 具有良好的焊接性能，以便采用无缝线路。

6) 用在道岔上的钢轨应具有良好的道岔机加工性能以获得良好的道岔质量。

7) 化学成分便于进行热处理，以提高钢轨的强韧性。

8) 具有严格的尺寸公差及钢轨工作边的平顺性，以减少轨道周期性不平顺。

(2) 高速铁路对钢轨的要求

目前高速铁路已遍及世界多个国家和地区，其运输条件不尽相同，结构各有特点，对钢轨的选材也有差异。与普通铁路相比，高速铁路和客运专线钢轨的使用条件更为苛刻，因此高速铁路用钢轨的材质应具备“高纯净度、高强度、高韧性、高精度和良好的可焊性”。

1) 钢质洁净

材质内部高洁净是对高速铁路钢轨的最基本要求。只有提高钢轨的纯净度，钢轨的强韧化优势才能得以发挥。例如：钢轨中非金属夹杂、钢轨金属薄弱区的存在等，都是钢轨疲劳伤损的根源。洁净钢质，就能消除这些隐患，提高钢轨抗疲劳性能。

2）表面基本无缺陷

钢轨表面基本无原始缺陷不仅对保证钢轨安全使用有益，而且可以减少表面接触疲劳伤损的出现，延长钢轨的使用寿命。

3）脱碳层深度要浅

钢轨表层脱碳，造成表面硬度降低，是导致过早出现波浪形磨损等表面伤损的主要原因之一。因此，高速铁路在开通运行前均要用打磨列车进行钢轨打磨，以除去脱碳层和在施工过程中造成的钢轨表面伤损。为了避免打磨后钢轨表面的光洁度不够以及伤损钢轨，新轨打磨深度一般不超过 0.3mm。

4）几何尺寸的高精度、高平直度

钢轨几何尺寸的高精度、高平直度是高速铁路实现平顺运行的重要保证。高速铁路所用钢轨的几何尺寸公差以及钢轨端头和本体的平直度、扭曲等应达到有关规定的要求，为此应采用万能法轧制钢轨，并进行钢轨平直度的自动检测以及严格控制 3m 左右周期性不平顺。此外，还应关注 10m 弦长不平顺和相应于列车运行速度的长波不平顺控制。

5）采用长定尺钢轨，减少钢轨焊接接头

高速铁路要求轨道平顺，必须实施焊接铺设无缝线路，而焊接接头是无缝线路的薄弱环节。因此，现代铁路要求增加定尺钢轨的长度，以减少焊接接头的数量。另外，一根钢轨经过矫直机矫直后，在钢轨两端各形成一个非矫直区及过渡区，中部为矫直变形区。各个区域的轨高、头宽尺寸都有不同程度的变化。

钢轨长尺生产采用长尺矫直冷锯定尺工艺，利用热轧头尾余量切除非矫直区和过渡区，使整支钢轨尺寸高度一致，提高钢轨整体的平顺度。例如，生产 80m 的长定尺钢轨时，长尺矫直后冷锯定尺时钢轨两端法国各切去 1.5m，德国则切去 0.8m，这样可充分消除其端部存在的矫直和探伤盲区，同时还可提高钢轨的成材率，保证端部平直度、端头内部质量以及钢轨全长的性能质量。钢轨长定尺生产还便于对钢轨进行热预弯，减少钢轨矫直前的弯曲度，以降低钢轨因矫直引起的残余应力和表面损伤。因此，高速铁路应采用长定尺钢轨。

6）严格出厂检验，确保钢轨质量

对高速铁路钢轨要求进行严格的质量检验包括：①钢轨平直度激光自动检测，确保钢轨平直度，尤其是应严格控制 3m 左右的周期性不平顺，确保其在规定的范围内；②作钢轨轨头顶面和轨底面表面涡流探伤（探测出>0.3mm 深度的表面缺陷），保证钢轨的表面质量；③进行多探头钢轨超声波探伤（要求探头 12 个及以上，采用 ϕ2.0m 平底孔当量进行缺陷标定），确保出厂钢轨的内部质量。

2.1.2 钢轨类型及断面尺寸

1. 钢轨类型及长度

钢轨类型以每米大致质量（kg/m）划分。我国现有钢轨类型按 2012 年国

家现行标准《43kg/m～75kg/m 钢轨订货技术条件》TB/T 2344—2012 分为 43、50、60、75kg/m 四种类型，以适应不同运营条件的使用要求。

钢轨的标准与钢轨类型有关。43kg/m 钢轨有 12.5m 及 25m 两种标准长度；50kg/m、60kg/m 钢轨标准长度有 12.5m、25m、100m 三种；75kg/m 钢轨标准长度有 25m、75m、100m 三种。正线有缝线路轨道宜采用 25m 标准长度的钢轨。还有用于曲线内股的缩短轨系列，对于 12.5m 标准轨系列的缩短轨有缩短量 40mm、80mm、120mm 三种；对于 25m 标准轨系列有缩短量 40mm、80mm、160mm 三种。此外，为了适应道岔、特大桥和无缝线路等结构的需要，我国铁路还采用了特种断面（与中轴线不对称工字形）钢轨。现较多采用矮特种断面钢轨，简称 AT 轨。

随着铁路轨道朝高速、重载方向的发展，长尺钢轨的生产已成为一种趋势。如法国生产的钢轨由原来的 36m 改造成 72～80m，德国改造成 120m。钢轨长尺生产便于对钢轨进行热预弯，消除钢轨矫直前的弯曲度，减少钢轨的残余应力；由于长尺钢轨两端可以锯掉 0.8～1.5m，以消除原标准长度钢轨两端的矫直盲区和探伤盲区，在提高生产率的同时可充分保证钢轨的平直度和内部质量。我国现可以进行 100m 长尺钢轨的生产，并已有 500m 焊接钢轨生产线。其中高速铁路正线宜采用符合相应技术标准的 100m 定尺长的 60kg/m 无螺栓孔新钢轨，短尺轨长度分为 95、96、97m 和 99m 四种。

2. 钢轨断面尺寸及允许偏差

（1）钢轨断面尺寸

列车作用于直线轨道钢轨上的力主要是竖直力，其结果是使钢轨挠曲。钢轨可被视为支承在弹性基础上的无限长梁，而梁抵抗挠曲的最佳断面形状为工字形。因此，钢轨采用工字形断面，由轨头、轨腰和轨底三部分组成。钢轨断面设计应满足以下要求：

1）钢轨头部设计。钢轨头部是直接和车轮接触的部分，应有抵抗压溃和耐磨的能力。故轨头宜大而厚，并应具有和车轮踏面相适应的外形。钢轨头部顶面应有足够的宽度，使在其上面滚动的车轮踏面和钢轨顶面磨耗均匀。钢轨头部顶面应轧制成隆起的圆弧形，使由车轮传来的压力能集中于钢轨中轴。钢轨被车轮长期滚压以后，顶面近似于 200～300mm 半径的圆弧。因此，在我国铁路上，较轻型钢轨的顶面，常轧制成一个半径为 300mm 的圆弧，而较重型钢轨的顶面，则用三个半径分别为 80、300、80mm 或 80、500、80mm 的复合圆弧组成。

2）钢轨腰部设计。轨腰的两侧为曲线，其必须有足够的厚度和高度，以使钢轨有足够的承载能力和抗弯能力。轨腰与钢轨头部及底部的连接，必须保证夹板能有足够的支承面。

3）钢轨底部设计。钢轨底部应保持钢轨的稳定，轨底应有足够的宽度和厚度，并具有必要的刚度和抵抗锈蚀的能力。

钢轨的头部顶面宽度（b）、轨腰厚度（t）、钢轨高度（H）及轨底宽度（B）

是钢轨断面的四个主要参数。钢轨高度应尽可能大一些，以保证有足够的惯性矩及断面系数来承受竖直轮载的动力作用。但钢轨越高，其在横向水平力作用下的稳定性越差。因此钢轨高度与轨底宽度间应有一个适当的比例。一般要求钢轨高度与轨底宽度之比为 1.15～1.20。为使钢轨轧制冷却均匀，要求轨头、轨腰及轨底的面积分配，有一个较合适的比例。我国 60、75kg/m 钢轨断面尺寸如图 2-2 所示，高速铁路用 60kg/m 钢轨断面尺寸如图 2-3 所示。主要钢轨类型的断面尺寸及特征见表 2-1。

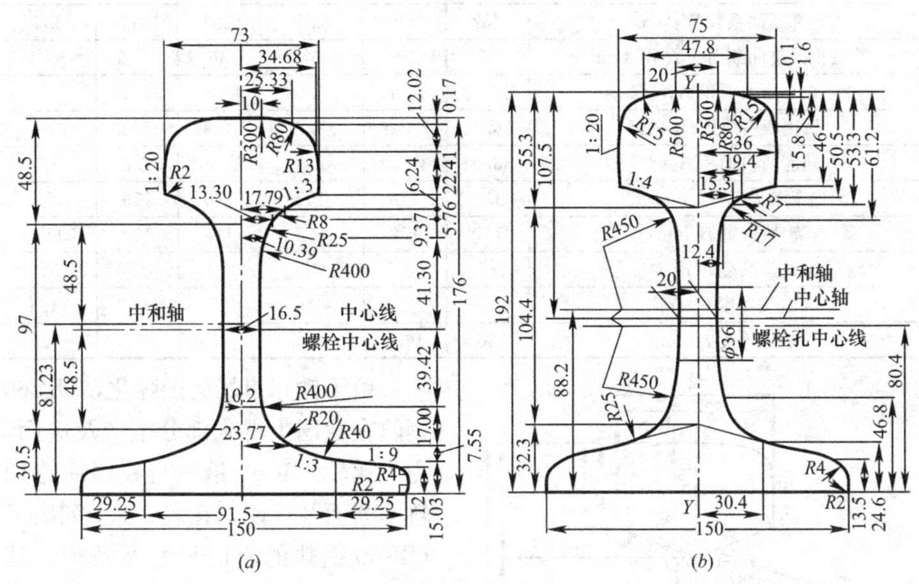

图 2-2　我国钢轨断面图（单位：mm）

（*a*）60kg/m 钢轨；（*b*）75kg/m 钢轨

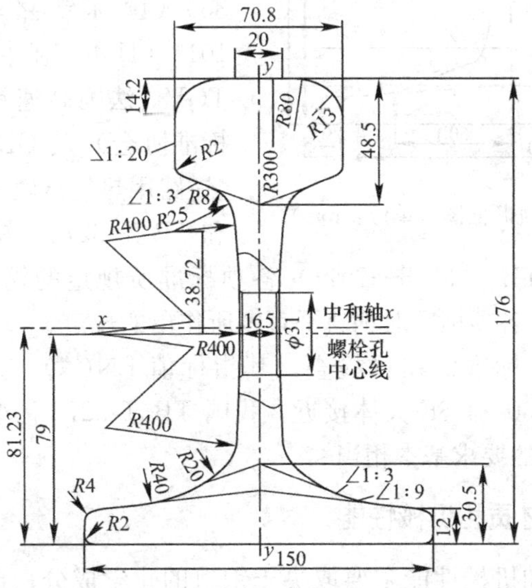

图 2-3　我国高速铁路用 60kg/m 钢轨形式尺寸（单位：mm）

钢轨断面尺寸及特性　　表 2-1

项目	类型（kg/m）					
	75	60	50	43	高速 60	UIC 60
每米质量（kg/m）	74.414	60.64	51.514	44.653	60.8	60.34
断面积 F(cm^2)	95.04	77.45	65.8	57	77.45	76.86
重心距轨底面距离 y_1(mm)	88	81	71	69	81.2	80.95
对水平轴的惯性矩 I_x(cm^4)	4489	3217	2037	1489	3217	3055
对竖直轴的惯性矩 J_y(cm^4)	665	524	377	260	524	512.9
下部断面系数 W_1(cm^3)	509	396	287	217	396	377
上部断面系数 W_2(cm^3)	432	339	251	208	339.4	336
轨底横向挠曲断面系数 W_y(cm^3)	89	70	57	46	69.9	68.4
轨头所占面积 A_h(%)	37.42	37.47	38.68	42.83	37.47	
轨腰所占面积 A_w(%)	26.54	25.29	23.77	21.31	25.29	
轨底所占面积 A_b(%)	36.04	37.24	37.55	35.86	37.24	
钢轨高度 H(mm)	192	176	152	140	176	172
钢轨底宽 B(mm)	150	150	132	114	150	150
轨头高度 h(mm)	55.3	48.5	42	42	48.5	51
轨头宽度 b(mm)	75	73	70	70	70.8	74.3
轨底厚度 t(mm)	20	16.5	15.5	14.5	16.5	16.5

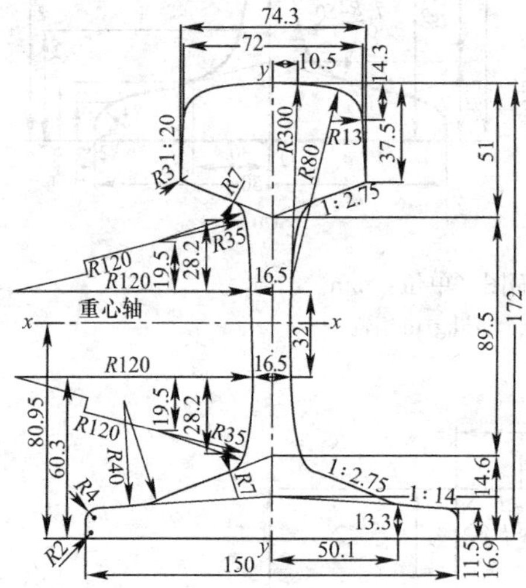

图 2-4　UIC60 钢轨断面图（单位：mm）

由于铁路市场的国际化，UIC60 钢轨在我国也得到部分生产及应用，为了比较 UIC60 钢轨与我国铁路钢轨的断面及性能，在表 2-1 中列出了 UIC60 钢轨的断面尺寸及特征，其断面尺寸图如图 2-4 所示。

（2）钢轨尺寸允许偏差及平直度

表 2-2 列出了国外高速铁路 UIC 860（国际铁路联盟 860）、JISE 1011（日本工业标准 1101—1993）、TGV（法国高速铁路）、EN（欧洲标准协会）及 GB 2585（国家标准《铁路用热轧钢轨》GB 2585—2007）和 TB/T 3276（铁道行业标准《高速铁路用钢轨》TB/T 3276—2011）各项标准所规定的钢轨尺寸允许偏差。表 2-3 列出了上述各项标准对钢轨平直度所作出的规定。

总体看，EN 标准的项目检查，其指标值 EN(A) 与 TGV 大体相近，EN(B) 与 UIC 860、JISE 大体接近。我国 TB/T 3276 标准与国外高速铁路 EN(A) 和 TGV 的要求基本相当。

2.1.3　钢轨的材质和机械性能

钢轨的材质和机械性能主要取决于钢轨的化学成分、物理力学性能、金属组织及热处理工艺。

主要高速铁路钢轨尺寸允许偏差（mm） **表 2-2**

项目		UIC 860	JISE 1011		TGV	EN（A）	EN（B）	GB 2585	TB/T 3276
钢轨高度		±0.6	±1.0		±0.5	±0.6	±0.6	±0.6	±0.6
轨头宽度		±0.5	+0.8 −0.5		±0.5	±0.5	±0.5	±0.5	±0.5
踏面轮廓		—	—		—	+0.6 −0.3	±0.6	—	—
轨腰厚度		+1.0 −0.5	+1.0 −0.5		+1.0 −0.5	+1.0 −0.5	+1.0 −0.5	+1.0 −0.5	+1.0 −0.5
夹板支承表面		+1.0 −0.5	间隙	外侧≤1.5	+1.0 −0.5	±0.35	±0.35	+0.6 −0.5	+0.6 −0.5
夹板安装高度		±0.6		内侧≤0.5	±0.6	±0.6	±0.6		
轨底宽度		+1.0 −0.5	±0.8		±0.8	±1.0	±1.0	+1.0 −1.5	±1.0
轨底边缘厚度		—	—		—	+0.75 −0.5	+0.75 −0.5	+0.75 −0.5	+0.75 −0.5
轨底平整度		—	不平≤0.4		—	凹陷≤0.3	凹陷≤0.3	凸出≤0.5	凹陷≤0.3
断面不对称		±1.5	头对底偏移≤0.5		±1.5	±1.2	±1.2	±1.2	±1.2
端面垂直度		≤0.6	≤0.5		≤0.6	≤0.6	≤0.6	≤0.8	≤0.6
螺栓孔直径	ϕ≤30	±0.5	±0.5		—	±0.5		—	—
	ϕ>30	—	—		±0.7	±1.0		±0.8	±0.7
螺栓孔位置	ϕ≤30	±0.5	±0.5		—	±0.5		—	—
	ϕ>30	—	—		±0.7	±1.0		±0.8	±0.7

主要高速铁路钢轨平直度规定（mm） **表 2-3**

部位	项目	UIC 860	JISE 1101	TGV	EN（A）	EN（B）	GB 2585	TB/T 3276
轨端（距轨端一定距离内）	垂直平直度（向上）	0.7/1.5	1.7/1.5	0.4/2 0.3/1	0.4/2 0.3/1	0.5/1.5	0.5/1	0~1m：0.3/1 0~2m：0.4/2
	垂直平直度（向下）	0	0	0.2/2	0.2/2	0.2/1.5	0.2/1	0.2/2
	水平平直度	0.7/1.5	0.5/1.5	0.5/2 0.4/1	0.6/2 0.4/1	0.7/1.5	0.5/1	0~1m：0.4/1 0~2m：0.6/2
轨身（除两轨端各一定距离外）	垂直平直度	—	—	0.3/3 0.2/1	0.3/3 0.2/1	0.4/3 0.3/1	0.5/3 0.4/1	0.3/3 0.2/1
	水平平直度	—	—	0.45/1.5	0.45/1.5	0.6/1.5	0.7/1.5	0.6/1.5
重叠部位	垂直平直度	—	—	—	0.3/2	0.4/1.5	—	—
	水平平直度	—	—	—	0.6/2	0.6/1.5	—	—
全长	上弯曲和下弯曲	—	10/10	≤5	≤5	≤5	0.5/10000	≤10
	侧弯曲	—	10/10	R>1500m	R>1500m	R>1500m		R>1500m
端部	扭曲	0.4/1	—	—	0.455/1	0.455/1	—	0.45/1
全长	扭曲	—	1.0	—	2.5	2.5	0.1‰	2.5

1. 钢轨钢的化学成分和力学性能

钢轨钢的化学成分主要为铁（Fe），其他还有碳（C）、锰（Mn）、硅（Si）及磷（P）、硫（S）等元素。

碳对钢轨的性质影响最大，是铁以外的主要成分。钢的抗拉强度、耐磨

性及硬度均随含碳量的增加而增加，但钢中含碳量过多，钢质变脆，其塑性指数（伸长率、断面收缩率和冲击韧性）会显著降低。因此，钢轨钢含碳量一般要求不超过0.82%。

锰可以提高钢轨的强度和耐磨性，同时增加韧性，可去除有害的氧化铁和硫夹杂物，其含量一般为0.6%～1.0%。锰含量超过1.2%者称中锰钢，其抗磨性能较好。

硅易与氧化合，故能去除钢中气泡，使钢质密实细致，同时，硅也会降低钢的焊接性能，焊接时产生低熔点硅酸盐，增加熔渣和融合金属的流动性，引起严重喷溅现象，影响焊缝质量。在碳素钢中，硅含量一般为0.15%～0.30%。适当提高钢轨的含硅量，能提高钢轨的耐磨性能。

磷与硫在钢中均属有害成分。磷过多（超过0.1%），会使钢轨具有冷脆性，在冬季严寒地区，易突然断裂。硫不溶于铁，不论含量多少均生成硫化铁，在985℃时，呈晶态结晶析出。这种晶体性脆易熔，使金属在800～1200℃时发脆，在钢轨轧制或热加工过程中容易出现大量废品。所以磷、硫的含量必须严格加以控制。

另外，在钢轨的化学成分中适当增加铬（Cr）、镍（Ni）、钼（Mo）、铌（Nb）、钒（V）、钛（Ti）和铜（Cu）等元素，制成合金钢轨，可有效提高钢轨的抗拉和疲劳强度，以及耐磨和耐腐蚀的性能。

钢轨的使用条件要求其具有良好的耐磨、耐压、抗疲劳、抗断裂以及可焊性。为了使钢轨得到不断发展，通过选择适当的物理力学性能作为指标，以短期推测长期，是完全必要的。钢轨的使用性能和所选钢材的物理力学性能对照表见表2-4。这些指标对钢轨的承载能力、磨损、压溃、断裂和其他伤损有很大的影响。

钢轨的使用性能和所选钢材力学性能对照表　　表2-4

钢轨的使用性能	钢材的力学性能
抗压性能	屈服强度
耐磨性	抗拉强度、硬度
抗疲劳失效	疲劳强度、疲劳裂纹扩展速率、钢轨的纯净度、残余应力
抗裂性（断裂安全性）	塑性（伸长率、断面收缩率）、冲击韧性、断裂韧性、残余应力
可焊性	碳当量、相变行为CCT图、TTT图
焊接区踏面的平直度	踏面的硬度分布曲线等

我国用于轧制钢轨的主要钢种化学成分及力学性能见表2-5，高速铁路钢轨的化学成分及力学性能见表2-6。

钢轨钢的化学成分及力学性能　　表2-5

钢牌号	化学成分（质量分数）(%)						力学性能		使用范围（钢轨类型）
	ω(C)	ω(Si)	ω(Mn)	ω(Cu)	ω(P)	ω(S)	抗拉强度 σ_b(MPa)	伸长率 δ_5(%)	
					不大于				
U71	0.64～0.77	0.13～0.28	0.60～0.90		0.040	0.050	785	10	50

续表

钢牌号	化学成分（质量分数）(%)						力学性能		使用范围（钢轨类型）
	ω(C)	ω(Si)	ω(Mn)	ω(Cu)	ω(P)	ω(S)	抗拉强度 σ_b(MPa)	伸长率 δ_5(%)	
					不大于				
U74	0.67～0.80	0.13～0.28	0.70～1.00		0.040	0.050	785	9	50、60、75
U71Cu	0.65～0.77	0.15～0.30	0.70～1.00	0.10～0.40	0.040	0.050	785	9	50
U71Mn	0.65～0.77	0.15～0.35	1.10～1.50		0.040	0.040	883	10	50、60、75
U70MnSi	0.65～0.75	0.85～1.15	0.85～1.15		0.040	0.040	883	8	50
U71MnSiCu	0.65～0.77	0.70～1.10	0.80～1.20	0.10～0.40	0.040	0.040	883	8	50
PD_2	0.74～0.82	0.15～0.35	0.7～1.00		0.040	0.040	1175①	8	50、60、75
PD_3	0.70～0.78	0.50～0.70	0.75～1.05	0.04～0.08②	0.035	0.035	980	8	50、60、75
U71NbRE	0.70～0.82	0.60～0.90	0.90～1.30	0.02～0.05③	0.040	0.040	980	8	
UIC900A	0.60～0.80	0.30～0.90	0.80～1.30		0.040	0.040	880	10	

注：①PD_2 全长淬火钢轨；②PD_3 中微钒的含量；③U_{76}NbRE 中 RE 的含量。

高速铁路钢轨化学成分及力学性能　　表 2-6

钢牌号	化学成分（质量分数）(%)							力学性能	
	ω(C)	ω(Si)	ω(Mn)	ω(P)	ω(S)	ω(V)	ω(Al)	抗拉强度 σ_b(MPa)	伸长率 δ_5(%)
U71MnG	0.65～0.75	0.15～0.58	0.70～1.20	≤0.025	≤0.025	≤0.030	≤0.004	≥880	≥10
U75VG	0.71～0.80	0.50～0.70	0.75～1.05	≤0.025	≤0.025	0.04～0.08	≤0.004	≥880	≥10

注：热锯取样检验时，允许断后伸长率比规定值降低 1%（绝对值）。

2. 钢轨强化及材质的纯净化

为适应铁路高速、重载的需要，钢轨要重型化、强韧化及纯净化。

采用重型钢轨可以提高轨道结构的承载能力，延长钢轨疲劳寿命和线路大修周期，具有明显的技术经济效益。但是由于重型钢轨的刚度大，相应弯曲变形较小，列车车轮对钢轨的动力作用大部分作用在轮轨接触区，同时由于重型钢轨扭转中心接近轨底，所以轨头产生的纵向正应力远远大于轨底的纵向正应力，从而加速了重型钢轨轨头病害的发展。一般来讲，钢轨越重，钢轨的伤损数量越少，但接触疲劳伤损占钢轨伤损总数的比例提高。如苏联实现钢轨重型化后，钢轨伤损总数量大量减少，但 50kg/m、60kg/m、75kg/m 钢轨的轨头伤损却分别占伤损总数的 75%、80%、94%。因此，为了增加重型钢轨的抗磨及抗接触疲劳能力，必须对其材质，尤其是钢轨头部进行强化。

重型钢轨的强化有两种方法：一是钢轨合金化，它生产工艺简单，投资少，能源消耗少，钢轨可整体强化，表层硬度均匀，可焊性好；二是碳素钢热处理（淬火），这种方法也可获得同样的高强度和表面硬度，同时韧性好，节省合金，适于大批量生产。国内研究与实践表明，如不改变钢种，单凭碳素钢热处理，很难再大幅度地提高强度，唯有微合金与热处理相结合，二者相辅相成，才可得到既有更高强度，也有相应韧性、硬度和可焊性的优质钢轨。

钢轨热处理对材质纯净度的要求比普通钢轨更高，如果不提高钢轨的纯净度，钢轨重型化及强韧化的优势也不能更好地发挥。因此，材质纯净化是重型化和强韧化的基础。例如，钢轨中非金属夹杂、钢轨金属薄弱区的存在等，都是钢轨产生疲劳伤损的根源，在以后的使用中，以这些疲劳源为中心形成核伤，对行车安全构成威胁。

钢轨重型化、强韧化和纯净化应当有机地统一，只有统筹协调三者的关系，才能获得最佳综合技术经济效益。

3. 高速铁路钢轨选材

(1) 钢种成熟

在铁路运输的发展中，随着冶金水平的提高，各国钢轨基本形成适合国情的系列。欧洲高速铁路除德国为客货混运外，其他各国均为客运专线，速度高、轴重轻，因此基本按 UIC 标准系列选用 900A 钢种。法国在既有线运行高速列车时，在半径小于 1200m 的曲线上铺设耐磨钢轨。日本高速铁路实行全寿命维修，东海道新干线 1975 年铺设了 NHH 淬火轨，以降低接头和曲线的钢轨磨耗。我国铁路在 20 世纪 80 年代前基本使用 U71Mn 和 U74 钢轨，分别属于 883MPa 和 785MPa 级，由于承载能力不足，明显不能适应运输条件。为了解决这两种钢轨使用寿命短的问题，铁道部、冶金部门联合开发了 PD2、PD3 和稀土轨。PD3 属高碳微钒轨，以 U71Mn 为基础，通过调整 C、Si 和 Mn 的含量，加入 V，使新钢种在热轧状态就具有较高强度，达到 980MPa。对 PD3 钢轨的部级鉴定认为：PD3 钢轨的 σ_b 大于 980MPa，比 U71Mn 提高 10%以上；δ_5 大于 8%；落锤检验全部合格，接触疲劳和实物疲劳性能均优于 U71Mn；可不进行轨端淬火；比 U71Mn 轨耐磨性能提高 50%以上；具有良好的焊接性能；可取代 U71Mn 钢种。自 1993 年通过技术鉴定后，PD3 钢轨用量逐渐增加，线路换轨大修每年铺设数十万吨，延长了钢轨使用寿命，使钢轨伤损的严重程度得到缓解，因此可以说 PD3 和 UIC900A、U71Mn 一样是成熟的钢种。

(2) 强韧匹配

高速铁路和重载线路条件不同，运输环境也有很大的差异，因而钢轨强韧性达到合理的匹配所选择的技术方案也是不同的。高速铁路线路平面条件好、轮轨接触应力相对重载线路比较小，因此除特殊地段外，不必采用淬火轨。根据高速铁路目前提供的运输条件，轴重在 17t 及以下时，UIC900A 钢种的强度是合适的，如轴重在 19t 及以下时，980MPa 级的钢轨也应该是合适的。韧性是高速铁路对钢轨的又一重要要求，UIC900A 钢轨的延伸率可达

10%，我国国产钢轨的延伸率标准都是8%，但实物检测基本都在10%以上，与UIC900A钢轨处于同一水平。要想进一步提高钢轨的强度和韧性，只有进行钢轨全长淬火，但从强度考虑，不仅没有必要，而且还将大大增加成本。对秦沈客运专线国产钢轨的调查和检验表明，延伸率都在12%以上。可以认为，国产钢轨的强韧性指标匹配合理，可以满足高速铁路的要求。

(3) 材质洁净

钢轨材质内部高洁净，有利于提高钢轨疲劳性能、可靠性能及使用寿命，是高速铁路钢轨的最基本要求。世界各国制造高速铁路钢轨所采取的冶金措施，使钢轨钢的冶炼水平大大提高，钢轨材质达到很高的纯净度。对高速铁路钢轨材质纯净度有如下要求：

1) 严格控制钢中的有害元素如S、P含量，要求P含量≤0.025%，S含量≤0.025%；如采用无铝脱氧，则要求钢中Al含量≤0.004%，V≤0.030%。

2) 严格控制钢中气体含量，要求钢液中的H含量≤0.00025%，O含量≤0.0020%，而且钢轨成品中H含量<0.00015%。

3) 严格控制钢中残留元素，要求：Mo<0.02%，Ni<0.10%，Cr<0.15%，Cu<0.15%，Ti<0.025%，Sb<0.020%，Sn<0.030%，Cu+10Sn<0.35%，Cr+Mo+Ni+Cu<0.35%。

4) 严格控制钢中夹杂物含量，要求A类（硫化物）夹杂物≤2级；B类（氧化物）、C类（硅酸盐）、D类（球状氧化物）夹杂物≤1级。

(4) 焊接优良

应用无缝线路技术，可以消灭钢轨接头，减少列车在接头区的冲击与振动，不仅能延长轮轨部件的使用寿命，减少养护维修工作量，更重要的是可以提供连续的平滑的运行表面，降低牵引阻力，提高行车平稳性。所以，高速铁路必须铺设无缝线路，钢轨具有良好的焊接性能是铺设无缝线路的基本条件之一。钢轨的焊接性能除表现为可焊性外，还应该具有焊后良好的机械性能。

(5) 适用道岔

道岔是线路结构的重要组成部分，也是线路的突出薄弱环节，道岔承受来自两个方向列车的作用，其钢轨件的技术性能应该比区间钢轨更好，例如应具有良好的焊接性以实现道岔无缝化，具有比区间钢轨更高的强度以延长道岔使用寿命，具有更好的韧性以提高道岔的可靠性等。为了达到这些要求，法国、德国、日本等国在选择道岔钢轨材质时遵守如下原则：

1) 可焊性好，其中包括道岔内钢轨的焊接和道岔与区间钢轨的焊接，因此采用的钢轨应尽量与区间钢轨相同。

2) 强度和韧性等于或高于区间钢轨，这就需要采取冶金措施（采用合金钢轨）或工艺措施（全长淬火）。根据这两方面要求，法国铁路道岔钢轨和区间采用同一钢种，即UIC900A，尖轨为整根轨，强度等级900MPa；德国铁路道岔强调道岔钢轨强度要高于区间钢轨，因此采用淬火钢轨，强度等级

1100MPa，尖轨为整根轨；日本铁路道岔则根据用户要求，采用强度等级800～1100MPa的钢轨。

鉴于此，我国铁路道岔如选用900MPa级的900A轨或U71Mn轨，则强度偏低，需要进行淬火，而根据我国目前的工艺水平，对变截面的尖轨进行淬火是困难的，因此要与区间钢轨的选材统筹考虑。

2.1.4 钢轨的焊接

1. 钢轨的焊接方式

我国铁路钢轨焊接主要采用铝热焊、气压焊和闪光焊。在正式焊接钢轨前以及焊接过程的质量检验中，除铝热焊不做落锤试验（铝热焊接头落锤检验达不到标准要求）外，其他都必须通过《钢轨焊接　第1部分：通用技术条件》TB/T 1632.1—2014中所规定的各项试验和性能要求，确定工艺参数。

（1）钢轨铝热焊

铝热焊是利用铝和氧化铁（含添加剂），在一定的温度下进行氧化还原反应，形成高温液态金属注入特制的铸模内，将被焊的两个钢轨端部熔化而实现连接的一种焊接方法。

优点：无需电源，设备简单，操作方便，生产成本低，没有顶锻过程，接头外观平顺性好，占用封锁时间短。尤其适用于断轨修复、跨区间无缝线路道岔联焊和运输任务繁忙的线上联焊。

缺点：铝热焊的实质是冶金铸焊。其热输入量大，导致焊接接头受热面积较大，使接头的组织和物理力学性能降低。因此我国部分高速铁路的现场不提倡铝热焊，但是一次铺设跨区间无缝线路轨道工程施工中又无法完全回避（至少道岔的焊接目前仍然离不开）铝热焊，所以，客运专线道岔内及两端与线路连接的钢轨锁定焊仍然采用铝热焊，这就要求加强对铝热焊工艺技术标准、无损检测设备和方法等的完善和改进。

（2）钢轨移动式气压焊

气压焊是利用气体燃烧产生的热能将被焊轨端加热至熔化状态或塑性状态，并施加足够的压力（顶锻力），以形成接头的一种固态连接方法。

优点：钢轨气压焊是塑性压力焊，接头是锻造组织且没有脱碳层，在理论上其强度不低于闪光焊，而且一次性投资小，无需大功率电源，焊接时间短。目前主要用于现场焊接联合接头。

缺点：气压焊时对接头端面的处理要求十分严格，焊接工艺受诸多人为因素影响，焊头质量波动较大，不易控制。日本铁路长轨条焊接主要使用移动式气压焊，我国铁路也有使用。客运专线如要采用气压焊技术，必须加强对焊工的培训和对焊轨组织管理体系及技术力量方面的考核，同时改进气压焊设备，增加设备的刚度和智能化程度，降低人为因素的影响，使接头质量稳定性得到可靠保证。

（3）钢轨闪光焊

闪光焊是将焊件装备成对接接头，通电使其端面逐渐移近达到局部接触，利用电阻热加热这些接触点（产生闪光），使端面全部熔化，直至端部在一定深度范围内达到预定温度时，迅速施加顶锻力完成焊接的方法。闪光焊有预热闪光焊、连续闪光焊和脉冲闪光焊。钢轨闪光焊分为工厂或铺轨基地焊接（固定式焊接）和线上移动式焊接。

优点：闪光焊自动化程度高，工艺稳定，焊接质量优良，力学性能接近钢轨母材，生产效率高，是客运专线钢轨焊接的首选方法，是固定式钢轨焊接的最佳方式，更是线上移动式钢轨焊接发展的趋势和方向。《高速铁路设计规范》TB 10621—2014 明确规定工地钢轨焊接宜优先采用闪光焊，道岔内及两端与区间线路连接的钢轨锁定焊接可采用铝热焊。

缺点：闪光焊机价格昂贵，一次性投资大，设备复杂且需配备大功率电源、柴油发电机组（线上移动式钢轨闪光焊用），焊接工艺参数较多，调节烦琐。

（4）三种钢轨焊接方法的对比

1）焊头外观质量：固定式闪光焊外观质量最好，其次是铝热焊，最后是气压焊。

2）焊头强度：闪光焊和气压焊的接头强度大致相同，铝热焊次之。

3）焊接质量稳定性：固定式闪光焊最好，铝热焊次之，气压焊最不易控制。

4）我国每年铺设在无缝线路上的焊接接头，闪光焊接头约占总焊接头数的 87%，移动式气压焊接头约占总焊接头数的 10%，铝热焊接头约占总焊接头数的 3%。因此，闪光焊接头的质量决定了无缝线路的整体水平，必须加大钢轨闪光焊的工艺技术和设备的研发，提高我国钢轨闪光焊的整体水平。表 2-7 为日本 NKK 对 JIS50N 钢轨用三种焊接方法焊接的接头性能比较。

接头性能比较 **表 2-7**

试件		钢轨母材	气压焊	闪光焊	铝热焊
疲劳强度（MPa）		330～380	340	300～340	180～220
抗拉强度（MPa）		890～920	830～880	790～830	710～810
静弯试验	轨头加载（kN）	1350	1190～1340	1140～1360	970～1080
	HU 挠度（mm）	80	25～84	30～97	17～23
	轨底加载（kN）	1250	1130～1320	990～1180	880～890
	HD 挠度（mm）	80	30～90	20～64	11～18

随着技术的发展，各种焊接方法都在不断推出新的技术。如闪光焊发展了钢轨程控降压连续闪光焊、钢轨脉动闪光焊法、卫星定位焊接检测系统等；气压焊发展了数控气压焊新技术；铝热焊发展了采用双侧顶浇浇铸、短时快速预热、大剂量焊剂及自熔塞和焊瘤推除等先进工艺焊接钢轨，提高了焊接质量，减少铸造缩孔等缺陷，特别是 S60 砂型消除了焊后咬边现象。

我国铁路线路目前逐步推行全面采用闪光接触焊技术，铝热焊技术有限使用，气压焊技术不再应用。

2. 钢轨焊接接头平直度

钢轨焊接接头是轨面不平直的控制部位。随着行车速度的提高，对其平直度提出了更高的要求。表 2-8 为我国铁路钢轨焊接接头的平直度标准。

我国铁路钢轨焊接接头平直度标准（mm/m） **表 2-8**

项目	$v>200$km/h	120km/h$<v\leqslant200$km/h	$v\leqslant120$km/h
轨顶面	$^{+0.2}_{0}$	$^{+0.3}_{0}$	$^{+0.3}_{0}$
轨头内侧工作面	$^{+0.3}_{0}$	±0.3	±0.4
轨底面	$^{+0.5}_{0}$	$^{+0.5}_{0}$	$^{+0.5}_{0}$

2.1.5 钢轨打磨

1. 钢轨打磨分类

在国外，钢轨打磨已有近 60 年的历史，到目前已达到比较完善的应用阶段。钢轨打磨的目的在于消除钢轨的波形磨耗和控制钢轨的接触疲劳，防止因接触疲劳而产生片状剥落、开裂等病害。

钢轨打磨分为预防性打磨、断面廓形打磨和修理性打磨。预防性打磨是在钢轨轨头裂纹开始扩展前将裂纹萌生区打磨掉，防止接触疲劳型波磨的产生和发展，打磨周期短，深度浅。断面廓形打磨是将钢轨断面打磨成最佳轮轨接触的几何形状，以延缓波磨和其他疲劳伤损的产生，在曲线地段对钢轨断面进行非对称打磨，能明显降低轮轨横向力和冲角，减少侧磨。修理性打磨主要是打磨已产生的钢轨表面缺陷。目前，在许多铁路部门，这 3 种方法交叉使用，但以预防性打磨为主。

高速铁路和客运专线对轨面不平顺非常敏感，轨面不平顺对轮轨作用力、列车运行平稳性、旅客舒适性有重要影响，在高速铁路和客运专线开通前应对钢轨预打磨。

2. 国内外高速铁路钢轨打磨

(1) 日本

日本新干线实行钢轨踏面管理，一是为消除钢轨表面脱碳层；二是为消除钢轨表面不平顺，降低噪声和振动，减少轮重变化；三是为消除钢轨表面疲劳层，防止鱼鳞裂纹产生；四是为消除钢轨焊接表面不平顺；五是为防止列车高速运行产生的钢轨表面伤损向纵深发展。

(2) 法国

法国将高速铁路轨面状态管理作为养护维修的重要内容，对轨道维护、钢轨打磨进行科学管理。高速铁路维修捣固作业一般 3 年 1 个周期，采取捣固作业后立即对钢轨打磨，使捣固维修周期相应延长。因有砟轨道的道砟飞溅、冬季车辆的结冰掉落在钢轨上，也会造成钢轨表面伤损，检查发现后应及时进行钢轨打磨。

(3) 德国

根据高速铁路实践，德国铁路认为直接影响及控制行车速度的主要因素是线路平纵断面和线路平顺性，因此对高速铁路轨道不平顺限值管理标准比一般线路严格。除采用保持平顺性好的重型高稳定性轨道结构外，还严格控制轨道初始不平顺。修建高速铁路时，严格执行路基碾压密实度标准，严格检验钢轨出厂前的平直度，保证轨面高平顺性，打磨钢轨、焊缝等初始轨面不平顺。

(4) 瑞典

瑞典铁路的线路维修采用大型机械化设备，钢轨打磨列车是重要设备之一。采用钢轨打磨列车对钢轨进行预打磨、预防性打磨和波磨校正性打磨，以保证高速铁路运行安全与质量。

(5) 中国

目前我国大部分铁路局已配备系列的钢轨、道岔打磨列车，我国钢轨打磨的任务主要是消除钢轨塑性流变和波形磨耗，针对线路的曲线部分和直线部分的打磨手段也基本类似。北京、上海、广州等城市地铁工程也将钢轨打磨车作为线路养护维修过程中的必备大型维护车辆，钢轨打磨技术已然成为一项关键的线路维护技术。

随着钢轨打磨技术和线路维护技术的发展，现在钢轨打磨已经从“修复性打磨（表面打磨）”开始向“预防性打磨（外形打磨）”转变。在打磨精度方面，我国目前的钢轨打磨设备已可以使外形尺寸精确至0.2mm/m，满足线路维修技术条件宏观上的要求。在实际情况下提出如此精度难以评价其合理性，钢轨的初始状态以及线路铺设质量的好坏，影响着打磨量的大小和打磨精度，轨距变化、线路波动、钢轨润滑的程度、钢轨的化学成分以及打磨成本等，都会使打磨精度受到影响。

2.1.6 钢轨伤损及合理使用

1. 钢轨伤损

(1) 钢轨伤损分类

钢轨伤损是指钢轨在使用过程中发生钢轨折断、裂纹及其他影响和限制钢轨使用性能的伤损。为便于统计和分析钢轨伤损，需对钢轨伤损进行分类。根据伤损在钢轨断面上的位置、伤损外貌及伤损原因等分为9类32种伤损，采用两位数字编号分类，个位数表示造成伤损的原因，十位数表示伤损的部位和状态。钢轨伤损分类具体内容可见《铁道工务技术手册　轨道》。

钢轨折断是指有下列情况之一者：钢轨全截面断裂；裂纹贯通整个轨头截面；裂纹贯通整个轨底截面；允许速度不大于160km/h区段钢轨顶面上有长度大于50mm且深度大于10mm的掉块，允许速度大于160km/h区段钢轨顶面上有长度大于30mm且深度大于5mm的掉块。钢轨折断直接威胁行车安全，应及时更换。

钢轨裂纹是指除钢轨折断之外，钢轨部分材料发生分离，形成裂纹。

钢轨伤损种类很多，常见的有钢轨磨耗、接触疲劳伤损、剥离及轨头核

伤、轨腰螺栓孔裂纹等。下面介绍几种常见的钢轨伤损情况。

1）钢轨磨耗

钢轨磨耗主要是指钢轨的侧面磨耗、波浪形磨耗以及交替侧磨。至于垂直磨耗一般情况下是正常的，它随着轴重和通过总重的增加而增大。轨道几何形位设置不当，会使垂直磨耗速率加快，这是要防止的，可通过调整轨道几何尺寸解决。

① 侧面磨耗

侧面磨耗主要发生在小半径曲线的外股钢轨上，是目前曲线钢轨伤损的主要类型之一。列车在曲线上运行时，轮轨的摩擦与滑动是造成外轨侧磨的根本原因。列车通过小半径曲线时，通常会出现轮轨两点接触的情况，这时发生的侧磨最大。为改善列车通过曲线的条件，可采用磨耗型车轮踏面，或采用径向转向架等都会降低侧磨的速率。

近年来，在我国铁路提速线路中，直线钢轨出现左右股交替侧磨现象，形成周期性轨道不平顺，称为直线钢轨不均匀侧磨。不均匀侧磨的出现导致提速机车车辆激烈摇晃。

直线钢轨侧磨问题，实质上是机车车辆在直线上的横向失稳问题。这时轮缘将接触或撞击钢轨。在没有周期性的方向等不平顺的激扰下，机车车辆超临界速度运行时，这种现象由自激蛇行振动产生；而当有周期性方向等横向不平顺激扰时，对这种激扰敏感的机车车辆将蛇行失稳，导致车轮轮缘左右接触或撞击钢轨，造成轮轨侧面磨耗。

钢轨侧磨速率的大小主要取决于轮轨之间的冲击角和导向力的大小。交替侧磨的特征有：不均匀侧磨波形呈等间距左右交替；磨耗波连续成群，每群的波数有较大的随机性；磨耗量由小变大，再由大变小，在一般钢轨内侧形成半波，其波长范围基本固定，与磨耗幅值无关。

对交替侧磨一定要重视早期的检查发现和防治。早期检查工作一般以动态轨道检查仪添乘快速列车机车为主，如发现在较短的地段内有连续地左右横摆，水平加速度在 $0.10g$ 以上且连续 3 次在同一地方重复出现时，要加强静态检查，如发现直线段钢轨侧面有交替发亮的侧磨光带时，就要及早采取综合防治措施。

② 波形磨耗

波形磨耗是钢轨踏面在全长范围内出现周期性高低不平的波浪状磨耗，轨头下颚和整个断面保持平直。按其波长分为短波（或称波纹型磨耗）和长波（或称波浪形磨耗）两种。波纹型磨耗为波长约 50～100mm，波幅 0.1～0.4mm 的周期性不平顺；波浪形磨耗为波长 100mm 以上，3000mm 以下，波幅 2mm 以内的周期性不平顺。

在列车速度较高的铁路上，主要发生波纹形磨耗，且主要出现在直线和制动地段；在车速较低的重载运输线上主要发生波浪形磨耗，且一般出现在曲线地段；此外，城市地铁运营过程中，钢轨波磨的出现也较普遍。波磨会引起很高的轮轨动力作用，加速机车车辆及轨道部件的损坏，增加养护维修费用；此外列车的剧烈振动，会使旅客不适，严重时还会威胁到行车安全；波磨也是轮轨噪声的来源。影响钢轨波磨发生发展的因素很多，涉及钢轨材质、线路及机车车辆条件等多个方面。世界各国都在致力于钢轨波形磨耗成因理论研究。目前，关于波磨成因的理论有数十种，大致可分为两类：动力类成因理论和非动力类成因理论。总的来说，动力作用是钢轨波磨形成的外因，钢轨材质性能是波磨的内因。解决钢轨波磨问题，目前还没有有效的办法，主要依靠钢轨机械打磨来消除波磨。此外，用连续焊接法消除钢轨接头，采用耐磨钢轨，改善轨道弹性，合理设置超高，使轮轨系统有足够的阻尼等措施也可延缓波磨发展。

③ 钢轨磨耗的允许限度

钢轨头部允许磨耗限度主要由强度和构造条件确定。即当钢轨磨耗达到允许限度时，一是还能保证钢轨有足够的强度和抗弯刚度；二是应保证在最不利情况下车轮轮缘不碰撞接头夹板。钢轨按头部磨耗程度的不同，分为轻伤和重伤两类，见表 2-9 和表 2-10。

钢轨头部磨耗轻伤标准 **表 2-9**

钢轨 (kg/m)	总磨耗（mm）				垂直磨耗（mm）				侧面磨耗（mm）			
	$v_{max}>160$ 正线	$160\geq v_{max}>120$ 正线	$v_{max}\leq120$ 正线及到发线	其他站线	$v_{max}>160$ 正线	$160\geq v_{max}>120$ 正线	$v_{max}\leq120$ 正线及到发线	其他站线	$v_{max}>160$ 正线	$160\geq v_{max}>120$ 正线	$v_{max}\leq120$ 正线及到发线	其他站线
75	9	12	16	18	8	9	10	11	10	17	16	18
75～60	9	12	14	16	8	9	9	10	10	12	14	16
60～50			12	14			8	9			12	14
50～43			10	12			7	8			10	12
43 以下			9	10			7	7			9	11

注：1. 总磨耗＝垂直磨耗＋1/2 侧面磨耗；
2. 垂直磨耗在钢轨顶面宽 1/3（距标准工作边）处测量；
3. 侧面磨耗在钢轨踏面（按标准断面）下 16mm 处测量；
4. 行车速度 v 的单位是“km/h”。

钢轨头部磨耗重伤标准 **表 2-10**

钢轨 (kg/m)	垂直磨耗（mm）			侧面磨耗（mm）		
	$v_{max}>160$ 正线	$160\geq v_{max}>$ 120 正线	$v_{max}\leq120$ 正线、到发线及其他站线	$v_{max}>$ 160 正线	$160\geq v_{max}>$ 120 正线	$v_{max}\leq120$ 正线、到发线及其他站线
75	10	11	12	12	16	21
75～60	10	11	11	12	16	19
60～50			10			17
50～43			9			15
43			8			13

注：行车速度 v 的单位是“km/h”。

2）钢轨接触疲劳伤损

钢轨接触疲劳伤损的形成主要是由于金属接触疲劳强度不足和车轮的重

复作用，经过钢轨踏面外形变化，钢轨顶面金属冷作硬化产生微裂纹，钢轨强度降低和产生疲劳裂纹，最终形成接触疲劳伤损。其形式有接触疲劳裂纹和轨头剥离等。列车速度及轴重的提高、铁路运量的增加，将加速接触疲劳伤损的萌生和发展。

3）轨头核伤

轨头核伤是最危险的一种钢轨伤损形式。钢轨在列车作用下会突然断裂，严重影响行车安全。轨头核伤产生的主要原因是轨头内部存在微小裂纹或缺陷（如非金属夹杂物及白点等），在重复动荷载作用下，在钢轨走行面以下的轨头内部出现极为复杂的应力组合，使细小裂纹先是成核，然后向轨头四周发展，直到核伤周围的钢料不足以提供足够的抵抗，钢轨在毫无预兆的情况下猝然折断。核伤的发展与运量、轴重及行车速度、线路平面状态有关。为确保行车的安全，要定期进行钢轨探伤检查。

4）轨腰螺栓孔裂纹

钢轨端部轨腰钻孔后，强度削弱，螺栓孔周围产生较高的局部应力，在列车冲击荷载作用下，螺栓孔裂纹开始产生和发展。螺栓孔裂纹主要来自钻孔时产生的微小裂纹，而养护不当又促进了裂纹的形成和发展。钢轨接头养护维修的状态对螺孔应力的影响极大，特别是高低错牙、轨端低塌、鞍形磨耗及道床板结影响最大。为防止螺孔周边应力集中，采取把螺孔周边镗光的措施处理。

减缓钢轨伤损的措施有：净化轨钢，控制杂物的形态；采用淬火钢轨，发展优质重轨，改进轨钢力学性质；改革旧轨再用制度，合理使用钢轨；钢轨打磨；按钢轨材质分类铺轨等。

（2）高速铁路钢轨的主要伤损类型

钢轨轻伤和重伤评判标准见表2-11～表2-13。

高速铁路钢轨轻伤和重伤评判标准 　　**表2-11**

伤损项目	伤损程度		备注
	轻伤	重伤	
钢轨头部磨耗	磨耗量超过表2-12所列限之一者	磨耗量超过表2-13所列限之一者	
轨顶面擦伤	200～250km/h，深度大于0.5mm	200～250km/h，深度大于1mm	
	250（不含）～350km/h，深度大0.35mm	250（不含）～350km/h，深度大0.5mm	
剥离掉块	—	有	
波形磨耗	—	谷深≥0.2mm	
焊接接头低塌	0.2mm<低塌<0.4mm	低塌≥0.4mm	1m直尺测量
钢轨表面裂纹	—	出现轨头下颚水平裂纹（透锈）、轨腰水平裂纹、轨头纵向裂纹、轨底裂纹等	不含轨轮接触疲劳引起轨顶面表面或近表面的鱼鳞裂纹

续表

伤损项目		伤损程度		备注
		轻伤	重伤	
超声波探伤缺陷	焊接及材质缺陷	焊接缺陷或钢轨内部材质缺陷未达到判废标准，但与判废标准差值小于6dB	焊接缺陷或钢轨内部材质缺陷达到判废标准	
	内部裂纹	—	横向、纵向、斜向及其他裂纹和内部裂纹造成的踏面凹陷（隐伤）	
钢轨锈蚀		—	经除锈后，轨底厚度不足8mm或轨腰厚度不足12mm	

注：谷深为相邻波峰与波谷间的垂直距离。

高速铁路钢轨头部磨耗轻伤标准 **表 2-12**

名称	总磨耗（mm）	垂直磨耗（mm）	侧面磨耗（mm）
区间钢轨、导轨	9	8	10
基本轨、翼轨	7	6	8
尖轨、心轨、叉跟尖轨	6	4	6

注：1. 总磨耗＝垂直磨耗＋1/2侧面磨耗；
2. 对于导轨、翼轨及尖轨、心轨、叉跟尖轨全断面区段，垂直磨耗在钢轨顶面宽1/3处（距标准工作边）测量；对于尖轨、心轨、叉跟尖轨机加工区段，垂直磨耗自轨头最高点测量；
3. 侧面磨耗在钢轨踏面（按标准断面下16mm）处测量；
4. 磨耗影响转换设备安装时，按重伤处理；
5. 基本轨、翼轨、尖轨、心轨磨耗会影响密贴及轨件高差，磨耗的轻重伤标准应较区间钢轨严格。

高速铁路钢轨头部磨耗重伤标准 **表 2-13**

名称	垂直磨耗（mm）	侧面磨耗（mm）
区间钢轨、导轨	10	12
基本轨、翼轨	8	10
尖轨、心轨、叉跟尖轨	6	8

高速铁路钢轨的伤损类型有很多，下面介绍主要的几种伤损类型。

1）轨头龟裂

轨头龟裂是指在钢轨表面出现细小裂纹（在轨距角踏面处呈斜线状），裂纹间距约为0.5～10mm，连续出现。表面裂纹最初以10°～15°角度向踏面下发展，然后向轨头深处发展，角度越来越大。踏面斜向排列的裂纹向踏面下发展时可能合拢或形成剥离掉块，可能转变为隐伤型（限于轨角处踏面的隐伤），向踏面深处发展可导致钢轨横向断裂。

2）隐伤（又称踏面裂纹或踏面压溃）

隐伤通常发生在直线或大半径曲线地段的钢轨踏面上，特别在高速铁路上出现得比较多。出现隐伤的钢轨，在踏面能观察到呈V形的裂纹，该处踏面比周围表面低，颜色明显发暗，宽度稍宽。隐伤最初的形态是在踏面的内侧圆角处出现表面裂纹，然后与踏面呈较小的角度向内和向运行方向扩展，

同时裂纹上部材料的塑性变形造成踏面局部凹陷，致使轮轨不接触或产生锈蚀，从而使凹陷部位变暗。隐伤与轨头龟裂一样，其与表层金属的塑性变形以及变形层处萌生疲劳裂纹密切相关，本质上属于踏面剥离裂纹类伤损。

3）蜂窝状裂纹

这种裂纹多出现在钢轨中心线与轨头上圆角之间（距中心线大约10～25mm），在较长的波浪磨耗区段则呈周期的簇分布。这种裂纹与波峰的间距为20～100mm，其出现呈周期性。在钢轨表面，蜂窝状群裂纹长度约为5～15mm，与钢轨纵轴夹角约45°，倾斜向下发展与踏面呈20°～30°角。蜂窝状裂纹仅在200km/h及以上的线路上出现，主要在大半径曲线的外轨上，或者交替地出现在直线轨道的两股钢轨上，与钢轨波浪磨耗同时存在。据有关资料介绍，蜂窝状裂纹在钢轨波浪磨耗很小的时候也可能形成，裂纹的增长和新裂纹的产生过程在一定程度上与波浪磨耗的发展相似。在列车高速运行条件下，波峰的前方会产生较大的接触应力，致使这些部位形成蜂窝状裂纹。

4）焊接接头内部缺陷

钢轨焊接接头内部缺陷分闪光焊接头和铝热焊接头内部缺陷。

① 闪光焊接头内部缺陷

闪光焊接头内部缺陷主要是指接头内部存在的灰斑夹杂、疏松等缺陷。这些缺陷都有可能形成裂纹并引起钢轨断裂。灰斑夹杂是指位于焊缝处含有Si、Mn等元素的夹杂物。钢轨闪光焊时，对接焊口金属在高温熔化时形成的氧化物或硅酸盐夹杂物未能完全从焊缝中挤掉而留在焊缝区域，就会形成沿熔化线方向分布的不规则形状块状夹杂物。疏松缺陷是指钢轨对接处的局部金属高温熔化成液态金属。在顶锻时没有被挤出焊口，冷却凝固时发生收缩，由于没有液态金属的补充，就会形成收缩孔洞或形成分散分布的显微缩孔，称为疏松缺陷或疏松裂纹。

② 铝热焊接头内部缺陷

铝热焊接头内部的伤损主要有由于焊接工艺控制不良，焊筋边缘溢流飞边引起的疲劳断裂，以及焊肉组织异常、疏松、气孔、热裂纹和未焊合等缺陷及引起的疲劳和脆性断裂。

当砂模密封不严或焊缝未对正时，浇铸时钢水从缝隙处溢流出，在焊筋边缘的钢轨表面形成溢流飞边，与钢轨表面形成类似疲劳裂纹，并发展成横向断裂。钢水的流失，补缩量的不足，还可能导致在接头最后的冷却凝固部位出现收缩孔、疏松或夹渣等缺陷，造成钢轨的低周疲劳断裂。

当焊剂成分异常时，有可能导致在焊缝区域出现粗大块状铁素体或在焊缝全断面出现马氏体等异常组织，导致钢轨从内部产生疲劳裂纹，或发生脆性断裂。

铝热焊缝处铸造组织在高温状态下及凝固前，受拉应力作用在晶界萌生裂纹并沿晶界或穿晶扩展形成裂纹。热裂纹处组织具有粗晶特征，通常位于焊缝尺寸较大的焊筋中部，沿横向方向扩展，断口有发蓝的氧化色或温度色。

铝热焊接过程中，钢轨端面预热温度不够或钢水的温度偏低时，待焊钢轨端面没有完全被融化，未能实现熔化结合，造成未焊合缺陷。

2. 钢轨的合理使用

由于不同线路的设计等级、速度目标值及轴重、运量、密度等运输条件不同，各线路不同路段的线路条件不同，钢轨的受力状态和服役条件也不同，钢轨科学合理的分级使用尤为重要。在铁道部 1995 年发布的《铁路工务主要技术装备政策》中，除明确指出钢轨的发展方向是重型化、强韧化和纯净化外，还对合理使用钢轨有明确规定。并指出应根据钢轨综合经济效益分析，确定钢轨的合理使用周期，实行钢轨分级使用制度，并积极做好旧轨的整修工作。

（1）钢轨的分级使用

钢轨分级使用包含两个方面的含义：钢轨的二次或多次使用和钢轨在一次使用中的合理倒换使用。

钢轨的二次使用是指钢轨在繁忙线路上运营以后经过旧轨整修，再把它铺设到运量小的铁路上再次使用，可以延长钢轨的使用寿命和提高钢轨的使用效率。重型旧轨的多次使用，可使整个非繁忙线路的设备得到显著加强。在货运密度小的线路上采用重型钢轨，即使是旧轨，也将大大提高线路稳定，并能以较少的材料和劳动力来保证轨道的正常养护。旧轨整修通常分为三类：综合整形轨、一般整修轨和焊接再用长轨条。现代钢轨的高质量、耐久性和可靠性，为钢轨的多次再用提供了可能性。钢轨设备的运营制度应是阶梯式的，随着钢轨承载能力的减弱，将其逐步换到运量较小的区段上使用。

钢轨在一次使用中的倒换使用是钢轨合理使用的另一个方面。我国幅员广阔，铁路线路的条件相差很大，即使在同一区段，不同的轨道结构，钢轨伤损的速率也是不一样的，钢轨寿命的长短差别很大，在同一区段线路上将曲线轨道上下股钢轨倒换使用或直线与曲线钢轨倒换使用，是延长钢轨使用寿命的另一措施。

（2）钢轨整修技术

钢轨整修分厂内修理和现场修理。厂内钢轨修理的主要作业内容有：机械清洗、除锈、钢轨矫直、钢轨全长探伤、钢轨接触面修整、钢轨焊接、钢轨截锯及钻孔等。现场修理则主要是对钢轨接头病害的整修，主要有磨修和焊补两种作业方式。磨修即采用砂轮打磨机消除钢轨轨面不均匀磨耗或焊补掉块、剥离等缺陷后的打磨顺平。随着打磨列车的出现，磨修成为整治钢轨接头病害的主要手段，对于大范围的钢轨表面修理则采用打磨列车作业。焊修轨面目前主要采用氧-乙炔焊、电弧焊和氧-乙炔焰金属粉末喷焊三种技术。当轨面不均匀磨耗、掉块、擦伤等病害接近或大于 1mm 时，应以钢轨的焊补作业为主。

2.2 轨枕

轨枕承受来自钢轨的各向压力，并弹性地传布于道床，同时，能有效地

保持轨道的几何形位，特别是轨距和方向。轨枕应具有必要的坚固性、弹性和耐久性，并能便于固定钢轨，有抵抗纵向和横向位移的能力。

轨枕按其构造及铺设方法可分为横向轨枕、纵向轨枕及短枕等。横向轨枕与钢轨垂直间隔铺设，是一种最常用的轨枕。纵向轨枕一般仅用于特殊需要的地段。短枕是在左右两股钢轨下分开铺设的轨枕，常用于混凝土整体道床。

轨枕按其使用目的分为用于一般区间的普通轨枕、用于道岔上的岔枕、用于无砟桥梁上的桥枕。

轨枕按其材质分主要有木枕、混凝土枕和钢枕等。

我国轨枕在1949年以前和新中国成立初期普遍采用木枕，20世纪50～60年代我国铁路科技工作者开始研制混凝土枕，并铺设于铁路正线，目前已遍及全国各铁路干线。由于我国木材资源紧张，价格不菲（Ⅰ类木枕造价比Ⅱ型混凝土枕高50%左右），混凝土枕已逐步取代木枕。目前，在我国主要干线上，除部分小半径曲线上还存在木枕外，绝大部分线路已铺设混凝土轨枕。钢枕只在我国窄轨铁路上使用过，在初期的提速道岔上，为配合电务转换设备也曾采用。

2.2.1 木枕

木枕是指由木材制成的轨枕，又称枕木。木枕是铁路最早采用而且目前依然被采用的一种轨枕。木枕的主要优点是弹性好，可缓和列车的动力冲击作用；易加工，运输、铺设、养护维修方便；与钢轨联结比较简单；有较好的绝缘性能等。但木枕要消耗大量优质木材，由于资源有限，其价格较贵。木枕的主要缺点是易腐朽、磨损，使用寿命短，这有来自生产工艺水平的原因；其次是由于木材种类和部位的不同，其强度、弹性不完全一致，在机车车辆作用下会形成轨道不平顺，增大轮轨动力作用。

普通木枕标准长度为2.5m，其断面形状分为Ⅰ、Ⅱ两类，用于不同等级的线路上，尺寸公差与断面形状如表2-14所示。用于道岔上的岔枕，其断面较木枕宽，长度从2600mm至4800mm，共分12种，每种长度相差200mm，使用时根据道岔的实际宽度分组选用。用于桥梁上的桥枕，其截面尺寸因主梁（或纵梁）中心间距的大小而不同。

尺寸公差与断面形状（单位：cm） **表2-14**

公差		断面形状及尺寸
种类	限度	
长度	±6	16；18；不限；22 / 15；14.5；不限；20
枕面宽	−0.5	
宽度	±1	
厚度	±0.5	

木枕的使用寿命短，其失效原因很多，主要有腐朽、机械磨损和开裂。木枕腐朽是生物作用的过程，而机械磨损和开裂则是列车反复作用和时干时湿的结果，这三者是互为因果的。木枕一旦腐朽，强度就要降低，同时又会加剧机械磨损和开裂的发展。反过来，木枕一旦出现机械磨损和开裂，木质受到损伤，就为加速腐朽提供了有利条件。为延长木枕使用寿命，应对这三者进行综合治理。

木枕的防腐处理是延长其使用寿命的最有效措施。木枕常用的防腐剂有水溶性防腐剂和油类防腐剂两类，其中以油类防腐剂为主。木枕防腐处理按规定的工艺流程，在一个密封蒸制罐中进行。

木枕除进行防腐处理外，还应采取措施防止机械磨损及开裂的出现。为了减少机械磨损，木枕上必须铺设垫板，并预钻道钉孔。为防止木枕开裂，必须严格控制木枕的含水率，并改善其干燥工艺。一旦出现裂缝，应根据裂缝大小，分别采取补救措施，或用防腐浆膏掺以麻筋填塞，或加钉C形钉、S形钉、组钉板及用铁丝捆扎，使裂缝愈合。

2.2.2 混凝土枕

第二次世界大战后，由于木材资源短缺，世界各国逐渐改用钢筋混凝土轨枕，后改进为预应力混凝土轨枕。

1. 混凝土枕特点及类型

混凝土枕的主要优点是纵、横向阻力较大，提高了线路的稳定性；铺设高弹性垫层可以保证轨道弹性均匀；使用寿命长，可以降低轨道的养修费用；特别是铺设混凝土枕可以节约大量优质木材。用混凝土枕代替木枕已成为轨枕发展的主要方向。

混凝土枕的特点是自重大、刚度大，与木枕线路相比其轨底挠度较平顺，故轨道动力坡度小。但同时也存在列车通过不平顺的混凝土枕线路时，轨道附加动力增大。故对轨下部件的弹性提出了更高的要求，以提高线路抗振能力。

混凝土轨枕按配筋方式分有普通钢筋混凝土枕和预应力钢筋混凝土枕两大类。普通钢筋混凝土枕抗弯能力很差，容易开裂失效，已被淘汰。预应力钢筋混凝土枕因施加一定的预压应力，因而具有抗裂性能好，用钢量少的优点。我国主要采用整体式预应力钢筋混凝土枕，简称混凝土枕（PC枕）。

按照施工方法不同PC枕分为先张法和后张法预应力钢筋混凝土枕两类，配筋材料为钢丝或钢筋。我国主要采用先张法混凝土枕。

为了统一混凝土枕型号及名称，铁道部于1984年颁发了文件，对轨枕的名称作了统一，将混凝土枕分为Ⅰ型、Ⅱ型及Ⅲ型三类。Ⅰ型混凝土枕包括1979年以前研制的弦15B、弦61A、弦65B、69型、79型及1979年以后设计的S-1型、J-1型等；Ⅱ型混凝土枕包括S-2型、J-2型及后来设计的YⅡl-F型、TKG-Ⅱ型等；新研制的与75kg/m钢轨配套的混凝土枕称为Ⅲ型混凝土轨枕。目前Ⅱ型混凝土轨枕为我国的主型混凝土枕。图2-5为J-2型混凝土枕外形尺寸。

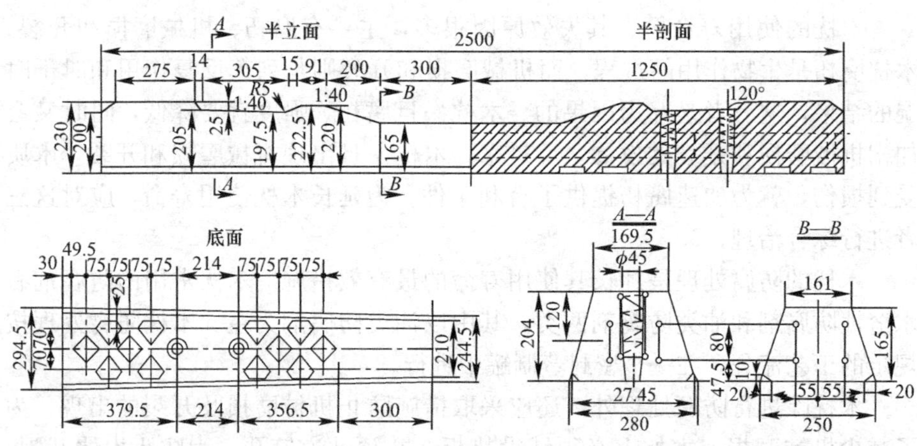

图 2-5　J-2 型混凝土枕（单位：mm）

2. 普通混凝土枕外形及尺寸

混凝土枕结构设计主要取决于其受力状况。轨枕视为支承在弹性基础上的短梁，在钢轨传来的荷载作用下，轨枕底面对轨枕产生反力，轨枕各截面承受弯应力。设计中规定：轨枕截面上部受拉为“－”，下部受拉为“＋”。

混凝土枕受力状况与道床支承条件有密切关系，支承条件有中间不支承、中间部分支承和全支承三种情况，如图 2-6 所示。在不同支承情况下，轨枕截面弯矩的分布是不同的。由图 2-6 中可以看出，轨下截面正弯矩以中间部分不支承时最大，而枕中截面负弯矩则以全支承时最大。

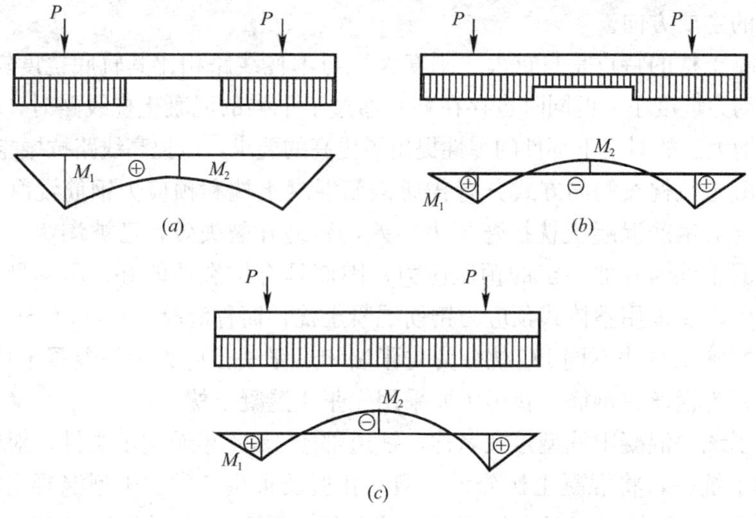

图 2-6　轨枕弯矩与道床支承条件关系图

P—轨枕受到的力；M—轨枕在 P 作用下产生的弯矩

(1) 轨枕形状

混凝土枕截面为梯形，上窄下宽。梯形截面可以节省混凝土用量，减少自重，也便于脱模，如图 2-7 所示。

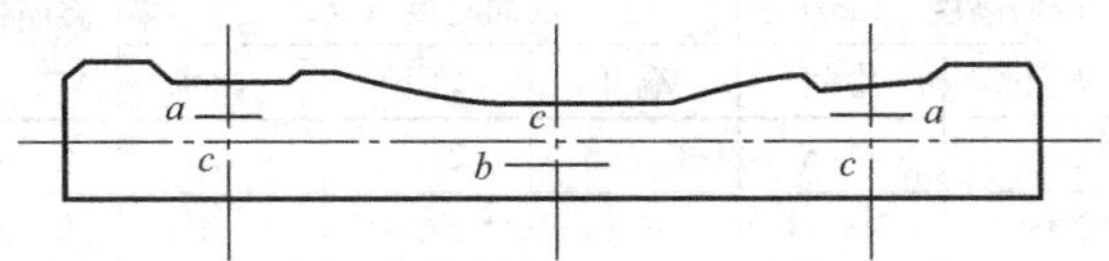

图 2-7 混凝土轨枕配筋重心线示意图

a—轨下截面形心；*b*—中间截面形心；*c*—应力筋重心线

轨枕顶面宽度应结合轨枕抗弯强度、钢轨支承面积、轨下衬垫宽度、中间扣件尺寸等因素进行综合确定。轨枕顶面支承钢轨的部分称为承轨槽，做成 1∶40 的斜面，以适应轨底坡的要求。轨枕底面在纵向采用两侧为梯形、中间为矩形的形状，两端有较大的道床支承面积，以提高轨枕在道床上的横向阻力。当中间部分不支承时，能使钢轨压力 R 与道床反力 q 的合力尽量靠拢，有利于防止枕中截面出现过大的负弯矩。轨枕底面宽度应同时满足减少道床压力和便于捣固两方面的要求。底面上一般还做出各种花纹或凹槽，以增加轨枕与道床间的摩阻力。

(2) 轨枕长度

轨枕长度与轨枕受力状态有关。根据图 2-6 三种不同支承情况，对不同轨枕长度进行计算表明，长轨枕可以减少中间截面负弯矩，但轨下截面上正弯矩将增大，两者互相矛盾，一般应以轨下截面正弯矩与枕中截面负弯矩保持一定比例来确定轨枕的合理长度。混凝土枕长度一般在 2.3～2.7m，我国Ⅰ、Ⅱ型枕长度均为 2.5m。

为适应铁路高速、重载发展的需要，国外向增加轨枕长度的方向发展，在主要干线上普遍采用长度 2.6m 的轨枕。有关试验结果表明，轨枕长度增加有以下优点：可减少枕中截面外荷载弯矩，以提高轨枕结构强度；提高纵横向稳定性和整体刚度，改善道床和路基的工作状况，对无缝线路的铺设极为有利；提高了道床的纵横向阻力，可适当减少轨枕配置根数。我国设计的Ⅲ型轨枕长度有 2.6m 和 2.5m 两种。

(3) 轨枕高度

混凝土枕的高度在其全长是不一致的，轨下部分高些，中间部分矮些。这是因为轨下截面通常在荷载作用下产生正弯矩，而中间截面则在荷载作用下产生负弯矩。而混凝土枕采用直线配筋，且各截面上的配筋均相同，所以配筋的重心线在轨下部分应在截面形心之下，而在中间部分则应在截面形心之上，如图 2-7 所示。对混凝土施加预压应力形成有利的偏心距，使混凝土的拉应力不超过允许限度，防止裂缝的形成和扩展。

(4) 我国混凝土枕现状

我国铁路使用的混凝土枕，随着轨道设计荷载（轴重、速度、通过总重）的增加，轨枕截面的设计承载弯矩也有所加强。在设计中，主要采用提高混凝土等级，增加预应力和截面高度等措施。目前使用的Ⅰ型和Ⅱ型枕，其外形尺寸完全相同，我国混凝土轨枕主要尺寸见表 2-15。

我国混凝土枕主要尺寸　　表 2-15

轨枕类型	混凝土等级	截面高度（mm）		截面宽度（cm）			底面积（cm^2）	质量（kg）	长度（cm）
		轨下	中间	端部	轨下	中间			
Ⅰ	C49	20.2	16.5	29.45	27.5	25	6588	251	250
Ⅱ	C55	20.2	16.5	29.45	27.5	25	6588	251	250
Ⅲ	C60	23.0	18.5		30.0	28.0	7720	320	260

我国的Ⅰ型、Ⅱ型、Ⅲ型枕的主要设计参数见表 2-16。

我国轨枕主要设计参数统计　　表 2-16

轨枕类型	Ⅰ型		Ⅱ型		Ⅲ型	
初始张拉力（kN）	267		327		423	
设计承载弯矩（kN·m）	11.9	−8.0	13.3	−10.5	19.05	−17.30
抗裂弯矩（kN·m）	17.7	11.9	19.3	−14.0	27.90	−22.50
扣件类型	70 型扣板式弹条Ⅰ型		弹条Ⅰ型		a 型枕用弹条Ⅱ型扣件 b 型枕用弹条Ⅲ型扣件	

1）Ⅰ型轨枕

Ⅰ型混凝土轨枕的承载能力是按轴重 21t、最高速度 85km/h、铺设密度 1840 根/km 设计的。随着国民经济和铁路运输发展，我国铁路牵引动力已经发生了很大变化，机车车辆的轴重不断提高，年通过总质量也不断增长，Ⅰ型混凝土枕已不能适应这些外部条件的变化，破损加剧，寿命缩短。因此，Ⅰ型轨枕在我国正线铁路上已逐步被淘汰下道。

2）Ⅱ型轨枕

Ⅱ型轨枕的设计是根据重载线路承受荷载大，重复次数多的特点，采用疲劳可靠性进行设计的。设计标准是年运量 60Mt，轴重机车 25t、货车 23t，最高行车速度 120km/h，铺设 60kg/m 钢轨。与Ⅰ型轨枕相比，轨下截面正弯矩的计算承载能力提高 13%～25%，中间截面正弯矩约提高 8.8%，中间截面负弯矩提高 14%～41%。

Ⅱ型轨枕是目前我国轨枕中强度较高的类型，基本上能适用于次重型、重型轨道。Ⅱ型轨枕的不足是安全储备还不够大，对提高轨道的整体稳定性能力还不足。现场使用情况调查表明，在重型、次重型轨道上使用的Ⅱ型轨枕，在某些区段出现轨中顶面横向裂缝、沿螺栓孔纵向裂缝、枕端龟裂、侧面纵向水平裂缝、挡肩斜裂等情况，轨枕年失效下道率平均约 1.2%。由此可知，Ⅱ型轨枕难以适应重型和特重型轨道的承载条件。为适应强轨道结构的要求，又研制了Ⅲ型轨枕。

3）Ⅲ型轨枕

Ⅲ型轨枕是从 1988 年开始，由铁道部专业设计院、铁道部科学研究院等单位研制的，分有挡肩和无挡肩两种形式。Ⅲ型轨枕分为 a、b、c 三种类型，为适应不同线路的需要，长度有 2.6m 和 2.5m 两种，其结构强度相同。设计参数采用机车（三轴）最大轴重 23t、最高速度 160km/h、轨枕配置 1760 根/km 确定。有挡肩 2.6m 长Ⅲ型轨枕如图 2-8 所示。

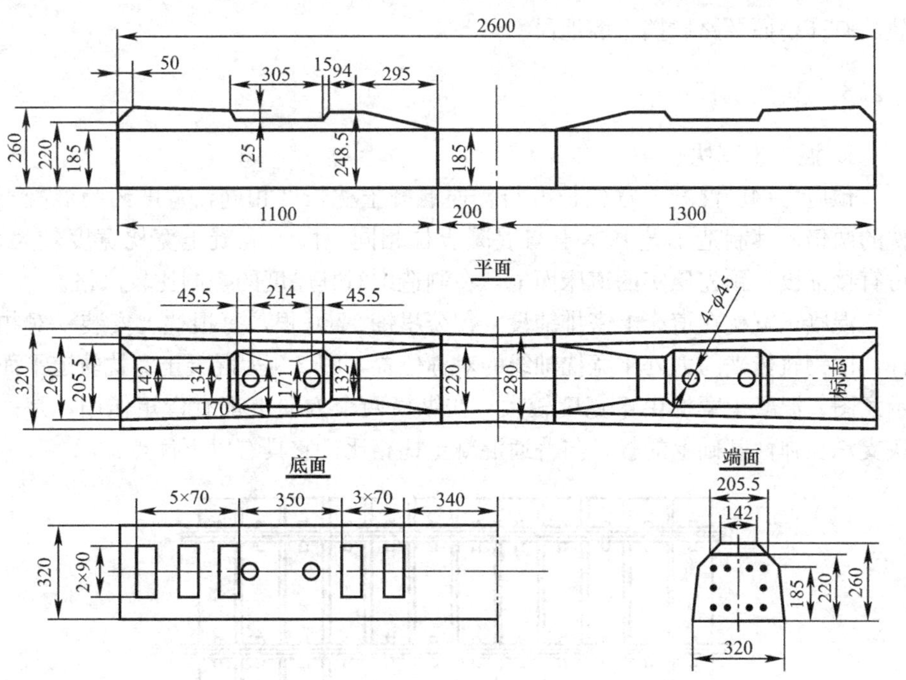

图 2-8　有挡肩 2.6m 长Ⅲ型混凝土枕（单位：mm）

Ⅲ型枕的主要特点：

① 结构合理，强化了轨道结构。由于轨枕长度增加到 2.6m，并适当加宽了枕底，使枕下支承面积约增加了 17%，端侧面积约增加 20%，轨枕质量约增加 31%。因此，可有效提高道床的纵、横向阻力，减缓重载运输所产生的道床累积变形，提高线路的稳定性。

② 轨下和中间截面的设计承载力较Ⅱ型轨枕分别约提高了 43%和 65%，提高了轨枕的强度。

③ 采用无螺栓扣件的扣压力能保持线路稳定。无纵、横向移动，有利于保持轨道的几何形位，减少养护维修工作量。

此外，为适应山区铁路运营条件，对Ⅲ型混凝土轨枕进行了优化设计，在原设计荷载条件下，主要对轨枕挡肩结构及相应的挡板座进行了优化，使挡肩极限承载能力提高一倍以上，有效地解决混凝土枕挡肩易破损的问题。

与此同时，为适应我国高速、重载铁路的大力发展，混凝土Ⅳ型轨枕目前正处于研发阶段。

3. 混凝土岔枕

20 世纪 70～80 年代我国开始研制混凝土岔枕。混凝土岔枕能较好地保持道岔纵横向位置、各部轨距、水平，减少道岔部件应力，保证道岔与区间线路轨下基础刚度基本一致，延长使用寿命。我国 9 号、12 号单开道岔、部分特殊道岔、提速道岔、大号码道岔均配有混凝土岔枕。

4. 混凝土桥枕

混凝土桥枕有一般和宽枕两种，分有护轮轨平直段部分用桥枕和护轮轨梭头部分用桥枕。桥枕预留安装护轮轨扣件的锚固孔，适用于需要铺设护轮轨的有砟桥面及路肩挡土墙地段。

2.2.3 其他轨枕

1. 混凝土宽枕

预应力钢筋混凝土宽枕长度与普通混凝土枕长度相同，宽度约为混凝土枕的两倍。其制造工艺基本上与混凝土枕相同。由于混凝土宽枕宽度较大，可直接铺设在预先压实的道床面上，在制造中对其厚度的控制比较严格。

混凝土宽枕在道床上密排铺设，每公里铺 1760 根，每根枕上安装一对扣件，由钢轨传来的力处于宽枕轴线的对称位置，图 2-9 为混凝土宽枕轨道平面示意图。混凝土宽枕由于宽度较大，在纵横两个方向上都有弯矩作用，是一块支承在弹性基础上的板，与普通混凝土枕相比，它具有以下优点：

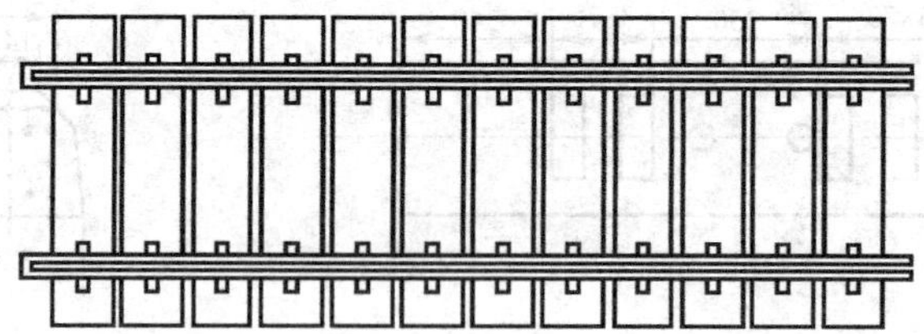

图 2-9 混凝土宽枕轨道平面示意图

(1) 宽枕枕宽 55cm，支承面积较混凝土枕大一倍，使道床的应力大为减少。同时，宽枕与道床接触面积大，道床阻力约增加 80%，提高了轨道横向稳定性，有利于铺设无缝线路。混凝土宽枕自重大，每块约 500kg，可减少道床的振动加速度，在道床压实稳定的前提下，线路变形小，几何形位易于保持，轨道结构得到加强。

(2) 维修工作量减小，一般为混凝土轨枕线路的 1/4～1/2。

(3) 宽枕间的缝隙经封闭后，可以防止雨水、脏物侵入道床，从而有效地保持道床的整洁，延长道床清筛周期。

(4) 外观整洁，便于清扫，适合在长大隧道、大型客货站站场内铺设使用。

我国铁路自 1963 年开始陆续在长大隧道内采用预应力宽轨枕，继而在运输繁忙干线和重载轨道上大量推广使用。如我国在京九复线的老营盘、岐岭、雷公山、金鸡岭等隧道均铺设了宽枕。但随着铁路养路机械化的不断发展，新型轨枕的大量使用，宽枕日常养护难的缺点逐渐显现出来。

2. 弹性轨枕

为了满足在高架桥等刚性混凝土基础上铺设有砟轨道的要求，出现了以降低其轨道刚度，提高轨道弹性，缓和列车冲击作用，减轻道床振动，减少道砟粉化，减轻养路工作量和降低轨道噪声为主要目的的弹性轨枕的轨道结构。

弹性轨枕一般在轨枕底面设置弹性垫层，即在混凝土枕底面粘贴橡胶垫层，如我国铁路既有线铺设的混凝土枕枕下弹性垫板，如图 2-10 所示。日本新干线研发并铺设了除在轨枕底面外，还在轨枕侧面也覆置弹性橡胶层的弹性轨枕，如图 2-11 所示，以降低高速有砟轨道的养护维修工作量及轨道和结构物的振动噪声。

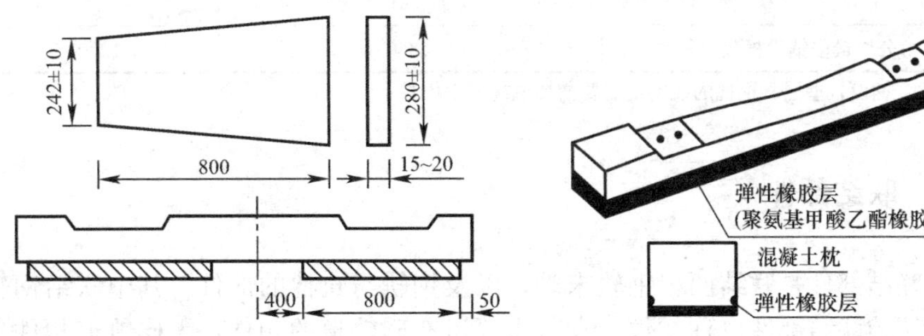

图 2-10　我国铁路Ⅱ型 PC 轨枕下垫板（单位：mm）　　图 2-11　日本新干线弹性轨枕

2.2.4　混凝土枕的铺设数量及布置

轨枕间距与每公里配置的轨枕根数有关。轨枕每公里的铺设标准应根据运量、行车速度及线路设备条件等综合考虑，合理配套，以求在最经济的条件下，轨道具有足够的强度和稳定性。对于运量大、速度高的线路，轨枕应该布置得密一些，以减小道床、路基面、钢轨以及轨枕的应力和振动，同时使线路轨距、轨向易于保持。但也不能太密，太密则不经济，而且净距过小，也会在一定程度上影响捣固质量。

铁路正线有砟轨道采用的轨枕类型及铺设根数，应根据运量、车速及线路设备条件等确定。通常轨枕的铺设数量应按表 2-17 所列标准进行配置。

轨枕类型和配置根数标准　　**表 2-17**

五年内计划通过总重（Mt）			$W_{年}\geqslant 25$	$25>W_{年}\geqslant 25$	$W_{年}<15$
轨枕配置数量（根/km）	木枕		1840	1840～1760	1760～1680
	Ⅱ型混凝土枕		1840	1760	1760～1680
	Ⅲ型混凝土枕	无缝线路（包括高速铁路）	1667		
		普通线路	1680		
	混凝土宽枕		1760	1760	1760

我国《铁路轨道设计规范》TB 10082—2017 规定，部分特殊线路地段应以增加轨枕配置数量的方式予以加强。轨枕加强地段及其铺设数量应符合下列规定：

1. 下列地段应增加轨枕的铺设数量：

（1）半径 $R\leqslant 800$m 的曲线地段（含两端缓和曲线）；

（2）坡度大于 12‰的下坡地段；

（3）长度等于或大于 300m 且铺设木枕的隧道内。

上述条件重叠时只增加一次。

2. 轨道加强地段每公里增加的轨枕数量和最多铺设根数应符合表 2-18 的规定。

每公里增加的轨枕数量和最多铺设根数　　表 2-18

轨枕类型	Ⅱ型混凝土轨枕	木枕
每公里增加的轨枕数量（根）	80	160
每公里最多铺设根数（根）	1840	1920

注：铺设Ⅲ型混凝土枕的线路不需要增加轨枕铺设根数。

2.3　联结部件

联结部件是联结两根钢轨末端，以及钢轨与轨枕的部件。其中联结钢轨与轨枕的联结部件也称扣件。本节主要讲有砟轨道的扣件，无砟轨道扣件见本章第2.5节，城市轨道交通扣件见第8章。

2.3.1　接头联结部件

轨道上钢轨与钢轨之间用夹板和螺栓联结，称为钢轨接头。理想的钢轨接头应满足以下要求：

（1）在接头范围内，钢轨能像其他部位一样，承受列车通过时作用于其上的垂直力和横向力，即在荷载作用下，接头范围内钢轨挠曲的形状和大小与非接头部位相同。

（2）钢轨热胀冷缩时，接头处的钢轨端部应能作一定程度的移动。

（3）接头部件数量很大，应能采用轧、锻、铸等工艺进行大量生产。

接头处轮轨动力作用大，相应的养护维修工作量大。因此，钢轨接头是轨道结构的薄弱环节之一。

钢轨接头的联结形式按其相对于轨枕位置，可分为悬空式和承垫式两种。按两股钢轨接头相互位置，可分为相对式和相错式两种。我国一般采用相对悬空式，即两股钢轨接头左右对齐，同时位于两接头轨枕间。

钢轨接头按其性能可分为普通接头及异型联结、绝缘接头、导电接头、伸缩接头、冻结接头，以及安全保护装置等特种接头。

1. 普通接头

（1）普通接头联结部件

普通接头联结部件由接头夹板、接头螺栓、弹簧垫圈等组成。

1）接头夹板

夹板是承受弯矩、传递纵向力、阻止钢轨伸缩的重要部件，要求有一定的垂直和水平刚度及足够的强度。夹板的形式很多，在我国线路上曾经使用平板式、角式、吊板式及双头式等，分别如图2-12（*a*）、（*b*）、（*c*）、（*d*）所示。

目前我国主要采用斜坡支承双头对称型夹板，简称双头式夹板。如图2-13所示为我国60kg/m钢轨用夹板图。

双头式夹板的优点是在竖直荷载作用下，具有较大的抵抗挠曲和横向位移的能力。夹板的上下两面均有斜坡，能楔入轨腰空间，但不贴住轨腰。当

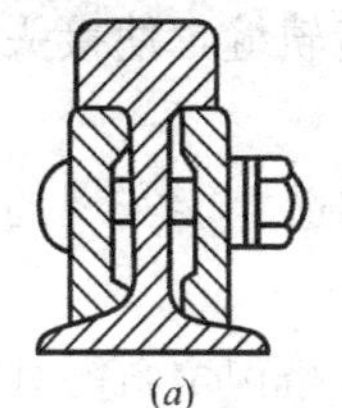

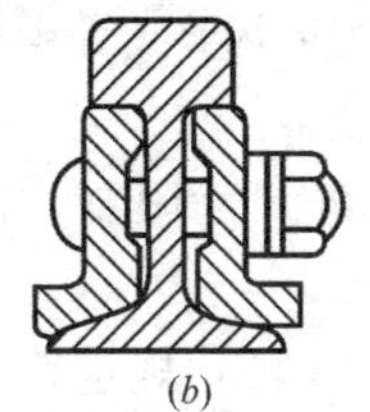

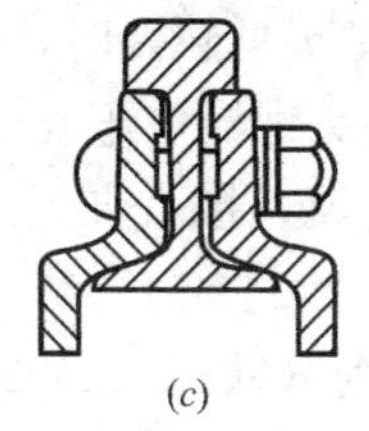

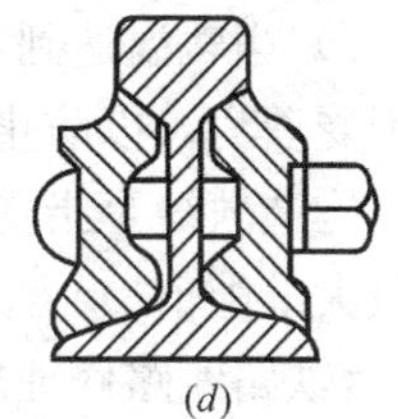

图 2-12　接头夹板

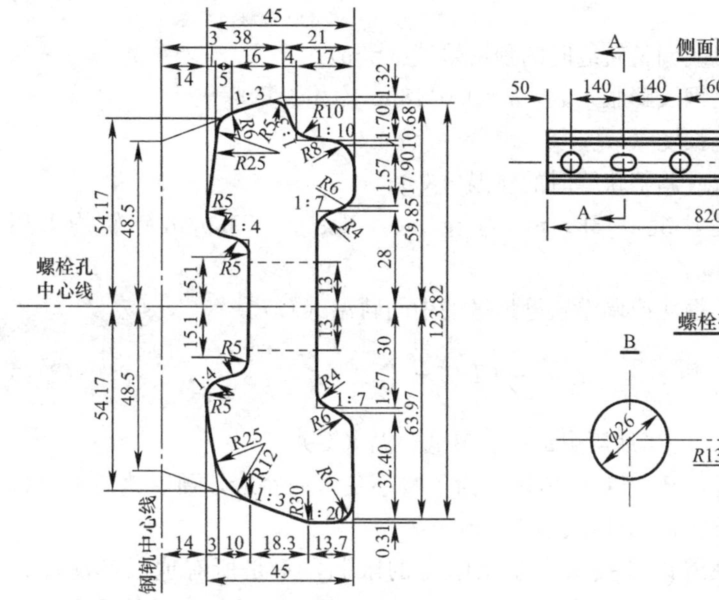

图 2-13　我国 60kg/m 钢轨用夹板图（单位：mm）

夹板稍有磨耗，以致联结松弛时，仍可重新旋紧螺栓，保持接头联结牢固。每块夹板上有螺栓孔 6 个，圆形孔与长圆形孔相间。圆形螺栓孔的直径较螺栓直径略大，长圆形螺栓孔的长径较螺栓头下突出部分的长径略大。依靠钢轨圆形螺栓孔直径与螺栓直径之差，以及夹板圆形螺栓孔直径与螺栓直径之差，使接头处钢轨端部能作一定程度的移动，得到所需要的预留轨缝值。

2）接头螺栓、螺母及弹簧垫圈

接头螺栓、螺母是用来夹紧夹板和钢轨的配件，垫圈是为了防止螺栓松动。螺栓根据其机械性能分级，我国螺栓划分为 8.8 和 10.9 级两个等级，其抗拉强度相应为 830MPa 和 1040MPa。接头螺栓的扭矩应达到表 2-19 的规定，扭矩不得低于规定值 100N·m。

（2）钢轨轨缝及设置

为适应钢轨热胀冷缩的需要，在钢轨接头处要预留轨缝。预留轨缝应满足如下的条件：

1）当轨温达到当地最高轨温时，轨缝应大于或等于零，使轨端不受挤压，以防温度压力太大而胀轨跑道；

2）当轨温达到当地最低轨温时，轨缝应小于或等于构造轨缝，使接头螺栓不受剪力，以防止接头螺栓拉弯或拉断。

构造轨缝是指受钢轨、接头夹板及螺栓尺寸限制，在构造上能实现的轨端最大缝隙值。

《铁路线路修理规则》（铁运［2006］146号）规定普通线路预留轨缝计算公式为：

$$a_0 = \alpha L(t_z - t_0) + \frac{1}{2}a_g \tag{2-1}$$

式中 a_0——换轨或调整轨缝时的预留轨缝（mm）；

α——钢轨钢线膨胀系数，α=0.0118mm/(m·℃)；

L——钢轨长度（m）；

t_0——换轨或调整轨缝时的轨温（℃）；

a_g——构造轨缝，43kg/m、50kg/m、60kg/m、75kg/m钢轨均采用18mm；

t_z——更换钢轨或调整轨缝地区的中间轨温（℃）。

$$t_z = \frac{1}{2}(T_{max} + T_{min}) \tag{2-2}$$

式中 T_{max}、T_{min}——当地历史最高、最低轨温（℃）。

对于年轨温差小于85℃的地区，为了减小冬季的轨缝，预留轨缝可以将式（2-1）计算得到的结果再减小1～2mm。

由于受构造轨缝以及接头和基础阻力的限制，不是所有地区都能铺设25m长的钢轨。根据轨温-轨缝变化规律，在确定的构造轨缝以及接头和基础阻力情况下，以T_{max}时轨缝$a_{min}=0$，T_{min}时轨缝$a_{max}=a_g$为条件，可以得到允许铺轨的年轨温差为［ΔT］的地区：

$$[\Delta T] = \frac{a_g + 2C}{\alpha L} \tag{2-3}$$

式中 ［ΔT］——允许铺轨年轨温差（℃）；

C——接头阻力和道床阻力限制钢轨伸缩量（见表2-19），(mm)。

由式（2-3）计算可知，对于12.5m长钢轨，铺设地区不受年轨温差的限制；对于25m长钢轨，［ΔT］=101.7℃，近似地只能在年轨温差100℃以下地区铺设。对于年轨温差大于100℃的地区应个别设计。

接头螺栓扭矩表 **表2-19**

项目	单位	25m长钢轨						12.5m长钢轨	
		最高、最低轨温差>85℃			最高、最低轨温差≤85℃				
轨型	kg/m	60及以上	50	43	60及以上	50	43	50	43
螺栓等级	—	10.9	10.9	8.8	10.9	8.8	8.8	8.8	8.8
扭矩	N·m	700	600	600	500	400	400	400	400
C值	mm	6			4			2	

在允许铺轨的最大年温差范围［ΔT］内，并不是在所有的轨温下都能铺设，在年轨温差 ΔT 大的地区，当在接近 T_{max}（或 T_{min}）的轨温下铺轨后，轨温达到 T_{min}（或 T_{max}）时，轨缝就不能满足 $a_{max} \leqslant a_g$（或 $a_{min} \geqslant 0$）的要求，因此必须限制其铺轨温度。为此，可用式（2-1）中 a_0 作为预留轨缝，并考虑铺轨后检查轨缝计算方便，将铺轨轨温上、下限定为：

允许铺轨轨温上限：

$$[t_{0s}] = t_z + \frac{a_g}{2\alpha L} \tag{2-4a}$$

允许铺轨轨温下限：

$$[t_{0x}] = t_z - \frac{a_g}{2\alpha L} \tag{2-4b}$$

对于 25m 长的普通线路，$a_g = 18$mm，可以求得 $\frac{a_g}{2\alpha L} = 30.5$℃。因此，《铁路线路修理规则》(铁运［2006］146 号）规定，应当在（t_z-30）～（t_z＋30)℃范围内铺轨或调整轨缝。

2. 特种钢轨接头

(1) 不同类型钢轨的联结

铁路等级不同，以及同一级别线路的正线、到发线和站线从技术经济方面考虑，通常采用不同类型的钢轨，由此出现了不同类型钢轨的联结问题。常规采用的联结方式有：异型夹板联结和异型钢轨联结，如图 2-14 所示。

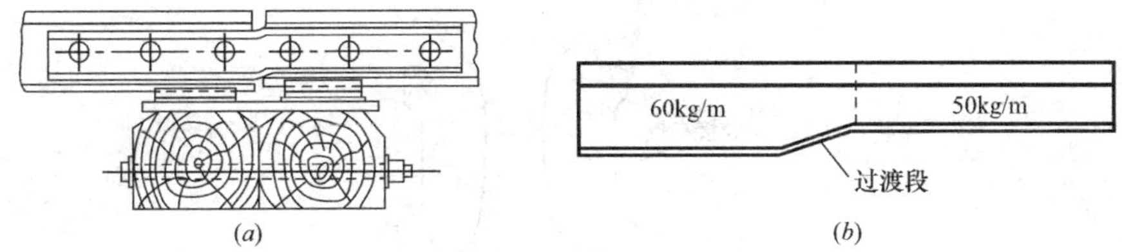

图 2-14　不同类型钢轨的联结

(a) 异型夹板接头；(b) 异型钢轨示意图

1) 异型夹板联结

采用异型夹板联结两种不同类型的钢轨时，异型夹板的一半应与一端同型钢轨断面相吻合，另一半则与另一端钢轨断面相吻合。联结时应使两轨工作面轨距线与轨顶最高点水平线相吻合。我国铁路规定，异型钢轨的联结，均采用双枕承垫式接头，并在双枕接头木枕上铺设异型垫板。由于异型夹板在使用中可靠性不高，我国已不再使用。

2) 异型钢轨联结

异型钢轨两端使用各自标准的接头夹板，联结不同型号的钢轨。一般要求其过渡段不短于 150mm。异型钢轨按制造方法可分为焊接式异型钢轨与整体锻造式异型钢轨。焊接式异型钢轨由于焊缝的存在，其综合性能常低于母材，容易产生过烧、灰斑、焊不透等缺陷。整体锻造式异型钢轨是采用千吨以上的压力机，在 800～1200℃高温状态下直接将重型钢轨一端全部加热锻压

为较轻型钢轨的尺寸，比焊接式异型钢轨综合性能高。但由于锻压需高温，钢轨金相组织有较大改变；同时还需要千吨以上的压力机，一次性投资较大。我国铁路线路上不同类型钢轨联结主要采用整体锻造式异型钢轨。

(2) 绝缘接头

在自动闭塞区段上，绝缘接头是轨道电路的重要组成部分，它设于闭塞分区两端的钢轨接头处。它的作用是保证轨道电路在闭塞分区之间的互相隔断。目前采用的绝缘接头主要有普通高强绝缘接头和胶接绝缘接头，如图 2-15 所示。

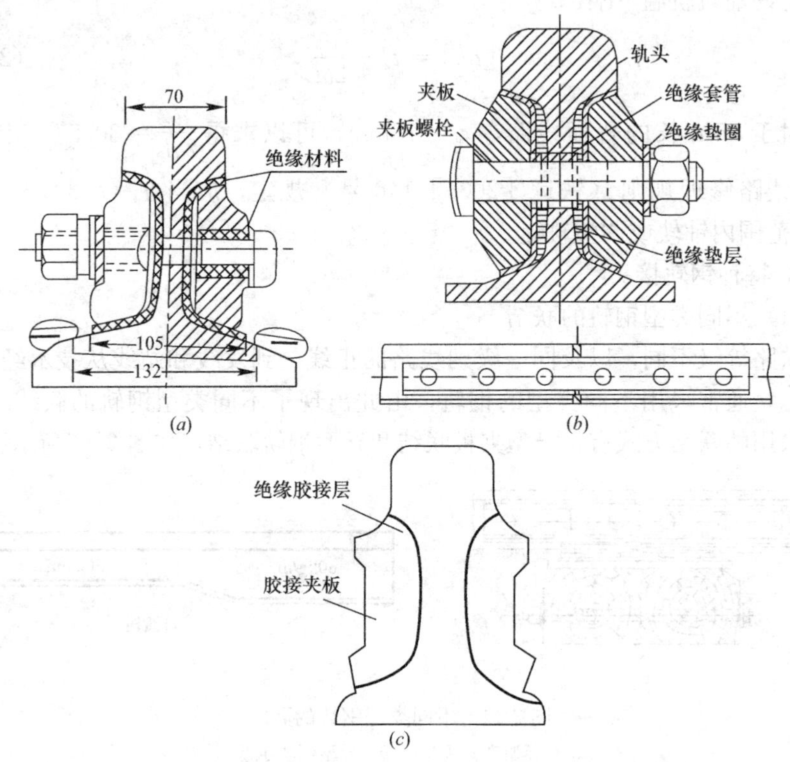

图 2-15 钢轨绝缘接头（单位：mm）

(a) 普通高强绝缘接头；(b) 胶接绝缘接头；(c) 全断面夹板

1) 普通高强绝缘接头

它由高强度绝缘螺栓、高强性能垫圈、高强钢平垫、槽型绝缘板及绝缘套管等组成。

2) 胶接绝缘接头

它是适应跨区间无缝线路取消缓冲区的要求而采用的一种钢轨绝缘接头，主要由绝缘垫层、夹板与胶接层组成。在接头钢轨的端部与侧面要加垫具有足够强度的绝缘垫层和套管，以保证轨道电路绝缘。

胶接绝缘接头的夹板是联结钢轨的重要部件。它既保留了联结螺栓，又用胶粘剂把钢轨与夹板胶接在一起。因此要求钢轨与夹板的接触面积要尽量加大，以增大胶接面积，提高接头的承载能力。故此，胶接绝缘接头的夹板大都采用特制的大接触面积的夹板，或采用扩大与钢轨接触面的改造型夹板。钢轨接头螺栓采用高强度螺栓，使粘胶加压固化，增强绝缘接头夹板抗剥离性能。

胶接层由胶粘剂和多层玻璃纤维布层积而成，可由工厂预制，也可在现场就地层积成胶接层。它要求胶粘剂具有较高的抗剪强度和抗剥离强度，而且要能承受冲击、振动和疲劳荷载的作用，并具有绝缘性。胶粘剂的主要成分有基料、固化剂、增韧剂等。根据施工的环境条件，目前有两种胶粘剂被广泛使用：一种是常温固化胶粘剂；另一种是加热固化胶粘剂。常温固化胶粘剂的基料是聚合树脂，加热固化胶粘剂的基料为环氧树脂。两种胶粘剂都可以用于现场胶接工艺及工厂胶接工艺。现场进行胶接以采用常温固化胶接剂为好。

(3) 导电接头

在自动闭塞及电力牵引区段，信号电流和牵引电流都要依靠钢轨传导，所以在钢轨接头处，必须设置两轨间的导电装置。导电连接装置目前有两种：塞钉式和焊接式，如图 2-16 所示。

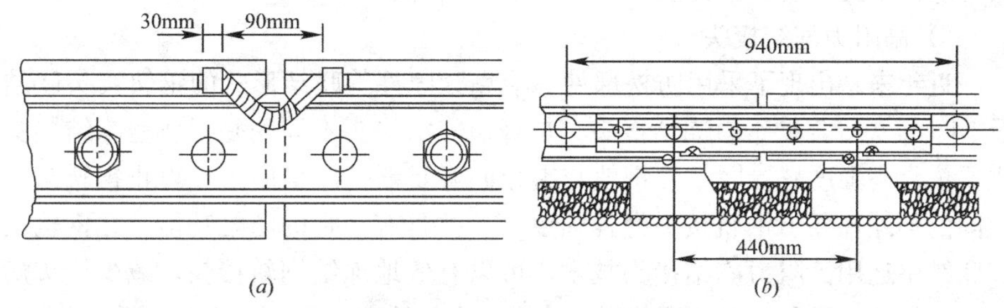

图 2-16 导电连接装置

(a) 焊接式；(b) 塞钉式

塞钉式连接装置一般称为塞钉式轨端接续线，它由两条直径 5mm 左右的镀锌铁线组成，铁线两端插入截头锥形的插销中，插销则插入轨腰上孔径为 10～11mm 的圆孔中。

焊接式轨端接续线的导电连接装置由一条断面 100mm^2 左右的钢丝索组成，其两端焊接于轨道外侧头部的钢套中（两钢套之间的距离为 90＋30×2＝150mm，钢丝索的拉直长度为 200mm），以免钢轨在严寒季节冷缩时将其拉断，并防止个别钢丝因车轮通过时所发生振动而折断。

为保证牵引电流可由钢轨通过，并使其电阻为最小，焊接式轨端接续线最好设于电力牵引区段上。

(4) 伸缩接头

伸缩接头是为了保持钢轨伸缩时其轨缝变化不致过大，以维持线路通顺的装置。钢轨的伸缩主要由于温度变化引起，故伸缩接头又称钢轨温度调节器。伸缩接头由基本轨与尖轨相贴组成，基本轨及尖轨安装在共同的长垫板上，并用特制的轨撑及扣板将基本轨与尖轨保持在正确的位置上，如图 2-17

所示。尖轨固定不动，基本轨向轨道外侧伸缩。

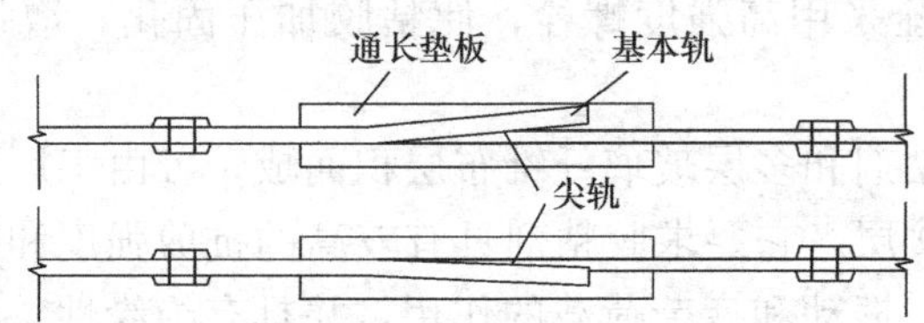

图 2-17 钢轨伸缩接头

(5) 冻结接头

冻结接头是采用夹板与高强度螺栓联结钢轨，使轨端密贴或预留小轨缝，将钢轨锁定阻止其伸缩的一种接头形式。目前国内外采用的钢轨接头冻结方式主要有以下两种。

1) 普通冻结接头

普通冻结接头是采用特制垫片，塞入钢轨螺栓孔空隙中，使钢轨接缝密贴而阻止钢轨自由伸缩的一种钢轨联结方式，如图 2-18 所示。因普通冻结接头可靠性不好，现已不再使用。

2) 高阻力冻结接头

近年来，出现了采用防松部件、哈克紧固件等联结形式的钢轨接头联结及 MG 接头等新型钢轨冻结接头。与普通冻结接头不同的是，新型冻结接头主要依靠高强度螺栓联结使钢轨与夹板间有足够的摩擦阻力，阻止钢轨与夹板间的伸缩，要求钢轨接头螺栓强度高，并具有一定的防松功能。在钢轨接头联结中运用高阻力冻结接头技术，可以有效地冻结钢轨接头，减少接头病害，冻结后的线路可以按照普通无缝线路进行管理。

(6) 减振接头

减振接头又称承越式接头，是指把线路外侧夹板中间部分加高至与钢轨头部持平，当车轮通过轨缝时，减振夹板的顶面与钢轨顶面同时接触车轮，因减振夹板的刚度大，可减小车轮通过轨缝的折角和台阶，减缓车轮的冲击振动，使车轮能平顺过渡，达到减振的效果，如图 2-19 所示。

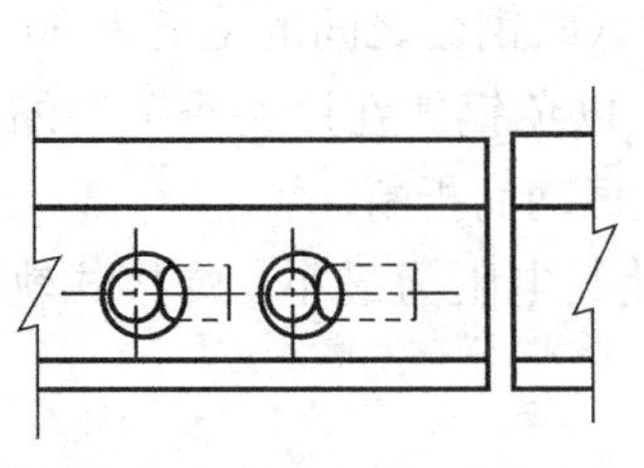

图 2-18 普通冻结接头

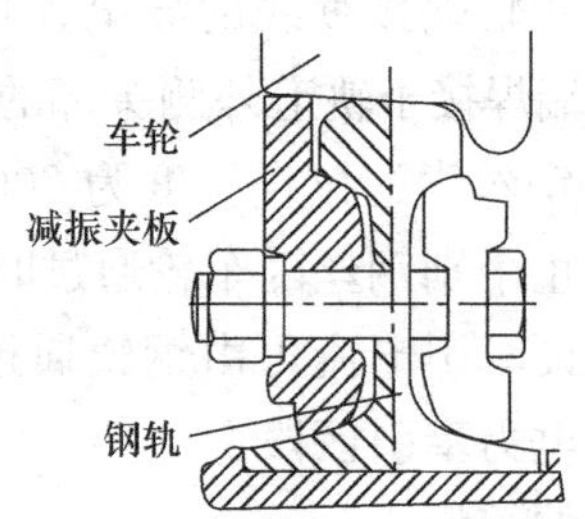

图 2-19 钢轨减振接头

(7) 预防断裂安全装置

针对无缝线路钢轨及焊缝处易断裂这一现象，目前又研究开发了预防钢轨及焊缝断裂的安全装置。该装置的特点是不在钢轨及夹板上打眼，不采用鼓包夹板，而是通过胶粘剂来提高伤损钢轨及焊缝处的强度。该装置不仅在胶粘剂上有所创新，而且在结构上设计合理，不影响轨道结构的框架刚度和扣件的扣压力。

此外，还有用于线路钢轨出现重伤时，临时加固所采用的钢轨急救保护器和鼓包夹板等。

2.3.2 扣件

1. 扣件功用及基本要求

(1) 扣件的功用

扣件是联结钢轨与轨枕的重要部件，其作用是保持钢轨在轨枕等轨下基础上的正确位置及钢轨与轨枕的可靠联结，阻止钢轨的纵横向移动，为轨道结构提供一定的弹性，减轻振动，延缓轨道残余变形累积。因此扣件不仅要具备足够的强度和扣压力，还应具有良好的弹性和一定的调整能力。扣件类型不同，使用范围也不同。只有根据不同轨道类型合理选用不同类型的扣件，才能充分发挥扣件的性能，达到经济合理的目的。

(2) 扣件的分类

扣件根据其结构可有以下分类方法：

1) 按扣压件区分：有板式、条式和片式之分；

2) 按承轨槽区分：有挡肩和无挡肩之分；

3) 按轨枕区分：有木枕扣件和混凝土枕扣件之分；

4) 按轨枕、垫板及扣压件的联结方式区分：有不分开式和分开式之分。

以上各类型扣件我国铁路均有铺设。

(3) 轨道结构对扣件的一般要求

1) 在各类运营条件下，具有较强的保持轨距的能力。由钢轨和轨枕组成的轨道框架完全由钢轨扣件联结，因此扣件必须保证框架几何特征的稳定，防止钢轨倾翻和轨距扩大，同时，还要保证轨道框架的弯曲刚度和扭转刚度，使轨道有足够的抗变形能力，始终保持良好的几何形位。

2) 具有足够的防爬阻力，适用较大的运营温度范围和较大的轴重范围，维持轨道的稳定性。在列车荷载作用下，钢轨受到碾压存在沿轨枕产生位移的可能性，如果钢轨产生爬行，会引起诸多线路病害。特别是无缝线路区段，钢轨爬行会使锁定轨温发生变化，因此扣件必须具备足够的扣压力，轨道框架才能充分发挥作用。但是，扣压力必须适度，过大的扣压力会使垫层弹性下降和弹条损伤。

3) 具有较高的弹性，以减少振动。扣件弹性对减振和隔振具有重要作用，既能减小对下部基础的冲击作用，也能有效提高乘坐的舒适性。特别是后者，研究认为，弹性体距离车轮越近，对行车平稳性越有利。扣件的弹性是通过垫板弹性实现的。这就要求扣压件的弹性与弹性垫板的弹性相匹配。当列车通过时，垫板被压缩，扣压件应有足够的弹性紧扣钢轨；列车通过后，垫板恢复原状，扣压件也紧扣钢轨恢复原位，从而形成扣件的跟随性。

4）具有较大的调高能力和调距能力。为克服由于基础工程施工误差、桥梁徐变上拱、桥墩不均匀沉降和路基不均匀沉降等原因造成的轨道不平顺，要求扣件系统必须具备较大的调整钢轨高低和左右位置的能力。

5）具有良好的电绝缘性能和适应气候性能。为保证行车的绝对安全，钢轨扣件应具有良好的绝缘性能，确保轨道电路的正常工作，减少迷流的影响。扣件大多处于露天条件，气候条件复杂多变，需要具有良好的气候适应性。

2. 木枕扣件

木枕扣件主要有分开式和混合式两种。

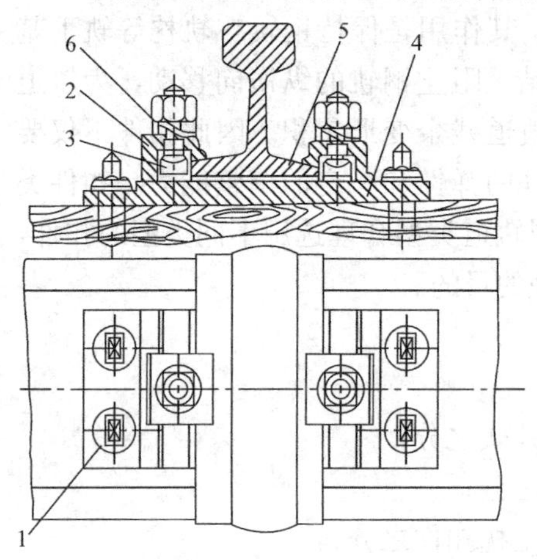

图 2-20　木枕分开式扣件

1—螺纹道钉；2—扣轨夹板；3—底脚螺栓；4—铁垫板；5—木垫板；6—弹簧垫圈

分开式扣件如图 2-20 所示，它将钢轨和垫板、垫板和木枕分别联结起来。由图可见，它是用 4 个螺纹道钉联结垫板与木枕，两个底脚螺栓扣压钢轨与垫板，其道钉和底脚螺栓构成“K”形，故又称 K 式扣件。分开式扣件扣压力大，可有效防止钢轨爬行。其缺点是零件多，用钢量大，更换钢轨麻烦。分开式扣件主要用在桥上线路。

混合式扣件如图 2-21 所示，零件有道钉和五孔双肩铁垫板。混合式扣件是我国铁路木枕轨道上使用最广泛的一种扣紧方式。它除用道钉将钢轨、垫板和木枕一起扣紧外，还另用道钉将垫板与木枕单独扣紧。这种扣紧方式可减轻垫板的振动，且零件少，安装方便，其缺点是钢轨受荷载向上挠曲时，易将道钉拔起，降低扣着力。

3. 混凝土枕扣件

混凝土枕由于重量大、刚度大，因而对扣件性能要求较高，对其扣压力、弹性和可调性均有较严格要求。

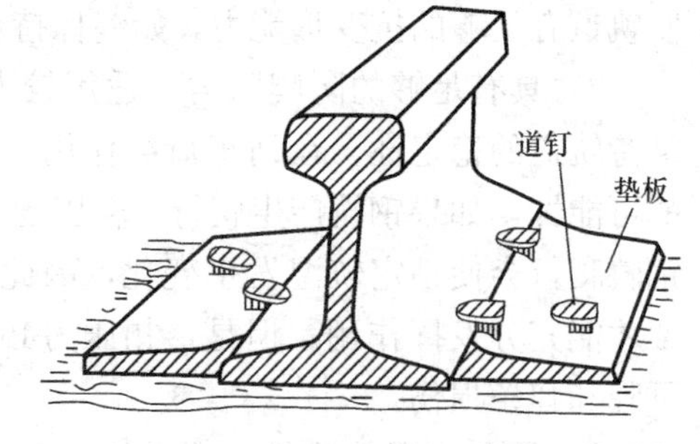

图 2-21　木枕混合式扣件

我国混凝土枕扣件在初期主要使用扣板式和拱形弹片式两种。拱形弹片式扣件由于其拱形弹片强度低，扣压力小，易引起变形甚至折断，在主要干线上已被淘汰。目前我国混凝土枕主要采用不分开式弹性扣件。现场的多年使用实践证明，采用弹性扣件可提高轨道强度，并显著减少现场的养护维修工作量。

下面介绍我国常用的几种混凝土枕扣件类型。

（1）弹条Ⅰ型扣件

弹条Ⅰ型扣件主要由ω形弹条、螺旋道钉、轨距挡板、挡板座及弹性橡胶垫板等组成。图 2-22 为 60kg/m 钢轨弹条Ⅰ型扣件。

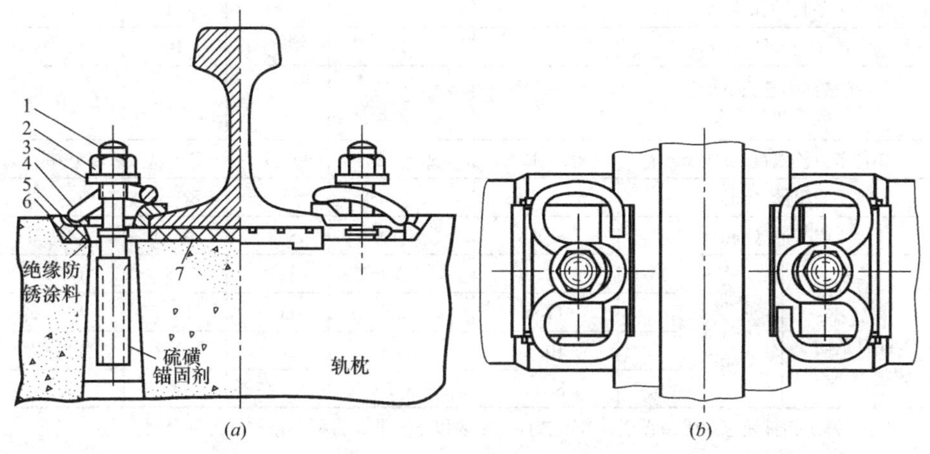

图 2-22　弹条Ⅰ型扣件

1—螺纹道钉；2—螺母；3—平垫圈；4—弹条；5—轨距挡板；6—挡板座；7—橡胶垫板

弹条用于弹性扣压钢轨，要求保持一定的扣压力及足够的强度。弹条由直径 13mm 的 $60Si_2Mn$ 或 $55Si_2Mn$ 热轧弹簧圆钢制成。弹条有 A、B 两种型号，其中 A 型弹条较长。对于 50kg/m 钢轨除 14 号接头轨距挡板安装 B 型弹条外，其余均安装 A 型弹条。60kg/m 钢轨则一律安装 B 型弹条。

不同号码的挡板与挡板座配合使用，可用来调整轨距。表 2-20 以 60kg/m 钢轨为例，说明轨距挡板与挡板座号码的配置及调整轨距的关系。

弹条Ⅰ型扣件轨距挡板及挡板座号码配置　　表 2-20

轨型 (kg/m)	钢轨侧磨 (mm)	轨距 (mm)	左股钢轨				右股钢轨			
			外侧		内侧		外侧		内侧	
			挡板座号	挡板号	挡板座号	挡板号	挡板座号	挡板号	挡板座号	挡板号
60	4	(1435)	4	10	2	2	2	6	4	10
	2	(1435)	2	10	4	4	2	6	4	10
	0	1435	2	10	4	4	4	6	2	10
		1437	4	6	2	2	4	6	2	10
		1439	4	6	2	2	2	10	4	6
		1441	2	6	4	4	2	10	4	6
		1443	2	6	4	4	4	10	2	6

弹条Ⅰ型扣件弹性好、扣压力损失较小，能较好保持轨道几何形位，使用效果好，主要技术性能均优于扣板式扣件。弹条Ⅰ型扣件主要技术性能指标见表 2-21，目前已成为我国混凝土枕线路主型扣件，适用于标准轨距铁路直线及半径 $R \geqslant 300$m 的曲线地段，与 50kg/m、60kg/m 钢轨相联结。

混凝土轨枕扣件技术性能 表 2-21

扣件类型			弹条Ⅰ型扣件（A型弹条）	弹条Ⅰ型扣件（B型弹条）	弹条Ⅰ型调高扣件	弹条Ⅱ型扣件	弹条Ⅲ型扣件
单个弹条初始扣压力（kN）			>8	9	>8	≥10	≥11
弹性变形量（mm）			9	8	9	10	13
抗横向力能力（kN）（疲劳200万次）			60	60	60	70	70
扣件节点静刚度（kN/mm）			90～120	90～120	90～120	60～80	60～80
调距量（mm）			−4～+8	−4～+8	−4～+8	−8～+12	−8～+4
调高量（mm）			≤10	≤10	≤20	≤10	0
一套（半根轨枕）扣件的防爬阻力（kN）	垫板压缩量（mm）	0	12.0	14.3	12.8	16	17.6
		1.5	11.5	12.6	11.5	13.6	16.0
		3.0	10.1	10.9	10.1	11.2	14.3
		5.0	8.36	8.7	8.36	8	12.1

注：弹条扣件还包括弹条Ⅳ型、Ⅴ型扣件，本表以Ⅰ、Ⅱ、Ⅲ型弹条扣件为例介绍。

随着高速、重载铁路运输的发展，对于重型和特重型轨道，弹条Ⅰ型扣件已显能力不足，主要表现在以下方面：弹条的扣压力不足及弹程偏小。弹条的扣压力和弹程的乘积，是衡量弹条性能优劣的重要指标，直接影响弹条扣压力的稳定性和防松能力。弹条有效扣压力减小，可降低防爬能力；弹条设计安全强度储备不足，不能适应重载需要，弹条损坏较多。在曲线地段，当弹条松动时扣件就沿混凝土枕挡肩上滑，引起挡肩破损和轨距扩大。因此，目前规定在最高行车速度小于或等于120km/h的重型及以下轨道中可使用弹条Ⅰ型扣件。

（2）弹条Ⅱ型扣件

弹条Ⅱ型扣件是在弹条Ⅰ型扣件的基础上开发的，除弹条外，其余部件与弹条Ⅰ型扣件相同，仍为带挡肩、有螺栓扣件。在原使用弹条Ⅰ型扣件地段，可用弹条Ⅱ型扣件弹条更换原Ⅰ型扣件弹条。

设计参数：单个弹条扣压力不小于10kN，弹程（即弹性变形量）不小于10mm，分别比Ⅰ型扣件提高约30%；组装扣件承受横向疲劳荷载70kN，在荷载循环200万次后，各部件不得损坏。主要技术性能见表2-21。

为了提高弹条的强度和扣压力，选用了优质弹簧钢$60Si_2CrVA$作为Ⅱ型弹条的材料，屈服强度和抗拉强度分别比Ⅰ型弹条提高了42%和36%。在弹条优化设计的基础上，最后确定弹条的直径不变，与Ⅰ型扣件相同，仍为13mm。弹条Ⅱ型扣件具有扣压力大、强度安全储备大、残余变形小等优点。其适用于Ⅱ或Ⅲ型混凝土枕的60kg/m钢轨线路。

轨距的调整仍用轨距挡板和挡板座的不同号码相互调配。

（3）弹条Ⅲ型扣件

弹条Ⅲ型扣件是无螺栓无挡肩扣件。无螺栓无挡肩扣件是世界各国轨枕扣件发展的趋势，特别适用于重载大运量、高密度的运输条件。

图 2-23 为弹条型Ⅲ扣件，它由弹条、预埋铁座、绝缘轨距块和橡胶垫板组成。弹条Ⅲ型扣件适用于标准轨距铁路直线或半径 $R>350$m 的曲线，铺设 60kg/m 钢轨和Ⅲ型无挡肩混凝土枕的无缝线路。

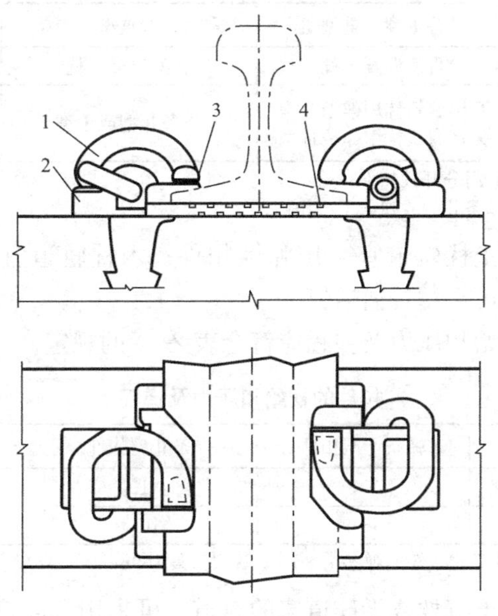

图 2-23 弹条Ⅲ型扣件

1—弹条；2—预埋铁座；3—绝缘轨距块；4—橡胶垫板

弹条Ⅲ型扣件的主要技术性能指标见表 2-21。扣件抗横向水平力的能力：静态为 100kN，动态为 70kN（荷载循环 2.0×10^6 次）；预埋铁座抗拔力不小于 60kN。

轨距的调整用不同号码的绝缘轨距块配置。绝缘轨距块的号码有 7～9 号和 11～13 号两种。不同轨距调整时绝缘轨距块号码的配置见表 2-22。

不同轨距调整时绝缘轨距块号码配置　　　　表 2-22

轨距调整量(mm)	左股钢轨		右股钢轨	
	外侧	内侧	外侧	内侧
－8	13	7	7	13
－6	13	7	9	11
－4	11	9	9	11
－2	11	9	11	9
0	9	11	11	9
＋2	7	13	11	9
＋4	7	13	13	7

弹条Ⅲ型扣件具有扣压力大、弹性好等优点，特别是取消了混凝土枕挡肩，从而消除了轨底在横向力作用下发生横移导致轨距扩大的可能性，因此保持轨距的能力很强，又由于取消了螺栓联结方式，大大减小了扣件养护工作量。

4. 扣件的使用条件

（1）正线轨道使用的扣件应符合表2-23的规定。

扣件类型 **表2-23**

轨道类型	特重型、重型	重型、次重型及中型	轻型
轨枕类型	Ⅲ型混凝土枕	Ⅱ型混凝土枕	Ⅱ型混凝土枕
扣件类型	有挡肩轨枕用弹条Ⅱ型 无挡肩轨枕用弹条Ⅲ型	弹条Ⅱ型或Ⅰ型	弹条Ⅰ型

注：1. 明桥面上宜采用分开式扣件；
2. 宽枕可采用弹条Ⅱ型或弹条Ⅰ型扣件。

（2）站线混凝土枕轨道宜采用弹性扣件；木枕轨道宜采用分开式扣件；次要站线（木枕）可采用普通道钉。

（3）扣件的初始扣压力及弹程应符合表2-24的规定。

扣件的初始扣压力及弹程 **表2-24**

扣件类型	弹条Ⅰ型扣件	弹条Ⅱ型扣件	弹条Ⅲ型扣件
单个弹条扣压力（kN）	≥8	≥10	≥11
弹程（mm）	8～9	10	13

注：弹条Ⅰ型扣件的弹程，A型弹条为8mm，B型弹条为9mm。

（4）铺设混凝土宽枕或无砟道床的轨道，可采用调高量较大的弹性扣件；特大、大桥上铺设的无缝线路可采用小阻力扣件。

（5）混凝土枕轨道的轨下橡胶垫板应与扣件配套使用，其型号宜按表2-25的规定选用。

轨下橡胶垫板型号 **表2-25**

钢轨（kg/m）	60或75			50		43	
橡胶垫板型号	60-10-11	60-10-17	60-12-17	50-7-9	43-10-7	43-10-7	43-7-7
静刚度（kN/mm）	90～120	55～80	40～60	90～130	110～150	80～110	100～130

注：弹条Ⅲ型扣件的橡胶垫板，静刚度为60～80kN/mm。

5. 高速铁路有砟轨道扣件

高速铁路有砟轨道主要采用弹条Ⅳ型、弹条Ⅴ型和FC型三种类型扣件，按轨下基础形式分为有挡肩和无挡肩扣件，如表2-26所示。

高速铁路有砟轨道扣件类型 **表2-26**

扣件类型	配套轨枕
弹条Ⅳ型扣件	无挡肩轨枕
弹条Ⅴ型扣件	有挡肩轨枕
PC型扣件	无挡肩轨枕

（1）弹条Ⅳ型扣件

弹条Ⅳ型扣件由弹条（C4型）、绝缘轨距块、橡胶垫板和定位于预应力混凝土无挡肩枕的预埋铁座组成。钢轨接头处采用JA和JB型弹条及接头绝缘轨距块。

弹条Ⅳ型扣件系统是为满足客运专线运营条件，针对铺设预应力混凝土无挡肩枕的有碴轨道的线路条件，并依据《客运专线扣件系统暂行技术条件》而设计的一种无挡肩无螺栓扣件系统，是在原弹条Ⅲ型扣件系统的基础上经多年深入研究和大量试验优化改进而成的。弹条Ⅳ型扣件系统重点在以下几个方面优化完善：①对弹条的结构进一步优化，降低其工作应力，减小残余变形；②橡胶垫板物理性能采用 UIC 标准与国际接轨；③为实现轨距的精确调整，绝缘轨距块号码按 1mm 一级配置；④对零部件的制造验收提出更高要求。

与弹条Ⅲ型扣件系统一样，弹条Ⅳ型扣件系统为无螺栓扣件系统，属轨枕不带混凝土挡肩的弹性不分开式扣件。具有零部件少，结构紧凑，扣压力大，保持轨距能力强，维修工作量少等优点，尤其适用于采用大型机械作业的线路。

1）扣件组成

① 弹条Ⅳ型扣件系统由弹条、绝缘轨距块、橡胶垫板和预埋铁座等组成，如图 2-24 所示，联结组装如图 2-25 所示。

图 2-24　弹条Ⅳ扣件部件组成

② 弹条分为两种，即一般地段安装的弹条（直径为 20mm）和夹板处安装的弹条（直径为 18mm）。

③ 绝缘轨距块分为两种，即一般地段使用的绝缘轨距块和夹板处使用绝缘轨距块，每种绝缘轨距块各有 7～13 号共 7 个规格。

2）主要技术要求

① 钢轨与绝缘轨距块、绝缘轨距块与预埋铁座间缝隙之和不应大于 1mm。

② 扣压力不应小于 9kN（夹板位置弹条除外）。

③ 轨距调整量：－8～＋4mm，通过更换不同号码的绝缘轨距块实现轨距和轨向的调整。

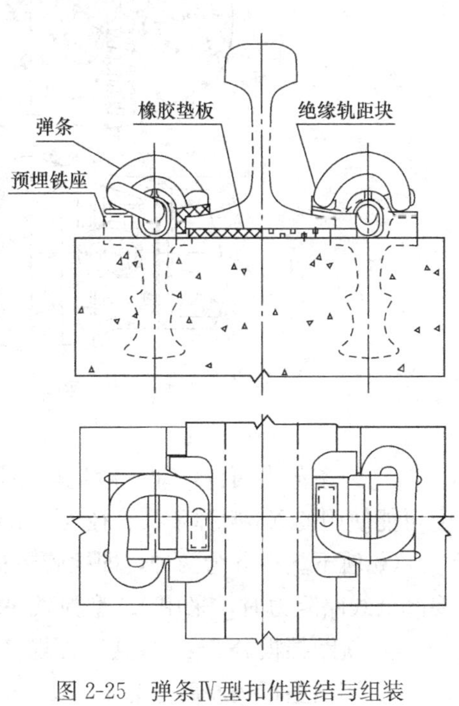

图 2-25　弹条Ⅳ型扣件联结与组装

④ 高低调整：扣件不能进行高低调整，不得垫入调高垫板。

(2) 弹条Ⅴ型扣件

1) 扣件组成

① 弹条Ⅴ型扣件系统由螺旋道钉、平垫圈、弹条、轨距挡板、轨下垫板和预埋套管等组成，此外，为调整高低需要，还包括调高垫板，如图 2-26 所示，联结组装如图 2-27 所示。

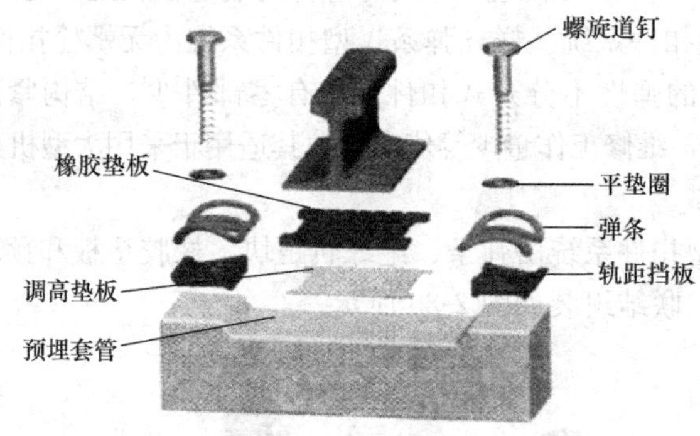

图 2-26 弹条Ⅴ型扣件部件组成

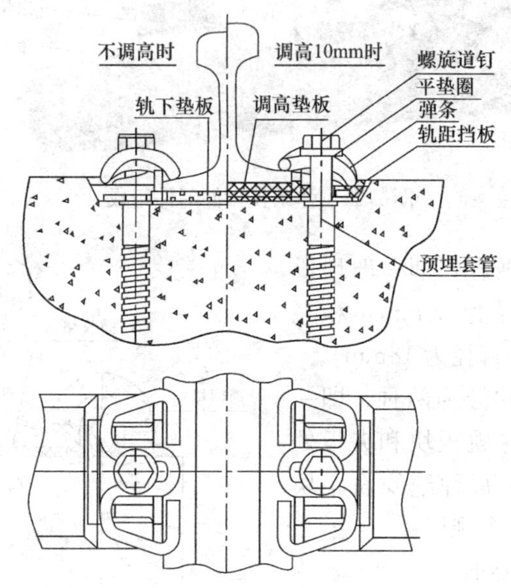

图 2-27 弹条Ⅴ型扣件联结与组装

② 弹条分为两种，即一般地段使用的 W2 型弹条（直径为 14mm）和桥上可能使用的 X3 型弹条（直径为 13mm）两种。

③ 轨下垫板分为两种，即橡胶垫板和桥上可能使用的复合垫板。桥上需要降低线路阻力时，采用 X3 型弹条并配用复合垫板。

④ 轨距挡板分 2～8 号共 7 种规格，标准轨距时，采用 4 号和 6 号。

⑤ 调高垫板按厚度分为 1、2、5mm 和 8mm 四种规格，放置于轨下垫板

与轨枕承轨面之间。

⑥ 在夹板处，当在小号码轨距挡板上安装 W2 型弹条和 X3 型弹条有困难时，应安装弹条Ⅰ型扣件 A 型弹条。

2）主要技术要求

① 弹条安装标准：弹条中部前端下颚与钢轨不宜接触，两者间隙不得大于 0.5mm，或使用扭矩扳手检测螺旋道钉扭矩时，W2 型弹条为 130～170N·m，X3 型弹条为 80～110N·m。

② 弹条养护标准：弹条中部前端下颚与钢轨不宜接触，两者间隙不得大于 1mm，或使用扭矩扳手检测螺旋道钉扭矩时，W2 型弹条为 130～170N·m，X3 型弹条为 80～110N·m。

③ 钢轨与轨距挡板间隙不得大于 1mm，轨距挡板应与承轨槽挡肩密贴，间隙不得大于 1mm。

④ 轨距调整量：－8～＋4mm，通过更换不同号码的轨距挡板实现轨距和轨向调整。

⑤ 高低调整量为 10mm，通过在轨下垫板和轨枕之间放入调高垫板进行调整，调高垫板不得放在轨下垫板上，放入调高垫板的总厚度不得大于 10mm，数量不得超过 2 块。

⑥ 预埋套管中应保证有一定的防护油脂，油脂性能应符合相关规定。

(3) FC 型扣件系统组成及主要技术要求

1）扣件组成

① FC 型扣件系统由弹条、绝缘帽、预埋底座、绝缘轨距块和橡胶垫板等组成，如图 2-28、图 2-29 所示。

② 弹条分 FC1504 型、FC1502 型和 FC1306 型三种。一般地段安装 FC1504 型弹条（直径为 15mm、配用 8494 型绝缘帽），夹板处安装 FC1502 型弹条（直径为 15mm、不安装绝缘帽），小阻力地段安装 FC1306 型弹条（直径为 13mm、配用 12133 型绝缘帽）。

③ 绝缘轨距块共有 10 种规格，厚度为 6～15mm。

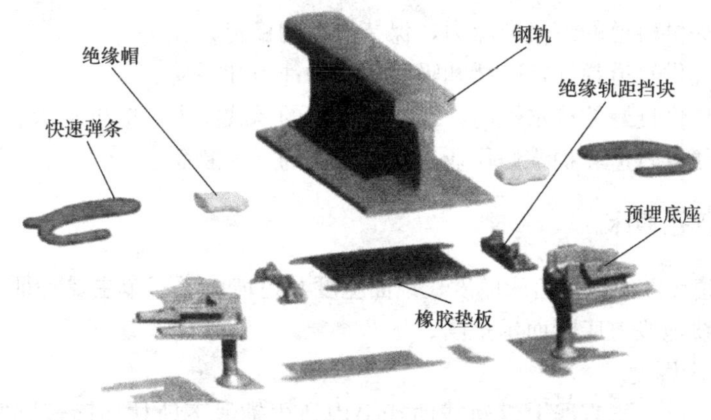

图 2-28　FC 型扣件部件组成

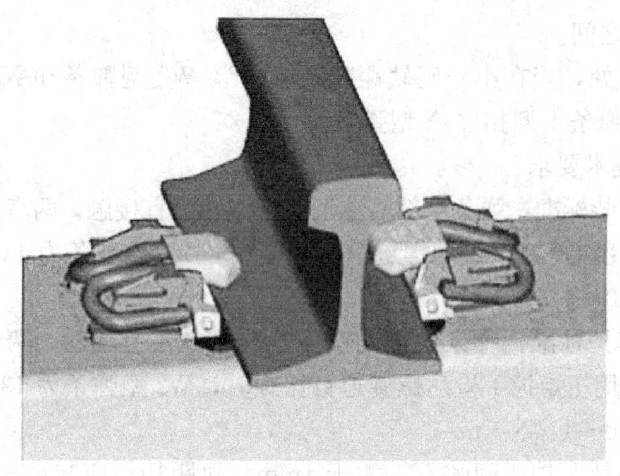

图 2-29 FC型扣件部件组装图

(4) 主要技术要求

① 钢轨与绝缘轨距块、绝缘轨距块与预埋铁座间缝隙之和不应大于1mm。

② 扣压力不应小于 9kN(小阻力弹条不应小于 3kN)。

③ 轨距调整量：−8～+8mm，通过更换不同号码的绝缘轨距块进行轨距和轨向调整。

④ 高低调整：扣件不能进行高低调整，不得垫入调高垫板。

2.4 有砟轨道道床

2.4.1 有砟轨道道床的功能

有砟轨道道床是轨道的重要组成部分，是轨道框架的基础，具有以下功能：

(1) 承受来自轨枕的压力并均匀地传递到路基面上，使之不超过路基面的容许应力；

(2) 提供轨道的纵横向阻力，保持轨道的稳定；

(3) 提供轨道弹性，减缓和吸收轮轨的冲击和振动；

(4) 提供良好的排水性能，以提高路基的承载能力及减少基床病害；

(5) 便于轨道养护维修作业，校正线路的平纵断面。

2.4.2 碎石道床

碎石道床断面包括道床厚度、顶面宽度及边坡坡度三个主要特征。图 2-30 为直线单线地段道床断面示意图。

1. 道床厚度

道床厚度是指直线上钢轨或曲线上内轨中轴线下轨枕底面至路基顶面的距离。

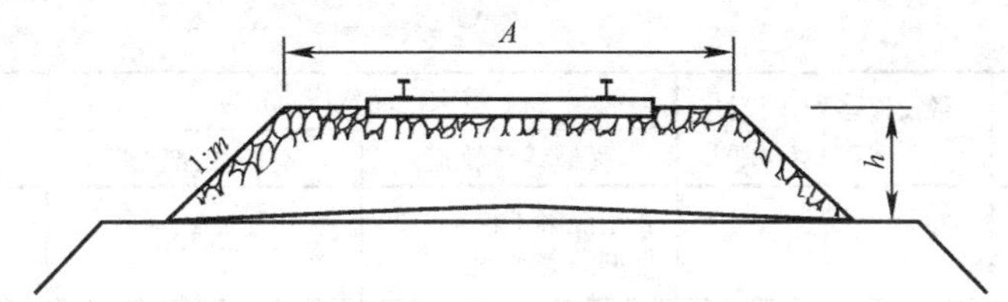

图 2-30　直线单线地段道床横断面示意图

A—顶面宽度；h—道床厚度；m—边坡坡度

路基面的工作应力主要取决于道床厚度，增加道床厚度是降低路基面应力的主要手段。道床厚度应根据运营条件、轨道类型、路基土质确定。

当道床厚度较小时，会在碎石与砂垫层的接触面上形成类似枕底的凹形滞水槽，这是由于碎石层太薄，轨枕荷载没有得到充分扩散，致使分布到垫砟层表面的压应力超过了垫砟层的承载能力，枕下部分的垫砟层表面应力最大，因而逐渐下沉，并形成排水能力差的滞水层。这显然不利于轨道使用和稳定。

道床的厚度与以下因素有关：路基面的承载能力、垫砟层的承载能力、道床弹性、道床脏污增长率。

道床弹性是由相互接触的道砟颗粒之间的弹性变形所引起的，通常情况下道床弹性与道床厚度成正比，并随道砟颗粒粒径的增大、道床空隙比的增加而增加。但是松散状态下的道床，在荷载作用下所产生的变形主要是结构变形，卸载后结构变形不能恢复，故新铺、清筛或作业后尚未密实的道床，尽管在列车荷载作用下变形很大，也并不能说明这种道砟有较好的弹性。

道床厚度减薄，导致道床弹性变差，其减振吸振的性能也变差，在运营条件相同的情况下，道床粉碎、脏污加速，导致日常维修工作量加大、清筛周期缩短。因而要控制道床脏污增长率，维持一定的维修工作量和道床清筛周期，就必须保证有足够的道床厚度。

2. 道床顶面宽度

道床顶面宽度与轨枕长度和道床肩宽有关。轨枕长度基本上是固定的，因此道床顶面宽度主要取决于道床肩宽。道床宽出轨枕两端的部分称为道床肩宽。适当的肩宽可保持道床的稳定，并提供一定的横向阻力。一般情况下道床肩宽在 450～500mm 已能满足要求，再加宽作用不大。

我国铁路规定单线铁路正线碎石道床顶面宽度如表 2-27 所示，双线碎石道床顶面宽度应分别按单线设计。无缝线路半径小于 800m、非无缝线路半径小于 600m 的曲线地段，曲线外侧碎石道床顶面宽度尚应增加 0.10m。

单线碎石道床顶面宽度　　　　**表 2-27**

轨道类型	路段旅客列车设计行车速度（km/h）	道床顶面宽度（m）		道床边坡坡度值
		无缝线路轨道	有缝线路轨道	
特重型	$120\leqslant v\leqslant 160$	3.50	—	1∶1.75
重型	$120<v\leqslant 160$	3.40	—	1∶1.75

续表

轨道类型	路段旅客列车设计行车速度（km/h）	道床顶面宽度（m）		道床边坡坡度
		无缝线路轨道	有缝线路轨道	
重型、次重型	v≤120	Ⅱ型混凝土枕：3.30 Ⅲ型混凝土枕：3.40	3.10	1∶1.75
中型	v≤100	—	3.00	1∶1.75
轻型	v≤80	—	2.90	1∶1.5

注：表中Ⅲ型混凝土枕系指长度为2.60m的Ⅲ型混凝土枕。当采用长度为2.50m的Ⅲ型混凝土枕时，道床肩宽不应小于长度为2.60m的Ⅲ型混凝土枕的道床肩宽。

3. 道床边坡坡度

道床边坡坡度大小对保证道床的坚固稳定有十分重要的意义。道床边坡的稳定取决于道砟材料的内摩擦角与黏聚力，也与道床肩宽有一定的联系。理论计算及实践结果表明，道砟材料的内摩擦角愈大，黏聚力愈高，边坡的稳定性就愈高。同样地，增大肩宽可以容许采用较陡的边坡，而减小肩宽则必须采用较缓的边坡。例如，肩宽20cm，边坡坡度1∶2在保证边坡稳定性方面，与肩宽35cm，坡度1∶1.75和肩宽45cm，坡度1∶1.5具有相同的效果。

在肩部承载能力相同的情况下，一般趋于采用较大的肩宽和较陡的边坡，因为这样可以减小路基面的宽度。但过陡的边坡也是不适宜的，因为边坡坡角受到散粒体自然坡角的限制和列车振动的影响。国内外的运营实践表明，边坡坡度1∶1.5不能长期保持稳定，因此我国铁路规定正线（轻型轨道除外）区间道床边坡坡度均为1∶1.75，站线及正线轻型轨道道床边坡坡度为1∶1.5（表2-27）。无缝线路轨道砟肩应使用碎石道砟堆高15cm，堆高道砟的边坡坡度应采用1∶1.75。

4. 高速铁路有砟轨道道床

(1) 有砟道床应采用特级碎石道砟，其材质应符合相关标准要求，道砟上道前应进行清洗。

(2) 正线有砟道床尺寸应符合表2-28要求。单线道床顶面宽度3.6m，双线道床顶面宽度应分别按单线设计。

道床断面尺寸 **表2-28**

速度等级	砟肩宽度（m）	厚度（m）	边坡	砟肩堆高（m）	道床顶面位置（mm）		
					轨枕中部	轨底处	道岔区
200～250(不含）km/h	不小于0.5	0.35	1∶1.75	0.15	与轨枕顶面平齐	轨枕承轨面以下30～40	岔枕顶面以下30～40
250～300km/h						轨枕承轨面以下40～50	岔枕顶面以下40～50

(3) 道砟必须有“碎石道产品合格证”，作为竣工验收和道床质量评定的依据。碎石道砟粒径级配应符合表2-31～表2-33的要求。

(4) 道床应保持饱满、密实，道床阻力等状态参数应符合表2-29的要求。

道床主要状态参数指标　　表 2-29

速度（km/h）	纵向阻力（kN/枕）	横向阻力（kN/枕）	支承刚度（kN/mm）	道床密实度（g/cm^3）
200～250(含)	≥12	≥10	≥110	≥1.75
250(不含)～350	≥14	≥12	≥120	≥1.75

应根据道床脏污程度有计划地进行清筛，保持道床弹性和排水良好，防止轨枕空吊和道床翻浆，应采取措施防止道砟飞溅。

(5) 站线采用有砟轨道时应采用一级碎石道砟。到发线道床顶宽 3.4m，道床厚度 0.35m，边坡坡度为 1∶1.75；其他站线道床顶宽 2.9m，道床厚度 0.25m，边坡坡度为 1∶1.5。

5. 有砟道床的变形

道床作为散粒体结构，本身具有弹、塑性，在外荷载作用下将产生弹、塑性变形。荷载消失后，弹性变形部分得以恢复，而塑性变形部分则成为永久变形，或称残余变形。道床的残余变形主要有两方面的原因：一是在荷载作用下道砟颗粒的相互错位和重新排列所引起的结构变形；二是由于颗粒破碎、粉化所形成的颗粒变形。在列车重复荷载作用下，每次荷载作用所产生的微小残余变形会逐渐积累，最终导致整个轨道的下沉。研究和实践表明，在路基稳定和无水害的情况下，轨面的残余下沉和不均匀下沉主要取决于道床，由此说明道床变形是轨道变形的主要来源。

道床的下沉是道床塑性变形随荷载作用而逐渐累积的过程。对道床下沉的规律，各国都进行了许多研究，如美国、日本、苏联等。各国资料显示下沉与通过总重的关系曲线基本相似，如图 2-31 所示。

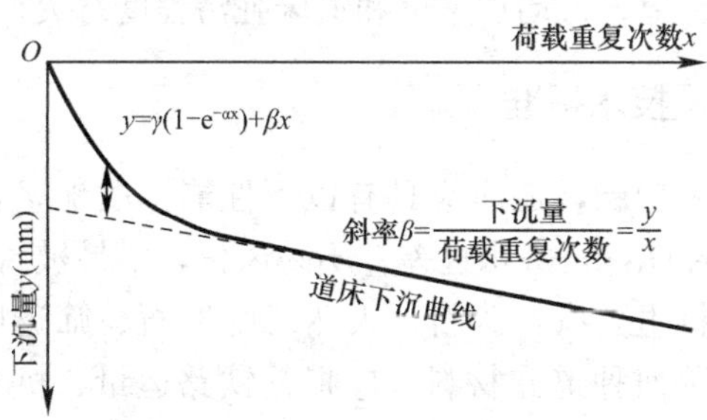

图 2-31　道床下沉曲线

道床的下沉大体可分为初期急剧下沉和后期缓慢下沉两个阶段。初期急剧下沉阶段是道床的密实阶段。道床在列车荷载的作用下，道砟首先被压实，道床碎石大小颗粒相互交错，重新排列其位置，空隙率减小。也有一些道砟棱角被磨碎，使道床纵、横断面发生变化。这个阶段道床下沉量的大小和持续时间与道砟材质、粒径、级配、捣固和夯拍的密实状况、轴重等有关，一般在数百万吨通过总重之内即可完成。后期缓慢下沉阶段是道床的正常工作阶段，这时道床仍有少量下沉，主要是由于枕底道砟挤入轨枕盒和轨枕头、道砟磨损及破碎、边坡溜塌，破坏了道床极限平衡状态，这个阶段的下沉量

与运量之间有直接关系。这一阶段时间的长短是衡量道床稳定性高低的指标，也是确定道床养护维修的重要依据。

道床下沉量与各种影响因素之间的关系可以用道床下沉曲线来表示。日本试验的道床下沉曲线数学表达式为

$$y=\gamma(1-e^{-\alpha x})+\beta x \tag{2-5}$$

$$x=M\cdot t \tag{2-6}$$

$$\beta=0.00045M';M'=0.487e^{0.72M} \tag{2-7}$$

式中 y——道床下沉量（mm）；

α——系数，$\alpha=0.0068M'$；

γ——初期下沉当量，它是后期下沉部分的延长线与纵坐标的交点，一般为2.5～5mm；

x——荷载重复作用次数；

t——时间（年）；

M——年运量（百万吨）；

β——系数。

式（2-5）分为前后两项。第一项 $\gamma(1-e^{-\alpha x})$ 表示道床初期急剧下沉阶段，即压实过程，其中 γ 表示初期下沉当量，也就是初始密实状态，γ 值愈小，表示道床捣固和夯拍质量愈好，对线路下沉显然是有利的。α 表示道床的压实性能，α 值愈大，表示完成第一阶段的过程愈短。

第二项 βx 表示道床后期缓慢下沉阶段，即道床压实终结后道床的稳固性。β 表示压实终结之后道床稳定性能的下沉系数，在运营过程中，道床残余变形的积累主要取决于 β 值的大小，β 值愈小，道床愈稳定，沉陷愈慢，β 值的大小与道床压力、道床振动加速度和道床脏污程度有关。

2.4.3 道砟材料及技术标准

为适应上述道床功能，道砟应具有以下性能：质地坚韧，有弹性，不易压碎和捣碎；排水性能好，吸水性差；不易风化，不易被风吹动或被水冲走。

用作道砟的材料主要有：碎石、天然级配卵石、筛选卵石、粗砂、中砂及熔炉矿渣等。选用何种道砟材料，应根据铁路运量、机车车辆轴重、行车速度，结合成本和就地取材等条件来确定。我国铁路线路上基本使用碎石道砟。下面仅介绍碎石道砟的技术要求。

现行的碎石道砟技术条件按《铁路碎石道砟》TB/T 2140—2008 执行，技术条件包含三方面的内容。

1. 道砟的分级

根据材料性能及参数指标将碎石道砟分为特级和一级。

碎石道砟的技术参数有：反映道砟材质的材质参数，如抗磨耗、抗冲击、抗压碎、渗水、抗风化、抗大气腐蚀等，为道砟材质的分级提供依据；反映道砟加工质量的质量参数，如道砟粒径、级配、颗粒形状、表面状态、清洁度等。表2-30列出道砟材质的分级指标。对于高速铁路轨道的碎石道床材料

应采用特级道砟，其他线路轨道可采用一级碎石道砟。

道砟材质分级指标 **表 2-30**

<table>
<tr><th rowspan="2">性能</th><th rowspan="2">项目号</th><th rowspan="2">参数</th><th rowspan="2">特级道砟</th><th rowspan="2">一级道砟</th><th colspan="2">评定方法</th></tr>
<tr><th>单项评定</th><th>综合评定</th></tr>
<tr><td rowspan="3">抗磨耗、抗冲击性能</td><td>1</td><td>洛杉矶磨耗率（LLA）(%)</td><td>≤18</td><td>18＜LLA＜27</td><td>—</td><td rowspan="12">道砟的最终等级以项目号 1、2、3、4 中的最低等级为准。特级、一级道砟均应满足项目号 5、6、7、8 的要求</td></tr>
<tr><td rowspan="2">2</td><td>标准集料冲击韧度（IP）</td><td>≥110</td><td>95＜IP＜110</td><td rowspan="2">若两项指标不在同一等级，以高等级为准</td></tr>
<tr><td>石料耐磨硬度系数（$K_{干磨}$）</td><td>＞18.3</td><td>18＜$K_{干磨}$≤18.3</td></tr>
<tr><td rowspan="2">抗压碎性能</td><td>3</td><td>标准集料压碎率（CA）(%)</td><td>＜8</td><td>8≤CA＜9</td><td>—</td></tr>
<tr><td>4</td><td>道砟集料压碎率（CB）(%)</td><td>＜19</td><td>19≤CB＜22</td><td>—</td></tr>
<tr><td rowspan="4">渗水性</td><td rowspan="4">5</td><td>渗透系数（P_m）(10^{-6}cm/s)</td><td colspan="2">＞4.5</td><td rowspan="4">至少有两项满足要求</td></tr>
<tr><td>石粉试模件抗压强度（σ）(MPa)</td><td colspan="2">＜0.4</td></tr>
<tr><td>石粉液限（LL）(%)</td><td colspan="2">＞2050</td></tr>
<tr><td>石粉塑液限（PL）(%)</td><td colspan="2">＞11</td></tr>
<tr><td>抗大气腐蚀性</td><td>6</td><td>硫酸钠溶液浸泡损失率（L）(%)</td><td colspan="3">＜10</td></tr>
<tr><td rowspan="2">稳定性能</td><td>7</td><td>密度（ρ）(g/cm³)</td><td colspan="3">＞2.55</td></tr>
<tr><td>8</td><td>容重（R）(g/cm³)</td><td colspan="3">＞2.50</td></tr>
</table>

2. 道砟级配

碎石道砟属于散粒体，其级配是指道砟中颗粒的分布。道砟粒径的级配对道床的物理力学性能、养护维修工作有重要影响。现行标准考虑了道砟的级配要求，可保证道砟产品有最佳的颗粒组成。宽级配道砟由于道砟平均粒径的减小，大、小颗粒的相互配合以及道砟颗粒之间的填满，使得道砟有更好的强度和稳定性，也有利于道床作业。现行特级碎石道砟粒径级配标准见表 2-31，新建铁路用一级碎石道砟粒径级配标准见表 2-32，既有线大修、维修用一级碎石道砟粒径级配标准见表 2-33。

特级碎石道砟粒径级配 **表 2-31**

<table>
<tr><td>粒径</td><td colspan="6">[筛分机底筛和面筛筛孔边长（mm）]31.5～50</td></tr>
<tr><td rowspan="2">级配</td><td>方孔筛孔边长（mm）</td><td>22.4</td><td>31.5</td><td>40</td><td>50</td><td>63</td></tr>
<tr><td>过筛质量百分率（%）</td><td>0～3</td><td>1～25</td><td>30～65</td><td>70～99</td><td>100</td></tr>
<tr><td rowspan="2">颗粒分布</td><td>方孔筛孔边长（mm）</td><td colspan="5">31.5～50</td></tr>
<tr><td>颗粒质量百分率（%）</td><td colspan="5">≥50</td></tr>
</table>

注：检验用方孔筛系指金属丝编制的标准方孔筛。

新建铁路用一级碎石道砟粒径级配 **表 2-32**

方孔筛孔边长（mm）	16	25	35.5	45	56	63
过筛百分率（%）	0～5	5～15	25～40	55～75	92～97	100

注：检验用方孔筛系指金属丝编制的标准方孔筛。

既有线一级碎石道砟粒径级配　　表 2-33

方孔筛孔边长（mm）	25	35.5	45	56	63
过筛质量百分率（%）	0～5	25～40	55～75	92～97	100

注：检验用方孔筛系指金属丝编制的标准方孔筛。

3. 道砟颗粒形状及清洁度

道砟的形状及表面状态对道床的性能有重要影响。一般而言，棱角分明、表面粗糙的颗粒，集料具有较高的强度和稳定性。近于立方体的颗粒比扁平、长条形颗粒有较高的抗破碎、抗变形、抗粉化能力。一般用针状指数和片状指数来控制长条形和扁平颗粒的含量。凡长度大于该颗粒平均粒径 1.8 倍的称为针状颗粒；厚度小于平均粒径 0.6 倍的称为片状颗粒。我国道砟标准规定针状指数和片状指数均不大于 20%。

道砟中的土团、粉末或其他杂质对道床的承载能力是有害的，须控制其数量。土团是指那些泡水后出现软化，丧失其强度的颗粒。粉末会脏污道床，加速道床的板结，影响道床的排水。规范规定特级道砟中风化颗粒和其他杂石含量不应大于 2%，一级道砟中风化颗粒和其他杂石含量不应大于 5%。道砟产品须水洗，其颗粒表面洁净度不应大于 0.17%。未经水洗的一级道砟中粒径 0.1mm 以下粉末的含量不应大于 1%。

2.4.4 其他道床

1. 沥青道床

沥青道床是用沥青或其他聚合材料将散粒道砟固化成整体或用沥青混凝土代替碎石道床的一种新型轨下基础。其主要特点：

(1) 道床下沉量和永久变形的积累比碎石道床小得多；

(2) 道床稳定性好，支承均匀，纵、横向位移阻力大，轨道几何形位易于保持；

(3) 具有较好的弹性，可减缓机车车辆的动力冲击作用，道床压力和振动明显降低；

(4) 可大大减少维修工作量，达到“少维修”的目的。

沥青道床按其使用材料和施工方法，可分为铺装式沥青道床和填充式沥青道床两类。

填充式沥青道床，就是将水泥沥青砂浆灌入碎石道床内部，填充道砟孔隙，并使之成为整体，可在不中断行车条件下施工，因而具有施工效率高、造价低等优点。

铺装式沥青道床是分层铺设由各种材料组成的承重层，最后用沥青封闭处理，再铺上混凝土枕或宽枕。如图 2-32 所示为由乳化沥青水泥砂浆（简称 CA 砂浆）组成顶层，再由碎石组成底层，在底层与顶层之间用热沥青及小碎石组成的隔离层分开的沥青道床，故称为双层式沥青道床。在顶层之上铺混凝土宽枕，在宽枕中部 600mm 范围内用低强度、抗腐蚀的水泥珍珠岩填充。

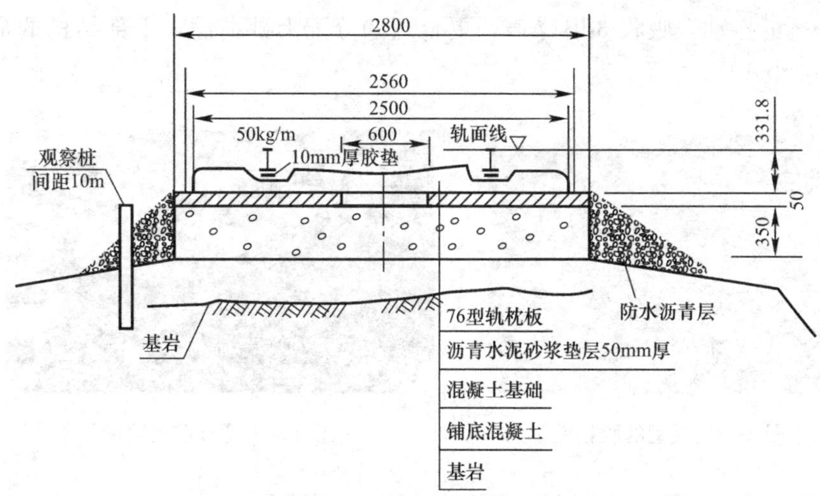

图 2-32 双层铺装式沥青道床（单位：mm）

铺装式沥青道床由于必须在封锁线路条件下施工，且必须有稳定的路基和良好的排水设施，因而在实际应用中受到一定的限制。

2. 碎橡胶道床

碎橡胶道床是用退役的交通工具，如轮胎、传送带、轨下橡胶垫板等大宗弃置的橡胶制品，机械加工成粒径 5～15mm、级配合理的碎块，充分拌匀，连续铺于枕下两端，形成两条一定宽度的带状道床，其间以泡沫塑料隔开。道床厚度根据对弹性的需求而定。

3. 石棉道床

利用石棉矿石生产过程中所剩下的一种废砟，由其代替碎石道砟而形成的道床结构称为石棉道床。

根据苏联铁路运营经验，采用石棉道床不仅能适应重载组合列车的要求，而且比较经济合理，特别是铺设于散装、大量货物（煤、矿石）运输的重载线路上，其经济合理性尤为突出。

4. 固化道床

国内外对于道床的固化，主要经历了沥青道床和高分子材料阶段。高分子材料以聚氨酯道砟胶为主，其通常由 A 组分（异氰酸酯）、B 组分（聚醚多元醇、聚酯多元醇、扩链剂等的混合物）在现场混合后经化学反应生成。道砟胶材料本身为环保材料，具备良好的耐紫外线、耐酸碱、耐油污腐蚀性能，及优秀的耐候性、耐冻融性和抗霜冻性能。固化道床的研究主要在英国和德国展开。英国 XiTRACK 技术出现于 20 世纪 90 年代末，如图 2-33、图 2-34 所示，这是采用道砟胶喷涂技术，将道砟胶进行现场注射，经过较短的时间形成具有较高刚度的粘结道床。这种轨道结构形式主要应用于有砟-无砟过渡段、曲线、道岔等线路薄弱环节，用来保持线路的稳定性，另外在防止道砟飞溅方面也有应用。德国采用的发泡聚氨酯是将道床完全填充，如图 2-35、图 2-36 所示，形成有阻尼的缓冲结构，消除振动能量，减小振动和噪声。根据研究，使用这种结构形式的轨道，可以减少 40%的振动，吸收 3dB 噪声，更合理的分配上部荷载，下部结构的最大应力减小 40%。

图 2-33 成型的胶粘道砟

图 2-34 道砟胶的喷涂

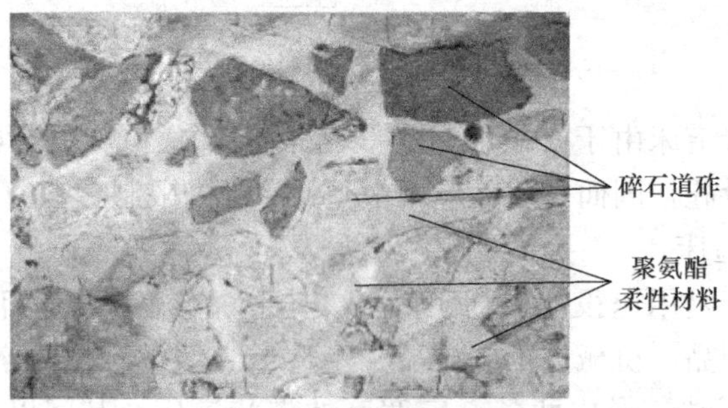

图 2-35 发泡聚氨酯固化道床内部结构

图 2-36 发泡聚氨酯固化道床现场图

2.5 无砟轨道结构

无砟轨道是以混凝土或沥青混合料等取代散粒道砟道床而组成的轨道结构形式。无砟道床类型分为 CRTS Ⅰ型板式、CRTS Ⅱ型板式、CRTS Ⅲ型板式、双块式（包括 CRTS Ⅰ型双块式、CRTS Ⅱ型双块式）以及道岔区轨枕埋入式和板式无砟道床等。

2.5.1 CRTS Ⅰ型板式无砟轨道

CRTS Ⅰ型板式无砟轨道是将预制轨道板通过水泥沥青砂浆调整层，铺设在现场浇筑的具有凸形挡台的钢筋混凝土底座上，并适应 ZPW-2000 轨道电路的单元轨道板无砟轨道结构形式。

1. CRTS Ⅰ型板式无砟道床结构及主要技术要求

（1）道床结构由轨道板、水泥乳化沥青砂浆充填层、混凝土底座、凸形挡台及其周围填充树脂等部分组成，如图 2-37 所示。曲线超高在底座上设置。

（2）轨道板结构类型可分为预应力混凝土平板、预应力混凝土框架板和钢筋混凝土框架板。如图 2-38 所示为预应力混凝土平板。标准轨道板长度为 4962mm，轨道板宽度为 2400mm，厚度不宜小于 190mm。轨道板两端设平圆形缺口，半径为 300mm。扣件节点间距不宜大于 650mm。

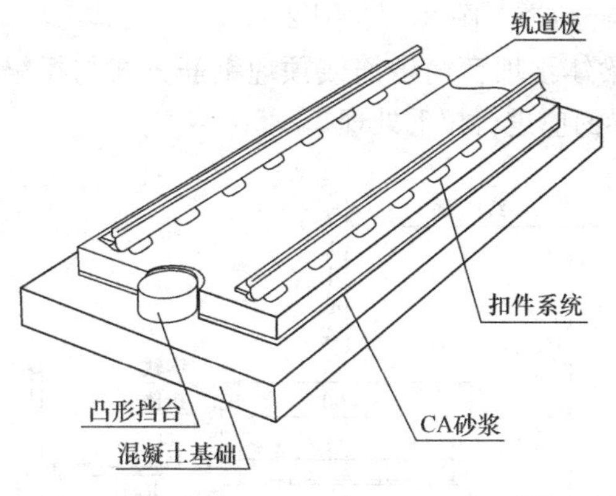

图 2-37　道床结构

图 2-38　预应力混凝土平板

（3）水泥乳化沥青砂浆充填层厚度为 50mm，不应小于 40mm。减振型板式轨道水泥乳化沥青砂浆充填层厚度为 40mm，不应小于 35mm。

（4）水泥乳化沥青砂浆应灌注饱满，与轨道板底部密贴，轨道板边角悬空深度应小于 30mm。

（5）凸形挡台分为圆形和半圆形，半径为 260mm，其周围填充树脂厚度为 40mm，不应小于 30mm。

（6）预应力混凝土轨道板不允许开裂，普通混凝土框架板混凝土裂缝宽度不得大于 0.2mm。

（7）底座混凝土裂缝宽度不得大于 0.2mm，路基和隧道地段混凝土底座间伸缩缝宽度为 20mm，状态应良好。

（8）排水通道，特别是框架式轨道板内排水、底座内预埋横向排水管道，应保持通畅。

2. 路基地段 CRTS Ⅰ型板式无砟轨道（图 2-39）

（1）底座在路基基床表层上设置。

（2）底座每隔一定长度，对应凸形挡台中心位置，设置横向伸缩缝。

（3）线间排水应结合线路纵坡、桥涵等线路条件和环境条件具体设计。

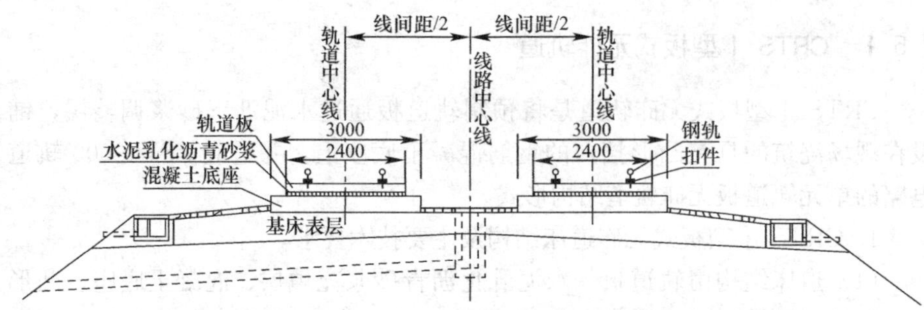

图 2-39　路基地段 CRTS Ⅰ型板式无砟轨道标准横断面示意图（单位：mm）

采用集水井方式时，集水井设置间隔根据汇水面积和当地气象条件计算确定。严寒地区线间排水设计应考虑防冻措施。

（4）线路两侧及线间路基面应进行防水处理。

3. 桥梁地段 CRTS Ⅰ型板式无砟轨道（图 2-40、图 2-41）

（1）底座在梁面上设置，通过梁体预埋套筒植筋或预埋钢筋方式与桥梁连接。轨道中心线 2.6m 范围内，梁面应进行拉毛处理。

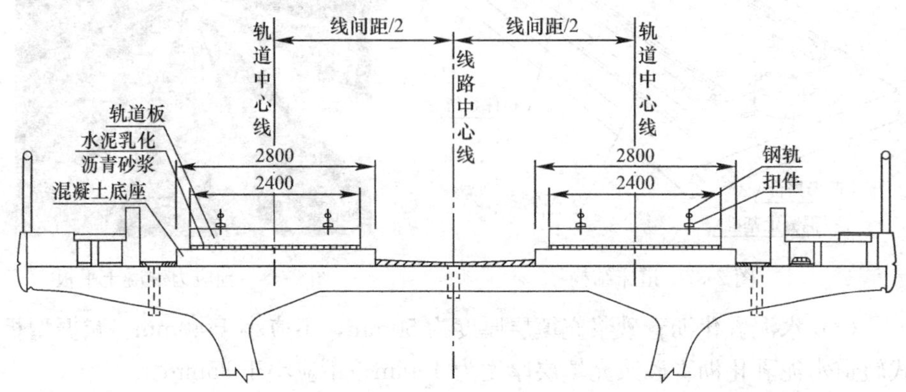

图 2-40　桥梁地段 CRTS Ⅰ型板式无砟轨道标准横断面示意图（单位：mm）

图 2-41　CRTS Ⅰ型板式无砟轨道实物图

（2）底座对应每块轨道板，在凸形挡台中心位置设置横向伸缩缝。

（3）底座范围内，梁面不设防水层和保护层。

（4）桥上扣件纵向阻力及梁端扣件结构形式根据计算确定。

4. 隧道地段 CRTS Ⅰ型板式无砟轨道（图 2-42）

（1）有仰拱隧道内，底座在仰拱回填层上构筑。沿线路纵向，底座每隔一定长度，对应凸形挡台中心位置，设置横向伸缩缝。底座在隧道沉降缝位置，设置伸缩缝。底座宽度范围内，仰拱回填层表面进行拉毛处理。

（2）无仰拱隧道内，底座与隧道底板合并设置并连续铺设。当位于曲线地段时，超高一般在底座面上设置。

（3）距隧道洞口 100m 范围，仰拱回填层设置钢筋与底座连接。

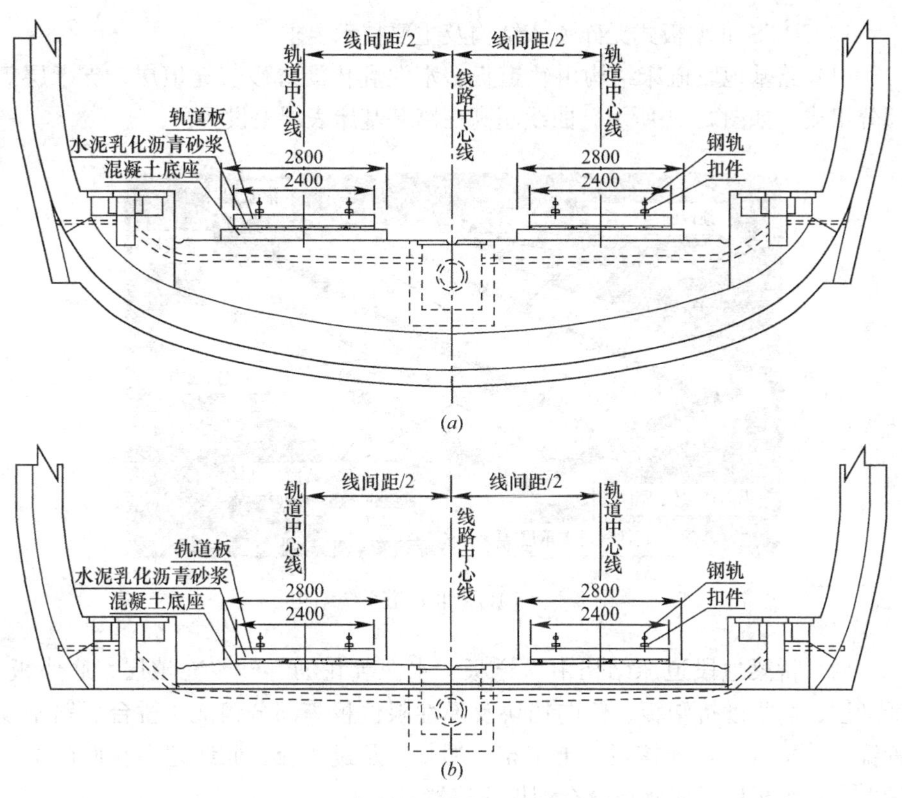

图 2-42 隧道地段 CRTS Ⅰ型板式无砟轨道标准横断面示意图（单位：mm）
（*a*）有仰拱隧道；（*b*）无仰拱隧道

2.5.2 CRTS Ⅱ型板式无砟轨道

CRTS Ⅱ型板式无砟轨道是将预制轨道板通过水泥沥青砂浆调整层，铺设在现场摊铺的混凝土支承层或现场浇筑的钢筋混凝土底座（桥梁）上，适应 ZPW-2000 轨道电路的连续轨道板无砟轨道结构形式。

CRTS Ⅱ型板式无砟轨道，标准轨道板长度为 6450mm，宽度为 2550mm，厚度为 200mm，补偿板和特殊板根据具体条件配置，如图 2-43 所示。

图 2-43 CRTS Ⅱ型板式无砟轨道

1. CRTS Ⅱ型板式无砟道床结构及主要技术要求

(1) 路基地段道床结构由轨道板、水泥乳化沥青砂浆充填层、支承层等部分组成，如图 2-44 所示。曲线超高在路基基床表层上设置。

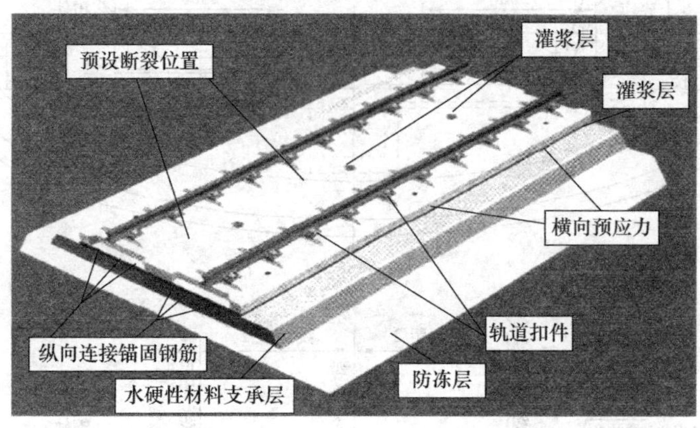

图 2-44 CRTS Ⅱ轨道系统结构

(2) 桥梁地段道床结构由轨道板、水泥乳化沥青砂浆充填层、底座板、滑动层、高强度挤塑板、侧向挡块及弹性限位板等部分组成。桥台后路基设置锚固结构（包括摩擦板、土工布、端刺）及过渡板。曲线超高在底座板上设置。长大桥区段底座板设有钢板连接器后浇带。

(3) 隧道地段道床结构由轨道板、水泥乳化沥青砂浆充填层、支承层等部分组成。曲线超高一般在仰拱回填层（有仰拱隧道）或底板（无仰拱隧道）上设置。

(4) 水泥乳化沥青砂浆充填层应与轨道板底部和支承层或底座板密贴，厚度为 30mm，不应小于 20mm，不宜大于 40mm。

(5) 轨道板除预裂缝处以外，其他部位不得有裂缝。

(6) 轨道板间接缝处混凝土裂缝不得大于 0.2mm，接缝现浇混凝土与轨道板间离缝不得大于 0.3mm。

(7) 桥梁地段连续底座板（含后浇带部位）混凝土裂缝不得大于 0.3mm，

侧向挡块与底座板不得粘连。

（8）路基和隧道地段支承层不得有竖向贯通裂缝。

（9）排水通道应保持通畅。

2. 路基地段 CRTS Ⅱ型板式无砟轨道（图 2-45、图 2-46）

（1）支承层在路基基床表层上设置，其性能应符合相关规定。支承层顶面宽度为 2950mm，底面宽度为 3250mm，厚度为 300mm。沿线路纵向，每隔不大于 5m 切一横向预裂缝，缝深为厚度的 1/3。轨道板宽度范围内的支承层表面进行拉毛处理。

（2）线间排水应结合线路纵坡、桥涵等线路条件和环境条件具体设计。当采用集水井方式时，集水井设置间隔根据汇水面积和当地气象条件计算确定。

（3）线路两侧及线间路基面进行防水处理。

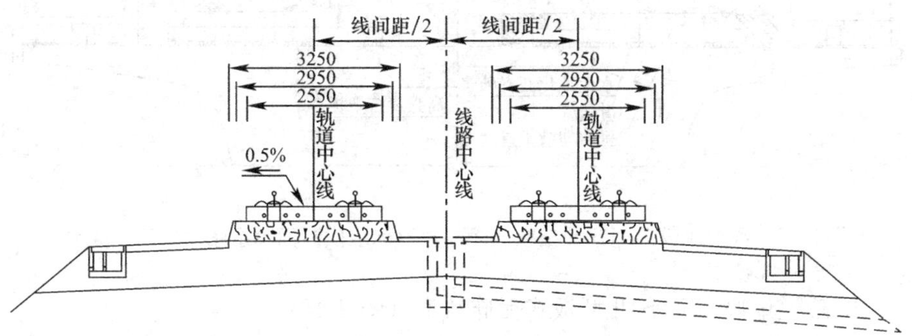

图 2-45　温暖地区路基地段 CRTS Ⅱ型板式无砟轨道标准横断面示意图（单位：mm）

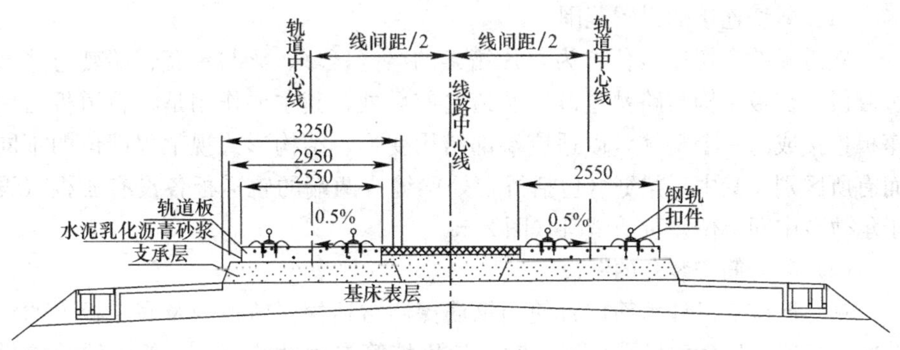

图 2-46　寒冷地区路基地段 CRTS Ⅱ型板式无砟轨道标准横断面示意图（单位：mm）

3. 桥梁地段 CRTS Ⅱ型板式无砟轨道（图 2-47）

（1）底座板为纵向连续的钢筋混凝土结构，混凝土强度等级为 C30。底座板宽度为 2950mm；直线区段的底座板厚度不宜小于 190mm；曲线内侧的底座板厚度不应小于 175mm。

（2）底座板宽度范围内，梁面设置滑动层，滑动层结构及性能应符合相关规定。

（3）在桥梁固定支座上方，梁体设置底座板纵向限位机构，相应位置设置抗剪齿槽及锚固筋连接套筒，形式尺寸及数量应根据计算确定。

(4) 底座板两侧隔一定距离设置侧向挡块，梁体相应位置设置钢筋连接套筒。侧向挡块与底座板间设置弹性限位板。

(5) 距梁端一定范围，梁面设置高强度挤塑板，厚度为 50mm。

(6) 轨道板外侧的底座板顶面设置横向排水坡。

(7) 台后路基应设置锚固结构（端刺、摩擦板等）及过渡板。

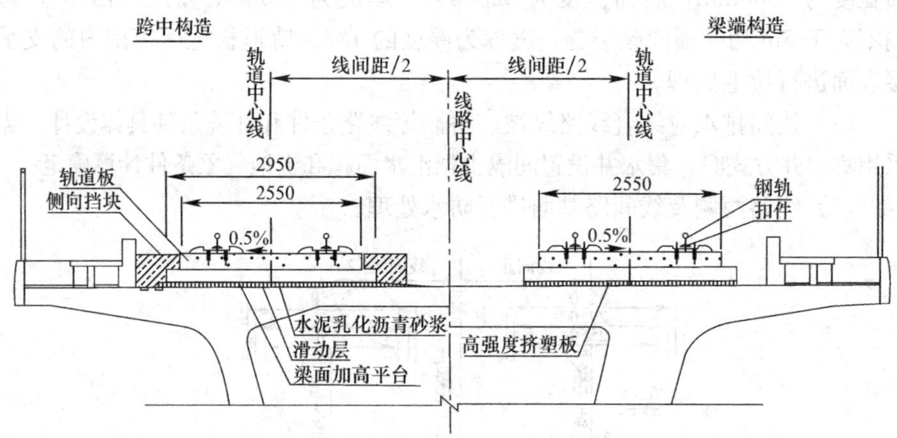

图 2-47 桥梁地段 CRTS Ⅱ型板式无砟轨道标准横断面示意图（单位：mm）

4. 隧道地段 CRTS Ⅱ型板式无砟轨道（图 2-48）

隧道地段 CRTS Ⅱ型板式无砟轨道结构的技术要求与路基地段基本相同。

5. 轨道板的剪切连接

(1) 剪切连接的设置范围

轨道板的剪切连接位置为每片箱梁的梁缝区域、梁与台背、端刺与路基过渡段、桩板结构与路基过渡段及道岔前后处，其主要作用是将轨道板与底座板连接成为一个整体，以适应端部结构变形，结构形式视工程部位的不同而有所区别。其中，梁缝（包括桥台处梁缝）两端的轨道板各设有 4 根（设于承轨台中间部位）抗剪销钉（图 2-49）。

(2) 剪切筋安装孔的钻设

钻孔前应在设计植筋位置使用钢筋探测雷达探明轨道板及底座板内的钢筋布置情况，以确定钻孔位置。钻孔使用植筋专用钻孔机（一般由锚固胶供应商提供），钻孔完成后，使用高压风管（枪）吹除孔内杂物。植筋施工应随即进行，否则应用砂丝团或软布团封堵孔口。

(3) 剪切连接筋的绝缘处理

为确保剪切筋与板（轨道板及底座板）内的钢筋隔离绝缘，剪切筋表面应先均匀涂抹一层植筋胶（即锚固用胶），并确保表面无遗漏之处。面胶凝固后再进行植入施工。

(4) 剪切连接筋的安装

孔内注入（适量，试验确定）植筋胶并植入剪力销钉（筋）。剪切筋植入时应轻轻插入，并避免与板内钢筋接触。

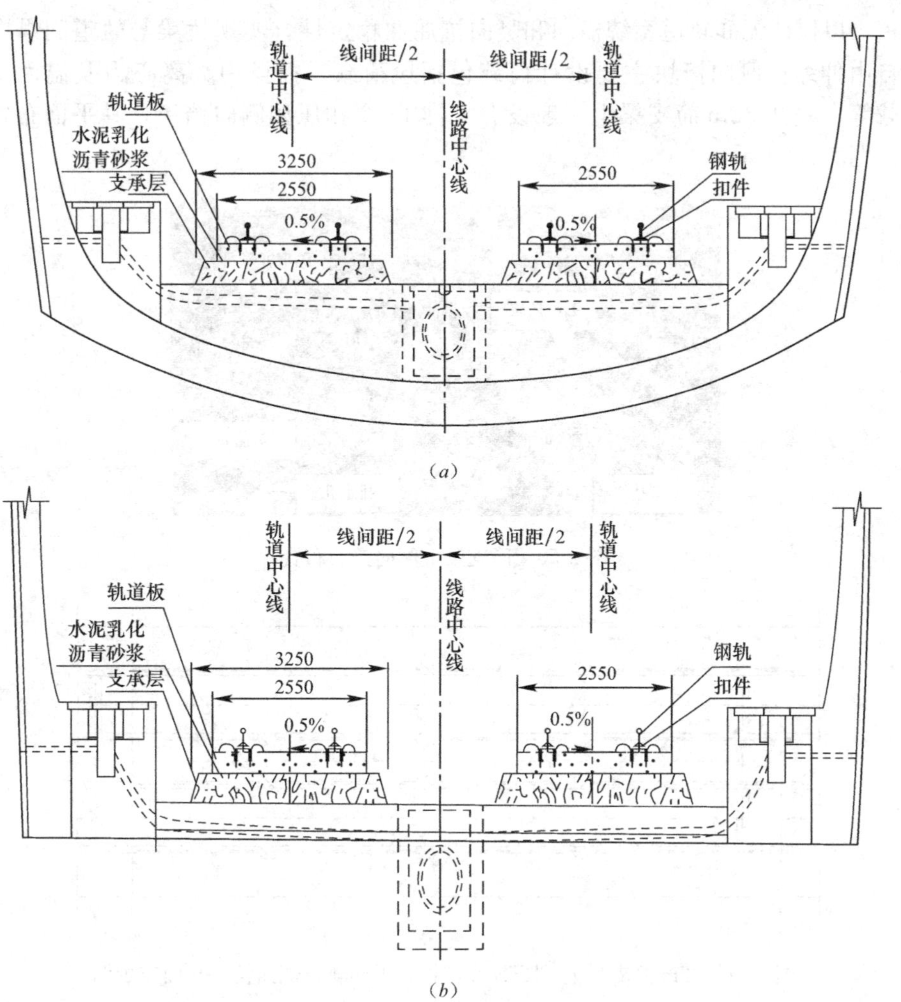

图 2-48 隧道地段 CRTS Ⅱ型板式无砟轨道标准横断面示意图（单位：mm）
（*a*）有仰拱隧道；（*b*）无仰拱隧道

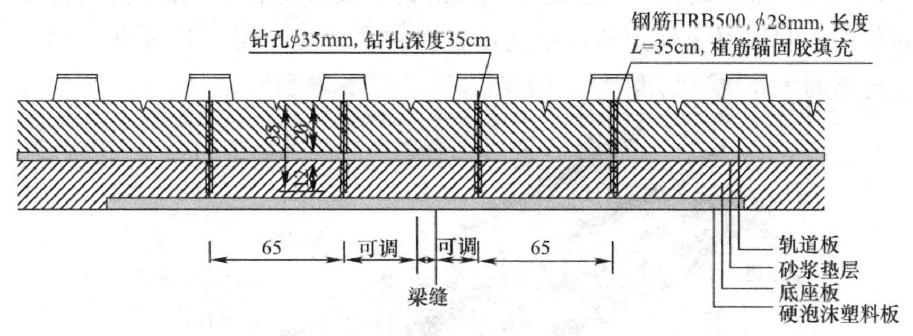

图 2-49 梁缝处轨道板锚固连接布置示意图（单位：cm）

6. 简支梁上侧向挡块布置

桥梁地段 CRTS Ⅱ型板式无砟轨道底座板两侧设置侧向挡块，如图 2-50 所示，侧向挡块与底座板间设置由橡胶垫层、不锈钢钢板等组成的弹性限位板，以保证无砟轨道系统横向和竖向抗屈曲稳定性，实现桥梁与轨道间纵向自由伸缩。侧向挡块主要设计荷载包括风荷载、摇摆力、离心力及温度荷载等。一孔 32m 简支梁上一般设有 3 排 12 个扣压型侧向挡块，其平面布置如图 2-51 所示。

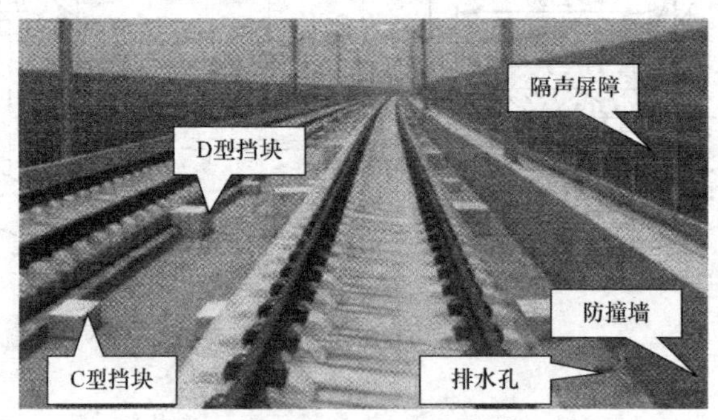

图 2-50 简支梁上侧向挡块布置

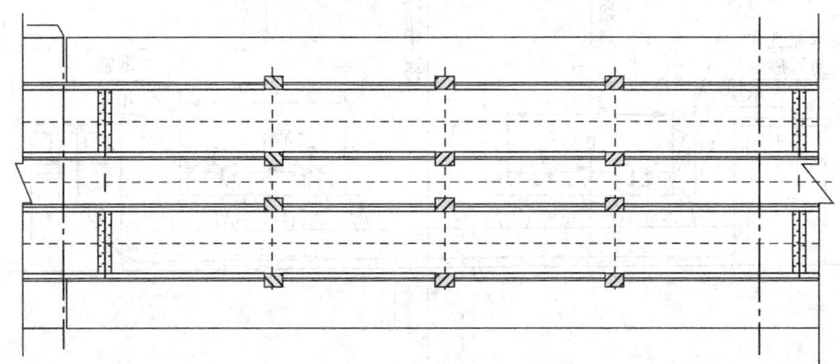

图 2-51 32m 简支梁上 CRTS Ⅱ型板式无砟轨道侧向挡块平面布置图

2.5.3 CRTS Ⅲ型板式无砟轨道

CRTS Ⅲ型板式无砟轨道是在现浇的钢筋混凝土底座上铺装板底预设连接钢筋的预制混凝土轨道板，中间设置自密实混凝土层，并适应 ZPW-2000 轨道电路的无砟轨道结构形式，如图 2-52、图 2-53 所示。

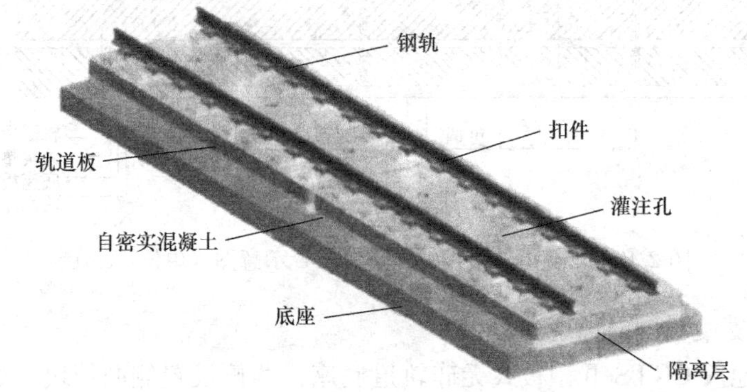

图 2-52 CRTS Ⅲ型板式无砟轨道结构

1. 道床结构组成

(1) 轨道板

轨道板采用双向后张无粘结预应力体系，板顶面设置承轨台，板底预留连接钢筋（图 2-54），通过轨道板与自密实混凝土之间的粘结以及连接钢筋限制轨道板纵横向位移。

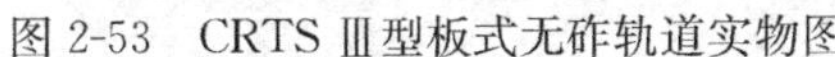

图 2-53 CRTS Ⅲ型板式无砟轨道实物图

图 2-54 轨道板底连接钢筋

轨道板类型有 P5350（P 指预应力平板，5350 指轨道板长度）、P5600、P4925 和 P4856 等。轨道板宽度 2500mm，厚度 190mm 或 210mm。扣件间距 687、630、617mm 等。

(2) 自密实混凝土层

采用强度较高、流动性及耐久性良好的自密实混凝土砂浆作为板式无砟轨道充填层是 CRTS Ⅲ型板式无砟轨道结构的主要技术特征，设计厚度一般在 90～100mm 范围，其不仅作为调整层，为预制轨道板提供支承和调整，同时作为结构层，自密实混凝土层内设有钢筋网片，通过轨道板中部灌注孔充填自密实混凝土后，与预制轨道板形成复合结构，并与下部底座形成凹凸限位结构，承受竖向和水平荷载。

(3) 底座

底座现场浇注完成，路基地段宽 3100mm，厚度为 200～300m；桥梁和隧道区段宽度为 2900mm，厚度一般为 200mm 左右。底座中部设置限位凹槽（图 2-55），底座顶面设隔离层（土工布），凹槽侧立面设弹性缓冲垫层。

路基地段 2～4 块轨道板范围的底座设置一横向伸缩缝；桥梁地段对应每块轨道板设置独立混凝土底座；隧道地段一般 2 块轨道板范围设置一横向伸缩缝，遇隧道沉降缝对应设置伸缩缝。

图 2-55 底座限位凹槽示意图

2. 轨道结构特点

(1) 采用弹性不分开式扣件（如 WJ-8 型），板面承轨部位设置挡肩。

(2) 轨道板底面预留门形筋与自密实混凝土层连接，形成复合结构。

(3) 采用自密实混凝土作为轨道板下充填材料。

(4) 自密实混凝土层和混凝土底座之间设置隔离层。

(5) 底座设置限位凹槽，与自密实混凝土层形成凹凸结构，提供轨道水平限位。

2.5.4 双块式无砟轨道

CRTS Ⅰ型双块式无砟轨道是直接将双块式轨枕浇筑在混凝土道床中，并适应 ZPW-2000 轨道电路的无砟轨道结构形式。

CRTS Ⅱ型双块式无砟轨道是将双块式轨枕振动沉入现浇的混凝土道床中，并适应 ZPW-2000 轨道电路的无砟轨道结构形式。

由于 CRTS Ⅰ型双块式无砟轨道与 CRTS Ⅱ型双块式无砟轨道的区别主要是采取的施工工艺不同，当施工完成后，两种无砟轨道结构并无区别，因此以下介绍不再区分。

双块式无砟轨道道床板采用钢筋混凝土结构，现场浇筑成形，混凝土强度等级为 C40。

1. 双块式无砟道床结构及主要技术要求

(1) 路基地段道床结构由双块式轨枕、道床板、支承层等部分组成，道床板一般为纵向连续的钢筋混凝土结构。曲线超高在基床表层上设置。

(2) 桥梁地段道床结构由双块式轨枕、道床板、隔离层、底座（或钢筋混凝土保护层）、凹槽（或凸台）周围弹性垫层等部分组成。道床板或底座沿线路纵向分块设置，间隔缝为 100mm。道床板与底座（或保护层）间设置隔离层，底座凹槽（凸台）侧立面粘贴弹性垫层。曲线超高在底座或道床板上设置。

(3) 隧道地段道床结构由双块式轨枕、道床板等部分组成，道床板为纵向连续的钢筋混凝土结构。曲线超高在道床板上设置。

(4) 双块式轨枕不得有裂缝，道床板混凝土不得有横向或竖向贯通裂缝。

(5) 路基地段支承层不应有竖向贯通裂缝，支承层与道床板、路基基床表层间应密贴，不得有离缝。

(6) 排水通道应保持通畅，道床板表面不得积水。

2. 路基地段双块式无砟轨道（图 2-56、图 2-57）

(1) 支承层在路基基床表层上设置。支承层顶面宽度为 3200mm，底面宽度为 3400mm，厚度为 300mm。沿线路纵向，每隔不大于 5m 设一横向预裂缝，缝深为厚度的 1/3。道床板宽度范围内的支承层表面进行拉毛处理。

(2) 道床板为纵向连续的钢筋混凝土结构，在支承层上构筑。道床板宽度为 2800mm，厚度为 260mm。

(3) 线间排水应结合线路纵坡、桥涵等线路条件和环境条件确定。当采用集水井方式时，集水井设置间隔根据汇水面积和当地气象条件计算确定。

(4) 线路两侧及线间路基面进行防水处理。

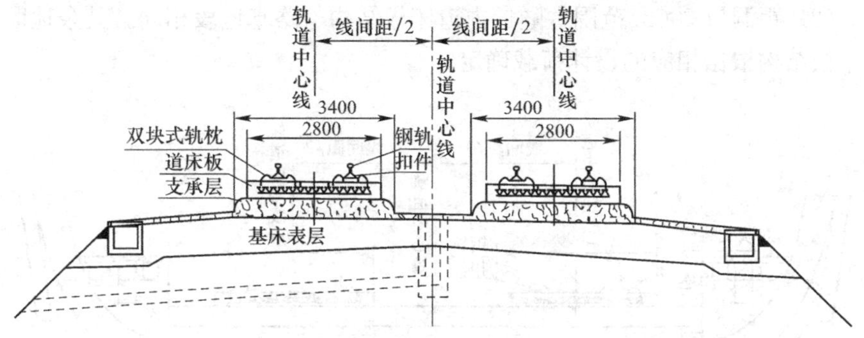

图 2-56　路基地段 CRTS Ⅰ型双块式无砟轨道标准横断面示意图（单位：mm）

3. 桥梁地段双块式无砟轨道（图 2-58）

（1）道床板宽度为 2800mm，厚度为 260mm。底座宽度为 2800mm，直线地段底座厚度不宜小于 210mm，曲线地段底座内侧厚度不应小于 100mm。

（2）底座通过梁体预埋套筒植筋或预埋钢筋与桥梁连接，轨道中心线 2.6m 范围内，梁面进行拉毛处理。

（3）底座范围内，梁面不设防水层和保护层。

（4）桥上扣件纵向阻力及梁端扣件结构形式根据计算确定。

图 2-57　CRTS Ⅰ型双块式无砟轨道实物

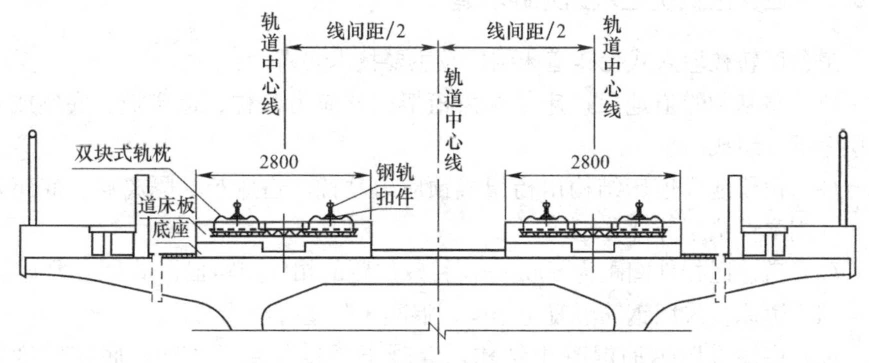

图 2-58　桥梁地段双块式无砟轨道标准横断面示意图（单位：mm）

4. 隧道地段双块式无砟轨道（图 2-59）

（1）道床板为纵向连续的钢筋混凝土结构，直接在隧道仰拱回填层（有仰拱隧道）或底板（无仰拱隧道）上构筑。道床板宽度为 2800mm，厚度为 260mm，其宽度范围内，仰拱回填层或底板表面进行拉毛处理。

(2) 距洞口200m范围，隧道内道床板结构与路基地段相同。其余地段的道床板结构根据相应的设计荷载确定。

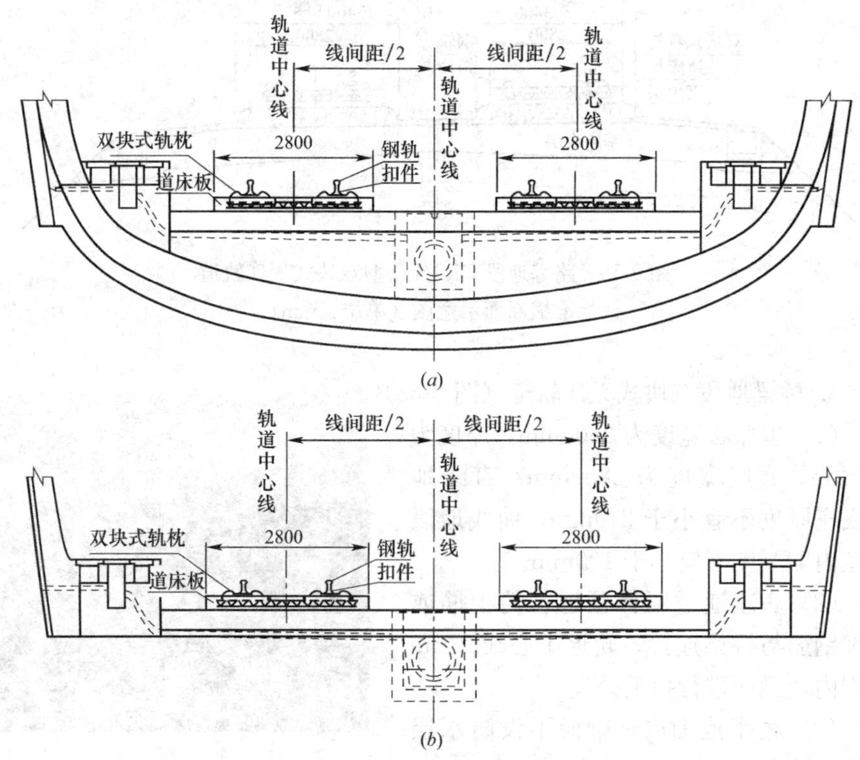

图2-59 隧道地段双块式无砟轨道标准横断面示意图（单位：mm）
(a) 有仰拱隧道；(b) 无仰拱隧道

2.5.5 道岔区轨枕埋入式无砟轨道

道岔区轨枕埋入式无砟道床结构及主要技术要求为：

(1) 路基和隧道地段道床结构由桁架式预应力岔枕、道床板、底座或支承层等部分组成。

(2) 桥梁地段道床结构由桁架式预应力岔枕、道床板、隔离层、底座及凹槽周围弹性垫层等部分组成。

(3) 道岔区扣件间距为600mm，特殊位置的扣件间距根据道岔结构确定。

(4) 道床板采用钢筋混凝土结构，混凝土强度等级为C40。

(5) 底座采用钢筋混凝土结构，混凝土强度等级为C30，底座厚度为300mm。宽度根据道岔结构尺寸确定。对应转辙器及辙叉区段，底座设置与道床板的连接钢筋。

(6) 路基地段找平层混凝土强度等级为C25，纵向连续铺设，每隔5m左右设一横向切缝，切割深度为找平层厚度的三分之一，表面拉毛处理。

(7) 道床板表面设置横向排水坡。排水通道应保持通畅，道床板表面不得积水。

(8) 道岔区范围内的轨道刚度设计应均匀，并与区间轨道刚度相匹配。

(9) 无砟轨道结构设计应满足道岔电务设备的安装要求。

(10) 岔枕不应出现裂缝，道床板混凝土裂缝不得有横向或竖向贯通裂缝。

(11) 底座混凝土裂缝不得大于 0.2mm，底座或支承层不得有竖向贯通裂缝。

2.5.6 道岔区板式无砟轨道

道岔区板式无砟道床结构及主要技术要求为：

(1) 路基地段道床结构由道岔板、底座（自密实混凝土层）及找平层等部分组成。

(2) 桥梁地段道床结构由道岔板、水泥乳化沥青砂浆充填层、底座、滑动层、高强度挤塑板、侧向挡块及弹性限位板等部分组成。

(3) 道岔区扣件间距宜为 600mm，特殊位置的扣件间距根据道岔结构设计确定。

(4) 道岔板采用钢筋混凝土结构。混凝土强度等级为 C50。道岔板厚度为 240mm，宽度根据道岔结构尺寸确定。道岔板表面设横向排水坡，排水通道应保持通畅，道岔板表面不得积水。

(5) 底座采用钢筋混凝土结构，混凝土强度等级为 C40，厚度不宜小于 180mm，宽度根据道岔结构尺寸确定。

(6) 道岔区范围内的轨道刚度设计应均匀，并与区间轨道刚度相匹配。

(7) 无砟轨道结构设计应满足道岔电务设备的安装要求。

(8) 道岔板（或预设裂缝处）混凝土裂缝宽度应小于 0.2mm，扣件周围不得有裂缝。

(9) 路基地段底座、桥梁地段水泥乳化沥青砂浆充填层应与道岔板底部密贴。水泥乳化沥青砂浆充填层厚度为 30mm，不应小于 20mm，不宜大于 40mm。

(10) 桥梁地段连续底座混凝土裂缝不得大于 0.3mm，侧向挡块不得有裂缝。

2.5.7 无砟轨道扣件

无砟轨道主要采用 WJ-7、WJ-8、W300-1 型和 SFC 型扣件。按无砟道床形式分为有挡肩和无挡肩扣件，如表 2-34 所示。

无砟轨道扣件类型 **表 2-34**

扣件类型	无砟道床形式
WJ-7 型	无挡肩
WJ-8 型	有挡肩
W300-1 型	有挡肩
SFC 型	无挡肩

1. WJ-7 型扣件组成及主要技术要求

(1) 扣件组成

① WJ-7 型扣件由 T 形螺栓、螺母、平垫圈、弹条、绝缘块、铁垫板、轨下调高垫板、绝缘缓冲垫板、重型弹簧垫圈、平垫块、锚固螺栓和预埋套管等组成，为满足高低调整需要，还包括轨下调高垫板（或充填式垫板）、铁垫板下调高垫板，如图 2-60、图 2-61 所示。

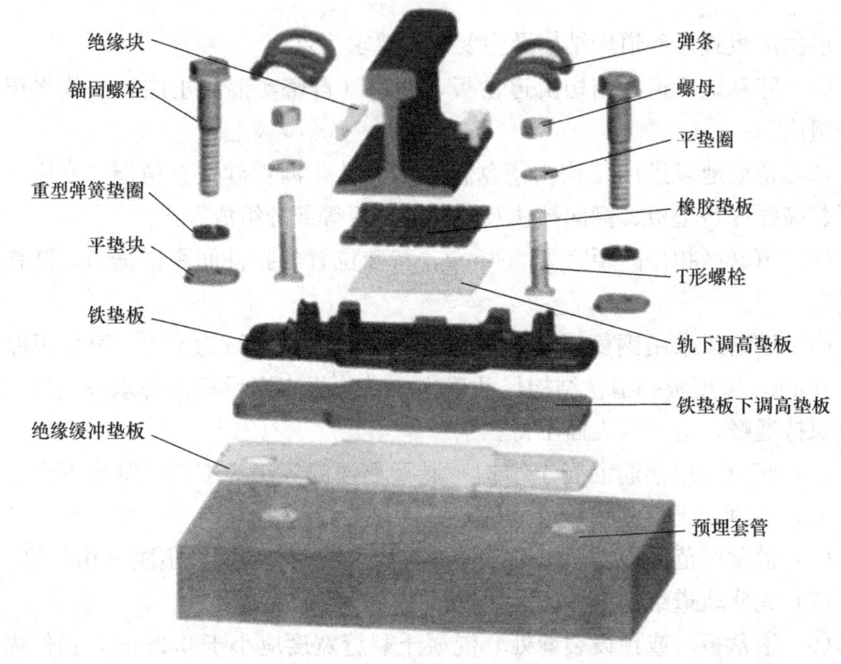

图 2-60　WJ-7 型扣件部件组成

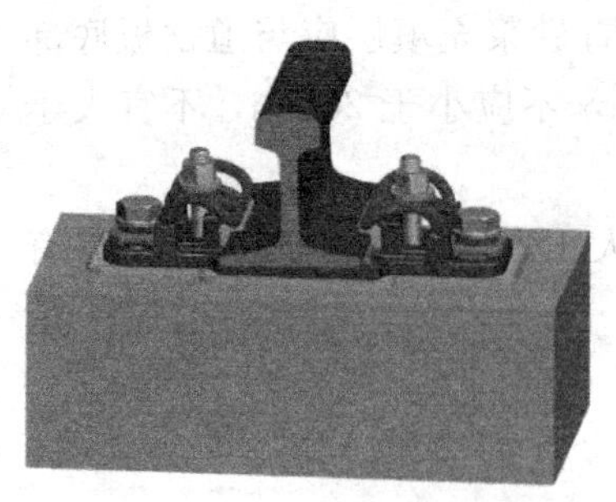

图 2-61　WJ-7 型扣件组装图

② 弹条分为两种，即 W1 型弹条（直径为 14mm）和 X2 型弹条（直径为 13mm），其中桥上采用小阻力扣件时使用 X2 型弹条。

③ 轨下垫板分为 A、B 两类，A 类用于兼顾货运的高速铁路（厚度为 12mm），B 类用于仅运行客车高速铁路（厚度为 14mm），每类又分为橡胶垫板和桥上采用小阻力扣件时配套使用的复合垫板。

(2) 主要技术要求

① 对 T 形螺栓应进行定期涂油，防止螺栓锈蚀，油脂性能应符合相关规定。

② 预埋套管中应保证有一定的防护油脂，油脂性能应符合相关规定。

③ 安装铁垫板时，轨底坡方向应朝向轨道内侧。

④ 弹条安装标准：弹条中部前端下颚与绝缘块不宜接触，两者间隙不得大于 0.5mm；或使用扭矩扳手检测 T 形螺栓扭矩时，W1 型弹条扭矩为 100～

140N·m，X2 型弹条扭矩为 70～90N·m。

⑤ 弹条养护标准：弹条中部前端下颚与绝缘块不宜接触，两者间隙不得大于 1mm；或使用扭矩扳手检测 T 形螺栓扭矩时，W1 型弹条扭矩为 100～140N·m，X2 型弹条扭矩为 70～90N·m。

⑥ 锚固螺栓扭矩为 300～350N·m。

⑦ 钢轨与绝缘块、绝缘块与铁垫板挡肩间缝隙之和不得大于 1mm。

⑧ 钢轨左右位置调整量：±6mm。

⑨ 高低调整量：－4～＋26mm。

2. WJ-8 型扣件组成及主要技术要求

（1）扣件组成

① WJ-8 型扣件由螺旋道钉、平垫圈、弹条、绝缘轨距块、轨距挡板、橡胶垫板、铁垫板、铁垫板下弹性垫板和预埋套管等组成，为满足高低调整需要，还包括轨下微调垫板和铁垫板下调高垫板，如图 2-62、图 2-63 所示。

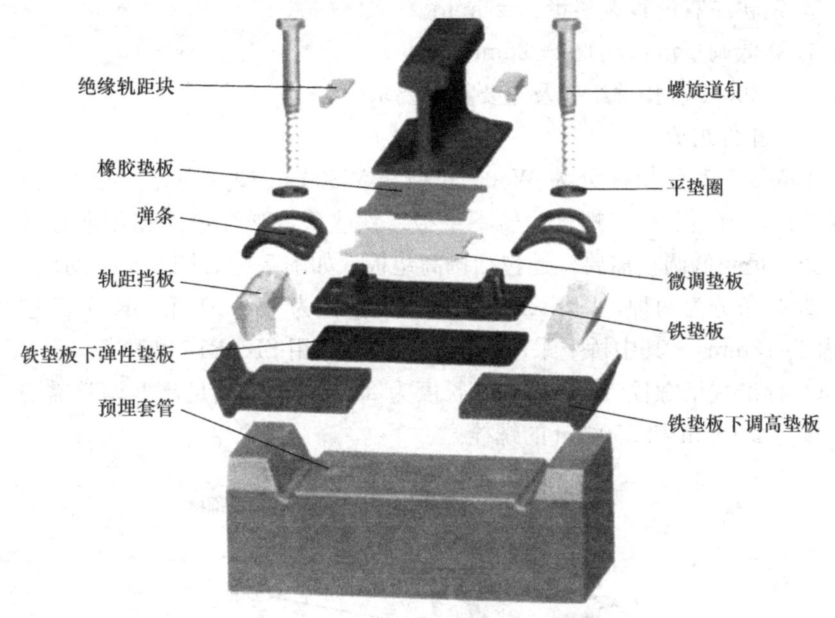

图 2-62　WJ-8 型扣件部件组成

② 弹条分两种，即 W1 型弹条（直径为 14mm）和 X2 型弹条（直径为 13mm），其中桥上采用小阻力扣件时使用 X2 型弹条。

③ 轨距挡板分为两种，即一般地段用轨距挡板和夹板处用接头轨距挡板。

④ 铁垫板下弹性垫板分为 A、B 两类（厚度均为 12mm）。A 类弹性垫板用于兼顾货运的高速铁路，B 类弹性垫板用于仅运行客车的高速铁路。

图 2-63　WJ-8 型扣件组装图

⑤ 螺旋道钉分为S2型和S3型两种，在扣件正常状态安装或钢轨调高量不大于15mm时用S2型螺旋道钉，调高量大于15mm时用S3型螺旋道钉。

(2) 主要技术要求

① 预埋套管中应保证有一定的防护油脂，油脂性能应符合相关规定。

② 夹板处应采用接头轨距挡板和绝缘轨距块。

③ 弹条安装标准：弹条中部前端下颚与绝缘轨距块不宜接触，两者间隙不得大于0.5mm；或使用扭矩扳手检测螺旋道钉扭矩时，W1型弹条扭矩为130～170N·m，X2型弹条扭矩为90～120N·m。

④ 弹条养护标准：弹条中部前端下颚与绝缘轨距块不宜接触，两者间隙不得大于1mm；或使用扭矩扳手检测螺旋道钉扭矩时，W1型弹条扭矩为130～170N·m，X2型弹条扭矩为90～120N·m。

⑤ 轨距挡板应与承轨槽挡肩密贴，间隙不得大于1mm；钢轨与绝缘轨距块、绝缘轨距块与铁垫板挡肩间缝隙之和不得大于1mm。

⑥ 钢轨左右位置调整量：±5mm。

⑦ 高低调整量：－4～＋26mm。

3. W300-1型扣件组成及主要技术要求

(1) 扣件组成

① W300-1型扣件分为W300-la型和W300-lu型共两种。扣件由弹条、绝缘垫片、轨距挡板、螺栓、轨下垫板、铁垫板、弹性垫板和预埋套管等组成，为满足高低调整需要，还包括调高垫板，如图2-64、图2-65所示。

② 弹条分为两种，即SKL15型弹条（直径为15mm）和SKLB15型弹条（直径为13mm），其中桥上采用小阻力扣件时使用SKLB15型弹条。

③ 标准规格螺栓（Ss36-230）长度为230mm，为满足高低调整需要，配有长度为240mm和250mm的螺栓。

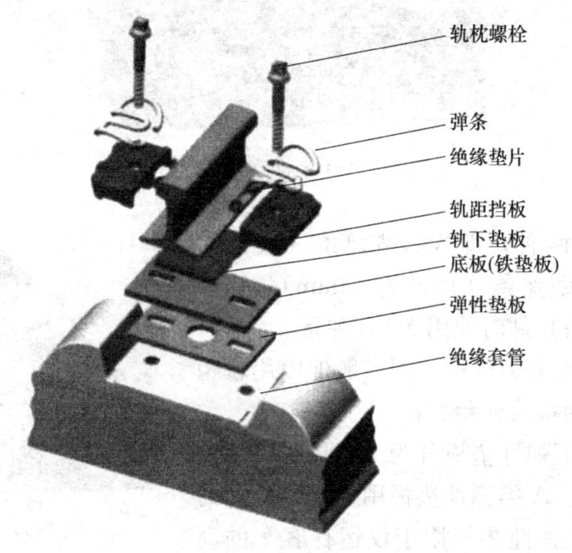

图2-64　W300-1型扣件部件组成

④ 标准规格轨下垫板（Zw692-6）厚度为6mm。为满足高低调整需要，配有厚度为2、3、4、5、7mm和8mm的轨下垫板。

⑤ 标准规格轨距挡板分为Wfp15a型挡板（适用于W300-1a型扣件）和Wfpl5u型挡板（适用于W300-1u型扣件）两种。为满足钢轨左右位置调整需要，配有Wf-pl5a±1(Wfpl5u±1)～Wfpl5a±8(Wfpl5u±8)各16种规格。

图2-65　W300-1型扣件组装图

（2）主要技术要求

① 预埋套管中应保证有一定的防护油脂，油脂性能应符合相关规定。

② 弹条安装标准：弹条中部前端与轨距挡板前端突起部分不宜接触，两者间隙不得大于0.5mm；或使用扭矩扳手检测螺旋道钉扭矩时，SKL15型弹条扭矩为210～250N·m，SKLB15型弹条扭矩为150～180N·m。

③ 弹条养护标准：弹条中部前端与轨距挡板前端突起部分不宜接触，两者间隙不得大于1mm；或使用扭矩扳手检测螺旋道钉扭矩时，SKL15型弹条扭矩为210～250N·m，SKLB15型弹条扭矩为150～180N·m。

④ 轨距挡板应与承轨槽挡肩密贴，钢轨与轨距挡板间隙不得大于1mm。

⑤ 钢轨左右位置调整量：±8mm。

⑥ 高低调整量：－4～＋26mm.

4. SFC型扣件组成及主要技术要求

（1）扣件组成

① SFC型扣件分为直列式和错列式两种。扣件由弹条、绝缘帽、铸铁底板、绝缘轨距挡块、橡胶垫板、锚固螺栓、贝式垫片、锯齿垫片、耦合垫板和预埋套管等组成，为满足调整高低需要，还包括位于铸铁底板和耦合垫板之间的调高垫板，如图2-66、图2-67所示。

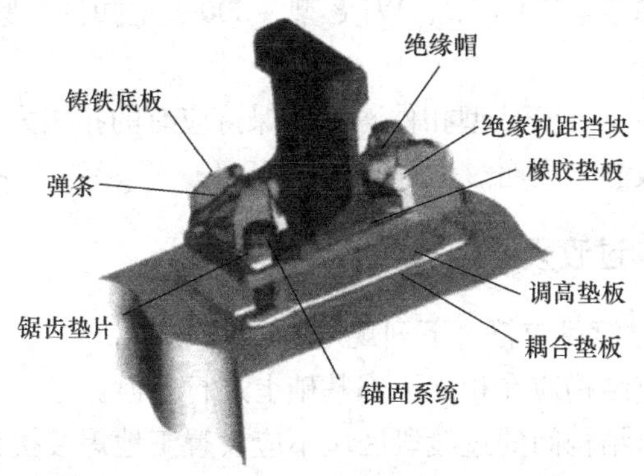

图2-66　错列式SFC型扣件部件组成

② 弹条分为FC1504型、FC1502型和FC1306型三种。一般地段安装FC1504型弹条（直径为15mm，配用8494型绝缘帽）；夹板处安装FC1502

型弹条（直径为15mm，不安装绝缘帽）；小阻力扣件安装FC1306型弹条（直径为13mm，配用12133型绝缘帽）。

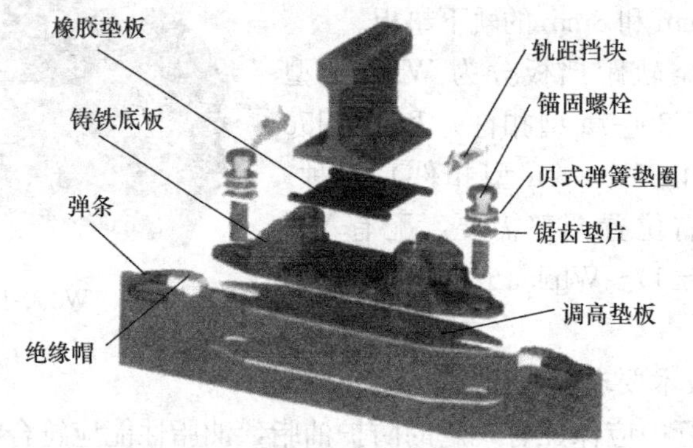

图2-67 直列式SFC型扣件部件组成

（2）主要技术要求

① 预埋套管中应保证有一定的防护油脂，油脂性能应符合相关规定。

② 安装铁垫板时，轨底坡方向应朝向轨道内侧。

③ 弹条初装扣压力不得小于9kN；养护过程中弹条扣压力不得小于8kN。

④ 锚固螺栓扭矩为150～200N·m。

⑤ 钢轨与绝缘轨距块、绝缘轨距块与铁垫板挡肩间缝隙之和不得大于1mm。

⑥ 钢轨左右位置调整量：±6mm。

⑦ 高低调整量：30mm。

5. 无砟轨道扣件伤损标准

扣件出现以下不良状态或伤损，应进行修理或更换：

（1）零部件损坏。

（2）预埋套管损坏。

（3）锚固螺栓扭矩（WJ-7型、SFC型）不满足要求。

（4）有螺栓弹条（WJ-7型、WJ-8型、300-1型扣件）紧固状态弹条中肢前端离缝超过1mm。

（5）无螺栓弹条（SFC型扣件）不能保持应有的扣压力。

（6）弹性垫板静刚度超过设计上限的25％。

2.5.8 轨道结构过渡段

1. 轨道结构过渡段应符合下列规定：

（1）不同轨道结构应在相同下部基础上进行过渡。

（2）不同轨道结构间的过渡段区域不应设置工地焊接接头。

2. 无砟轨道与有砟轨道结构间的过渡应符合下列规定：

（1）无砟轨道结构的底座或支承层应从过渡点开始向有砟轨道延伸，长度不应小于10m，同时应符合有砟轨道区段最小道床厚度的要求。

（2）过渡段无砟轨道一定范围内，应保证轨道板或道床板与支撑层的可靠连接。

(3) 过渡段应设置60kg/m的辅助轨及配套扣件，辅助轨长度25m（其中无砟轨道内约5m，有砟轨道内约20m）。辅助轨的设置不应影响大型养护机械维修作业。

(4) 过渡段范围的轨道刚度应按分级过渡设计。

(5) 过渡段有砟轨道一定范围可采用道砟胶对碎石道床不同部位进行粘结。

3. 不同无砟轨道结构间的过渡设计应考虑无砟轨道结构高度差异。

2.6 轨道加强设备

2.6.1 轨道爬行

列车运行时产生纵向水平力，使钢轨沿着轨枕或轨道框架沿着道床顶面纵向移动，这种现象称为线路爬行。使钢轨产生爬行的纵向水平力称为爬行力。

一般情况下，钢轨沿着列车运行方向爬行。当扣件的扣压力不足、扣件阻力小于轨枕下道床纵向阻力时，钢轨就沿轨枕顶面爬行；如果扣件阻力大，而道床纵向阻力小，则钢轨和轨枕组成的框架（简称轨道框架）就沿着道床顶面爬行。

1. 影响线路爬行的因素

(1) 长大下坡、进站地段，列车减速、限速、制动地段。

(2) 运量大，爬行量也大，爬行方向与列车运行方向一致。

(3) 列车轴重大、速度高，则沿着运行方向爬行也大。

(4) 线路状态不良，扣件松弛，道床松散，爬行加大。

线路爬行时引起钢轨轨缝的挤严或拉大，轨枕歪斜，间距不一致，加剧线路的动力不平顺，增加了维修工作量。如果是在无缝线路、道岔前后、桥梁两端处的线路爬行，会产生更加严重的后果。

2. 预防轨道爬行的措施

为了防止线路爬行，必须提高线路的纵向阻力：一是提高扣件阻力，采用弹性扣件，加大扭矩，防止螺栓松动，保持一定的扣压力；二是加强道床的捣固、夯实，以提高轨枕下道床的纵向阻力。在正常情况下，混凝土枕线路的每根轨枕下，道床的纵向阻力应大于10kN。

对于木枕道钉扣件、混凝土枕扣板式扣件，一股轨下的扣件阻力分别为500N、4000N(扭矩为80N·m）时，都比道床纵向阻力小，因此，必须采取补充措施，加强钢轨的锁定，防止钢轨沿轨枕面爬行。这些补充措施就是设置防爬设备。

3. 防爬设备

常用的防爬设备有两种：一种是弹簧防爬器；另一种是穿销式防爬器。我国广泛应用穿销式防爬器。

穿销式防爬器由轨卡、挡板和穿销等组成，如图2-68所示。穿销式防爬

器安装方法如图 2-69 所示。挡板紧贴在轨枕侧面，通过穿销使轨卡紧紧地卡在轨底，这样，当钢轨爬行钢轨时，带动防爬器一起前进，而挡板又贴靠轨枕，因此又带动轨枕一起爬行，发挥了穿销防爬器的防爬作用。一个防爬器的阻力为 15000N，而一根木枕或Ⅰ型混凝土枕下道床阻力只有 7000～10000N，发挥不了防爬器的阻力作用，因此，在线路上使用时，要在 3～5 根轨枕之间安装防爬木撑（或石撑），将轨枕连成整体，充分发挥防爬作用。将防爬器和防爬支撑的组合称为防爬设备。

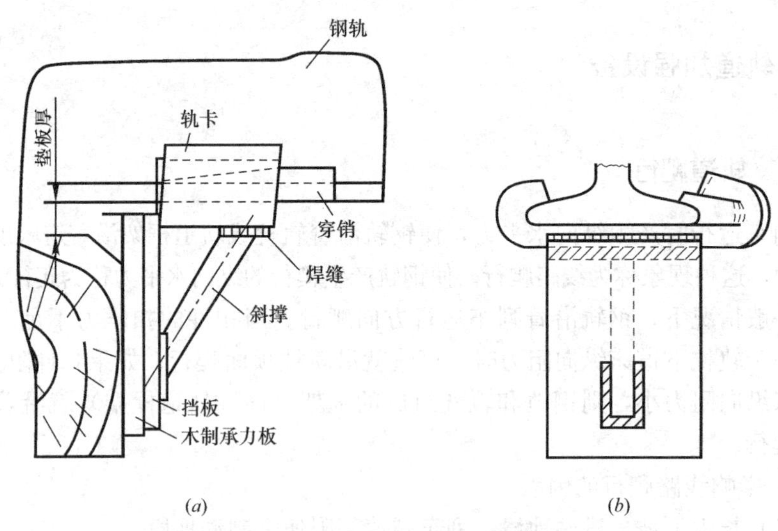

图 2-68 穿销式防爬器组成示意图

(*a*) 右侧面图；(*b*) 立面图

4. 安装防爬器的数量标准

在复线、道岔区的防爬器分正向（又称顺向）防爬器和反向（又称逆向）防爬器两种，所谓正向防爬器是指阻止列车向运行方向爬行的防爬器，反之为反向防爬器。

左右两股标准轨下安装防爬器的数量见表 2-35。

图 2-69 穿销式防爬器安装图

5. 安装防爬器的条件

不是所有线路都要安装防爬设备，而只对扣件阻力不足的线路地段安装防爬器，具体使用条件如下：

正线防爬器安装数量和方式 **表 2-35**

线路及运营特征	安装方向	非制动地段（对）		制动地段（对）	
		25m 钢轨	12.5m 钢轨	25m 钢轨	12.5m 钢轨
复线单方向运行线路	顺向/逆向	6/2	3/1	8/2	4/1
单线两方向运量接近	顺向/逆向	4/4	2/2	6/4	3/2
单线两方向运量明显不同	运量大/运量小	6/2	3/1	8/2	4/1
	运量小/运量大	—	—	4/6	2/3

(1) 木枕线路正线及到发线，应根据运量情况参照表 2-35 安装防爬设备。其他站线、道岔应根据爬行情况适当安排防爬设备。对驼峰线路、有正规列车通过的道岔、绝缘接头、桥梁前后各 75m 地段，应增加防爬设备。

(2) 混凝土枕线路使用弹条扣件时，可以不安装防爬设备。使用其他扣件时，对线路坡度大于 6‰的地段、制动地段、驼峰线路、有正规列车通过的道岔、绝缘接头、桥梁（明桥面）前后各 75m 地段，可根据具体情况安装防爬设备，数量可比木枕线路适当减少。

(3) 在碎石道床地段，单方向锁定为一对穿销式防爬器和三对防爬支撑；双方向锁定为两对穿销式防爬器和三对防爬支撑；对砂石道床和卵石道床可按照碎石道床，每组防爬器增加一对防爬支撑。

(4) 防爬设备应安装在钢轨中部，不宜安装在接头附近两根轨枕处，防爬支撑应安装在轨底下。不使用大型养路机械的线路，支承可安装在距轨底边净距为 350mm 的道心处。

(5) 在混凝土枕上装防爬器时，为了与混凝土枕斜面靠贴，需将斜形承力板装在防爬器的挡板与混凝土枕斜面之间。

2.6.2 曲线、坡道及隧道地段轨道设备加强

1. 曲线地段

在线路曲线地段，尤其是小半径曲线地段，列车通过时，横向水平力比直线段大，可导致轨距扩大、轨道框架横移、平面位置歪曲、轨枕挡肩损坏，养护维修工作量增加。因此，必须对小半径曲线段予以加强，加强办法有：

(1) 增加轨枕配置，提高轨道框架横向稳定性。对于混凝土枕轨道 $R\leqslant$ 800m 的曲线（包括缓和曲线），每千米增加轨枕根数见表 2-36。

每千米增加的轨枕数量和最多铺设根数 **表 2-36**

轨枕类型	Ⅱ型混凝土枕	木枕
每千米增加的轨枕数量	80	160
每千米最多铺设根数	1840	1920

(2) 安装轨撑或轨距杆，如图 2-70 所示，提高钢轨水平方向的稳定性，防止轨距扩大。

轨撑安装在钢轨外侧以顶住轨下颚和轨腰，防止钢轨外倾。轨距杆是一端扣住外轨轨底，另一端扣住里轨轨底的拉杆，防止钢轨位移，保持轨距。实践证明，轨撑、轨距拉杆都是防止轨距扩大、车轮脱轨比较有效的重要手段。木枕线路正线半径 $R\leqslant$800m 和站线半径 $R\leqslant$450m 的曲线轨道需要安装的轨距杆或轨撑的数量见表 2-37。

对于半径 $R\leqslant$350m 的曲线和道岔导曲线，可根据需要安装轨距杆和轨撑设备。

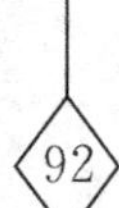

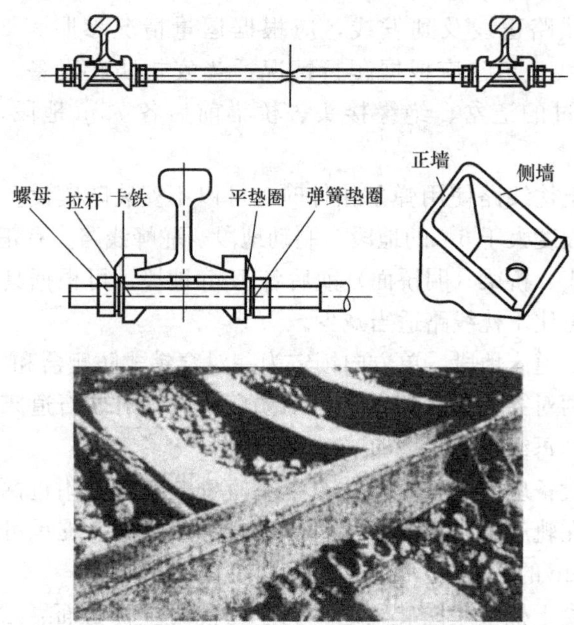

图 2-70 曲线上的轨撑及轨距杆

轨距杆或轨撑安装数量 **表 2-37**

曲线半径（m）	轨距杆（根）		轨撑（对）	
	25m 钢轨	12.5m 钢轨	25m 钢轨	12.5m 钢轨
$R\leqslant350$m	10	5	14	7
$350<R\leqslant450$	10	5	10	5
$450<R\leqslant600$	6～10	3～5	6～10	3～5
$600<R\leqslant800$	根据需要安装			

铺混凝土枕的线路，在行驶电力机车的区段，且在半径 $R\leqslant600$m 的曲线上，其他区段 $R\leqslant350$m 的曲线可根据需要按照表 2-37 安装轨距杆或轨撑，或采用保持轨距能力较强的弹性扣件。

轨距杆有普通轨距杆和绝缘轨距杆两种，在有轨道电路的线路上，应当采用绝缘轨距杆。

(3) 堆高曲线外侧砟肩石砟，以增加曲线道床横向阻力，也是曲线加强的有效措施。

2. 坡道及隧道地段

坡度大于 12‰的下坡地段及长度等于或大于 300m 且铺设木枕的隧道内地段应增加轨枕的铺设数量。

轨道需要加强的地段条件（包括曲线地段）重叠时只增加一次，每千米增加的轨枕数量和最多铺设根数见表 2-36。

2.7 轨道类型及其选用标准

由于轨道是一种多部件的组合结构，各个部件要有足够的强度和稳定性并合理配套。钢轨是轨道结构中最重要的部件，确定轨道结构类型时，应先确定钢轨类型，然后从技术经济观点出发，确定与之配套的轨枕类型与铺设数量，以及道床的材料与断面尺寸，使之组成一个等强度的整体结构，充分发挥各部件的作用。

表 2-38 与表 2-39 为我国目前根据运营条件确定轨道类型的标准。

正线轨道类型　　　　表 2-38

项目					单位	特重型	重型			次重型	中型	轻型
运营条件	年通过总质量				Mt	＞50	25～50			15-25	8-15	＜8
运营条件	路段旅客列车设计行车速度				km/h	160～120	160～120	≤120		≤120	≤100	≤80
轨道结构	钢轨				kg/m	75	60	60		50	50	50
轨道结构	轨枕	混凝土枕		型号	—	Ⅲ	Ⅲ	Ⅲ	Ⅱ	Ⅱ	Ⅱ	Ⅱ
轨道结构	轨枕	混凝土枕		铺枕根数	根/km	1667	1667	1667	1760	1667 或 1760	1660 或 1680	1520 或 1640
轨道结构	碎石道床厚度	土质路基	双层	表层道砟	cm	30	30	30		25	20	20
轨道结构	碎石道床厚度	土质路基	双层	底层道砟	cm	20	20	20		20	20	15
轨道结构	碎石道床厚度	土质路基	单层	道砟	cm	35	35	35		30	30	25
轨道结构	碎石道床厚度	硬质岩石路基	单层	道砟	cm	30	30	—		—	—	—
轨道结构	无砟道床	板式轨道		混凝土底座厚度	cm	≥15						
轨道结构	无砟道床	轨枕埋入式		混凝土底座厚度	cm	≥15						
轨道结构	无砟道床	弹性支撑块式		混凝土底座厚度	cm	≥17						

注：年通过总质量包括净载、机车和车辆的质量，单线按往复总质量计算，双线按每一条线的通行总质量计算。

站线轨道类型　　　　表 2-39

项目			单位	到发线	驼峰溜放部分线路	其他站线及次要站线
钢轨			kg/m	60、50 或 43	50 或 43	50 或 43
轨枕	混凝土枕	型号	—	Ⅰ	Ⅰ	Ⅰ
轨枕	混凝土枕	铺枕根数	根/km	1520～1667	1520	1440
轨枕	防腐木枕	型号	—	Ⅱ	Ⅱ	Ⅱ
轨枕	防腐木枕	铺枕根数	根/km	1600	1600	1440

续表

<table>
<tr><th colspan="5">项目</th><th>单位</th><th>到发线</th><th>驼峰溜放部分线路</th><th>其他站线及次要站线</th></tr>
<tr><td rowspan="15">道砟道床厚度</td><td rowspan="10">土质路基</td><td rowspan="5">双层道砟</td><td rowspan="15">相应正线轨道类型</td><td>特重型</td><td rowspan="15">cm</td><td rowspan="3">表层道砟 20
底层道砟 20</td><td rowspan="5">表层道砟 20
底层道砟 20</td><td rowspan="5">—</td></tr>
<tr><td>重型</td></tr>
<tr><td>次重型</td></tr>
<tr><td>中型</td><td rowspan="2">表层道砟 15
底层道砟 15</td></tr>
<tr><td>轻型</td></tr>
<tr><td rowspan="5">单层道砟</td><td>特重型</td><td rowspan="3">35</td><td rowspan="5">35</td><td rowspan="5">其他站线 25、次要站线 20</td></tr>
<tr><td>重型</td></tr>
<tr><td>次重型</td></tr>
<tr><td>中型</td><td rowspan="2">25</td></tr>
<tr><td>轻型</td></tr>
<tr><td rowspan="5">硬质岩石路基、级配碎石或级配沙砾石基床</td><td rowspan="5">单层道砟</td><td>特重型</td><td rowspan="3">25</td><td rowspan="5">30</td><td rowspan="5">20</td></tr>
<tr><td>重型</td></tr>
<tr><td>次重型</td></tr>
<tr><td>中型</td><td rowspan="2">20</td></tr>
<tr><td>轻型</td></tr>
</table>

2.7.1 高速铁路轨道结构

高速铁路作为一种安全、快捷、舒适、全天候的运输方式，已成为现代交通运输体系的重要组成部分。高速铁路轨道结构和普通铁路轨道结构一样，由钢轨、轨枕、扣件、道床、道岔等部分组成。由于行车速度的提高，机车车辆和轨道的振动强度加大，作用在轨道上的动荷载越大，轨道的几何形位越难保持，轨道结构和部件破坏越快。为适应高速行车的要求，保证高速列车运行的平稳性、舒适性与安全性，高速铁路轨道各部件的力学性能、使用性能和组合结构的性能都比普通轨道部件高得多，必须保障轨道结构具备高平顺性和高稳定性。

基于以上要求，高速铁路有砟轨道应具有以下特点：

1. 钢轨具有平顺的运行表面。为减少列车冲击、振动荷载及行车噪声的污染，轨道必须为列车提供一个平滑的运行表面。为达到这一目的，要从钢轨和轨下基础两方面提出要求。钢轨要有足够的抵抗变形的能力，且钢轨材质要具有足够的强韧性，对无缝线路钢轨焊缝应打磨平顺。为保持轨面的平顺性，轨道必须有一个坚实的轨下基础。因此，混凝土轨枕、强劲的钢轨扣件及硬质石砟组成的道床，就成为高速铁路轨道必不可少的轨下基础。

2. 采用稳固的重型轨道。由 60kg/m 钢轨、混凝土枕、强劲钢轨扣件和硬质道床组成的重型轨道，不但可以使轨道变形小，轨面平顺，而且可以起到稳固线路与减少振动对道床破坏的作用。高速铁路采用重型轨道结构，其主要目的不是为了增加轨道强度，而是为了减少轨道变形，保持平顺的列车运行轨面。采用重型轨道的另一个意图是，由于高速列车施加的高频振动会使道砟“流坍”，道床下沉增加，而铺设重型钢轨和轨枕则可起到隔离与补偿的作用，以减少高频振动对道床的影响。

3. 轨道结构应该具有良好的弹性性能。轨道具有良好的弹性性能不但可以使轨道具有较强的抗振动与抗冲击的能力，而且有利于减少噪声干扰。因此，针对高速铁路应努力改善轨道的弹性性能，以适应高速列车的运行。

4. 铺设无缝线路，消除或减少钢轨接头，增加列车平稳性，减少轨道破坏。

5. 铺设高速与快速道岔。道岔是轨道结构的重要组成部分，应该与高速铁路相适应。在高速铁路道岔设计中应该采用强韧的道岔部件，选择合理的道岔几何线形和部件尺寸，采用可动心轨辙叉或焊连成无缝道岔等方法提高列车过岔速度。

高速铁路无砟轨道相比有砟轨道具有一系列的优点：使用寿命长；维修费用低；二期恒载小、建筑高度低；线路状况良好，宜于高速行车等。此外，无砟轨道上的无缝线路不易胀轨跑道及高速行车时不会有石砟飞溅起来造成伤害，也是无砟轨道的优点。

2.7.2 重载铁路轨道结构

重载铁路的特点是提高了运量，加大了车体的轴重，在铁路轨道上，轴重反映了轨道承受的静荷载强度，轴重越大，轨道承受的荷载也就越大。随着列车荷载的反复循环作用，极易使轨道部件发生各种疲劳损坏，严重影响轨道结构的正常工作，如钢轨的轨头伤损、钢轨的折损以及轨道几何形位的破坏等都与重载铁路的荷载有关。为发挥重载的运输优势，必须采用强韧化的轨道，以抵御重载列车对轨道结构的破坏，强化轨道结构和延长使用寿命，确保列车的运行安全并减少养护维修工作量。

为此，世界上很多国家在重载线路上均采用无缝线路，提高重载列车运行平稳性，减少对线路的动力作用。一系列新型轨道结构，包括无砟轨道、梯形轨道等也都在进行大运量试验，考核其安全性及可靠性，以利于在重载线路上推广采用。与此同时，美国、加拿大、南非、澳大利亚、巴西等国家在重载线路上正在普及可动心轨道岔及新型菱形辙叉，这有利于减少线路道岔区间的动力作用，提高可靠性。

此外，针对重载铁路最经常出现的损伤是钢轨表面裂纹、轨内裂纹，还要求研究开发耐磨性好、防表面裂纹和防轨内裂纹的新型钢轨。同时，针对采用无缝钢轨的线路，还要研发新的铝热焊技术，保证接头部分的材质强度。

2.7.3 城市轨道交通轨道结构

城市轨道交通虽然在运营等方面与铁路有所区别，但是轨道仍是城市轨道交通运营设备的基础，仍由钢轨、联结零件、轨枕和道床、道岔及其他附属设备组成，轨道结构同样直接承受列车荷载，引导列车运行。其特性和要求并无太大的区别。但是，由于城市轨道交通接近人口密集的市区，需要运营安全平稳，舒适性好，同时，对振动与噪声控制的要求大大高于大铁路的要求。另外，由于城市轨道交通的行车密度大，它的维修“天窗”时间短，因而，需要轨道结构具有较好的耐磨性，能够减少维修和养护。城市轨道交

通对轨道结构的基本要求如下：

（1）结构简单、整体性强，具有坚固性、稳定性、均衡性等特点。确保行车安全、平稳、舒适。

（2）具有足够的强度、刚度，便于施工，易于管理，可靠性高，使用寿命长，可以减少维修或者避免维修，并利于日常的清洁养护，降低运营成本。

（3）对于扣件，要求强度高、韧性好。

（4）采用成熟的新工艺、新技术、新材料，满足绝缘、减振降噪和减轻轨道结构的自重等需求，尽可能符合城市环境、景观等要求。

同时，城市轨道交通中的钢轨兼做轨道电路，为轨道电路提供导体。

小结及学习指导

本章内容包括轨道结构的各组成部分（钢轨、轨枕、联结部件、有砟轨道道床和轨道加强设备）的功用、类型和结构组成，无砟轨道结构的结构组成、特点及主要类型、无砟轨道扣件的构造及特点，结合高速铁路和城市轨道交通的发展需求，简要介绍了混凝土宽枕、弹性轨枕等新型有砟轨道结构部件。还介绍了高速、重载、城市轨道交通对轨道结构的基本要求和轨道类型。

通过本章的学习，要求了解轨道结构的发展现状，熟悉轨道结构的种类、特点，掌握轨道结构组成及各部件（包括钢轨、轨枕、联结部件、道床、线路加强设备）的工作特点（材质、构造、类型、伤损等）、功用及高速、重载、城市轨道交通对轨道结构的技术要求。

思考题与习题

2-1 有砟轨道结构的主要组成及各部分功用是什么？

2-2 钢轨的类型有哪些？钢轨分级使用的含义是什么？

2-3 钢轨伤损的主要形式有哪些？伤损的原因及解决措施是什么？

2-4 依照打磨的目的及磨削量分类，钢轨打磨的种类有哪些？为什么要进行钢轨断面廓形打磨？

2-5 目前我国有砟轨道使用的混凝土枕有哪些类型？各自的特点是什么？

2-6 钢轨接头有哪些种类？其特点是什么？

2-7 中间扣件有哪些种类？其特点是什么？

2-8 简述高速铁路有砟轨道扣件的类型及其技术要求。

2-9 简述碎石道床断面的三个特征。

2-10 简述我国无砟轨道的类型及相应特点。

2-11 简述高速铁路无砟轨道扣件的类型及主要技术要求。

2-12 什么是线路爬行？简述其产生机理及预防措施。

2-13 简述在进行铁路建设时，选择轨道类型时应考虑的因素。

2-14 对比高速铁路、重载铁路及城市轨道交通的轨道结构异同点。

第3章 轨道几何形位

本章知识点

【知识点】直线和曲线轨道几何形位的概念、检测方法和允许偏差，曲线轨道轨距加宽和外轨超高的计算理论和设置方法，缓和曲线的计算理论和选择要求以及曲线整正的原理及方法。

【重　点】轨道几何形位的概念、检测方法和允许偏差，曲线整正的方法、轨距加宽和外轨超高的计算、缓和曲线的计算和选取。

【难　点】轨距加宽和外轨超高的计算理论、缓和曲线的计算与选择。

3.1 概述

轨道几何形位是指轨道各部分的几何形状、相对位置和基本尺寸。从轨道平面位置来看，轨道由直线和曲线部分组成。在轨道的直线部分，其几何形位包括轨距、水平、方向、高低和轨底坡。在轨道的曲线部分，除上述几何形位外，还包括轨距加宽、外轨超高和缓和曲线。

铁路轨道直接承载车轮并引导列车运行，轨道的几何形位与机车车辆轮对的几何尺寸必须密切配合，因而轨道几何形位的控制对于列车的运行安全、乘客的旅行舒适度以及设备的使用寿命和养护费用都是非常重要的。另外，随着铁路列车提速及高速铁路技术的应用，为了保持高速列车运行的平稳性与舒适性，也必须对轨道的几何形位实行严格控制。

3.2 直线轨道几何形位基本要素

3.2.1 轨距

轨距是指两股钢轨踏面（顶面）下 16mm 范围内两股钢轨工作边之间的最小距离。

因为钢轨头部外形由不同半径的复曲线所组成，钢轨底面设有轨底坡，

所以轨距应在钢轨顶面以下某一规定距离处量取。我国《铁路技术管理规程》规定，轨距应在钢轨头部内侧面下 16mm 处量取。直线轨道的轨距标准值规定为 1435mm。

目前，世界上的轨距分为标准轨距、宽轨距和窄轨距三种。

标准轨距为 1435mm，大于标准轨距的称为宽轨距，目前世界上的主要宽轨距为 1676、1668、1660、1600、1524、1520mm，例如 1520mm（俄罗斯、乌克兰、格鲁吉亚）、1524mm（芬兰）、1600mm（爱尔兰）、1668mm（西班牙）1670mm、1676mm（印度）等。小于标准轨距的称为窄轨距，世界上主要的窄轨距有 1372、1067、1050、1000、950、914、762、750、610、600mm，如 1372mm（苏格兰）、1000mm（越南、缅甸）、1067mm（南非）、914mm（秘鲁）、750mm（瑞士）等。

我国铁路轨距绝大多数为标准轨距，仅在云南省境内尚保留部分 1000mm 的轨距。我国的台湾省铁路轨距为 1067mm。也有少数地方铁路和工矿企业铁路采用窄轨距。

轨距用道尺、轨检小车或轨检车（图 3-1）进行测量。前两者测得的是静态的轨距，后者则可以测得列车通过时轨距的动态变化，这对于高速运行的列车来说是非常重要的。对于不同运营条件的轨道，轨距容许偏差值有所差异。轨距变化应和缓平顺，如果在短距离内，轨距有显著变化，即使不超过轨距容许误差，也会使机车车辆发生剧烈摇摆，限制轨距变更率对保证行车平稳是十分重要的。我国规定轨距变更率小于 1‰。

(a)　　(b)

图 3-1　道尺和轨检小车

(a) 道尺；(b) 轨检小车

如图 3-2 所示为轮对尺寸。两车轮内侧面之间的距离，称为轮对的轮背内侧距离 T，这个距离再加上两个轮缘厚度 d 称为轮对宽度 q，即 $q=T+2d$。表 3-2 给出了轮对的几何尺寸，为使机车车辆车轮顺利通过轨道，轨道的轨距 S 必须略大于轮对宽度 q。当轮对的一个车轮轮缘紧贴一股钢轨的作用边时，另一个车轮轮缘与另一股钢轨作用边之间便形成一定的间隙，这个间隙称为轮轨游间，即：

$$\delta = S - q \tag{3-1}$$

式中　δ——轮轨游间（mm）；

　　S——轨距（mm）；

q——轮对距离（mm）。

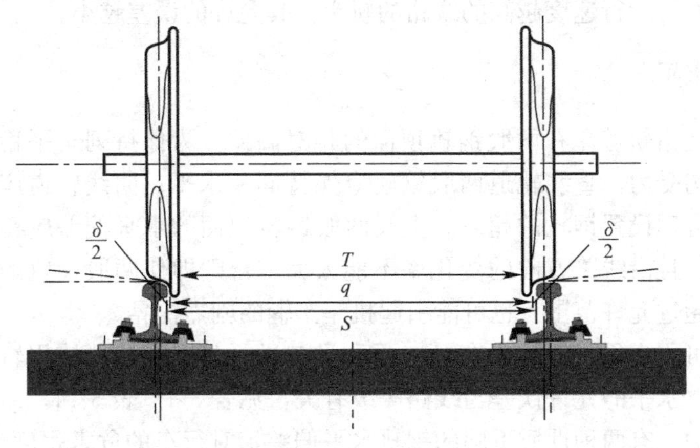

图 3-2　轮对尺寸

轮对几何尺寸（单位：mm）　　**表 3-1**

车轮	轮缘高度	轮缘厚度 d		轮背内侧距离 T			轮对宽度 q		
		最大（正常）	最小	最大	正常	最小	最大	正常	最小
车辆轮	25	34	22	1356	1353	1350	1424	1421	1394
机车轮	28	33	23	1356	1353	1350	1422	1419	1396

注：表中数据未计车轴承载后挠曲对于轮对宽度的影响。

若 S_0 为标准轨距，q_0 为正常轮对宽度，则正常轮轨游间为：

$$\delta_0 = S_0 - q_0 \tag{3-2}$$

若轨距最大值为 S_{max}，最小值为 S_{min}，轮对宽度最大值为 q_{max}，最小值为 q_{min}，则游间最大值 δ_{max}、最小值 δ_{min} 分别可按下式进行计算。

$$\delta_{max} = S_{max} - q_{min} \tag{3-3}$$

$$\delta_{min} = S_{min} - q_{max} \tag{3-4}$$

轮轨游间大小对列车运行的平稳性和轨道的稳定性有重要影响。游间不能过大，否则会使车辆行驶时的蛇行运动的幅度加大，横向加速度、轮缘对钢轨的冲角及作用于钢轨上横向力也随之增加，加剧钢轨磨耗和轨道变形。行车速度愈高，这种影响愈严重。但如果轮轨游间太小，则增加行车阻力和轮轨磨耗，严重时还可能楔住轮对、挤翻钢轨或导致爬轨事件，危及行车安全。因此，必须对游间值进行限制。我国速度较低的普通铁路允许轨距偏差为＋6mm、－2mm，轮轨游间 δ 最大值、正常值及最小值见表 3-2。

轮轨游间表　　**表 3-2**

车轮名称	轮轨游间 δ 值（mm）		
	最大 δ_{max}	正常 δ_0	最小 δ_{min}
机车轮	45	16	11
车辆轮	47	14	9

理论研究与运营实践表明，适当减小 δ 值（减小轨距），会减轻列车的摇

摆，减少轮轨磨耗和动能损失，改善行车条件，提高列车运行的平稳性和线路的稳定性。运行速度越高的线路的轨距，其允许的误差越小。

3.2.2 水平

水平是指轨道左右两股钢轨顶面的相对高差。为保持列车平稳运行和两股钢轨均匀受力，直线轨道两股钢轨应保持同一水平；曲线轨道应按相关要求和标准合理设置钢轨的超高。直线两股钢轨顶面的水平偏差应符合相应的标准要求，且沿线路方向的变化率不能太大，否则即使两股钢轨的水平偏差各自都不超过允许范围，也可能引起机车车辆的剧烈摇晃。

水平可用道尺或轨检小车等工具和设备进行静态测量，使用轨检车进行动态检测。水平的允许误差与线路等级有关，见表3-4～表3-14。

实践中，有两种性质不同的钢轨水平偏差，对行车的危害程度也不一样。第一种水平偏差是在一段相当长的距离内，一股钢轨的轨顶较另一股高，此种水平偏差对行车的影响较小。另一种称三角坑或称轨道扭曲，如图3-3所示。它是指在一段不太长的距离内，先是左股钢轨高，后是右股钢轨高，高差值超过容许偏差值，而且两个最大水平误差点之间的距离小于一定值（如不足18m）。

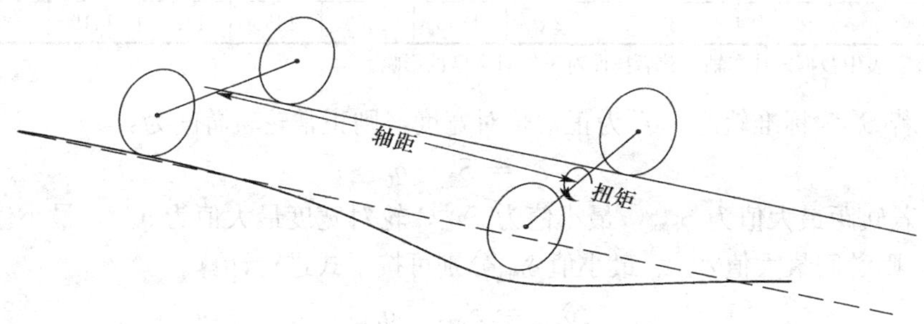

图3-3 轨道三角坑（扭曲）

三角坑将使同一转向架的四个车轮中，只有三个正常压紧钢轨，另一个形成减载或悬空。如果出现较大的横向力，就可能使悬浮的车轮只能以它的轮缘贴紧钢轨，在最不利条件下甚至可能爬上钢轨，引起脱轨事故。因此，三角坑对于行车的平稳性和安全性有显著的影响，是轨道几何形位重点控制的指标之一。

3.2.3 方向

轨道的方向（或称轨向）是指轨道中心线在水平面上的平顺性。轨道中心线的位置应与其设计位置一致。按照行车的平稳和安全要求，直线应当笔直，曲线应当圆顺。但在机车车辆的作用下直线轨道并非直线，曲线的圆顺性也出现偏差，出现许多10～20m波长的不平顺，因其曲度很小，偏离中心线不大，故通常不易察觉。若直线不直则必然引起列车过大的横向运动。在行驶高速或快速列车的线路上，线路方向对提速和高速列车的平稳性具有特别重要的影响。相对轨距来说，轨道方向往往是行车平稳性的控制性因素。只要方向偏差保持在容许的范围以内，轨距变化对车辆振动的影响就处于从属地位。

无缝线路地段的轨道方向不良，有可能在高温季节引发胀轨跑道事件，严重威胁行车安全。

方向可用弦线、轨检小车和轨检车测得。不同线路类型、检测方式和运营要求对方向偏差的要求标准不同，见表 3-4～表 3-14。曲线轨道方向的保持由曲线正矢偏差来控制，见表 3-15。

3.2.4 高低

轨道沿线路方向的竖向平顺性称为高低（或称前后高低）。轨道的高低应保持设计后的状态，但新铺或经过大修后的轨道，即使轨面是平顺的，经过一段时间列车运行后，由于部件破损和线路沉陷等原因，轨道也会出现高低不平顺。产生轨道高低不平顺的因素有：①线路基础沉陷，如路基沉陷或路基填筑的不均匀；②道床沉陷或密实程度不均匀；③轨道结构及部件弹性不一致，如扣件松紧程度，线桥或线隧过渡段、有砟和无砟轨道过渡段；④轨底与铁垫板或轨枕之间存在间隙（间隙超过 2mm 时称为吊板），轨枕底与道砟之间存在空隙（空隙超过 2mm 时称为空板或暗坑）；⑤钢轨表面不平顺，如波形磨耗、焊缝、轨面剥离或擦伤等。

轨面不平顺的长度有长有短，如不平顺的波长较长，车轮沿不平顺的全长滚动，车轮与轨面不脱离；如轨面不平顺波长较短，如钢轨的波形磨耗、接头焊缝、打塌及轨面擦伤等原因形成的轨面不平顺，当车轮通过这种不平顺时，车轮不触及不平顺的底部，造成较大的轮轨冲击作用。长不平顺使车轮对钢轨产生的附加动压力，其值随着不平顺的深度和行车速度的增加而增大；短不平顺使车轮对钢轨产生振动冲击力。不平顺长度愈短，深度愈大和行车速度愈高，振动冲击力愈大。例如在速度 250km/h 时，对于同样的波深为 0.5mm 时的波形磨耗，波长为 20cm 时引起的最大振动冲击力达 514kN，约为波长 50cm 时的 2.6 倍。因此控制不平顺的大小，对降低轮轨间的动力作用，减小对轨道的破坏是十分重要的，尤其是在高速和重载的轨道上。

轨道高低可用弦线、轨检小车和轨检车测得。不同的线路类型、检测方式和运营要求对高低偏差的要求标准不同，见表 3-4～表 3-14。

3.2.5 轨底坡

轨底坡是轨底与轨道平面之间形成的横向坡度，是轮轨关系中轨道受力计算和轨道部件设计的一项重要参数。轨底坡与轨距、扣件受力均关系密切。由于车轮踏面与钢轨顶面主要接触部分是 1∶20 的斜坡，理论上轨底坡的大小应与轮踏面的斜度匹配，即 1∶20。

钢轨设置轨底坡的目的是：使其轮轨接触集中于轨顶中部，提高钢轨的横向稳定性，避免或减小钢轨偏载，减小轨腰的弯曲应力，减轻头部不均匀

磨耗，延长钢轨使用寿命。

一般轨底坡的大小，应与车轮踏面主要部分的斜度相同，即1∶20。但在机车车辆的动力作用下，轨道被弹性挤开，轨枕产生挠曲和弹性压缩，加上垫板与轨枕不密贴等原因，实际的轨底坡与原设计的轨底坡有较大的出入。此外，车轮踏面经过一段时间的磨耗后，原来1∶20部分也接近1∶40的坡度。我国车辆轮轨踏面为1∶20～1∶10，直线地段的轨底坡以1∶40为宜，所以目前我国铁路直线地段的轨底坡统一改为1∶40。

由于曲线的超高设置，轨枕处于倾斜状态，当倾斜到一定程度时，内股钢轨中心线将偏离垂直线而外倾，在车轮荷载作用下，钢轨有倾斜的可能性。因此，在曲线地段应根据外轨超高值加大内轨的轨底坡。表3-3列出了曲线内股钢轨轨底坡的调整值。

曲线内股钢轨轨底坡的调整值　　表3-3

外轨超高（mm）	轨枕面最大斜度	铁垫板或承轨槽面倾斜度		
		0	1/20	1/40
		垫楔形垫板或枕木砍削的坡度		
0～75	1∶20	1∶20	0	1∶40
80～125	1∶12	1∶12	1∶30	1∶17

在任何情况下，轨底坡不应大于1∶12，或小于1∶60。

根据不同的轨下支承条件，轨底坡一般设置在铁垫板、轨枕或轨道板的承槽上等。

轨底坡设置是否正确，可根据运营中钢轨顶面磨成的光带位置来判定。如光带居中，说明轨底坡合适；若光带偏离轨顶中心向内，说明轨底坡不足；若光带偏离轨顶中心向外，说明轨底坡过大。线路养护维修工作中，可根据光带位置调整轨底坡的大小。

3.2.6　轨道不平顺

为了保证机车车辆安全平稳地运行，轨道必须给有轮缘的车轮提供连续平顺滚动的接触表面，为此要求轨道具有一定的几何形位（如轨距、水平、轨向等）。两根钢轨在高低和左右方向与钢轨理想位置几何尺寸的偏差称为轨道不平顺。轨道不平顺对机车车辆系统是一种外部激扰，是产生机车车辆系统振动的主要根源，是导致列车事故的基本原因。轨道结构的特点决定了轨道几何形位很难准确控制，轨道不平顺是客观存在的。轨道几何形位不平顺主要有如下几种分类方法。

从出现周期的角度看，轨道不平顺可分为周期性轨道不平顺、随机不平顺和局部不平顺。周期性轨道不平顺是由于轨道接缝形成的以轨长为波长的不平顺。随机不平顺是由于轨道的铺设、维护保养产生的误差和轮轨磨耗所产生的不平顺，它因时因地而有所不同。局部不平顺是由于线路的特定结构（如道岔、缓和曲线、桥梁等）或偶然地点（如线路的局部病害）产生的不平顺。

从波长的角度区分，轨道不平顺可以分为长波不平顺、中波不平顺和短波不平顺，三种不平顺的分界限制波长为30m和2m。

从方向的角度区分，轨道不平顺可分为垂向不平顺、横向不平顺、复合不平顺及曲线头尾几何偏差等。

从动、静态的角度区分，轨道不平顺分为动态不平顺和静态不平顺。动态不平顺是由于轨下基础弹性不均匀造成的，如扣件失效、轨枕支承失效、路基不均匀及桥梁与路基、桥与桥台、路基与隧道等过渡段的弹性不均匀。动态不平顺是用轨检车测得的在列车车轮荷载作用下才能显现出来的完整的轨道不平顺，能真实反映轨道状态。静态不平顺是指由于轮轨接触面不平顺、不连续（接头、道岔）及轨道和基础的永久变形而造成的不平顺，无轮载作用时，可用人工或轻型测量小车测得。

列车在轨道上运行时，由于客观存在的轨道不平顺、车轮不圆顺、车辆的蛇行运动等原因，使轮轨系统产生冲击和振动。轮轨不平顺是轮轨系统的激振源，不平顺的波长、波深、出现位置都有很大的不确定性，因此振动及振动产生的荷载是随机的。轨道不平顺随机变化规律的函数描述，是机车车辆与轨道系统动力分析的重要基础资料，这种动力分析是现代机车车辆和轨道设计、养护和质量评估的重要手段。

3.2.7 轨道几何形位允许偏差

不同的线路类型、检测方式和运营要求等情况对轨道几何形位偏差要求的标准不同。《铁路线路修理规则》（铁运［2006］146号）、《既有线提速200～250km/h线桥设备维修规则》（铁运［2007］44号）和《高速铁路设计规范》TB 10621—2014、《高速铁路无砟轨道线路维修规则（试行）》（铁运［2012］83号）给出了轨道静态几何尺寸容许偏差管理值（表3-4～表3-6），轨道动态质量容许偏差管理值（表3-7～表3-9）。《铁路轨道设计规范》TB 10082—2017、《高速铁路设计规范》TB 10621—2014、《重载铁路设计规范》TB 10625—2017规定了轨道静态铺设标准（表3-10～表3-14）。表3-15为曲线正矢经常保养容许偏差。

在轨道静态几何尺寸容许偏差管理值中，作业验收管理值为线路设备大修、综合维修、经常保养和临时补修作业的质量检查标准；经常保养管理值为轨道应经常保持的质量管理标准；临时补修管理值为及时进行轨道整修的质量控制标准。

线路轨道静态几何尺寸容许偏差管理值 **表3-4**

项目	v_{max}>160km/h 正线			120km/h<v_{max}≤160km/h 正线			v_{max}≤120km/h 正线及到发线			其他站线		
	作业验收	经常保养	临时补修	作业验收	经常保养	临时补修	作业验收	经常保养	临时补修	作业验收	经常保养	临时补修
轨距（mm）	+2 −2	+4 −2	+6 −4	+4 −2	+6 −4	+8 −4	+6 −2	+7 −4	+9 −4	+6 −2	+9 −4	+10 −4
水平（mm）	3	5	8	4	6	8	4	6	10	5	8	11
高低（mm）	3	5	8	4	6	8	4	6	10	5	8	11

续表

项目		v_{max}＞160km/h 正线			120km/h＜v_{max}≤160km/h 正线			v_{max}≤120km/h 正线及到发线			其他站线		
		作业验收	经常保养	临时补修	作业验收	经常保养	临时补修	作业验收	经常保养	临时补修	作业验收	经常保养	临时补修
轨向（直线）（mm）		3	4	7	4	6	8	4	6	10	5	8	11
三角坑（扭曲）（mm）	缓和曲线	3	4	6	4	5	6	4	5	7	5	7	8
	直线和圆曲线	3	4	6	4	6	8	4	6	9	5	8	10

注：1. 轨距偏差不含曲线上按规定设置的轨距加宽值，但最大轨距（含加宽值和偏差）不得超过1456mm；
2. 轨向偏差和高低偏差为10m弦测量的最大矢度值；
3. 三角坑偏差不含曲线超高顺坡造成的扭曲值，检查三角坑时基长为6.25m，但在延长18m的距离内无超过表中的三角坑；
4. 专用线按其他站线办理。

线路轨道静态几何尺寸容许偏差管理（200～250km/h正线）　　表3-5

项目		作业验收	经常保养	临时补修	限速160km/h
轨距（mm）		+2 −2	+4 −2	+6 −4	+8 −6
水平（mm）		3	5	8	10
高低（mm）		3	5	8	11
轨向（直线）（mm）		3	4	7	9
三角坑（扭曲）（mm）	缓和曲线	3	4	6	8
	直线和圆曲线	3	4	6	8

250（不含）～350km/h线路轨道静态几何尺寸容许偏差管理值　　表3-6

项目	作业验收	经常保养	临时补修	限速200km/h
轨距（mm）	+1 −1	+4 −2	+5 −3	+6 −4
水平（mm）	2	4	6	7
高低（mm）	2	4	7	8
轨向（直线）（mm）	2	4	5	6
扭曲（mm/3m）	2	3	5	6
轨距变化率	1/1500	1/1000		

注：1. 高低和轨向偏差为10m及以下弦测量的最大矢度值；
2. 扭曲偏差不含曲线超高顺坡造成的扭曲量。

轨道动态质量容许偏差管理值　　表3-7

项目	v_{max}＞160km/h 正线				120km/h＜v_{max}≤160km/h 正线				v_{max}≤120km/h 正线			
	Ⅰ级	Ⅱ级	Ⅲ级	Ⅳ级	Ⅰ级	Ⅱ级	Ⅲ级	Ⅳ级	Ⅰ级	Ⅱ级	Ⅲ级	Ⅳ级
轨距（mm）	+4 −3	+8 −4	+12 −6	+15 −8	+6 −4	+10 −7	+15 −8	+20 −10	+8 −6	+12 −8	+20 −10	+24 −12
水平（mm）	5	8	12	14	6	10	14	18	8	12	18	22

续表

项目	v_{max}>160km/h 正线				120km/h<v_{max}≤160km/h 正线				v_{max}≤120km/h 正线			
	Ⅰ级	Ⅱ级	Ⅲ级	Ⅳ级	Ⅰ级	Ⅱ级	Ⅲ级	Ⅳ级	Ⅰ级	Ⅱ级	Ⅲ级	Ⅳ级
高低（mm）	5	8	12	15	6	10	15	20	8	12	20	24
轨向（mm）	5	7	10	12	5	8	12	16	8	10	16	20
扭曲（三角坑）（mm）（基线 2.4m）	4	6	9	12	5	8	12	14	8	10	14	16
车体垂向加速度（m/s^2）	1	1.5	2	2.5	1	1.5	2	2.5	1	1.5	2	2.5
车体横向加速度（m/s^2）	0.6	1	1.5	2	0.6	1	1.5	2	0.6	1	1.5	2

注：1. 表中各种偏差限值为实际幅值的半峰值；
2. 高低、轨向不平顺按实际值评定；
3. 水平限值不含曲线上按规定设置的超高值及超高顺坡量；
4. 三角坑限值包含缓和曲线超高展坡造成的扭曲量；
5. 固定型辙叉的有害空间部分不检查轨距、轨向；其他检查项目及检查标准与线路相同。

轨道动态质量容许偏差管理值（200km/h<v_{max}≤250km/h）　　**表 3-8**

项目			200km/h<v_{max}≤250km/h 正线			
			Ⅰ级	Ⅱ级	Ⅲ级	Ⅳ级
轨距（mm）			+4 −3	+6 −4	+8 −6	+12 −8
水平（mm）			5	8	10	13
波长 1.5～42m	高低（mm）		5	8	11	14
	轨向（mm）		5	7	8	10
扭曲（三角坑）（mm）（基线 2.5m）			4	6	8	10
舒适性指标	等速检测	车体垂向加速度（m/s^2）	1	1.5	2	2.5
		车体横向加速度（m/s^2）	0.6	1	1.5	2
	160km/h 检测	车体垂向加速度（m/s^2）	0.6	1	1.2	1.6
		车体横向加速度（m/s^2）	0.6	1	1.5	2
	波长 1.5～70m	高低（mm）	6	10	15	
		轨向（mm）	6	8	12	
	轨距变化率（基长 2.5m）（‰）		1.0	1.2		
	曲率变化率（基长 18m）（$1/m^2 \times 10^{-6}$）		1.2	1.5		
	车体横向加速度变化率（基长 18m）（m/s^3）		0.8			

250（不含）～350km/h 线路轨道动态质量容许偏差管理值　　**表 3-9**

项目	经常保养	舒适度	临时补修	限速（200km/h）
偏差等级	Ⅰ级	Ⅱ级	Ⅲ级	Ⅳ级
轨距（mm）	+4 −3	+6 −4	+7 −5	+8 −6
水平（mm）	5	6	7	8

续表

项目		经常保养	舒适度	临时补修	限速（200km/h）
扭曲（基长3m）（mm）		4	6	7	8
高低（mm）	波长 1.5～42m	4	6	8	10
轨向（mm）		4	5	6	7
高低（mm）	波长 1.5～120m	7	9	12	15
轨向（mm）		6	8	10	12
复合不平顺（mm）		6	8		
车体垂向加速度（m/s^2）		1.0	1.5	2.0	2.5
车体横向加速度（m/s^2）		0.6	0.9	1.5	2.0
轨距变化率（基长3m）（‰）		1.0	1.2		

注：1. 表中管理值为轨道不平顺实际幅值的半峰值；
2. 水平限值不包含曲线按规定设置的超高值及超高顺坡量；
3. 扭曲限值包含缓和曲线超高顺坡造成的扭曲量；
4. 车体垂向加速度采用20Hz低通滤波，车体横向加速度Ⅰ、Ⅱ级标准采用0.5～10Hz带通滤波处理的值进行评判，Ⅲ、Ⅳ级标准采用10Hz低通滤波处理的值进行评判；
5. 复合不平顺指水平和轨向逆向复合不平顺，按水平和1.5～42m轨向代数差计算。避免出现连续多波不平顺。

线路有砟轨道静态铺设标准（mm）　　表3-10

项目	高低	轨向	水平	扭曲（基长6.25m）	轨距
120km/h<v≤160km/h	4	4	4	4	+4 −2
100km/h<v≤120km/h	4	4	4	4	+6 −2
v≤100km/h	4	4	4	4	+6 −2
其他站线	5	5	5	5	+6 −2
测量弦长	10m				

线路无砟轨道静态铺设标准（mm）　　表3-11

项目	高低	轨向	水平	轨距
120km/h<v≤160km/h	4	4	4	±2
v≤120km/h	4	4	4	+3 −2
测量弦长	10m			

250～350km/h高速铁路有砟轨道静态铺设标准　　表3-12

序号	项目	容许偏差	备注
1	轨距	±1mm	相对于标准轨距1435mm
		1/500	变化率
2	轨向	2mm	弦长10m
		2mm/5m 10mm/150m	弦长30m 弦长300m

续表

序号	项目	容许偏差	备注
3	高低	2mm	弦长 10m
		2mm/5m	弦长 30m
		10mm/150m	弦长 300m
4	水平	2mm	不包含曲线、缓和曲线上的超高值
5	扭曲	2mm	基长 3m 包含缓和曲线上由于超高顺坡所造成的扭曲量
6	与设计高程偏差	10mm	站台处的轨面高程不应低于设计值
7	与设计中线偏差	10mm	

250～350km/h 高速铁路无砟轨道静态铺设标准 **表 3-13**

序号	项目	容许偏差	备注
1	轨距	±1mm	相对于标准轨距 1435mm
		1/500	变化率
2	轨向	2mm	弦长 10m
		2mm/测点距离 8a（m）	基线长 48a（m）
		10mm/测点距离 240a（m）	基线长 480a（m）
3	高低	2mm	弦长 10m
		2mm/测点距离 8a（m）	基线长 48a（m）
		10mm/测点距离 240a（m）	基线长 480a（m）
4	水平	2mm	不包含曲线、缓和曲线上的超高值
5	扭曲	2mm	基长 3m 包含缓和曲线上由于超高顺坡所造成的扭曲量
6	与设计高程偏差	10mm	站台处的轨面高程不应低于设计值
7	与设计中线偏差	10mm	

重载铁路轨道静态铺设标准 **表 3-14**

项目	容许偏差		备注
	有砟轨道	无砟轨道	
轨距	+4mm −2mm	±2mm	
高低	4mm	2mm	弦长 10m
轨向	4mm	2mm	弦长 10m
水平	4mm	2mm	
扭曲（基长 3m）	3mm	3mm	

曲线正矢经常保养容许偏差 **表 3-15**

曲线半径（R）（m）	缓和曲线的正矢与计算正矢差（mm）		圆曲线正矢连续差（mm）		圆曲线正矢最大最小值差（mm）	
	正线及到发线	其他站线	正线及到发线	其他站线	正线及到发线	其他站线
$R\leqslant250$	7	8	14	16	21	24
$250<R\leqslant350$	6	7	12	14	18	21
$350<R\leqslant450$	5	6	10	12	15	18
$450<R\leqslant800$	4	5	8	10	12	15
$R>800$	3	4	6	8	9	12

注：专用线按其他站线办理。

3.3　曲线轨道轨距加宽

机车车辆进入曲线轨道时，由于惯性的作用，仍然力图保持其原来的行驶方向，只有当转向架的最前轴的外轮受到外轨的导向作用后，迫使整个转向架的车轮沿曲线轨道行驶。为使机车车辆转向架能顺利通过曲线而不被楔住，以减小轮轨间的横向水平力和钢轨磨耗，在半径很小的曲线轨道上，轨距要适当加宽。加宽轨距的设置方法是将曲线轨道的内轨向曲线中心方向移动，并在缓和曲线长度范围内完成，曲线外轨位置则保持与轨道中心半个轨距的距离不变。

3.3.1　转向架的内接形式

由于轮轨游间的存在，机车车辆的车架或转向架通过曲线轨道时，可以占有不同的几何位置，称为内接形式。随着轨距大小的不同，机车车辆在曲线上可呈现以下四种内接形式：

（1）最大倾斜内接。机车车辆车架或转向架外侧最前位车轮轮缘与外轨作用边接触，内侧最后位车轮轮缘与内轨作用边接触，此时列车的速度最低，如图 3-4（*a*）所示。

（2）自由内接。机车车辆车架或转向架外侧最前位车轮轮缘与外轨作用边接触，其他各轮轮缘与钢轨无接触。这种情况又称之为转向架自由内接通过，列车通过曲线时，大部分处于这一状态，如图 3-4（*b*）所示。

（3）楔形内接。机车车辆车架或转向架外侧最前位与最后位的轮缘同时与外轨作用边接触，内侧中间车轮的轮缘与内轨作用边接触，此时轮轨之间游间为零，如图 3-4（*c*）所示。

（4）正常强制内接。为避免机车车辆以楔形内接形式通过曲线，对楔住内接所需轨距增加直线轨道轮轨间最小游间的一半值 $\delta_{\min}/2$。

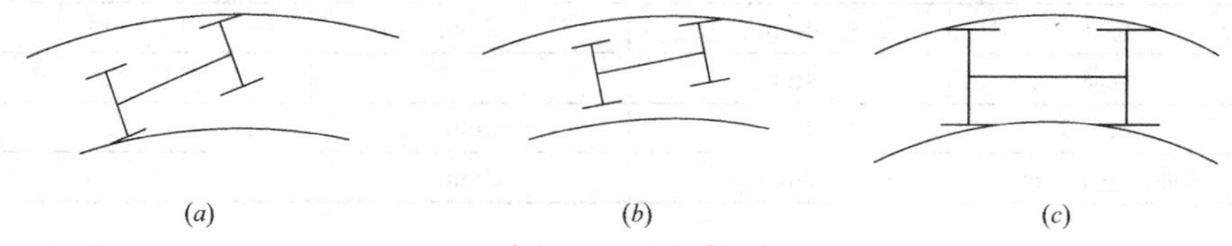

图 3-4　机车车辆通过曲线的内接形式

（*a*）最大倾斜内接；（*b*）自由内接；（*c*）楔形内接

3.3.2　曲线加宽的原则

根据运营经验，机车车辆通过曲线时，以自由内接最为有利，但机车车辆的固定轴距长短不一，不能全部满足自由内接通过。为此，确定轨距加宽必须满足如下原则：

（1）保证固定轴距较长的机车通过曲线时，不出现楔形内接，但允许以正常强制内接形式通过；

（2）保证列车大多数的车辆能以自由内接的形式通过曲线；

（3）保证车轮不掉道，即最大轨距不超过允许值。

3.3.3　根据车辆条件确定轨距加宽

我国绝大部分的车辆转向架是两轴转向架。当两轴转向架以自由内接的形式通过曲线时，前轴外轮轮缘与外轨的作用边接触，后轴占据曲线垂直半径的位置，如图 3-5 所示，则自由内接形式所需最小轨距为：

$$S_f = q_{max} + f_0 \tag{3-5}$$

式中　S_f——自由内接所需轨距；

q_{max}——最大轮对宽度；

f_0——外矢距，其值近似为 $f_0 = \dfrac{L^2}{2R}$；

L——转向架固定轴距；

R——曲线半径。

以 S_0 表示标准直线轨距，则曲线加宽值 e 应为

$$e = S_f - S_0 \tag{3-6}$$

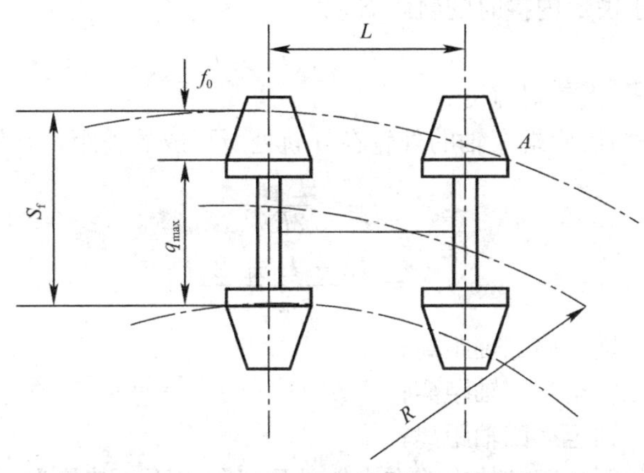

图 3-5　两轴转向架自由内接

现以我国目前主型客车“202”型转向架为例进行计算，其中固定轴距 L=2.4m，最大轮对宽度 q_{max}=1424mm，若通过 R=350m 的曲线时，则：

$$f_0 = \frac{L^2}{2R} = \frac{(2.4 \times 1000)^2}{2 \times 350 \times 1000} = 8.2\text{mm}$$

$$S_f = q_{max} + f_0 = 1424 + 8 = 1432\text{mm}$$

由以上计算可见，标准轨距为 1435mm，曲线半径为 350m 及以上的曲线，轨距不需加宽。

3.3.4　根据机车条件检算轨距加宽

在行驶的列车中，机车数量比车辆少得多，因此允许机车按较自由内接

所需轨距小的“正常强制内接”通过曲线。

如图 3-6 所示为车轴没有横动量的四轴机车车架在轨道中处于楔形内接状态的示意图。

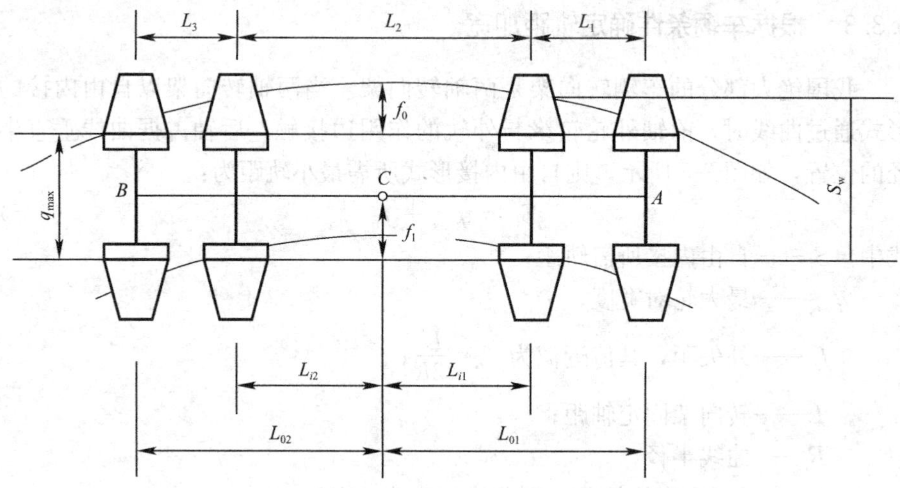

图 3-6　曲线轨距加宽计算

转向架处于楔形内接时的轨距 S_w 为：

$$S_w = q_{max} + f_0 - f_i \tag{3-7}$$

式中　q_{max}——最大轮对宽度；

f_0——前后两端车轴的外轮在外轨处所形成的矢距，其值为：

$$f_0 = \frac{L_{01}^2}{2R} \tag{3-8a}$$

$$L_{01} = \frac{L_1 + L_2 + L_3}{2} \tag{3-8b}$$

L_1——第一轴至第二轴距离；

L_2——第二轴至第三轴距离；

L_3——第三轴至第四轴距离；

f_i——中间两个车轴的内轮在内轨处形成的矢距，其值为：

$$f_i = \frac{L_{i1}^2}{2R} \tag{3-9}$$

L_{i1}——第二轴至与车架纵轴垂直的曲线半径之间的距离，可由式（3-10）计算：

$$L_{i1} = L_{01} - L_1 \tag{3-10}$$

当机车处于正常强制内接时，正常强制内接轨距 S'_w 等于：

$$S'_w = S_w + \frac{1}{2}\delta_{min} = q_{max} + f_0 - f_i + \frac{1}{2}\delta_{min} \tag{3-11}$$

式中　δ_{min}——直线轨道的最小游间。

3.3.5　曲线轨道的最大允许轨距和轨距加宽值

为切实保障行车安全，使机车车辆走行部分不掉道，曲线轨道的轨距加宽不应过大，即不能超过一定的限度。计算曲线轨道最大允许轨距的极限状态时，当轮对的一个车轮轮缘紧贴一股钢轨时，另一个车轮的踏面的变坡点与钢轨顶部的小圆弧（半径 r）接触，如图 3-7 所示。

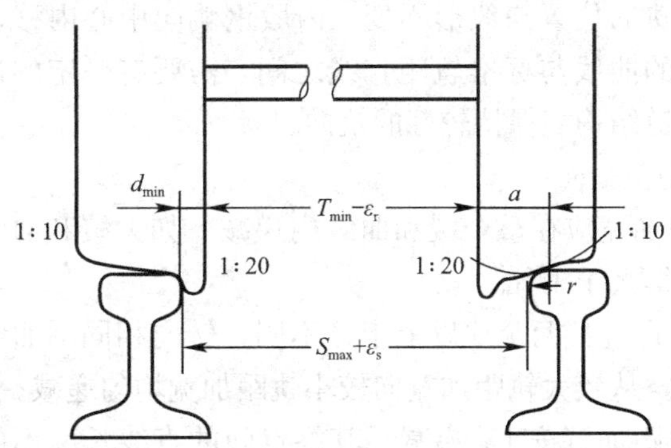

图 3-7　车轮踏面与钢轨的接触示意图

因此，曲线上容许最大轨距 S_{max} 为：

$$S_{max}=d_{min}+T_{min}-\varepsilon_r+a-r-\varepsilon_s \tag{3-12}$$

式中　d_{min}——车辆最小轮缘厚度，其值为 22mm；

T_{min}——车轮最小轮背内侧距离，其值为 1350mm；

ε_r——车辆车轴弯曲时轮背内侧距离减小量，其值为 2mm；

a——轮背至轮踏面斜度变坡点的距离，取为 100mm；

r——钢轨顶面圆角宽度，取为 12mm；

ε_s——钢轨弹性挤开量，取为 2mm。

将以上已知数据代入式（3-12）得：

$$S_{max}=22+1350-2+100-12-2=1456\text{mm}$$

因速度不高的小半径曲线轨距的容许偏差最大不超过 6mm，所以曲线轨道最大容许轨距应为 1450mm，即最大允许加宽 15mm。

《铁路线路修理规则》（铁运［2006］146 号）规定：直线标准轨距为 1435mm。曲线轨距按表 3-16 规定的标准在内股加宽。

曲线轨距加宽标准　　　　**表 3-16**

曲线半径（m）	轨距加宽值（mm）	轨距（mm）
$R\geqslant350$	0	1435
$300\leqslant R<350$	5	1440
$R<300$	15	1450

应该说明的是，目前由于我国铁路建设的快速发展，线路技术标准的不断提高，主要干线线路上半径小于 350m 的曲线已较少，在一些技术标准较低的线路或受地形限制的城市轨道线路中，半径小于 350m 的曲线较多，若不采用径向转向架，线路需考虑轨距加宽。

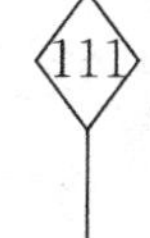

3.3.6　曲线轨距加宽

1. 曲线加宽方法

保持外股钢轨的位置与线形不变，内股钢轨向中心内移，以实现其加宽量。在轨距加宽的曲线与标准轨距直线之间，需要有一定的过渡段，使轨距递减均匀，使轨道结构能保持较好的轨向。

2. 轨距加宽递减率

① 曲线轨距加宽应在整个缓和曲线内递减。如无缓和曲线，则在直线上递减，递减率不得大于1‰。

② 复曲线，即连接两个或以上半径不同，转向相同圆曲线的平曲线应在正矢递减范围内，从较大轨距加宽向较小轨距加宽均匀递减。

③ 两曲线轨距加宽按1‰递减，其终点间的直线长度不应短于10m。不足10m时，如直线部分的两轨距加宽相等，则直线部分保留相等的加宽；如不等，则直线部分从较大轨距加宽向较小轨距加宽均匀递减。在条件困难下，站线上的轨距加宽可按2‰递减。

④ 特殊条件下轨距加宽递减，可根据具体情况规定，但不得大于2‰。

3.4　曲线轨道的外轨超高

3.4.1　曲线外轨超高设置作用和方法

机车车辆在曲线上行驶时，由于惯性离心力作用，将机车车辆推向外股钢轨，加大了外轨钢轨的压力，导致旅客产生不适或者货物移位等。因此需要把曲线外轨适当抬高，使机车车辆的自身重力产生一个向心的水平分力，以抵消离心惯性力，达到内外两股钢轨受力均匀和垂直磨耗均等，满足旅客舒适感，提高线路的稳定性和安全性。

外轨超高是指曲线外轨顶面与内轨顶面水平高度之差，如图3-8所示。在设置外轨超高时，主要有外轨提高法和线路中心高度不变法两种方法。外轨提高法是保持内轨标高不变而只抬高外轨的方法。线路中心高度不变法是内外轨分别降低和抬高超高值一半而保证线路中心标高不变的方法。前者使用较普遍，也是我国铁路所采用的方法，后者在日本铁路采用。

3.4.2　外轨超高的计算

机车车辆在曲线轨道上运行时，产生的离心惯性力可按式（3-13）计算。

$$J=\frac{mv^2}{R}=\frac{Gv^2}{gR} \tag{3-13}$$

式中　m——车辆的质量（kg）；

G——车体重力（kN）；

v——列车速度（m/s）；

R——曲线半径（m）；

g——重力加速度（m/s^2）。

为了平衡这个离心惯性力，需在曲线轨道上设置外轨超高，即把曲线外轨适当抬高，如图 3-8 所示，借助车辆重力 G 水平分力平衡离心惯性力，从而达到内外两股钢轨受力均匀，垂直磨耗均等，使旅客不因离心加速度而感到不适，调高线路横向稳定性，保证行车安全。

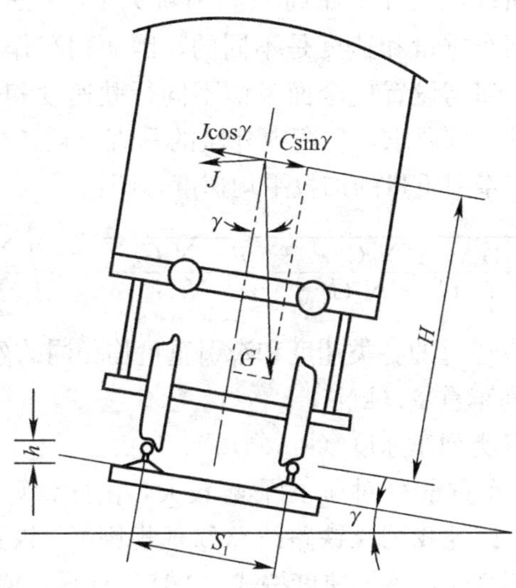

图 3-8　曲线外轨超高

若设外轨超高为 h，则：$\sin\gamma=\dfrac{h}{S_1}$，$\tan\gamma=\dfrac{J}{G}$

式中　S_1——两股钢轨轨头中心间距离，可视作车轮支撑点间距，一般标准轨距取 $S_1=1500$mm。

由于超高 h 相对较小，所以 γ 很小，即可认为 $\sin\gamma=\tan\gamma$，所以

$$\frac{h}{S_1}=\frac{J}{G} \tag{3-14}$$

将式（3-13）代入式（3-14）可得：

$$h=\frac{S_1 v^2}{gR} \tag{3-15}$$

将 $S_1=1500$mm，$g=9.8m/s^2$ 代入式（3-15），并将列车速度“m/s”换算成习惯使用的“km/h”，则超高计算公式变为：

$$h=11.8\frac{v^2}{R} \tag{3-16}$$

式中　h——曲线外轨超高值（mm）；

v——行车速度（km/h）；

R——曲线半径（m）。

实际上，通过曲线的各次列车，其速度不可能是相同的。因此，式（3-16）中的列车速度 v 应采用各次列车的平均速度 v_0，即：

$$h = 11.8\frac{v_0^2}{R} \tag{3-17}$$

从式（3-17）可以看出，曲线超高值的设置是否合理，在很大程度上取决于平均速度 v_0 选用是否恰当。目前，我国根据既有的客货混运线路和新建线路设计施工的需要，采用如下两种平均速度 v_0 来确定超高。

1. 既有线上全面考虑一昼夜每一趟列车的速度和重量来计算 v_0

对于一确定的曲线，其外轨超高 h 和两轨头中心线距离 S_1 是确定不变的，但每次通过的列车重量和速度是不同的，因而列车作曲线运动时产生的离心力也是不同的。超高设置应全面考虑不同行驶速度和不同牵引重量的列车对于外轨超高值的不同要求，均衡内外轨的垂直磨耗，平均速度 v_0 应取每昼夜通过该曲线列车牵引重量的加权平均速度，即：

$$v_0 = \sqrt{\frac{N_1G_1v_1^2 + N_2G_2v_2^2 + \cdots + N_nG_nv_n^2}{N_1G_1 + N_2G_2 + \cdots + N_nG_n}} = \sqrt{\frac{\sum N_iG_iv_i^2}{\sum N_iG_i}} \tag{3-18}$$

式中 N_i——一昼夜通过的各类速度和牵引重量均相同的列车次数（列）；

G_i——各类列车重量（kN）；

v_i——实测各类列车速度（km/h）。

式（3-18）中列车重量 G 对 v_0 的影响较大，由此计算所得的平均速度适用于客货混运线路，因此我国《铁路线路修理规则》（铁运［2006］146 号）规定，在确定外轨超高时，平均速度按式（3-18）计算。值得注意的是，允许速度大于 120km/h 的线路轨道按旅客的舒适条件进行检算和调整超高值。

在实际现场使用时，按计算值设置超高以后，还应根据运营条件的变化、轨道沉陷和钢轨磨耗等情况及时适当调整外轨超高。

2. 在新线设计与施工时，平均速度 v_0 的计算方法

对于新建铁路，由于线路尚未投入运行，无法测得一昼夜通过线路的列车速度和各类列车的重量，所以考虑线路投入运行后，列车的平均速度是线路最高设计速度的 0.8 倍，即 $v_0 = 0.8v_{max}$，代入式（3-16），得计算超高的公式为：

$$h = 11.8\frac{v_0^2}{R} = \frac{11.8(0.8v_{max})^2}{R} = 7.6\frac{v_{max}^2}{R} \tag{3-19}$$

式中 v_{max}——预计该地段最大行车速度（km/h）。

为便于养护维修管理和施工设置方便，圆曲线外轨实际设置的超高按 5mm 整倍数取值。

经过一段时间运营，如行车条件有较大变化，或曲线发生木枕压切、混凝土枕挡肩破损、钢轨不正常磨耗等情况，应通过实测行车速度，重新计算和调整超高。两线路中心距离在 5m 以下的曲线地段，内侧曲线的超高值不得小于外侧曲线超高的一半，否则，必须根据计算加宽两线的中心距离。

3.4.3 未被平衡的横向加速度、欠超高和过超高

一旦线路实设超高确定后，在运行过程中是不能随意改变的，当行驶列

车的速度等于平均速度时，列车通过曲线时的向心力等于离心力，而在一昼夜中，通过曲线的列车速度有高有低，不可能使所有列车产生的离心力完全得到平衡，因此车体要承受一部分未被平衡的离心力，车内的人和物也要受到未被平衡离心力的作用，影响舒适性，因此该作用力的大小应该受到限制。

当列车的速度 v 大于平均速度时，由于外轨超高的不足而产生未被平衡的离心加速度，同时使外轨加载，内轨减载。未被平衡的离心加速度为：

$$a=\frac{v^2}{R}-\frac{gh_0}{S_1} \tag{3-20}$$

式中 $\frac{v^2}{R}$——离心加速度；

$\frac{gh_0}{S_1}$——由于外轨超高的存在而产生的重力加速度的向心加速度分量。

为了保证最高速度的旅客列车运行的平稳和安全以及旅客的舒适，必须把未被平衡的离心加速度控制在一个合适的范围内，即必须规定一个合理的未被平衡的离心加速度容许值 a_0。令 v_{max} 为最高行车速度（m/s），则

$$\frac{v_{max}^2}{R}-\frac{gh_0}{S_1}\leqslant a_0 \tag{3-21}$$

将 $g=9.8\text{m/s}^2$，$S_1=1500\text{mm}$ 及 v_{max} 以“km/h”为单位代入，则

$$\Delta h_q=11.8\frac{v_{max}^2}{R}-h_0\leqslant 153a_0 \tag{3-22}$$

显然，式（3-22）中间第一项为与 v_{max} 相适应的外轨超高，第二项为与平均速度相适应的外轨超高，两者分别记为 h_{max} 与 h_0，两者之差记为 Δh。在 $v_{max}>v_0$ 的情况下，Δh 为正值，称为欠超高，以 Δh_q 表示。

当列车的速度小于平均速度，则情况正与上述相反。因超高过大而产生未被平衡的向心加速度和与此相应的过超高，即在 $v_{min}<v_0$ 的情况下，式（3-22）可以改写成为式（3-23）：

$$\Delta h_g=11.8\frac{v_{min}^2}{R}-h_0\leqslant 153a_0 \tag{3-23}$$

式中 v_{min}——最低行车速度（km/h）。

此时的超高差 Δh 为负值，称为过超高，以 Δh_g 表示。

我国经过多次和大量的未被平衡加速度与舒适度关系的试验，规定 a_0 值在一般情况取 0.4～0.5m/s²，特殊情况下取 0.6m/s²。

在一般情况下，$\Delta h_q=61\sim76.5\text{mm}$；在特殊情况下，$\Delta h_q=91.8\text{mm}$。

我国《铁路线路修理规则》（铁运［2006］146 号）规定：未被平衡的欠超高一般不应大于 75mm，困难情况下不得大于 90mm；容许速度大于 120km/h 线路的个别特殊情况下不大于 110mm，但应逐步改造。

过超高使列车向内曲线内侧倾斜，由于过超高过大，容易使货物移位，由于外轮荷载的减轻，可能使外轮爬上钢轨造成脱轨事故，其危险性大于欠超高。因此规定，未被平衡过超高不应大于 30mm，困难情况下不应大于

50mm，允许速度大于160km/h线路的个别特殊情况下不应大于70mm。实设超高在满足上述条件下，货物列车较多时，宜减小过超高，旅客列车较多时宜减小欠超高。

《既有线提速200～250km/h线桥设备维修规则》（铁运［2007］44号）对客货列车共线的规定与上述要求相同。但对于客货分线的客运列车，未被平衡欠超高和过超高都不应大于40mm，在困难情况下也都不应大于80mm。

高速客运专线允许的欠、过超高值见3.4.6最小曲线半径。

3.4.4 外轨最大超高的允许值

当列车运行速度低于设置超高的平均速度时，存在倾覆的危险性。为了保证行车安全，必须限制外轨超高的最大值。

如图3-9所示，设曲线外轨最大超高值为h_{max}，与之相适应的行车速度为v，产生的惯性离心力为F，车辆的重力为G，F与G的合力为R，它通过轨道中心点O。当某一列车以$v_1<v$的速度通过该曲线时，相应的离心力为F_1，F_1与G的合力为R_1，其与轨面连线的交点为O_1，偏离轨道中心距离为e，随着e值的增大，车辆在曲线运行的稳定性降低，其稳定程度可用n来表示。

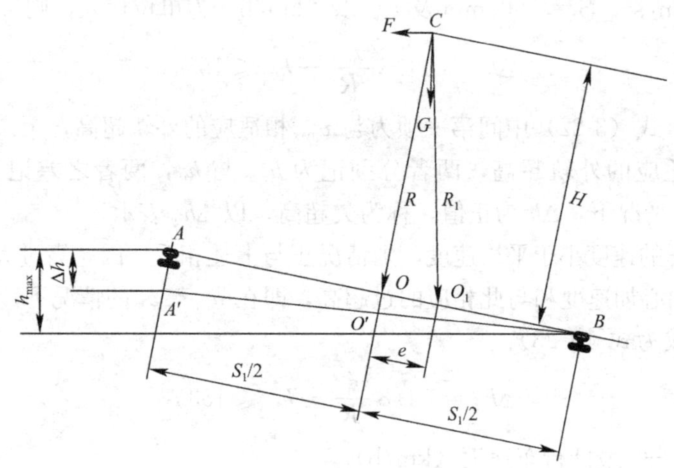

图3-9 外轨最大超高分析图

$$n=\frac{S_1}{2e} \tag{3-24}$$

当$e=0$，$n=\infty$时，车辆处于绝对稳定状态；

当$e=\frac{S_1}{2}$，$n=1$时，车辆处于临界稳定状态；

当$e>\frac{S_1}{2}$，$n<1$时，车辆丧失稳定而倾覆；

当$e<\frac{S_1}{2}$，$n>1$时，车辆处于稳定状态，且n愈大，车辆愈稳定。

为保证列车行驶的稳定性，应保证 $e<\frac{S_1}{2}$。若列车在曲线上低速运行，超高设置过大，会使偏心距 e 增大，列车重量集中在曲线内轨上，使内股钢轨磨耗加剧，甚至导致轨头压塌。若列车在曲线上停车，车体向内倾斜较大，易滚易滑的货物可能产生位移，甚至造成列车倾覆。

由以上分析可知，偏心距 e 的值与未被平衡超高 Δh 存在一定关系。由图 3-9 可知，过超高 $\triangle BAA'$ 与 $\triangle COO_1$ 有以下近似关系：

$$\frac{OO_1}{OC}=\frac{AA'}{S_1} \tag{3-25}$$

设车辆中心到轨面的高度为 H，则上式可变换为：

$$e=\frac{H}{S_1}\Delta h \tag{3-26}$$

式中 e——合力偏心距（mm）；

H——车体重心至轨顶面高，一般情况火车取 2220mm，客车取 2057.5mm；

Δh——未被平衡超高值（mm）；

S_1——两轨头中心线距离（mm）。

将式（3-26）代入式（3-24）中，得：

$$n=\frac{S_1^2}{2H\cdot\Delta h} \tag{3-27}$$

根据我国铁路运营经验，为保证行车安全，n 值应不小于 3。我国铁路设计规范规定，最大超高值为 150mm，若以最不利情况（曲线上停车，即速度 $v=0$km/h）来校核其稳定系数 n，并考虑 4mm 的水平误差在内，即过超高 $\Delta h=154$mm，可计算得到：

$$n=\frac{S_1^2}{2H\cdot\Delta h}=\frac{1.5^2}{2\times2.2\times0.154}=3.3$$

计算得到的稳定系数 $n\geqslant3$，满足稳定性要求。

复线和单线行车条件不同。复线按上下行分开，在同一曲线上行车速度相差较小，最大超高可大些；在单线铁路上，上下列车速度相差悬殊的地段，如设置过大的超高，将使低速列车对内轨产生很大的偏压并降低稳定系数。

《铁路线路修理规则》（铁运［2006］146 号）规定，实设最大超高，在单线上不得大于 125mm。在双线上不得大于 150mm。《既有线提速 200～250km/h 线桥设备维修规则》（铁运［2007］44 号）规定客货共线实设最大超高不得大于 150mm，客货分线的客运线路实设最大超高不得大于 180mm。

考虑到一定的安全储备，世界各国实设最大超高值一般都小于 200mm，如日本新干线最大超高为 180mm，东海道新干线为 200mm，德国 ICE 线和法国 TGV 线为 180mm。

3.4.5 曲线轨道上的限速

在既定设置的超高条件下，通过该曲线的列车最高速度必定受到未被平

衡容许超高的限制，设其容许最高行车速度为 v_{max}，则：

$$11.8\frac{v_{max}^2}{R}=h+\Delta h_q,\text{则 } v_{max}=\sqrt{\frac{(h+\Delta h_q)R}{11.8}} \tag{3-28}$$

式中 R——曲线半径（m）；

h——按平均速度在线路上的实设超高（mm）；

Δh_q——未被平衡的容许欠超高（mm）。

同理，通过该曲线的容许最低行车速度 v_{min} 为：

$$v_{min}=\sqrt{\frac{(h-\Delta h_g)R}{11.8}} \tag{3-29}$$

式中 R——曲线半径（m）；

h——按平均速度在线路上的实设超高（mm）；

Δh_g——未被平衡的容许过超高（mm）。

3.4.6 最小曲线半径

最小曲线半径是铁路线路的主要设计标准之一。在实设超高固定，且未被平衡的容许超高值受限制的情况下，要求列车以 v_{max} 的最大速度通过，那么曲线半径必须大于 R_{min}。

对于客运专线，主要考虑旅客舒适性，因此要限制欠超高，即：

$$11.8\frac{v_{max}^2}{R_{min}}=[h+\Delta h_q]_{max} \tag{3-30}$$

因此最小曲线半径为：

$$R_{min}=11.8\frac{v_{max}^2}{[h+\Delta h_q]_{max}} \tag{3-31}$$

对于客货混运线路（如我国的提速干线）或高低速列车共线运行线路，应综合考虑客车和货车、高速和低速列车的情况，因此除满足旅客舒适性外，即考虑式（3-30）外，还要考虑低速列车、货车的货物位移及内轨磨耗，即满足：

$$11.8\frac{v_{min}^2}{R_{min}}=[h-\Delta h_g]_{max} \tag{3-32}$$

结合式（3-30）和式（3-32），客货混运线路和高低速列车共线的最小曲线半径应满足：

$$R_{min}=11.8\frac{v_{max}^2-v_{min}^2}{[\Delta h_q+\Delta h_g]_{max}} \tag{3-33}$$

由上分析可以看出，客运专线最小半径 R_{min} 的确定要考虑列车最高设计速度 v_{max} 和实设超高与欠超高的允许值［$\Delta h_q+\Delta h_g$］，还要考虑高速列车最高运行速度、跨线旅客列车正常速度和欠超高的允许值［$\Delta h_q+\Delta h_g$］。对于客运专线，欠超高的允许值［Δh_q］主要取决于旅客乘坐的舒适度要求，跨线旅客列车的过超高允许值［Δh_g］，目前我国对照国外高速铁路的经验以高速列车为主，取［Δh_g］与［Δh_q］一致。《高速铁路设计规范》TB 10621—2014 规定的无砟轨道和有砟轨道线路平面曲线半径参见表 3-17。

平面曲线半径表（单位：m）　　表 3-17

设计行车速度 (km/h)	350/250	300/200	250/200	250/160
有砟轨道	推荐 8000～10000 一般最小 7000 个别最小 6000	推荐 6000～8000 一般最小 5000 个别最小 4500	推荐 4500～7000 一般最小 3500 个别最小 3000	推荐 4500～7000 一般最小 4000 个别最小 3500
无砟轨道	推荐 8000～10000 一般最小 7000 个别最小 5500	推荐 6000～8000 一般最小 5000 个别最小 4000	推荐 4500～7000 一般最小 3200 个别最小 2800	推荐 4500～7000 一般最小 4000 个别最小 3500
最大半径	12000	12000	12000	12000

3.5 缓和曲线

3.5.1 缓和曲线的作用及其几何特征

在直线与圆曲线轨道之间设置一段曲率半径逐渐变化的曲线，称为缓和曲线。行驶于曲线轨道的机车车辆，会出现一些与直线运行显著不同的受力特征。如曲线运行的离心力，外轨超高不连续形成的冲击力等。设置缓和曲线的目的是使未被平衡的离心力平稳变化，超高和轨距加宽逐渐变化，保持列车在曲线运行时的平稳性。当缓和曲线连接设有轨距加宽和外轨超高的圆曲线时，缓和曲线的轨距和超高呈线性变化。概括起来，缓和曲线具有以下几何特征：

（1）缓和曲线连接直线和半径为 R 的圆曲线，其曲率由零至 $1/R$ 逐渐变化。

（2）缓和曲线的外轨超高，由直线上的零逐渐增至圆曲线的超高值，与圆曲线超高相连接。

（3）缓和曲线连接半径小于 350m 的圆曲线时，在整个缓和曲线长度内，轨距加宽呈线性递增，由零至圆曲线加宽值。

因此，缓和曲线是一条曲率和超高均逐渐变化的空间曲线。

3.5.2 缓和曲线的几何形位条件

以缓和曲线始点 ZH 为原点，建立缓和曲线直角坐标系，如图 3-10 所示，HY 为缓和曲线终点。缓和曲线的线形应满足以下条件：

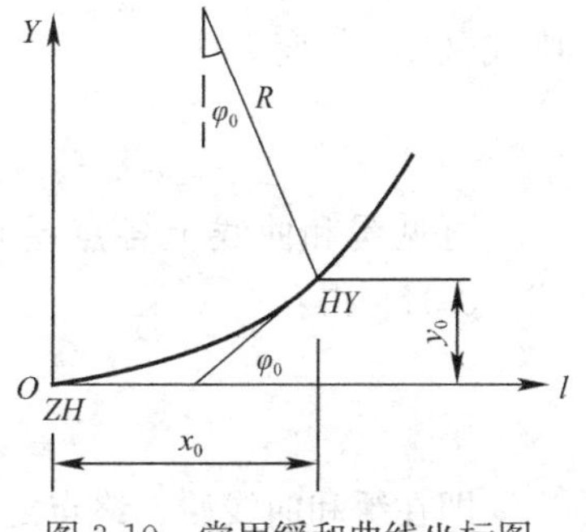

图 3-10　常用缓和曲线坐标图

（1）为了保持连续点的几何连续性，缓和曲线在平面上的形状应该是：在始点 ZH 处，横坐标 $x=0$，纵坐标 $y=0$，倾角 $\varphi=0$；在终点 HY 处，横坐标 $x=x_0$，纵坐标 $y=y_0$，倾角 $\varphi=\varphi_0$。

（2）为保持列车运行的平稳性，离心力

不突然产生和消失，从 ZH 点到 HY 点，曲率半径 ρ 由 ∞ 逐渐变成 R，离心力也由 $F=0$ 逐渐变化至 $F=m\dfrac{v^2}{R}$。

(3) 缓和曲线上任何一点的曲率应与外轨超高相吻合。

在纵断面上，外轨超高顺坡的形式有两种形式。一种形式是直线形，如图 3-11（a）所示；另一种形式是曲线形，如图 3-11（b）所示。

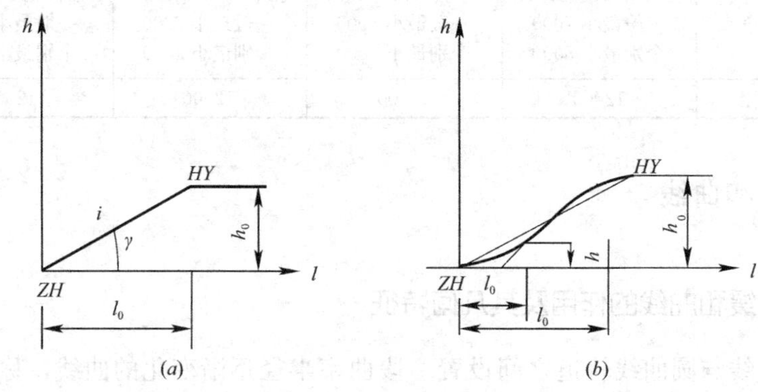

图 3-11　超高顺坡

列车经过直线顺坡的缓和曲线始点和终点时，对设置超高的外轨会产生冲击。在行车速度不高，超高顺坡相对平缓时，列车对外轨的冲击不大，可以采用直线形超高顺坡。直线形超高顺坡的缓和曲线，在始点处，$\rho=\infty$；在终点处，$\rho=R$，即可满足曲率与超高相配合的要求。

当行车速度较高，为了消除列车对外轨的冲击，应采用曲线形超高顺坡。其几何特征是缓和曲线始点及终点处的超高顺坡倾角 $\gamma=0$，即在始点和终点处应有：

$$\tan\gamma=\frac{\mathrm{d}h}{\mathrm{d}l}=0 \tag{3-34}$$

式中　l——曲线上任何一点至缓和曲线起点的距离；

　　h——缓和曲线外轨超高值。

$$h=\frac{S_1 v_0^2}{g\rho} \tag{3-35}$$

式中　ρ——缓和曲线上任一点的曲率半径。令

$$\frac{S_1 v_0^2}{g}=E(\text{常数}) \tag{3-36}$$

则式（3-35）变为：

$$h=E\frac{1}{\rho}=EK \tag{3-37}$$

可见缓和曲线上各点超高 h 为曲率 K 的线性函数。将式（3-37）代入式（3-34）得：

$$\frac{\mathrm{d}K}{\mathrm{d}l}=0 \tag{3-38}$$

即在缓和曲线始、终点之间，$\dfrac{\mathrm{d}K}{\mathrm{d}l}$ 应连续变化。

(4) 列车在缓和曲线上运动时，其车轴与水平面倾斜角 ψ 不断变化，如图 3-12 所示，即车体发生测滚。要使钢轨对车体倾转的作用力不突然产生和消失，在缓和曲线始、终点处应使倾转的角加速度为零，即：

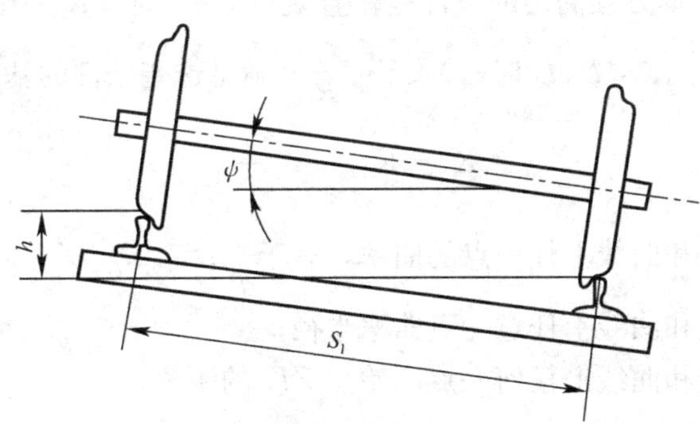

图 3-12 车轴与水平面倾角

$$\frac{\mathrm{d}^2\psi}{\mathrm{d}t^2}=0 \tag{3-39}$$

因 ψ 角较小，$\psi\approx \mathrm{ain}\psi=\dfrac{h}{S_1}$，并因 $h=E\cdot K$，所以

$$\frac{\mathrm{d}^2\psi}{\mathrm{d}t^2}=\frac{Ev^2}{S_1}\frac{\mathrm{d}^2K}{\mathrm{d}t^2}$$

又因 $v=\dfrac{\mathrm{d}l}{\mathrm{d}t}$，代入式（3-39）可得：$\dfrac{\mathrm{d}^2\psi}{\mathrm{d}t^2}=\dfrac{Ev^2}{S_1}\dfrac{\mathrm{d}^2k}{\mathrm{d}l^2}$

所以，在缓和曲线始终点处 $\dfrac{\mathrm{d}^2\psi}{\mathrm{d}t^2}=0$，故而 $\dfrac{\mathrm{d}^2K}{\mathrm{d}l^2}=0$，即在缓和曲线范围内 $\dfrac{\mathrm{d}^2K}{\mathrm{d}l^2}$ 连续变化。

将上述缓和曲线的线形条件可归纳成表 3-18。可以看出，表中前两项是缓和曲线的基本几何形位要求，而后三项则是由行车平稳性形成的力学条件推导出的几何形位要求。在行车速度不高的线路上，满足表 3-18 中前三项要求的缓和曲线，即可以适应列车运行的需要，是目前最常用的缓和曲线。而在行车速度较高的线路上，缓和曲线的几何形位就必须考虑后两项的要求。

缓和曲线线形条件 **表 3-18**

符号	始点（ZH）$l=0$	终点（HY）$l=l_0$	始点至终点之间
y	0	y_0	连续变化
φ	0	φ_0	
K	0	$\dfrac{1}{R}$	
$\dfrac{\mathrm{d}K}{\mathrm{d}l}$	0	0	
$\dfrac{\mathrm{d}^2K}{\mathrm{d}l^2}$	0	0	

3.5.3　常用缓和曲线方程

由上述可知，常用缓和曲线满足表 3-18 的前三项要求，其外轨超高顺坡呈直线形，其基本方程满足的条件是在直缓点 $l=0$ 时，$K=0$；在缓圆点 $l=l_0$ 时，$K=\frac{1}{R}$；当 $0<l<l_0$ 时，$0<K<\frac{1}{R}$。满足这些条件的基本方程应为：

$$K=K_0\frac{l}{l_0}=\frac{l}{c} \tag{3-40}$$

式中　K——缓和曲线上任一点的曲率，等于$\frac{1}{\rho}$；

ρ——缓和曲线上任意一点曲率半径；

l——缓和曲线上任何一点离始点 ZH 的距离；

K_0——缓和曲线终点 HY 的曲率，等于$\frac{1}{R}$；

l_0——缓和曲线长度；

c——常用缓和曲线的特征常数，$c=Rl_0$。

由式（3-40）可知，缓和曲线长度 l 与其曲率 K 成正比。符合这一条件的曲线称为放射螺旋线。

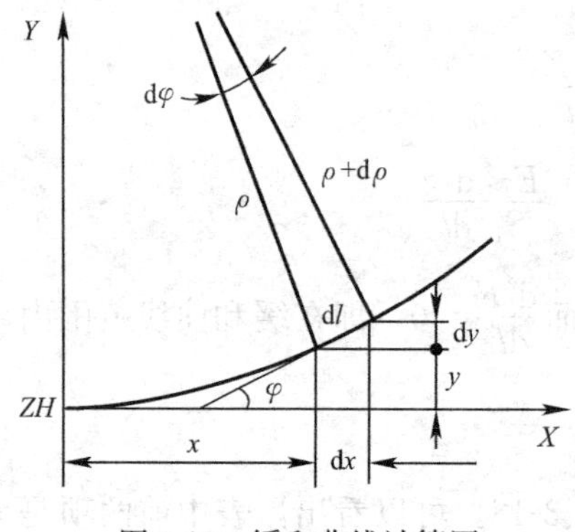

图 3-13　缓和曲线计算图

下面推导缓和曲线方程。设缓和曲线上任一点处的缓和曲线长为 l，如图 3-13 所示，偏角为 φ，曲率半径为 ρ，则：

$$\mathrm{d}\varphi=\frac{\mathrm{d}l}{\rho}=K\mathrm{d}l=\frac{1}{Rl_0}\mathrm{d}l \tag{3-41}$$

从图中可见：

$$\mathrm{d}x=\mathrm{d}l\cos\varphi,\quad \mathrm{d}y=\mathrm{d}l\sin\varphi \tag{3-42}$$

缓和曲线的偏角 φ 为：

$$\varphi=\int_0^l\mathrm{d}\varphi=\int_0^l\frac{l}{Rl_0}\mathrm{d}l=\frac{l^2}{2Rl_0}=\frac{l^2}{2C} \tag{3-43}$$

在缓和曲线终点处，$l=l_0$，缓和曲线偏角为：

$$\varphi=\frac{l_0^2}{2Rl_0}=\frac{l_0}{2R} \tag{3-44}$$

因为 φ 角很小，可以近似地取 $\sin\varphi\approx\varphi$，因此：

$$\cos\varphi=1-2\sin^2\frac{\varphi}{2}\approx1-\frac{\varphi^2}{2}$$

代入式（3-42），得：

$$\mathrm{d}x=\left(1-\frac{\varphi^2}{2}\right)\mathrm{d}l=\left(1-\frac{l^4}{8R^2l_0^2}\right)\mathrm{d}l,\quad \mathrm{d}y=\varphi\mathrm{d}l=\frac{l^2}{2Rl_0}\mathrm{d}l \tag{3-45}$$

将式（3-45）从缓和曲线 $0\sim l$ 积分得：

$$x=\int_0^l\left(1-\frac{l^4}{8C^2}\right)\mathrm{d}l=l-\frac{l^5}{40C^2},\quad y=\int_0^l\frac{l^2}{2C}\mathrm{d}l=\frac{l^3}{6C} \tag{3-46}$$

式（3-46）就是我国铁路常用的缓和曲线方程——放射螺旋线方程。消去式（3-46）中的参变量 l，得

$$y=\frac{x^3}{6Rl_0} \tag{3-47}$$

式（3-47）是放射性螺旋线的近似直角坐标方程，称为三次抛物线。

曲线半径较大，缓和曲线较短时，放射螺旋线与三次抛物线接近重合，可用三次抛物线作为放射螺旋线的近似式。而在曲线半径较长时，采用三次抛物线作为近似式尚存在较大偏差。

3.5.4 缓和曲线线形选择

从理论角度讲，目前缓和曲线的线形较多，主要是三次抛物线形、三次抛物线形余弦改善形、三次抛物线形圆改善形、七次四项形、半波正弦形、一波正弦形等。满足表 3-18 中前四项或全部五项要求的缓和曲线通称为高次缓和曲线。高次缓和曲线外轨超高顺坡为曲线顺坡，缓和曲线上的各点，包括始、终点都是光滑连续的，适合高速列车的需要。以往研究和实测对比表明，只要缓和曲线长度达到一定要求，各种线形的缓和曲线都能保证高速列车行车安全和旅客舒适要求，国外高速铁路的运营实践也证明了这一点。考虑到三次抛物线形缓和曲线线形简单、设计养护方便、平立面有效长度长、现场运用和养护维修经验丰富等因素，我国客运专线铁路以三次抛物线为缓和曲线首选线形。

3.5.5 缓和曲线超高顺坡要求

《铁路线路修理规则》规定：缓和曲线的曲线超高应在整个缓和曲线内完成，允许速度大于 120km/h 的线路，顺坡坡度不应大于 $1/(10v_{max})$，其他线路不应大于 $1/(9v_{max})$；如缓和曲线长度不足时，顺坡可延伸至直线上；如无缓和曲线，允许速度大于 120km/h 的线路，在直线上顺坡坡度不应大于 $1/(10v_{max})$，其他线路不应大于 $1/(9v_{max})$。允许速度大于 160km/h 的线路，超高必须在整个缓和曲线内完成。允许速度 120～160km/h 的线路，在直线上顺坡的超高不应大于 8mm。其他线路，有缓和曲线时不应大于 15mm，无缓和曲线时不应大于 25mm。

在困难条件下，可适当加大顺坡坡度，但允许速度大于 120km/h 的线路，顺坡坡度不应大于 $1/(8v_{max})$，其他线路不应大于 $1/(7v_{max})$，且不得大于 2‰。

3.5.6 最小缓和曲线长度

缓和曲线长度是铁路线路平面设计的主要参数之一。为了保证行车安全和旅客乘坐的舒适，缓和曲线应有足够的长度，但过长的缓和曲线将制约平面选线和纵断面变坡点设置的灵活性，增加投资成本，所以应合理选择。缓和曲线最小长度应满足如下条件。

1. 从行车安全角度（超高顺坡率允许值）确定缓和曲线长度

超高顺坡率允许值受车辆脱轨安全性控制。如图 3-14 所示，圆曲线外轨超高要沿缓和曲线顺坡，使内外轨不在一个平面上，缓和曲线部分的轨道平面发生了扭曲，顺坡坡度越大，扭曲越厉害。行车安全条件是指轮对三点支承不脱轨。转向架轮对的内侧车轮走在平面上，外侧车轮走在斜坡上，由于转向架的约束，各个车轮只能位于同一平面上，若后端轮对的内外两轮都紧贴轨面，前端轮对的外轮也紧贴轨面，则前轮对的内轮就会悬浮在轨面上，这个悬浮高度要小于最小轮缘高度 K_{min}，保证车轮轮缘不爬上内轨顶面。

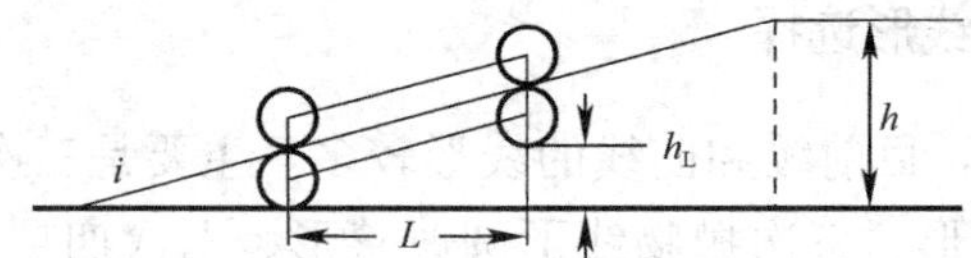

图 3-14 转向架在缓和曲线上示意图

设外轨超高顺坡坡度为 i，最大固定轴距为 L_{max}，则车轮踏面离开内轨顶面的高度为 iL_{max}。当悬空的高度大于轮缘最小高度 K_{min}时，车轮就有可能形成三点支承脱轨的危险。因此必须保证：

$$iL_{max} \leqslant K_{min}, \quad i \leqslant \frac{K_{min}}{L_{max}} \tag{3-48}$$

我国现行《铁路线路设计规范》规定，最大超高顺坡率不大于 2‰，即 1/500。因此对于超高值线性变化的三次抛物线缓和曲线，由车辆脱轨安全因素决定的缓和曲线长度为

$$l_0 \geqslant \frac{h_0}{i_{max}} = 0.5h_0 (\mathrm{m}) \tag{3-49}$$

式中 h_0——圆曲线外轨超高。

对于缓和曲线普遍较长的客运专线铁路，由脱轨安全条件要求计算的缓和曲线长度不起控制作用。

2. 从旅客舒适角度确定缓和曲线长度

足够的缓和曲线长度可以保证缓和曲线上外轮升高（或降低）的速度和未被平衡的加速度的变化率不至太大而影响旅客乘坐的舒适性。

（1）外轮升高（或降低）速度（超高时变率）的限制条件

行驶在缓和曲线上的车辆，其外轮一边前进，一边升高（或降低），车体发生扭转，乘客感到不舒适。因此外轮的升高速度 f（或称超高时变率），不应超过某一规定值 $[f]$。当列车以 v_{max}行驶时，外轮升高速度 f 应满足下式：

$$\begin{cases} f = \dfrac{h_0}{t} = \dfrac{h_0}{\dfrac{3.6l_0}{v_{max}}} = \dfrac{v_{max}h_0}{3.6l_0} \leqslant [f] \\ l_0 \geqslant \dfrac{v_{max}h_0}{3.6[f]} \end{cases} \tag{3-50}$$

式中 v_{max}——曲线上的设计最高行车速度（或该曲线限制速度）(km/h)；

h_0——圆曲线设计高度（mm）；

l_0——缓和曲线长度，相当于直线形顺坡缓和曲线长度（m）；

$[f]$——容许的超高时变率（mm/s），见表 3-19；

t——列车以 v_{max} 通过缓和曲线所需的时间（s）。

国内各种规范和标准的超高时变率限值 $[f]$　　表 3-19

各种规定	$[f]$（mm/s）		
	良好	一般	困难
《铁路线路修理规则》（速度小于 200km/h）	25	31	35
《既有线提速 200～250km/h 线桥设备维修规则》		28	35

（2）未被平衡的横向加速度变化率（或称欠超高时变率）的限制条件

根据允许未被平衡的横向加速度变化率（欠超高时变率）的要求，有：

$$\beta=\frac{h_q}{t}=\frac{h_q}{\dfrac{3.6l_0}{v_{max}}}=\frac{v_{max}h_q}{3.6l_0}\leqslant[\beta]$$

所以缓和曲线长度应满足：

$$l_0\geqslant\frac{v_{max}}{3.6}\cdot\frac{h_q}{[\beta]}\tag{3-51}$$

式中　v_{max}——曲线上的设计最高行车速度（或该曲线限制速度）（km/h）；

h_q——未被平衡的欠超高（mm）；

t——列车以 v_{max} 通过缓和曲线所需的时间（s）；

$[\beta]$——旅客舒适度容许的欠超高时变率（mm/s）。良好条件下取 23mm/s，困难条件下取 38mm/s。

缓和曲线长度计算应综合考虑以上因素。为铺设和维修的方便，缓和曲线计算结果取 10m 的整数倍。若运营线上原设缓和曲线比计算选用的长度还要长，则采用原来的长度；若长度不足则应予以延长。

3.5.7　圆曲线最小长度和缓和曲线夹直线最小长度

圆曲线最小长度和缓和曲线夹直线最小长度主要受列车运行平稳和旅客乘坐舒适条件控制，通常由“列车在缓和曲线始终点产生的振动不叠加”而决定，这与列车振动及其衰减特性、列车运行速度有关。根据实验结果，列车在缓和曲线始终点产生的振动在 1～2 个周期内基本衰减完成。因此，圆曲线和夹直线最小长度应为

$$l_0\geqslant(1.5\sim2.0)T\cdot\frac{v_{max}}{3.6}\tag{3-52}$$

式中　l_0——圆曲线和夹直线长度（m）；

T——车辆振动周期（s）；

v_{max}——曲线上的最高行车速度（km/h）。

若高速车辆振动的周期为 1.0s，按在两个周期内振动衰减完成，则：

$$l_0\geqslant2.0\times\frac{v_{max}}{3.6}\approx0.6v_{max}(\text{m})$$

《既有线提速 200～250km/h 线桥设备维修规则》（铁运［2007］44 号）

规定，圆曲线和夹直线的最小长度取值为：一般条件下 $l_0 \geqslant 0.7v_{max}$，困难条件下 $l_0 \geqslant 0.5v_{max}$，既有线保留地段困难条件下 $l_0 \geqslant 0.4v_{max}$。

《高速铁路设计规范》TB 10621—2014 的圆曲线或夹直线最小长度见表 3-20。

圆曲线或夹直线最小长度（高速）　　表 3-20

设计行车速度（km/h）		350	200	250
圆曲线或夹直线最小长度（m）	一般	280	240	200
	困难	210	180	150

《铁路线路修理规则》（铁运［2006］146 号）规定：同向曲线两超高顺坡终点间的夹直线长度应满足表 3-21 的规定，允许速度不大于 160km/h 的特殊困难地段不应短于 25m。允许速度不大于 120km/h 的极个别情况下不足 25m 时，可在直线部分设置不短于 25m 的相等超高地段。如设置相等超高段困难时，可在直线部分从较大超高向较小超高均匀顺坡。

圆曲线或夹直线最小长度　　表 3-21

设计行车速度（km/h）		200	160	140	120	100	80
圆曲线或夹直线最小长度（m）	一般	140	130	110	80	60	50
	困难	100	80	70	50	40	30

反向曲线两超高顺坡终点间的夹直线长度应满足表 3-20 的规定，允许速度不大于 160km/h 的特殊困难地段不应短于 25m；允许速度不大于 120km/h 的极个别情况下不足 25m 时，正线不应短于 20m，站线不应短于 10m；困难条件下可不大于 $1/(7v_{max})$ 顺坡，特殊困难条件下超高顺坡可延伸至圆曲线上，但圆曲线始终点的未被平衡欠超高不得超过相关规定。允许速度不大于 120km/h 的线路在特殊条件下的超高顺坡，可根据具体情况规定，但不得大于 2‰。

圆曲线最小长度应满足表 3-21 的规定。允许速度不大于 160km/h 的特殊困难地段不应短于 25m。相邻两线采用反向曲线变更线间距时，如受圆曲线最小长度限制，允许速度大于 160km/h 的线路，可不设缓和曲线，但圆曲线半径不应小于表 3-22 规定的数值。困难条件下的圆曲线最小半径，$140\text{km/h} < v_{max} \leqslant 160\text{km/h}$ 时不得小于 8000m，$120\text{km/h} < v_{max} \leqslant 140\text{km/h}$ 时不得小于 6000m。

采用反向曲线变更线间距可不设缓和曲线的最小圆曲线半径（m）　　表 3-22

线路允许速度（km/h）	160	140	120	100	80
可不设缓和曲线的最小圆曲线半径	12800	10000	5000	4000	3000

相邻两线采用反向曲线变更线间距时，若受曲线偏角限制难于采用表 3-21 规定的圆曲线最小长度标准时，允许速度不大于 160km/h 的线路，可采用较短的圆曲线长度，但不得短于 25m。

允许速度大于 120km/h 的线路，不得采用复曲线；其他线路不宜采用复曲线，在个别特殊困难情况下可保留复曲线。复曲线两圆曲线的曲率差不大于表 3-23 规定的数值时，应设置中间缓和曲线。中间缓和曲线的长度应根据计算确定，不得短于 20m。复曲线每个圆曲线的长度不得短于 50m，其超高应在正矢递减范围内，从较大超高向较小超高均匀顺坡。

复曲线可不设中间缓和曲线的两圆曲线的最大曲率差　　表 3-23

线路允许速度（km/h）	140	120	100	80
可不设中间缓和曲线的两圆曲线的最大曲率差	1/6000	1/4000	1/2000	1/1000

线路设备大修时，缓和曲线及两曲线间的夹直线长度不应低于原线路标准。

3.6　曲线整正

铁路曲线轨道在列车的动力作用下，特别是横向水平力的作用下，可产生变形，其中最为常见的变形是曲线轨道方向的变化，使轨道不能保持原设计的圆顺度。为了确保行车的平稳与安全，有必要进行定期的检查，并及时把曲线轨道整正到原来的设计位置，保持曲线轨道良好的圆弧度。曲线整正的方法有多种，在铁路日常维修作业中，最常用的是绳正法。

3.6.1　曲线绳正法概述

曲线圆度通常是用半径来表达，如果一处曲线，其圆曲线部分各点半径完全相等，而缓和曲线部分从起点开始按照同一规律从无限大逐渐减少，到终点时和圆曲线半径相等，那就说明这处曲线是圆顺的。但是铁路曲线半径都是很大的，现场无法用实测半径的方法来检查曲线圆度，通常以曲线半径（R）、弦长（L）、正矢（f）的几何关系来检验，如图 3-15 所示。

以弦线测量正矢的方法，即用绳正法来检查曲线的圆度，用来调整正矢的方法，使曲线达到圆顺。测量现场正矢时，应用 20m 弦，在钢轨踏面下 16mm 处测量正矢，其偏差不得超过《铁路线路修理规则》规定的限度，见表 3-24。

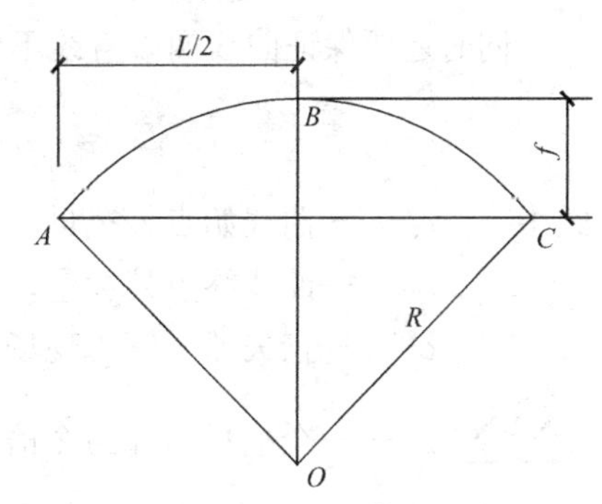

图 3-15　圆曲线的半径与正矢

当现场测量正矢与计划正矢偏差超过曲线正矢作业验收容许偏差时，应对曲线进行拨道。采用绳正法拨正曲线时，《铁路线路修理规则》（铁运［2006］146 号）对其有以下基本要求：

（1）曲线两端直线轨向不良，应事先拨正；两曲线间直线段较短时，可与两曲线同时拨正。

（2）在外股钢轨上用钢尺丈量，每 10m 设置 1 个测点（曲线头尾是否在测点上不限）。

（3）在风力较小条件下，拉绳测量每个测点的正矢，测量3次，取其平均值。

（4）按绳正法计算拨道量，计算时不宜为减少拨道量而大量调整计划正矢。

（5）设置拨道桩，按桩拨道。

曲线正矢作业验收容许偏差　　　　**表 3-24**

曲线半径 R（m）		缓和曲线的正矢与计算正矢差（mm）	圆曲线正矢连续差（mm）	圆曲线正矢最大最小值差（mm）
$R\leqslant250$		6	12	18
$250<R\leqslant350$		5	10	15
$350<R\leqslant450$		4	8	12
$450<R\leqslant800$		3	6	9
$R>800$	$v_{max}\leqslant120$km/h	3	6	9
	$v_{max}>120$km/h	2	4	6

注：曲线正矢用20m弦在钢轨踏面下16mm处测量。

3.6.2　曲线整正的基本原理

曲线整正时采用的是渐伸线原理，因此在曲线整正过程中提出两条假定和四条基本原理。

1. 两条假定

（1）假定曲线两端切线方向不变，即曲线始终点拨量为零。

切线方向不变，也就是曲线的转角不变。

$$\sum f_{现}=\sum f_{计} \tag{3-53}$$

式中　$\sum f_{现}$——现场正矢总和；

$\sum f_{计}$——计划正矢总和。

同时还要保证曲线两端直线不发生平行移动，即始终点拨量为零，即

$$e_{始}=e_{终}=2\sum_{0}^{n-1}\sum_{0}^{n-1}\mathrm{d}f=0 \tag{3-54}$$

式中　$e_{始}$——曲线始点处拨量；

$e_{终}$——曲线终点处拨量；

$\mathrm{d}f$——正矢差，等于现场正矢减计划正矢；

$2\sum_{0}^{n-1}\sum_{0}^{n-1}\mathrm{d}f$——全拨量，即为2倍的正矢差累计的合计。

（2）曲线上某一点拨道时，其相邻测点在长度上并不随之移动，拨动后钢轨总长不变。

2. 四条基本原理

（1）等长弦分圆曲线为若干弧段，则每弧段正矢相等。即等圆等弧的弦心距相等（平面几何定理）。

（2）曲线上任一点拨动，对相邻点均有影响，对相邻点正矢的影响量为拨点处拨动量的二分之一，其方向相反。

这是由于线路上钢轨是连续的，拨动曲线时，某一点正矢增加，前后两点正矢则各减少拨动量的二分之一；反之，某一点正矢拨动量减少，前后两点正矢则随之增加拨量的二分之一，如图 3-16 所示。

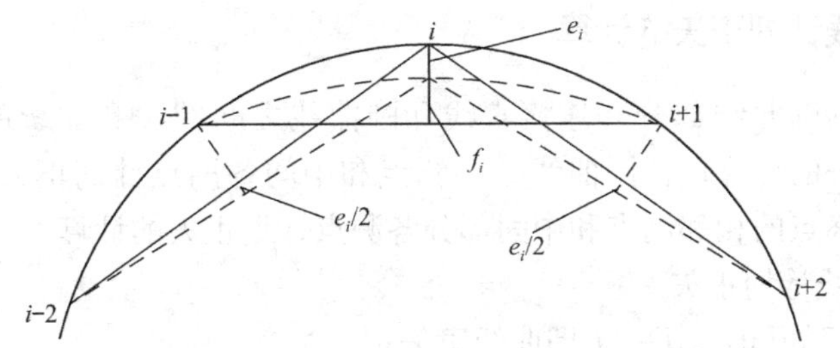

图 3-16　拨量对各点正矢的影响

i 点处由 i 拨至 i' 点，此时，$f_i'=f_i+e_i$（此时仅限于 $i-1$ 及 $i+1$ 点保证不动）。i 点的拨动对 $i-1$ 点和 $i+1$ 点正矢产生影响均为 $-\frac{e_i}{2}$。同理，若 $i-1$ 点和 $i+1$ 点分别拨动 e_{i-1} 和 e_{i+1}，则对 i 点影响各为 $-\frac{e_{i-1}}{2}$ 和 $-\frac{e_{i+1}}{2}$。

因此拨后正矢为

$$f_i'=f_i+e_i-\frac{e_{i-1}+e_{i+1}}{2} \tag{3-55}$$

式中　f_i'——i 点处拨后正矢；

f_i——i 点处现场正矢；

e_i——i 点处拨动量；

e_{i-1}——i 点前点拨动量；

e_{i+1}——i 点后点拨动量。

（3）由以上推论可知，拨道前与拨道后整个曲线正矢总和不变。

（4）由第（2）条推论，在拨道时整个曲线各测点正矢发生的增减量总和必等于零。

3.6.3　曲线整正的外业测量

测量现场正矢是曲线整正计算前的准备工作，此项工作的质量好坏直接关系到计算工作，并影响到拨后曲线的圆顺。因此应注意以下几点：

（1）测量现场正矢前，先用钢尺在曲线外股按计划的桩距（10m）丈量，并画好标记和编出测点号。测点应尽量与直缓、缓圆等点重合。

（2）测量现场正矢时，应避免在大风或雨天进行，弦线必须抽紧，弦线两端位置和量尺的位置要正确。在踏面下 16mm 处量，肥边大于 2mm 时应铲除，每个曲线至少要丈量 2～3 次，取其平均值。

（3）如果直线方向不直，就会影响整个曲线，应首先将直线拨正后再量正矢；如果曲线头尾有反弯（鹅头）应先进行整正；如果曲线方向很差，应先粗拨一次，但拨动部分应经列车辗压且稳定以后，再量取现场正矢，以免

现场正矢发生变化，而影响拨道量计算的准确性。

(4) 在测量现场正矢的同时，应注意线路两旁建筑物的界限要求，桥梁、隧道、道口、信号机等建筑物的位置，以供计划时考虑。

3.6.4　曲线计划正矢的计算

曲线包括圆曲线部分和连接直线和圆曲线之间的缓和曲线部分，因此，曲线计划正矢的计算包括圆曲线始终测点和中间各测点计划正矢的计算以及缓和曲线始终点的相邻测点和中间部分各测点计划正矢的计算。

1. 圆曲线计划正矢

由图 3-17 可知：$BD=f$ 即曲线正矢；

$AD=\frac{L}{2}$ 即弦长的一半。

正矢的计算公式同轨距加宽的原理：

$$f=\frac{\left(\frac{L}{2}\right)^2}{2R-f}=\frac{L^2}{4(2R-f)}$$

由于 f 与 $2R$ 相比较，f 特别小，可忽略不计，则上式可近似写成为：

$$f=\frac{L^2}{8R} \tag{3-56}$$

式中，弦长 L，现场一般取 20m，当 $L=20\text{m}$ 时，$f=\frac{50000}{R}$ (mm)。

若求圆曲线上任一点矢距，如图 3-17 所示，由几何关系可求得（两个有阴影的三角形为相似形）：

$$f=\frac{AE\cdot BE}{2R-f}\text{,即：}$$

$$f=\frac{L_Z\cdot L_Y}{2R} \tag{3-57}$$

如果曲线范围有道口，测点恰好在道口上，可采用矢距计算方法，将测点移出道口，便于测量。

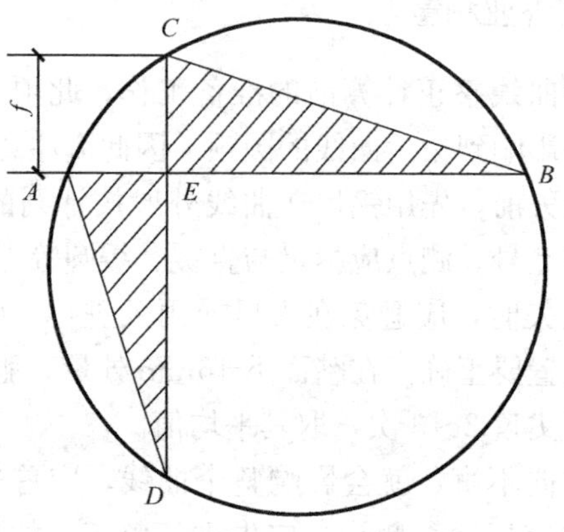

图 3-17　圆曲线上任意点正矢

圆曲线的计划正矢也可按现场圆曲线平均正矢计算，即：

$$f'_{y}=\frac{\sum f_{y}}{n} \tag{3-58}$$

式中　f'_{y}——圆曲线平均正矢；

$\sum f_{y}$——现场实量圆曲线正矢合计；

n——所量圆曲线测点数。

圆曲线的计划正矢还可以从现场实量正矢总和求得。

$$f'_{y}=\frac{\sum f_{X}}{n_{Y}+n_{H}} \tag{3-59}$$

式中　$\sum f_{X}$——现场测得整个曲线正矢的总和；

n_{Y}——圆曲线内测点数；

n_{H}——一侧缓和曲线测点数，含 ZH、HY 或 YH、HZ 点。

2. 无缓和曲线时，圆曲线始终点处正矢

如图 3-18 所示，当圆曲线与直线相连时，由于测量弦线的一端伸入到直线内，故圆曲线始、终点（ZY、YZ）两侧测点的正矢与圆曲线内的各点不同。

设 1、2 测点的正矢分别为 f_1、f_2 则

$$f_{1}=\frac{b^{2}}{2}f_{Y} \tag{3-60}$$

$$f_{2}=\left(1-\frac{a^{2}}{2}\right)f_{Y} \tag{3-61}$$

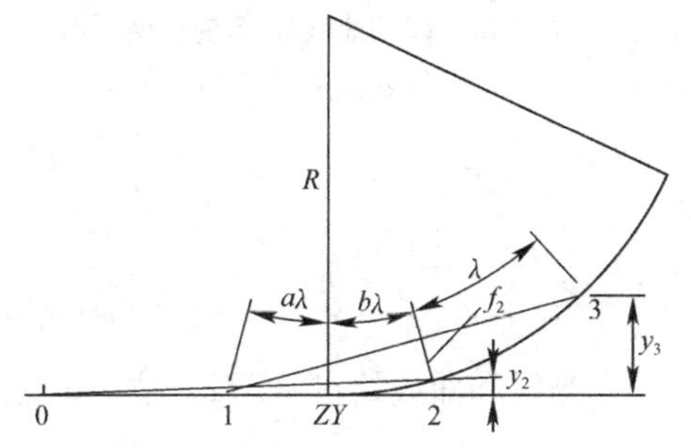

图 3-18　圆曲线始点处左右相邻点计划正矢计算图

当 $a=0$、$b=1$ 时，1 测点为圆曲线始点，则 $f_{1}=\frac{f_{Y}}{2}$、$f_{2}=f_{Y}$，即圆曲线始点位于测点时其正矢为圆曲线正矢的 1/2。

3. 有缓和曲线时，缓和曲线上各测点的正矢

（1）缓和曲线中间各点的正矢 f_i

$$f_{i}=m_{i}f_{d} \tag{3-62}$$

式中　m_i——缓和曲线由始点至测点 i 的测量段数；

f_d——缓和曲线相邻各点正矢递变率。

$$f_{d}=\frac{f_{Y}}{m} \tag{3-63}$$

式中　f_Y——圆曲线计划正矢；

m——缓和曲线全长按 10m 分段数。

（2）缓和曲线始点（ZH、HZ）相邻测点的正矢

如图 3-19 所示，设 1、2 两测点分别在 ZH 点两侧，与 ZH 点相距分别为 $a\lambda$、$b\lambda$，则：

$$f_1 = \frac{b^3}{6} f_d \tag{3-64}$$

$$f_2 = \left(b + \frac{a^3}{6}\right) f_d \tag{3-65}$$

当缓和曲线始点（ZH）位于 1 点时，此时 $a=0$、$b=1$，则：

$$f_1 = \frac{1}{6} f_d, \quad f_2 = f_d$$

（3）缓和曲线终点（HY、YH）相邻两点的正矢

如图 3-20 所示，n 和 $n+1$ 为与缓圆点相邻的两个测点，距缓圆点分别为 $b\lambda$ 和 $a\lambda$，则

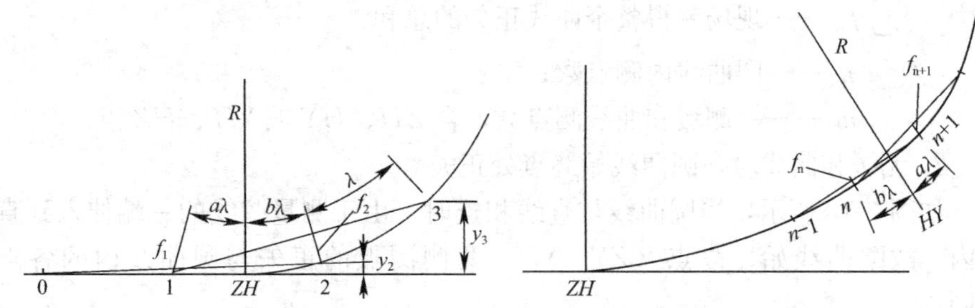

图 3-19　缓和曲线始点左右相邻点计划正矢计算图

图 3-20　缓和曲线终点左右相邻点计划正矢计算图

$$f_n = f_y - \left(b + \frac{a^3}{6}\right) f_d \tag{3-66}$$

$$f_{n+1} = f_y - \frac{b^3}{6} f_d \tag{3-67}$$

当缓和曲线始点（ZH）位于 n 点时，$a=1$、$b=0$，则：

$$f_n = f_y - \frac{1}{6} f_d, \quad f_{n+1} = f_y$$

即当缓和曲线始点（ZH）位于测点时，其正矢为圆曲线正矢减缓和曲线正矢递减变率的 1/6。

【例 3-1】　圆曲线计划正矢 $f_y = 90$mm，缓和曲线正矢递减变率 $f_d = 30$mm，设 n 测点距 HY 点 0.75 段，$n+1$ 测点距 HY 点 0.25 段，求 f_n 和 f_{n+1}。

【解】　$f_n = f_y - \left(b + \frac{a^3}{6}\right) f_d = 90 - \left(0.75 + \frac{0.25^3}{6}\right) \times 30 = 67.4\text{mm}$

$$f_{n+1} = f_y - \frac{b^3}{6} f_d = 90 - \frac{0.75^3}{6} \times 30 = 87.9\text{mm}$$

3.6.5　确定曲线主要桩点位置

曲线轨道经过一段时间的运营，其平面形状已经产生了较大变化，为了减少曲线整正中的拨道量，并尽量考虑曲线的现状，应重新确定曲线主要桩点的位置。

1. 计算曲线中央点的位置

首先，根据现场实测正矢得到现场正矢倒累计的合计值和现场正矢合计值确定曲线中央点的位置 x_{QZ}。

$$x_{QZ} = \frac{\sum_{n}^{1}\sum_{n}^{1} f}{\sum_{1}^{n} f}（段） \tag{3-68}$$

式中 $\sum_{n}^{1}\sum_{n}^{1} f$——现场正矢倒累计的合计；

$\sum_{1}^{n} f$——现场正矢合计。

2. 确定设置缓和曲线前圆曲线长度

$$L_y = \frac{\sum_{1}^{n} f}{f_y}（段） \tag{3-69}$$

式中 f_y——圆曲线正矢，可用曲线中部测点的现场正矢平均值或用 $f_y = \frac{50000}{R}$求得。

3. 确定缓和曲线长度

缓和曲线的长度，按不同条件可由以下几种方法确定：

(1) 求出曲线两端现场正矢递减变率的平均值，由 $m_0 = \frac{f_y}{f_d}$知，用圆曲线平均正矢除以正矢递减变率，即得缓和曲线长度（以"段"为单位）。

(2) 根据正矢变化规律来估定缓和曲线长度。当曲线方向不是太差时，缓和曲线始点正矢只有几毫米，终点正矢接近圆曲线正矢，中间各点近似于均匀递变。掌握这个规律，缓和曲线长度很容易确定。

(3) 查阅技术档案或在现场调查曲线表来确定缓和曲线长度。另外，还可以根据现场超高顺坡长度来估定缓和曲线长度。

4. 确定曲线主要桩点位置

圆曲线在加缓和曲线时，是将缓和曲线的半个长度设在直线上，另外半个长度设在圆曲线上，如图 3-21 所示。在加设缓和曲线前，圆曲线的直圆点（ZY）和圆直点（YZ）是缓和曲线的中点。因此，曲线主要标桩点的位置可以根据曲线中央点的位置 x_{QZ}，设缓和曲线之前的圆曲线长度 L_y 及缓和曲线 l_0 来确定。

$$\begin{cases} ZH = x_{QZ} - \frac{L_y}{2} - \frac{l_0}{2} \\ HY = x_{QZ} - \frac{L_y}{2} + \frac{l_0}{2} \\ YH = x_{QZ} + \frac{L_y}{2} - \frac{l_0}{2} \\ HZ = x_{QZ} + \frac{L_y}{2} + \frac{l_0}{2} \end{cases} \tag{3-70}$$

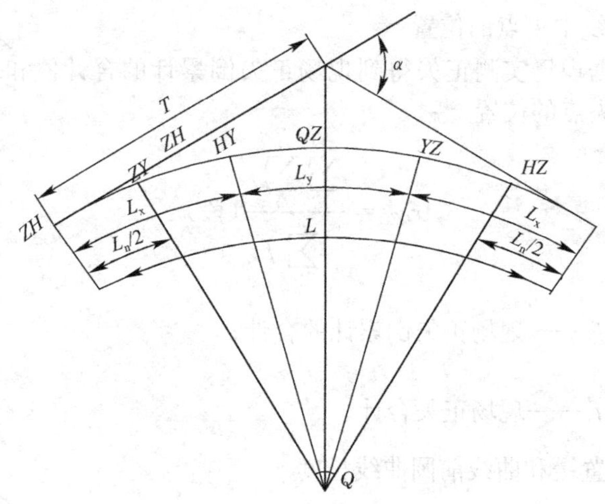

图 3-21　曲线主要桩点位置图

经过以上计算，重新确定曲线主要标桩点的位置，然后再编制计划正矢，就比较接近现场曲线的实际形状，使拨量较小。

3.6.6　拨量计算

获得现场正矢和有关限界、控制点、轨缝、路基宽度及线间距等资料后，即可进行曲线整正的内业计算。现结合现场实例说明计算过程和计算方法。绳正法拨量计算的计算过程包括：

1. 计算曲线中央点的位置；
2. 确定设置缓和曲线前圆曲线长度；
3. 确定缓和曲线长度；
4. 计算主要桩点位置；
5. 确定各点的计划正矢；
6. 检查计划正矢是否满足曲线整正前后两端的直线方向不变的要求；
7. 计算拨量；
8. 拨量修正。

3.6.7　算例

设有一曲线，共有 22 个测点，其现场正矢见表 3-25。第 13 测点为小桥，不允许波动曲线，对该曲线采用绳正法进行曲线整正。

某曲线实测正矢表　　　　**表 3-25**

点号	实测正矢	备注	点号	实测正矢	备注	点号	实测正矢	备注
1	5		5	85		9	133	
2	16		6	96		10	150	
3	42		7	123		11	145	
4	57		8	148		12	140	

续表

点号	实测正矢	备注	点号	实测正矢	备注	点号	实测正矢	备注
13	136	小桥	17	94		21	17	
14	141		18	74		22	10	
15	150		19	70				
16	116		20	36				

1. 计算曲线中央点的位置

将表 3-25 中各点实测正矢填入表 3-26 第三栏，并分别计算现场正矢合计 $\sum_{1}^{22} f$ 和现场正矢倒累计 $\sum_{22}^{1}\sum_{22}^{1} f$，确定曲线中央点位置。

$$x_{QZ} = \frac{\sum_{n}^{1}\sum_{n}^{1} f}{\sum_{1}^{n} f} = \frac{22787}{1984} = 11.49\text{ 段}$$

上值表示曲线中央点位于第 11 测点再加 4.90m 处。

2. 计算缓和曲线前圆曲线长度

经过对现场正矢的分析，可以初步估定圆曲线大致在第 9 测点至第 14 测点之间。

圆曲线平均正矢 $f_y = \dfrac{\sum_{23}^{8} - \sum_{23}^{15}}{15-9} = \dfrac{1417-561}{6} = 143\text{mm}$

计算加设缓和曲线前圆曲线长度

$$L_y = \frac{\sum_{1}^{22} f}{f_y} = \frac{1984}{143} = 13.87\text{ 段}$$

3. 估定缓和曲线长度

通过对现场正矢的分析，可估定缓和曲线为 7 段，即 $l_0=7$。

4. 计算主要桩点位置

$$ZH = x_{QZ} - \frac{L_y}{2} - \frac{l_0}{2} = 11.49 - \frac{13.87}{2} - \frac{7}{2} = 1.055\text{ 段}$$

$$HY = x_{QZ} - \frac{L_y}{2} + \frac{l_0}{2} = 11.49 - \frac{13.87}{2} + \frac{7}{2} = 8.055\text{ 段}$$

$$YH = x_{QZ} + \frac{L_y}{2} - \frac{l_0}{2} = 11.49 + \frac{13.87}{2} - \frac{7}{2} = 14.925\text{ 段}$$

$$HZ = x_{QZ} + \frac{L_y}{2} + \frac{l_0}{2} = 11.49 + \frac{13.87}{2} + \frac{7}{2} = 21.925\text{ 段}$$

5. 确定各点的计划正矢

(1) 圆曲线的计划正矢

采用圆曲线的平均正矢 $f_y=143\text{mm}$。

(2) 缓和曲线的计划正矢

曲线各主要桩点的位置如图 3-22 所示。

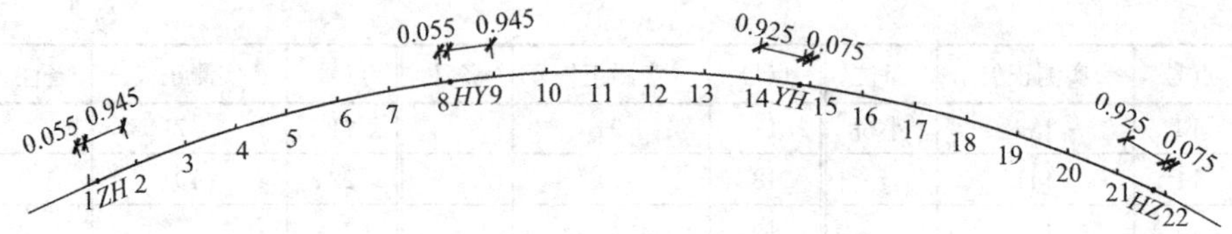

图 3-22　曲线各主要桩点位置图

① 缓和曲线正矢递减变率

$$f_d = \frac{f_y}{m_0} = \frac{143}{7} = 20.4\text{mm}$$

② 第一缓和曲线上各点正矢

$$f_1 = \frac{b^3}{6} f_d = \frac{0.945^3}{6} \times 20.4 = 2.87\text{mm} \qquad \text{取为 3mm}$$

$$f_2 = \left(b + \frac{a^3}{6}\right) f_d = \left(0.945 + \frac{0.055^3}{6}\right) \times 20.4 = 19.3\text{mm}$$

取为 20mm

$$f_3 = (3 - 1.055) \times 20.4 = 39.7\text{mm} \qquad \text{取为 40mm}$$

$$f_4 = (4 - 1.055) \times 20.4 = 60.07\text{mm} \qquad \text{取为 60mm}$$

$$f_5 = (5 - 1.055) \times 20.4 = 80.5\text{mm} \qquad \text{取为 81mm}$$

$$f_6 = (6 - 1.055) \times 20.4 = 100.9\text{mm} \qquad \text{取为 101mm}$$

$$f_7 = (7 - 1.055) \times 20.4 = 121.2\text{mm} \qquad \text{取为 121mm}$$

$$f_8 = f_y - \left(b + \frac{a^3}{6}\right) f_d = 143 - \left(0.055 + \frac{0.945^3}{6}\right) \times 20.4 = 139.01\text{mm}$$

取为 139mm

$$f_9 = f_y - \frac{b^3}{6} f_d = 143 - \frac{0.055^3}{6} \times 20.4 = 143\text{mm} \qquad \text{取为 143mm}$$

③ 求第二缓和曲线上各点正矢

$$f_{14} = f_y - \frac{b^3}{6} f_d = 143 - \frac{0.075^3}{6} \times 20.4 = 143\text{mm} \qquad \text{取为 143mm}$$

$$f_{15} = f_y - \left(b + \frac{a^3}{6}\right) f_d = 143 - \left(0.075 + \frac{0.925^3}{6}\right) \times 20.4 = 138.8\text{mm}$$

取为 139mm

$$f_{16} = (21.925 - 16) \times 20.4 = 120.9\text{mm} \qquad \text{取为 121mm}$$

$$f_{17} = (21.925 - 17) \times 20.4 = 100.47\text{mm} \qquad \text{取为 100mm}$$

$$f_{18} = (21.925 - 17) \times 20.4 = 80.07\text{mm} \qquad \text{取为 80mm}$$

$$f_{19} = (21.925 - 19) \times 20.4 = 59.67\text{mm} \qquad \text{取为 60mm}$$

$$f_{20} = (21.925 - 20) \times 20.4 = 39.27\text{mm} \qquad \text{取为 39mm}$$

$$f_{21} = \left(b + \frac{a^3}{6}\right) f_d = \left(0.925 + \frac{0.075^3}{6}\right) \times 20.4 = 18.9\text{mm}$$

取为 19mm

$$f_{22} = \frac{b^3}{6} f_d = \frac{0.925^3}{6} \times 20.4 = 2.7\text{mm} \qquad \text{取为 3mm}$$

6. 检查计划正矢是否满足曲线整正前后两端的直线方向不变的要求

曲线整正前后，其两端直线方向不变的控制条件是 $\sum_{0}^{n} d_f = 0$，即 $\sum f - \sum f' = 0$。此例题中 $\sum f - \sum f' = 1984 - 1983 = 1$，现场正矢总和比计划正矢总和多 1mm，不满足要求。此时，可根据计划正矢在计算中近似值的取舍情况，在适当测点上进行计划正矢调整，以满足要求。调整计划正矢时，每个测点计划正矢的调整值不宜大于 2mm。此例题中将第 2 测点增加 1mm。

将各测点的计划正矢值填入表 3-26 的第四栏中，以便进行拨量计算。

7. 计算拨量

$e_n = 2\sum_{0}^{n-1}\sum_{0}^{n-1} d_f$，曲线上任一测点的拨量，等于到前一测点为止的全部正矢差累计合计的 2 倍。故计算拨量应首先计算正矢差，再计算差累计，最后计算拨量。

（1）计算各测点的正矢差

曲线上各测点的正矢差等于现场正矢减去计划正矢，$d_f = f - f'$，因此将各测点表 3-26 中第三栏的值减去第四栏的值，把差值填入第五栏。

（2）计算正矢差累计

某测点的正矢差累计等于到该测点为止的以前各测点正矢差的合计。因此，可按表 3-26 中第五、六栏箭头所示，用“斜加平写”的方法累计。

（3）计算半拨量

某点的半拨量等于该点前所有测点正矢差累计的合计（不包括该测点）。因此，可按表 3-26 中第七栏箭头所示，用“平加下写”的方法计算。

（4）使终点（或控制点）半拨量调整为零

终点半拨量不为零且数值不大时，通常采用点号差法对计划正矢进行修正。

曲线上如遇有明桥、平交道口或线路两旁有固定设备或建筑物，此时，除了应使曲线终点的半拨量为零外，还需满足以上各控制点的拨量为零或限制在某一数值之内的要求。用半拨量修正法直接修正半拨量，直观性强，且易于控制各点的拨量，尤其对于复杂的曲线，使用半拨量修正法能获得极佳的设计方案。

从半拨量的计算过程可知，如果在某测点上，将计划正矢减少 1mm，同时在其下边相距为 M 个点号的测点上，将计划正矢增加 1mm（计划正矢在上一测点减 1mm，在下一测点加 1mm，简称“上减下加”），其结果将使下一测点以后的各测点的半拨量增加 $1 \times M$mm。反之，如果在相距为 M 个点号的一对测点上，对其计划正矢进行“上加下减”的修正，其结果将使下一测点以后各测点的半拨量减少 $1 \times M$（mm）。

第十八栏为全拨量，其值为第十七栏中各点半拨量值的 2 倍。

第十九栏的值是用曲线上各点拨道量和拨后正矢的关系，即 $f_n' = f_n + e_n - \left(\frac{e_{n-1} + e_{n+1}}{2}\right)$ 计算的。其目的是为了检查计算是否有误，各测点的拨后正矢应与各点修正后的计划正矢（第九栏）相吻合，否则应重新复核。

表 3-26

曲线整正计算表（点号差法）

序号	现场正矢倒累计	实测正矢	计划正矢	正矢差	正矢差累计	半拨量	第一次修正					第二次修正					全拨量	拨后正矢	附注
							正矢修正量	修正后计划正矢	正矢差	正矢差累计	半拨量	正矢修正量	修正后计划正矢	正矢差	正矢差累计	半拨量			
一	二	三	四	五	六	七	八	九	十	十一	十二	十三	十四	十五	十六	十七	十八	十九	二十
1	1984	5	3	2	2	0		3	2	2	0		3	2	2	0	0	3	
2	1979	16	20	−4	−2	2		20	−4	−2	2		20	−4	−2	2	4	20	
3	1963	42	40	2	0	0		40	2	0	0		40	2	0	0	0	40	
4	1921	55	60	−5	−5	0		60	−5	−5	0		60	−5	−5	0	0	60	
5	1866	86	81	5	0	−5		81	5	0	−5		81	5	0	−5	−10	81	
6	1780	94	101	−7	−7	−5		101	−7	−7	−5		101	−7	−7	−5	−10	101	
7	1686	123	121	2	−5	−12		121	2	−5	−12		121	2	−5	−12	−24	121	
8	1563	146	139	7	2	−17	−1	138	8	3	−17	−1	137	9	4	−17	−34	137	
9	1417	138	143	−5	−3	−15	1	144	−6	−3	−14		144	−6	−2	−13	−26	144	
10	1279	148	143	5	2	−18		143	5	2	−17		143	5	3	−15	−30	143	
11	1131	147	143	4	6	−16		143	4	6	−15	1	144	3	6	−12	−24	144	
12	984	143	143	0	6	−10		143	0	6	−9		143	0	6	−6	−12	143	
13	841	136	143	−7	−1	−4		143	−7	−1	−3		143	−7	−1	0	0	143	小桥

续表

序号	现场正矢倒累计	实测正矢	计划正矢	正矢差	正矢差累计	半拨量	第一次修正					第二次修正					全拨量	拨后正矢	附注
							正矢修正量	修正后计划正矢	正矢差	正矢差累计	半拨量	正矢修正量	修正后计划正矢	正矢差	正矢差累计	半拨量			
一	二	三	四	五	六	七	八	九	十	十一	十二	十三	十四	十五	十六	十七	十八	十九	二十
14	705	144	143	1	0	−5		143	1	0	−4		143	1	0	−1	−2	143	
15	561	148	139	9	9	−5		139	9	9	−4	1	140	8	8	−1	−2	140	
16	413	116	121	−5	4	4		121	−5	4	5		121	−5	3	7	14	121	
17	297	96	100	−4	0	8		100	−4	0	9		100	−4	−1	10	20	100	
18	201	75	80	−5	−5	8		80	−5	−5	9	−1	79	−4	−5	9	18	79	
19	126	67	60	7	2	3		60	7	2	4		60	7	2	4	8	60	
20	59	35	39	−4	−2	5		39	−4	−2	6		39	−4	−2	6	12	39	
21	24	17	19	−2	−4	3		19	−2	−4	4		19	−2	−4	4	8	19	
22	7	7	3	4	0	−1		3	4	0	0		3	4	0	0	0	3	
Σ	22787	1984	1984		33 −34			1984					1984					1984	

注：第六栏最后一测点的正矢差累计必为零，否则说明计算有误。

3.6.8 拨量修正

1. 正矢差累计的梯形数列修正法

在表3-26中，利用点号差法，通过修正计划正矢，重新计算正矢差和正矢差累计，以达到使正矢差累计的合计数为零的目的。

但是在点号差法的计算过程中，做了很多重复烦琐的计算，例如表3-26中第九～十一栏和第十四～十六栏基本上是第四～六栏的重复计算。可以看到点号差法是为了将正矢差累计的合计数调整为零，那么，可否直接从修正正矢差累计入手。从表3-26的计算过程，可以找到直接修正正矢差累计的方法。在表3-26第八栏中，计划正矢在第8测点被修正−1，第9测点被修正+1，则第8测点的正矢差（第九栏）应被修正+1，第9测点的正矢差应被修正−1，而其他各测点的正矢差不受影响（这可以从表3-26第五栏和第十栏的值相比较得到验证）。可以省略表3-26中第七～十栏，而直接用表3-27第四栏中的差累计修正数列，对正矢差累计进行修正，进而计算拨量。

现将表3-26中的实例用正矢差累计的梯形数列修正法计算，见表3-28。

2. 半拨量修正法

半拨量修正法与差累计梯形数列修正法的原理完全相同。

下面以表3-29为实例来说明如何使用差累计梯形数列修正法和半拨量修正法。

在表3-29中，第六栏为各测点的半拨量，终点的半拨量为−1。第七栏为差累计修正，在这一栏中使用了两个梯形数列，第一个数列是为了使位于小桥上的第13测点的半拨量调整为零，所以第一个数列的数值和应为+4，位于钢桥所在测点之前。第七栏中的两个数列之和应为+1，这样才能既满足控制点对拨量的要求，又能把曲线终点−1个半拨量调整为零。

计划正矢修正表 **表3-27**

测点	计划正矢修正	正矢差修正	差累计修正	测点	计划正矢修正	正矢差修正	差累计修正
一	二	三	四	一	二	三	四
1			0	14			+2
2	−1	+1	+1	15	+1	−1	+1
3			+1	16			+1
4			+1	17			+1
5			+1	18			+1
6			+1	19			+1
7			+1	20			+1
8	−1	+1	2	21			+1
9			+2	22	+1	−1	0
10			+2	23			
11			+2	24			
12			+2				
13			+2	Σ	0	0	+27

差累计修正法计算表 **表 3-28**

序号	实测正矢	计划正矢	正矢差	正矢差累计	半拨量	差累计修正	半拨量修正	修正后半拨量	全拨量	拨后正矢	附注
一	二	三	四	五	六	七	八	九	十	十一	十二
1	5	3	2	2	0		0	0	0	3	
2	16	20	−4	−2	2		0	2	4	20	
3	42	40	2	0	0		0	0	0	40	
4	55	60	−5	−5	0		0	0	0	60	
5	86	81	5	0	−5		0	−5	−10	81	
6	94	101	−7	−7	−5		0	−5	−10	101	
7	123	121	2	−5	−12		0	−12	−24	121	
8	146	139	7	2	−17		0	−17	−34	139	
9	138	143	−5	−3	−15	1	0	−15	−30	142	
10	148	143	5	2	−18	2	1	−17	−34	142	
11	147	143	4	6	−16	1	3	−13	−26	144	
12	143	143	0	6	−10		4	−6	−12	144	
13	136	143	−7	−1	−4		4	0	0	143	小桥
14	144	143	1	0	−5	−1	4	−1	−2	144	
15	148	139	9	9	−5	−1	3	−2	−4	139	
16	116	121	−5	4	4	−1	2	6	12	121	
17	96	100	−4	0	8		1	9	18	99	
18	75	80	−5	−5	8		1	9	18	80	
19	67	60	7	2	3		1	4	8	60	
20	35	39	−4	−2	5		1	6	12	39	
21	17	19	−2	−4	3		1	4	8	19	
22	7	3	4	0	−1		1	0	0	3	
Σ	1984	1984		33 −34		1				1984	

半拨量修正法计算表 **表 3-29**

测点	现场正矢	计划正矢	正矢差	正矢差累计	半拨量	差累计修正	半拨量修正	修正后半拨量	修正后拨量	拨后正矢	计划正矢修正	附注
一	二	三	四	五	六	七	八	九	十	十一	十二	十三
1	4	3	1	1	0			0	0	3		ZH=1.015
2	21	21	0	1	1	1	0	1	2	20	−1	
3	46	42	4	5	2	1	1	3	6	42		
4	56	63	−7	−2	7	2	2	9	18	62	−1	
5	84	84	0	−2	5	3	4	9	18	83	−1−1	
6	107	105	2	0	3	3	7	10	20	105		
7	121	123	−2	−2	3	3	10	13	26	123		HY=7.015
8	123	126	−3	−5	1	2	13	14	28	127	+1	
9	125	126	−1	−6	−4	1	15	11	22	127	+1	
10	126	126	0	−6	−10		16	6	12	127	+1	

续表

测点	现场正矢	计划正矢	正矢差	正矢差累计	半拨量	差累计修正	半拨量修正	修正后半拨量	修正后拨量	拨后正矢	计划正矢修正	附注
一	二	三	四	五	六	七	八	九	十	十一	十二	十三
11	133	126	7	1	−16	−1	16	0	0	127	+1	钢桥
12	128	126	2	3	−15	−1	15	0	0	126		钢桥
13	125	126	−1	2	−12		14	2	4	125	−1	
14	122	126	−4	−2	−10		14	4	8	126		
15	131	126	5	3	−12		14	2	4	126		
16	124	126	−2	1	−9	1	14	5	10	125	−1	
17	114	120	−6	−5	−8	2	15	7	14	119	−1	$YH=16.825$
18	102	101	1	−4	−13	3	17	4	8	100	−1	
19	83	80	3	−1	−17	3	20	3	6	80		
20	55	59	−4	−5	−18	2	23	5	10	60	+1	
21	40	38	2	−3	−23	1	25	2	4	39	+1	
22	19	17	2	−1	−26	1	26	0	0	17		
23	3	2	1	0	−27		27	0	0	3	+1	$HZ=22.825$
Σ	1992	1992	+30 −30	+17 −44 −27		+27				1992	0	

小结及学习指导

本章内容包括直线和曲线轨道的几何形位，基本几何形位概念、检测方法、允许偏差，曲线轨道轨距加宽、外轨超高计算理论以及缓和曲线相关理论。

通过本章的学习，要求熟悉轨道几何形位的概念、检测方法和允许偏差，了解曲线轨道轨距加宽和外轨超高的计算理论和设置方法，缓和曲线的选择要求，掌握曲线整正的原理及方法。

思考题与习题

3-1　什么是轨道几何形位？为什么要保持线路几何形位处于良好状态？

3-2　直线轨道几何形位的基本要素有哪些？说出它们的概念及相关要求。

3-3　常用的轨距测量方法有哪些？

3-4　曲线轨距加宽的条件是什么？曲线加宽的方法是什么？

3-5　简述三角坑的概念及危害。

3-6　允许的最大轨距是多少？其是根据什么原理确定的？

3-7　为什么要在曲线上设置超高？如何设置外轨超高？

3-8　试推导曲线外轨超高设置值的计算公式。

3-9 什么是未被平衡的超高和未被平衡的加速度?

3-10 如何确定曲线限速?

3-11 最小曲线半径如何选取?

3-12 直线形超高顺坡和曲线形有哪些区别?

3-13 曲线整正的方法有哪些?

3-14 简述绳正法曲线整正的基本原理。

第4章 轨道结构力学分析

本章知识点

【知识点】本章主要介绍轨道力学分析的基本内容，包括轨道的静力学计算，轨道结构动力作用的准静态方法，轨道各部件强度检算等。

【重　点】轨道的静力学计算、轨道结构的准静态方法以及轨道各部件强度检算。

【难　点】连续弹性基础梁模型的静力学分析、准静态分析。

4.1 概述

铁路轨道是有别于桥梁、房屋等土建工程结构物的结构。首先，它的基础是由松散的介质（道砟）组成，其次是它所承受的来自机车车辆的荷载具有随机性和重复性。因而在轨道结构的各部件中产生非常复杂的应力、变形和其他的动力响应。同时，轨道结构各部件（尤其是道砟层）还会不可避免地产生不均匀下沉和残余变形积累，使轨道几何形位发生偏差，形成各种轨面及方向上的不平顺，增大了轮轨之间的相互作用，加快轨道结构破坏的发展速度。目前，只能依靠加强对轨道的养护维修来加以消除。因此，铁路轨道是一种边工作边维修的工程结构物，必须根据列车速度、轴重和运量等运营条件的变化不断进行加强和完善，而轨道力学分析则是达到这一目的不可缺少的手段。

轨道力学分析，是运用材料力学、结构力学以及弹性理论等力学基本原理，结合轮轨相互作用理论，确定机车车辆产生的荷载类型及大小，并将轨道结构简化成各种计算模型，分析轨道结构在机车车辆荷载作用下产生的应力、变形及其他动力响应，以对轨道结构的主要部件进行强度检算。

4.1.1 轨道结构力学分析的主要内容

（1）确定机车车辆作用于轨道上的力，并了解这些力的形成及其相应的计算方法。

机车车辆作用于轨道结构上的力非常复杂，具有强烈的随机性和重复性。总的来说，这些力可分为垂直于轨面的竖向力、垂直于钢轨的横向水平力和平行于钢轨轴向的纵向水平力。

竖向力是轨道结构承受的最主要荷载。竖向力的主要组成部分是车轮的轮载。车轮的轮载分为静轮载和动轮载。静轮载是机车车辆静止时同一个轮对左右两个车轮对称地作用于轨道上的荷载。动轮载是列车行驶过程中，车轮实际作用在轨道上的荷载。动轮载随机车车辆和轨道结构的构造及其状态以及机车车辆的运动状态而变化。一般情况下，在常速铁路上，当机车车辆与轨道结构状态良好时，动轮载相对于静轮载的动力附加值不超过 20%，在高速铁路上，动轮载可以达到静轮载的 3 倍。

横向水平力主要由机车车辆的蛇形运动、曲线轨道上存在有未被平衡的欠超高或过超高和机车车辆通过曲线轨道时车轮轮缘的导向力产生。目前，横向水平力的计算常采用经验公式或借助实测资料进行估算。实测数据表明，一般情况下，在高速铁路上，钢轨受到的横向水平力一般不会超过 50kN。

纵向水平力包括列车的启动、加速、制动时产生的纵向水平力；坡道上列车重力沿钢轨轴向的分力；爬行力以及钢轨因温度变化不能自由伸缩而产生的纵向水平力等。列车启动、加速、制动产生的纵向水平力，主要影响列车的运动状态。温度力对无缝线路稳定性来说是至关重要的，相关结构受力分析方法将在无缝线路中介绍。

（2）确定轨道结构及其各组成部分应力、应变的分布规律以及它们与轨道破坏的关系。

轨道结构的承载能力包括强度计算、寿命计算、残余变形计算。强度计算是检算轨道结构在最大可能荷载作用下，轨道各部件的一次性破坏强度。本章主要介绍承载能力中的强度计算。

4.1.2 轨道结构强度检算的主要内容

（1）轨道竖向受力的静力计算

在给定的机车车辆运行条件下，运用静力计算的原理对轨道结构进行静力计算，即计算机车车辆静止在初步拟定的轨道结构上时，钢轨的静压力、静位移、静弯矩值。

（2）轨道动力响应的准静态计算

根据轮轨系统的动力特性，计算可表征轨道动力响应效果的动力增值，即计算机车车辆以一定速度在初步拟定的轨道结构上运行时，钢轨的动压力、动位移、动弯矩值。

（3）轨道结构强度检算

用轨道动力响应的准静态方法计算钢轨的动压力、动位移、动弯矩值，对轨道结构各组成部分进行强度检算。

4.2 轨道竖向静力计算

4.2.1 基本假设

（1）假设列车运行时，车轮荷载在轨道各部件中所引起的应力、应变，

与量值相当的静荷载所引起的应力、应变相等，即车轮荷载具有准静态性质。

(2) 假设轨道及基础均处于线弹性范围，列车轮系作用下轨道各部件的应力、应变，等于各单独车轮作用下的应力、应变之代数和。

(3) 视钢轨为连续弹性基础上的等截面无限长梁，梁的基础反力与各自弹性下沉之间呈线性关系。

(4) 不计钢轨、扣件及轨枕本身的自重。

4.2.2 连续弹性基础梁模型

轨道结构竖向受力的静力计算模型为连续弹性基础梁模型，如图4-1所示。

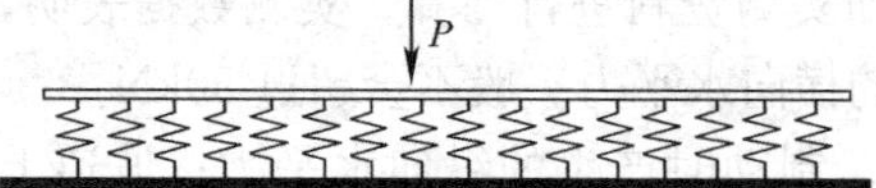

图4-1 连续弹性基础梁模型

由于钢轨的抗弯刚度相对较大，而轨枕铺的相对较密，这样就可以近似地把轨枕的支承看作是连续支承，从而进行解析性分析。连续弹性基础梁模型是把钢轨视为一根支承在连续弹性基础上的无限长梁进行轨道静力分析。它将轨枕对钢轨的支承视为连续支承，其支承刚度为钢轨基础弹性模量 u。用该模型可以求得精确严密的解析解，方法简便直观，目前世界各国和我国《铁路轨道设计规范》TB 10082—2017均采用连续弹性基础梁模型。

4.2.3 计算参数

采用连续基础梁模型进行计算时，需先确定如下计算参数：

(1) 钢轨抗弯刚度 EI

EI 为钢轨钢的弹性模量 E 和钢轨截面对其水平中性轴的惯性矩 I_x 的乘积。E 值一般取为 2.1×10^5 MPa。I_x 可根据不同的钢轨类型及其相应的垂直磨耗程度从表4-1中查得。

各种类型钢轨截面惯性矩与截面系数 **表4-1**

钢轨垂直磨耗 (mm)	名称	单位	钢轨类型			
			75	60	50	43
0	I_x	mm^4	44890000	32170000	20370000	14890000
	W_1	mm^3	509000	396000	287000	218000
	W_2	mm^3	432000	339400	251000	208000
3	I_x	mm^4	43280000	30690000	19460000	14090000
	W_1	mm^3	496000	385000	283000	211000
	W_2	mm^3	420000	318000	242000	200000
6	I_x	mm^4	40890000	28790000	18270000	13170000
	W_1	mm^3	482000	375000	275000	205000
	W_2	mm^3	405000	291000	230000	189000
9	I_x	mm^4	38980000	26900000	17020000	12200000
	W_1	mm^3	480000	363000	264000	197000
	W_2	mm^3	390000	264000	216000	176000

注：W_1——轨底截面系数；W_2——轨头截面系数。

（2）钢轨支座刚度 D

D 表示钢轨支座的弹性特征，是用来表征钢轨扣件和枕下基础的等效刚度。它是使钢轨支点顶面产生单位下沉时施加于支点顶面上的钢轨压力，单位为“N/mm”。

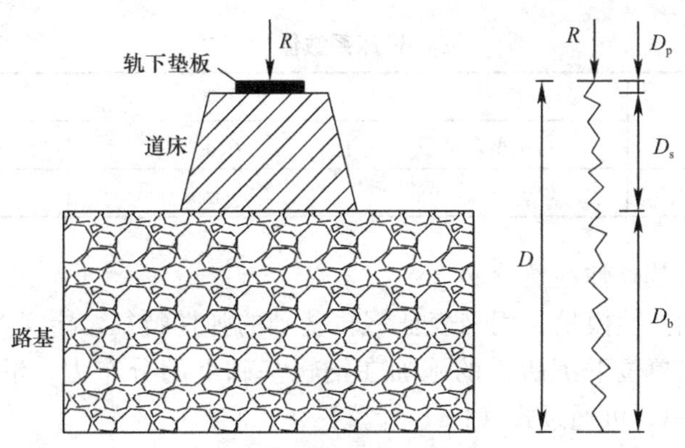

图 4-2 钢轨支点刚度

D 的表达式为：

$$D = R/y_p \tag{4-1}$$

式中 R——作用在支座上的钢轨压力（N）；

y_p——钢轨支座下沉量（mm）。

如图 4-2 所示，钢轨支座刚度 D 分别由橡胶垫板、轨枕及道床和路基的支承刚度组成。混凝土轨枕刚度很大，在实际分析中认为其不可压缩，即认为混凝土轨枕的支承刚度 D_s 无限大，所以，当轨枕为混凝土材质时，钢轨支点刚度 D 仅由橡胶垫板 D_p、道床和路基 D_b 的支承刚度组成，模拟成两个串联的弹簧组合，因此，钢轨支点刚度 D 可表示为：

$$\frac{1}{D} = \frac{1}{D_p} + \frac{1}{D_b} \tag{4-2}$$

D 值与材料的性质、路基和道床密度及气候相关。根据我国的测定数据，混凝土轨枕轨道的钢轨支点刚度 D 值见表 4-2。

混凝土轨枕轨道的钢轨支点刚度 *D* 值（N/mm） **表 4-2**

轨枕和垫板类型	特重型、重型		次重型、重型	
	钢轨	轨枕、道床及基床	钢轨	轨枕、道床及基床
混凝土枕，橡胶垫板	30000	70000	22000	42000
宽轨枕，橡胶垫板	50000	120000	—	—

（3）道床系数 C

道床系数 C 用来表征道床及路基的弹性特征，定义为使道床顶面产生单位下沉所需要施加于道床顶面单位面积上的压力，量纲为“力/长度^3”，可通过式（4-3）计算：

$$C = \frac{p}{y_0} \tag{4-3}$$

式中　C——道床系数（MPa/mm）；

p——作用于道床顶面单位面积上的压力（MPa）；

y_0——轨枕底面的平均下沉量（mm）。

道床系数 C 的取值见表 4-3。

道床系数值　　**表 4-3**

参数	轨道类型		
	特重型、重型	次重型	中型、轻型
C(MPa/mm)	0.006～0.008	0.004～0.006	0.004

（4）钢轨基础弹性模量 u

钢轨基础弹性模量 u 用来表征钢轨基础的弹性特征，定义为单位长度的钢轨基础产生单位下沉所需的施加在钢轨基础上的分布力，量纲为“力/长度^2”，见表 4-4，可通过式（4-4）计算：

$$u=\frac{D}{a} \tag{4-4}$$

式中　a——轨枕间距（mm）；

u——钢轨基础弹性模量（kN/mm^2）。

应当指出，C、D、u 三个弹性特征参数值随轨道类型、道床、路基状况及周围环境因素的变化而变化，具有很大的离散性，是随机变量。如果选择不当，计算结果会有很大的误差。因此，尽可能采用实测数据。

（5）刚比系数 k

k 是指钢轨基础弹性模量与钢轨抗弯刚度的比值，是轨道系统的特征参数，见表 4-4，可用式（4-5）计算。轨道的所有力学参数及相互间的关系均反映在 k 中，任何轨道参数的改变都会影响 k，而 k 的改变又会影响轨道的内力分布和部件的内力分配。

$$k=\sqrt[4]{\frac{u}{4EI_{\mathrm{x}}}}=\sqrt[4]{\frac{D}{4EI_{\mathrm{x}}a}}=\sqrt[4]{\frac{1}{4EI_{\mathrm{x}}a}}\times\sqrt[4]{\frac{1}{\sum 1/D_i}} \tag{4-5}$$

混凝土轨枕线路的 u、k 值　　**表 4-4**

钢轨类型(kg/m)	轨枕根数(根/km)	D=33kN/mm				D=30kN/mm			
		u (N/mm^2)	k(cm^{-1})			u (N/mm^2)	k(cm^{-1})		
			钢轨垂直磨耗（mm）				钢轨垂直磨耗（mm）		
			0	3	6		0	3	6
75	1667	55	0.01099	0.01109	0.01125				
60	1760					52.8	0.01182	0.01196	0.01216
	1667	55	0.01194	0.01209	0.01228				
50	1760								

续表

钢轨类型 (kg/m)	轨枕根数 (根/km)	D=27.2kN/mm				D=22kN/mm			
		u (N/mm²)	k(cm⁻¹) 钢轨垂直磨耗（mm）			u (N/mm²)	k(cm⁻¹) 钢轨垂直磨耗（mm）		
			0	3	6		0	3	6
75	1667								
60	1760	47.9	0.01153	0.01167	0.01186				
	1667								
50	1760	47.9	0.01293	0.01309	0.01329	38.7	0.01226	0.01241	0.01260

4.2.4 单个轮对作用下的方程及解

（1）文克尔假定

假设钢轨上作用集中荷载 P，以 $y(x)$ 表示钢轨的挠度曲线，以向下为正。以 $q(x)$ 表示基础对钢轨的分布反力，以向上为正。为建立基础梁微分方程，文克尔提出了如下假设；

$$q(x)=uy(x) \tag{4-6}$$

即假设 x 坐标处的基础反力与 x 处的钢轨位移成正比。这相当于假设基础是由连续排列，但相互独立的线性弹簧所组成，即每个弹簧的变形仅决定于作用在其上的力，而与相邻弹簧的变形无关。由于实际的轨枕支承是有一定间距的，且碎石道床并不是连续介质，一根轨枕的少许下沉，对相邻轨枕影响较小，所以文克尔假设对于分析轨道问题还是比较适合的。大量实验证明，用这种模型计算的结果是能够满足一般分析精度要求。

（2）连续基础梁微分方程的建立及求解

1）连续基础梁微分方程

根据图 4-1 的计算模型，钢轨作为连续弹性基础上的无限长梁，在集中荷载 P 的作用下产生了如图 4-3 所示的挠曲。产生的挠曲曲线用 $y(x)$（设向下为正方向）表示，轨下基础的分布反力 $q(x)$。

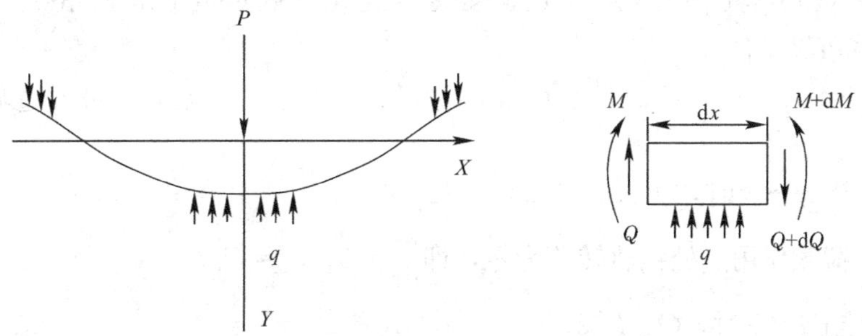

图 4-3 钢轨竖向受力及变形

设力 P 在坐标原点 O 上，挠度向下为正；截面左面的弯矩 M，顺时针为正；剪力向上为正；其弹性曲线的方程可表示为 $y=y(x)$。当变形微小时，

由材料力学可知，钢轨各截面的转角 θ、弯矩 M、剪力 Q 和基础反力强度 $q(x)$ 分别为：

$$\theta = \frac{\mathrm{d}y}{\mathrm{d}x} \tag{4-7}$$

$$M = -EI_x \frac{\mathrm{d}^2 y}{\mathrm{d}x^2} \tag{4-8}$$

$$Q = \frac{\mathrm{d}M}{\mathrm{d}x} = -EI_x \frac{\mathrm{d}^3 y}{\mathrm{d}x^3} \tag{4-9}$$

$$q(x) = \frac{\mathrm{d}Q}{\mathrm{d}x} = -EI_x \frac{\mathrm{d}^4 y}{\mathrm{d}x^4} \tag{4-10}$$

式中　M——钢轨弯矩（kN·cm）；

Q——钢轨剪力（kN）；

$q(x)$——轨下基础分布反力（kN/cm）。

根据文克尔（Winkler）弹性地基理论假设，轨下的基础反力 q 与梁的挠曲变形 y 成正比，即：

$$q(x) = uy(x) \tag{4-11}$$

式中　u——钢轨基础弹性模量（$\mathrm{kN/cm^2}$）。

将式（4-11）代入式（4-10），可得：

$$uy(x) = -EI_x \frac{\mathrm{d}^4 y}{\mathrm{d}x^4} \tag{4-12}$$

即：
$$\frac{\mathrm{d}^4 y}{\mathrm{d}x^4} + \frac{u}{EI_x} y(x) = 0 \tag{4-13}$$

式（4-13）为 4 阶常系数线性齐次微分方程，令 $k=\sqrt[4]{\frac{u}{4EI_x}}$，其特征方程为：

$$\lambda^4 + 4k^4 = 0 \tag{4-14}$$

λ 对应的四个根如下：

$$\lambda_{1,2} = (1 \pm i)k,\quad \lambda_{3,4} = (-1 \pm i)k$$

由以上知，式（4-13）的通解为：

$$y(x) = C_1 e^{kx} \cos kx + C_2 e^{kx} \sin kx + C_3 e^{-kx} \cos kx + C_4 e^{-kx} \sin kx \tag{4-15}$$

2）边界条件

式（4-15）中，C_1、C_2、C_3、C_4 为积分常数，可以通过如下边界条件确定：

① 当 $x \to \infty$ 时，$y=0$，$C_1=C_2=0$。

② 荷载作用点处钢轨转角为零，即 $\frac{\mathrm{d}y}{\mathrm{d}x}=0$，$C_3=C_4$。

③ 当 $x=0$ 时，$Q=P/2$。

即　$$Q = -EI_x \frac{\mathrm{d}^3 y}{\mathrm{d}x^3} = \frac{P}{2},\quad C_3 = C_4 = \frac{P}{8EI_x k^3} = \frac{Pk}{2u}$$

3）微分方程的解

将 C_1、C_2、C_3、C_4 代入式（4-15），可解得钢轨在车轮集中荷载 P 作用

下的钢轨挠曲变形方程为：

$$y(x)=\frac{Pk}{2u}\mathrm{e}^{-kx}(\cos kx+\sin kx) \tag{4-16}$$

钢轨弯矩方程为：

$$M(x)=-EI_x\frac{\mathrm{d}^2y}{\mathrm{d}x^2}=\frac{P}{4k}\mathrm{e}^{-kx}(\cos kx-\sin kx) \tag{4-17}$$

钢轨作用于轨枕上的力，即枕上压力 $R(x)$ 可通过轨下基础分布反力 $q(x)$ 与轨枕间距 a 的乘积得到，即：

$$R(x)=a\times q(x)=\frac{Pka}{2}\mathrm{e}^{-kx}(\cos kx+\sin kx) \tag{4-18}$$

令

$$\left.\begin{aligned}\varphi_1(kx)&=\mathrm{e}^{-kx}(\cos kx+\sin kx)\\ \varphi_2(kx)&=\mathrm{e}^{-kx}\sin kx\\ \varphi_3(kx)&=\mathrm{e}^{-kx}(\cos kx-\sin kx)\\ \varphi_4(kx)&=\mathrm{e}^{-kx}\cos kx\end{aligned}\right\} \tag{4-19}$$

则有

$$\left.\begin{aligned}y&=\frac{Pk}{2u}\varphi_1(kx)\\ M&=\frac{P}{4k}\varphi_3(kx)\\ R&=\frac{Pka}{2}\varphi_1(kx)\end{aligned}\right\} \tag{4-20}$$

以上计算所得的式（4-16）～式（4-18）分别对应于钢轨在一个车轮集中荷载作用下的位移 $y(x)$、钢轨弯矩 $M(x)$、枕上压力 $R(x)$ 的解析解，对这 3 个式子作数学分析可以看出刚比系数 k 在决定轨道的变形与内力分配方面起着重要的作用。弯矩 M 和枕上压力 R 的分布，不是由 u 或 EI 单独决定的，而是由比值 $\frac{u}{EI}$ 决定。当 k 值较大时，基础相对较硬时，则枕上压力 R 较大，弯矩 M 较小，且向两侧衰减较快，荷载影响的范围较小；相反，当 k 值较小时，则荷载的影响将与上述情况相反。

通过计算可知，当 $kx=0$（即 $x=0$）时，即在车轮荷载的作用点处，各个解取得最大值：

$$\left.\begin{aligned}y_{\max}&=\frac{Pk}{2u}\\ M_{\max}&=\frac{P}{4k}\\ R_{\max}&=\frac{Pka}{2}\end{aligned}\right\} \tag{4-21}$$

当 $kx\geqslant5$ 时，轮载的影响已经很小，通常可忽略不计。单个车轮荷载作用下的钢轨挠曲变形曲线如图 4-4（a）、（b）

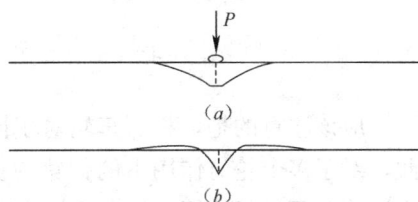

图 4-4　单个车轮荷载作用下的钢轨位移及弯矩图

（a）位移图；（b）弯矩图

所示。

4.2.5 轮群荷载作用下的方程及解

由于式（4-13）为4阶常系数线性齐次微分方程，故在计算多个轮载同时作用于钢轨上时，如图4-5所示，可采用叠加原理进行求解，具体过程如下：

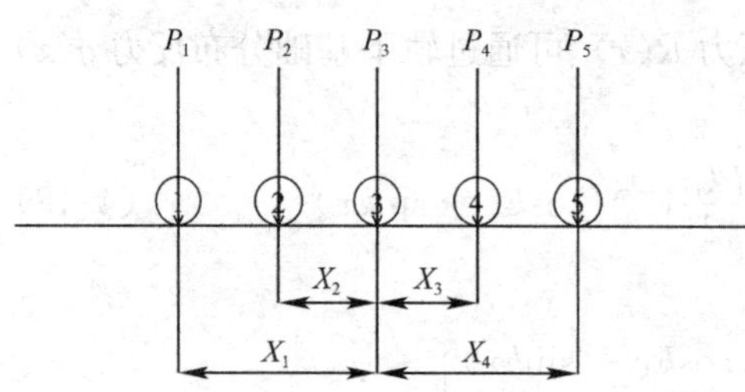

图4-5 多个轮载作用下钢轨受力变形示意图

如图4-5所示，现要计算钢轨某位置处的受力与变形（假设该位置处为坐标原点，称该截面为计算截面），假定计算轮对3处钢轨的挠曲变形 y_0、钢轨弯矩 M_0 以及枕上压力 R_0，轮对荷载分别为 P_1、P_2、P_3、P_4、P_5，轮对之间距离如图4-6所示。根据式(4-16)～式（4-18），分别计算出各个轮对在计算截面处所引起的钢轨挠曲变形 $y(x)$，钢轨弯矩 M 以及枕上压力 $R(x)$，并将所得结果线性叠加，这样就得到了计算截面处的受力与变形，具体公式如下：

$$\left.\begin{aligned} y_0 &= \frac{k}{2u}\sum_{i=1}^{n} P_i\varphi_1(kx_i) \\ M_0 &= \frac{1}{4k}\sum_{i=1}^{n} P_i\varphi_3(kx_i) \\ R_0 &= \frac{ak}{2}\sum_{i=1}^{n} P_i\varphi_1(kx_i) \end{aligned}\right\} \tag{4-22}$$

式中 P_i——各个车轮荷载；

x_i——各轮位距计算截面的距离。

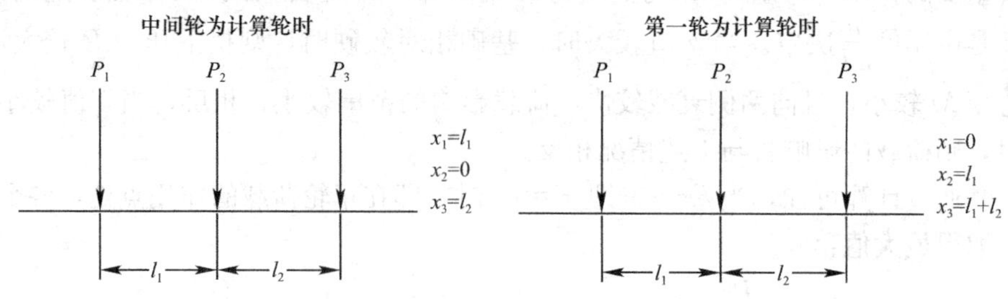

图4-6 群轮作用下各轮位的计算距离

应该注意的是，相邻车轮对于同一计算截面计算所得结果有正有负，因此，对于多个轮对作用下的钢轨的受力和变形，宜将每个轮对位置处分别作为计算截面进行计算，通过叠加找出最不利截面的位置。

4.2.6 算例

【例4-1】 某60kg/m钢轨轨道上运行韶山Ⅲ型电力机车，轨枕间距

54.5cm。机车轴重 225kN、轴列式 30-30，转向架固定轴距 230cm+200cm，机车全轴距 1580cm。试计算钢轨位移、钢轨弯矩及枕上压力的最大值。

【解】 从表 4-2 中选取重型轨道的钢轨支座刚度。计算钢轨位移和弯矩时，D 取为 300kN/cm；计算枕上压力时，D 取 700kN/cm。计算得到钢轨基础弹性模量为：

计算钢轨位移及弯矩时：$u=\frac{D}{a}=\frac{300}{54.5}=5.51\text{kN/cm}^2$

计算枕上压力时：$u=12.84\text{kN/cm}^2$；由 60kg/m 钢轨对水平轴的惯性矩 3217cm^4 及钢轨钢材弹性模量 2.1×10^5MPa 可计算得到 k 值为：

$$k=\sqrt[4]{\frac{u}{4EI}}=\sqrt[4]{\frac{5.51\times10^3}{4\times2.1\times10^{11}\times10^{-4}\times3217}}=0.01195\text{cm}^{-1}$$

计算枕上压力时：$k=0.01476\text{cm}^{-1}$

由于前后两转向架最近的车轮相距 720cm，相邻转向架的影响较小，可以忽略，仅以单个转向架进行计算，即如图 4-6 所示取中间三个轮位。因存在对称性，只取第一、第二车轮为计算轮位，计算结果见表 4-5。

由表 4-5 可知，钢轨位移、钢轨弯矩及枕上压力的最大值均出现在第二轮位下，由式（4-22）可计算得到：

位移、弯矩、压力计算表 **表 4-5**

计算轮	计算值	轮位			合计	备注
		轮 1	轮 2	轮 3		
轮 1	x	0	230	430		
	φ_1	1	0.0670	0.0064	1.0734	计算钢轨位移计枕上压力
	φ_2	1	0.0356	0.0019	1.0375	
	φ_3	1	0.0609	0.0053	1.0662	计算钢轨弯矩
轮 2	x	230	0	200		
	φ_1	0.0670	1	0.0952	1.1622	
	φ_2	0.0356	1	0.0548	1.0904	
	φ_3	0.0609	1	0.0879	1.1488	

$$y_{\max}=\frac{k}{2u}\sum P\varphi_1=\frac{0.01195}{2\times5.51}\times112.5\times1.1622=1.142\text{cm}$$

$$M_{\max}=\frac{1}{4k}\sum P\varphi_3=\frac{1}{4\times0.01195}\times112.5\times1.1488=2703\text{kN}\cdot\text{cm}$$

$$R_{\max}=\frac{ka}{2}\sum P\varphi_1=\frac{0.01476\times54.5}{2}\times112.5\times1.1622=52.6\text{kN}$$

4.3 轨道动力响应的准静态计算

所谓结构动力的准静态计算，名义上是动力计算，而实质上是静力计算，因为在计算的过程中不考虑质体运动的惯性力。而准静态计算方法的前提是质体运动的惯性力与结构所受的外力、反力相比较，相对较少，从而可以忽

略不计，而相应的外荷载称为准静态荷载。在轨道结构准静态计算中，主要确定钢轨的挠度、弯矩和轨枕动力增值。这些动力增值的主要因素是行车速度、轮轨偏载和列车通过曲线轨道时的横向水平力，分别用速度系数、偏载系数和横向水平力系数加以考虑。

4.3.1　速度系数

列车在轨道上运行，由于轮轨之间的动力效应，轨道上的动轮载要比静轮载大。动轮载 P_d 与静轮载 P_0 之差称为轮载的动力增值，动力增值与静轮载 P_0 的比值称为轮载增值系数。这个系数随行车速度的增加而增大，因此，通常称为速度系数。

$$\alpha = \frac{P_d - P_0}{P_0} \tag{4-23}$$

各国所采用的速度系数公式不尽相同，一般都是通过实测数据得到经验公式。我国对不同机车类型和速度条件下的钢轨挠度、轨底弯曲拉应力和轨枕反力进行了大量实际测定，再经过数理统计分析，得出适用于行车速度 $v \leqslant 120$km/h 的速度系数值，见表 4-6。

随着列车速度的提高，表 4-6 中的速度系数已不能适应实际需要。但速度系数的确定需要大量的试验研究，目前我国铁路尚未有规范的标准速度系数，表 4-7 是根据我国实测数据整理得到的速度系数，仅供大家参考。

速度系数　　　表 4-6

列车类型	速度系数 α	
	计算轨底弯曲应力用	计算轨道下沉及轨下基础部件的荷载及应力用
内燃	$0.4v/100$	$0.3v/100$
电力	$0.6v/100$	$0.45v/100$
蒸汽	$0.8v/100$	$0.6v/100$

注：v 以“km/h”计。

速度系数　　　表 4-7

速度系数	速度范围（km/h）	速度差（km/h）	牵引种类	
			电力	内燃
α	$v \leqslant 120$		$0.6v/100$	$0.4v/100$
α_1	$120 < v \leqslant 160$	$v_1 = v - 120$	$0.3v_1/100$	
α_2	$160 < v \leqslant 200$	$v_2 = v - 160$	$0.45v_2/100$	

4.3.2　偏载系数

列车通过曲线轨道时，由于未被平衡超高（欠超高或过超高）的存在，引起外轨或内轨的偏载，车体重力与离心惯性力（或向心力）的合力就会偏离轨道的中心线。如图 4-7 所示为存在欠超高时的偏载情况。

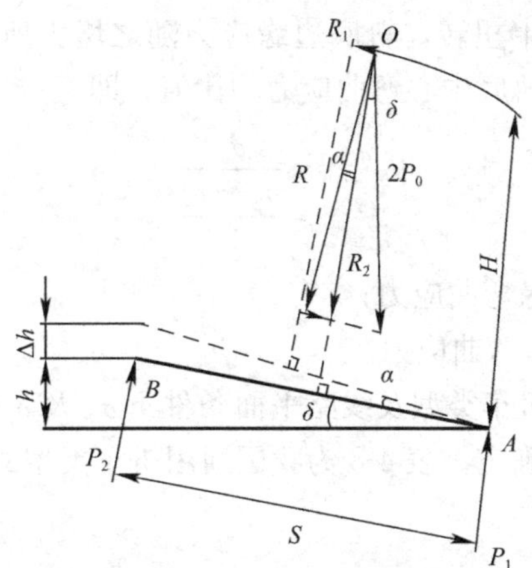

图 4-7 计算偏载系数

外轨偏载与静载之比称为轨道的偏载系数，用 β_p 表示，其值为

$$\beta_p = \frac{\Delta P}{P_0} = \frac{P_1 - P_0}{P_0} \tag{4-24}$$

式中 ΔP——外轨偏载值；

P_0——静轮载；

P_1——外轨轮载。

把合力 R 分解为垂直于轨面线的分力 F 和平行于轨面线的分力 F_1，则由静力平衡条件 $\sum M_A = 0$，可得

$$P_1 \cdot S = F\frac{S}{2} + F_1 H \text{ 或 } P_1 = \frac{F}{2} + F_1\frac{H}{S} \tag{4-25}$$

式中 H——车体重心高度（从轨面算起），一般为 2.1～2.3m；

S——两股钢轨中心距，取 1500mm。

欠超高角 α 和超高角 δ 均很小（一般为 3°～5°），故可取 $\cos\alpha\approx1$，$\cos\delta\approx1$，$\sin\alpha=\frac{\Delta h}{S}$，$\sin\delta=\frac{h}{S}$，由此得 $F=2P_0$，$F_1=2P_2\frac{\Delta h}{S}$。

代入式（4-25），得

$$P_1 = P_0 + \frac{2P_0 H\Delta h}{S^2} \tag{4-26}$$

将式（4-26）代入式（4-24），并把 $H=2200$mm，$S_1=1500$mm 代入，得偏载系数表达式为

$$\beta_p = \frac{2H\Delta h}{S^2} = \frac{2\times2200\cdot\Delta h}{1500^2} = 0.002\Delta h \tag{4-27}$$

上式对过超高的情况同样适用。

4.3.3 横向水平力系数

横向水平力系数是考虑横向水平力与偏心竖直力共同作用下，使钢轨产

生横向水平弯曲和约束扭转，轨底边缘应力随之增大所引入的系数。它等于轨底外缘弯曲应力与轨底中心弯曲应力的比值，即

$$f=\frac{\sigma_0}{\frac{\sigma_0+\sigma_i}{2}} \tag{4-28}$$

式中　σ_0——轨底外缘弯曲应力；

σ_i——轨底内缘弯曲应力。

f 值系根据不同机车类型及线路平面条件下 σ_0 及 σ_i 的大量实测资料，通过数理统计分析加以确定。表 4-8 为我国通用机车类型的横向水平力系数的建议值。

横向水平力系数 f　　**表 4-8**

线路平面	直线	曲线半径（m）				
		≥800	600	500	400	300
横向水平力系数 f	1.25	1.45	1.60	1.70	1.80	2.00

4.3.4　轨道强度的准静态计算

用准静态计算方法计算钢轨的动挠度 y_d、钢轨动弯矩 M_d 和钢轨动压力（或轨枕动反力）R_d 的计算公式为：

当 $v\leqslant 120$km/h 时

$$\left.\begin{aligned} y_d&=y_0(1+\alpha+\beta_p)\\ M_d&=M_0(1+\alpha+\beta_p)f\\ R_d&=R_0(1+\alpha+\beta_p)\end{aligned}\right\} \tag{4-29}$$

当 $120\leqslant v\leqslant 160$km/m 时

$$\left.\begin{aligned} y_d&=y_0[(1+\alpha)(1+\alpha_1)+\beta_p]\\ M_d&=M_0[(1+\alpha)(1+\alpha_1)+\beta_p]f\\ R_d&=R_0[(1+\alpha)(1+\alpha_1)+\beta_p]\end{aligned}\right\} \tag{4-30}$$

当 160km/h$\leqslant v\leqslant$200km/h 时

$$\left.\begin{aligned} y_d&=y_0[(1+\alpha)(1+\alpha_1)(1+\alpha_2)+\beta_p]\\ M_d&=M_0[(1+\alpha)(1+\alpha_1)(1+\alpha_2)+\beta_p]f\\ R_d&=R_0[(1+\alpha)(1+\alpha_1)(1+\alpha_2)+\beta_p]\end{aligned}\right\} \tag{4-31}$$

式中　y_0、M_0 和 R_0——分别为钢轨的静挠度、静弯矩和静轨枕压力。

当设计速度为 250km/h 时，动荷载作用下的钢轨挠曲变形 y_d、钢轨弯矩 M_d 以及枕上压力 R_d 的计算，只需在静荷载计算的 y_0、M_0、R_0 值上乘以系数 2.5 即可；当设计速度为 300km/h 及以上时，乘以系数 3.0。

4.3.5　算例

【例 4-2】　某新建铁路，曲线半径 R=600m；牵引机车：DF_4 内燃机车，允许速度为 105km/h，已有计算结果为钢轨静弯矩 $M_0=20511229\text{N}\cdot\text{mm}$，轨枕静压力 $R=46524\text{N}$，计算钢轨动弯矩 M_d 和轨枕动压力 R_d。

【解】 计算钢轨动弯矩时：

由表 4-7 查取内燃机车计算轨底弯曲应力的速度系数公式为$\frac{0.4v}{100}$，其计算值 α 为

$$\alpha=\frac{0.4v}{100}=\frac{0.4}{100}\times 105=0.42$$

计算偏载系数 β_P，式中的 $\Delta h=75\text{mm}$

$$\beta_P=0.002\times 75=0.15$$

由表 4-8 选取 $R=600\text{mm}$ 的横向水平系数 $f=1.60$

$$\begin{aligned}M_d&=M_0(1+\alpha+\beta_P)f=20511229\times(1+0.42+0.15)\times 1.6\\&=51524207\text{N}\cdot\text{mm}\end{aligned}$$

计算轨枕动弯矩时：

由表 4-6 查取计算轨道下沉及轨下基础部件的荷载及应力用的速度系数公式为$\frac{0.3v}{100}$，其计算值 α 为

$$\alpha=\frac{0.3v}{100}=\frac{0.3}{100}\times 105=0.32$$

$$\begin{aligned}R_d&=R_0(1+\alpha+\beta_P)=46524\times(1+0.32+0.15)\\&=68390\text{N}\end{aligned}$$

4.4 轨道结构的强度检算

运用以上轨道结构的静态计算及准静态计算方法，可以对轨道各部件的强度进行检算。轨道结构的强度检算主要包括三部分：钢轨强度检算、轨枕强度检算和道床及路基顶面强度检算。

4.4.1 钢轨强度检算

钢轨应力分为基本应力、残余应力、局部应力和附加应力等。基本应力包括在轮载作用下的钢轨内部的弯曲应力和钢轨温度变化产生的温度应力。残余应力指的是钢轨在冶炼、轧制或运输铺设过程中因作业不当而残留于钢轨内部的应力。局部应力是轮轨接触点上的接触应力、螺栓孔周围和钢轨截面发生急剧变化的应力集中。附加应力是指钢轨所承受的制动力和爬行力等。

钢轨强度在采用准静态法计算动荷载作用下的钢轨挠曲变形 y_d、钢轨弯矩 M_d 以及枕上压力 R_d 时不考虑残余应力和局部应力的影响。本节主要介绍动弯应力及温度力的检算。

(1) 动弯应力检算

根据上面的计算，通过在最不利轮对处的钢轨动弯矩 M_d 可以求得轨底外

缘拉应力 $\sigma_{底}$ 和轨头外缘压应力 $\sigma_{头}$：

$$\left.\begin{aligned}\sigma_{头}&=\frac{M_d}{W_{头}}\\ \sigma_{底}&=\frac{M_d}{W_{底}}\end{aligned}\right\} \tag{4-32}$$

式中 $\sigma_{头}$、$\sigma_{底}$——轨头动弯应力及轨底动弯应力（MPa）；

$W_{头}$、$W_{低}$——轨头和轨底的截面系数，因钢轨类型及垂直磨耗程度而变化。

（2）温度应力检算

对于无缝线路，可通过轨温变化幅度计算钢轨中的温度应力。

$$\sigma_t=2.48\Delta t\ (\text{MPa})$$

式中 Δt——最高轨温或最低轨温与锁定轨温之差。

对于25m长钢轨的普通线路，由轨温变化而产生的温度应力 σ_t 可查表4-9得。

温度应力（MPa） **表 4-9**

轨长 \ 轨型	75	60	50	43
12.5m	34.5	42.5	50	60
25m	41.5	51	60	70

因此，钢轨的基本应力应符合下列的强度条件：

$$轨头:\sigma_{头}+\sigma_t+\sigma_f\leqslant[\sigma] \tag{4-33}$$

$$轨底:\sigma_{底}+\sigma_t+\sigma_f\leqslant[\sigma] \tag{4-34}$$

式中 σ_f——钢轨附加应力（MPa），一般取10MPa；

$[\sigma]$——钢轨允许应力（MPa），$[\sigma]=\frac{\sigma_s}{k}$；

k——安全系数，新轨 $k=1.3$，再用轨 $k=1.35$；

σ_s——钢轨屈服强度（MPa）：对于普通碳素轨 $\sigma_s=785$MPa；低合金U71Mn轨 $\sigma_s=457$MPa；PD_3 钢轨 $\sigma_s=880$MPa。

4.4.2 轨枕承压强度及弯矩检算

（1）轨枕顶面承压应力 σ_z 的计算

轨枕顶面承压应力 σ_z 取决于钢轨压力、承压面积和材料的承压强度。承压应力可按下式计算：

$$\sigma_z=\frac{P_d}{A} \tag{4-35}$$

式中 A——轨枕与轨底的接触面积（mm^2）。

混凝土轨枕耐压强度大，一般可以不检算其承压应力。

（2）轨枕弯矩的计算

在轮载作用下，混凝土轨枕的轨下截面上出现正弯矩，枕轨中间截面上出现负弯矩，它们的大小决定于作用在轨枕上的钢轨压力和道床支承反力。轨枕截面上的弯矩一般用倒简支梁法计算。

利用倒简支梁法计算轨枕截面弯矩时，可以根据轨枕实际使用的条件采用最不利的道床支承方案。即检算轨下截面正弯矩时，采用如图 4-8 所示的中部不支承在道床上的方案，检算轨枕中间截面负弯矩时采用如图 4-9 所示的轨枕中部部分支承方案，支承反力取为全支承的 3/4。

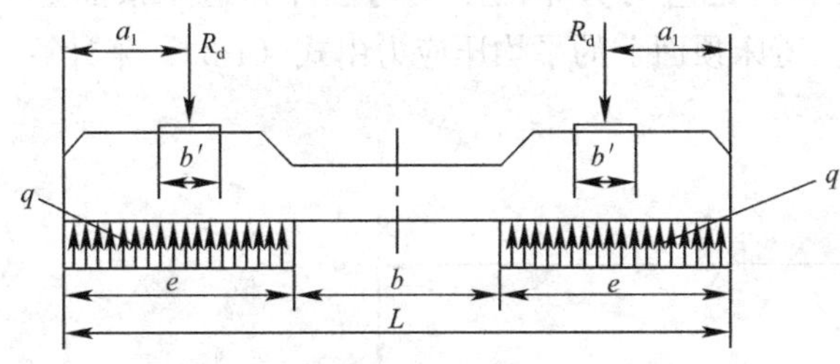

图 4-8　计算轨下正弯矩的道床支承方案

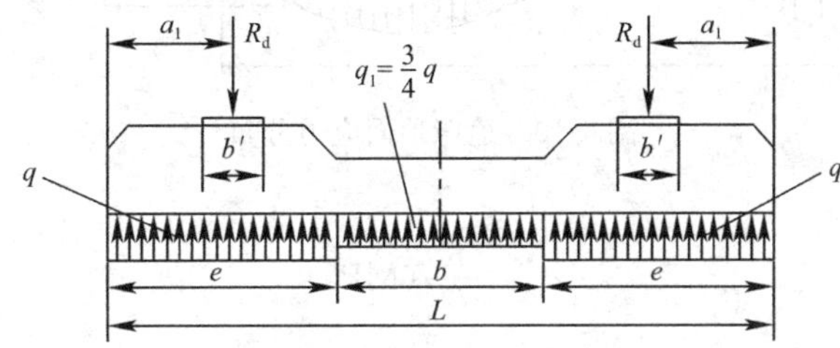

图 4-9　计算枕中负弯矩的道床支承方案

按图 4-8 可得检算轨下截面的正弯矩公式为

$$M_g=\left(\frac{a_1^2}{2e}-\frac{b'}{8}\right)R_d\leqslant[M_g](\mathrm{N\cdot mm}) \tag{4-36}$$

式中　a_1——荷载作用点至枕端距离，取 $a_1=50$cm；

e——一股钢轨下轨枕的全支承长度，取 $e=95$cm；

b'——轨底宽（cm）；

$[M_g]$——轨下截面允许弯矩，与轨枕类型相关：对于Ⅰ型混凝土轨枕可取 11.9kN·m；对于Ⅱ型混凝土轨枕可取 13.3kN·m；对Ⅲ型混凝土轨枕可取 18kN·m。

按图 4-9 可得检算中间截面负弯矩的公式为

$$M_c=-\left[\frac{4e^2+3L^2-12La_1-8ea_1}{4(3L+2e)}\right]R_d\leqslant[M_c](\mathrm{N\cdot mm}) \tag{4-37}$$

式中　L——轨枕长度（cm）；

$[M_c]$——中间截面允许负弯矩，与轨枕类型相关：对于Ⅰ型混凝土轨枕可取 8.8kN·m；对于Ⅱ型混凝土轨枕可取 10.5kN·m；对Ⅲ型混凝土轨枕可取 14kN·m。

4.4.3 道床及路基顶面应力检算

(1) 道床顶面应力的计算

道床顶面应力，即轨枕底部接触面上的应力，随着道砟颗粒与轨枕底部接触的情况而分布不均匀，一般是钢轨中心线和轨枕中心线相交处的应力较大，轨枕边上的应力相对小一些。但是为了计算方便，通常先计算道床上的平均应力，然后再考虑应力分布的不均匀性计算道床顶面上的最大压应力，如图 4-10 所示。道床顶面上的平均压应力由式（4-38）来计算。

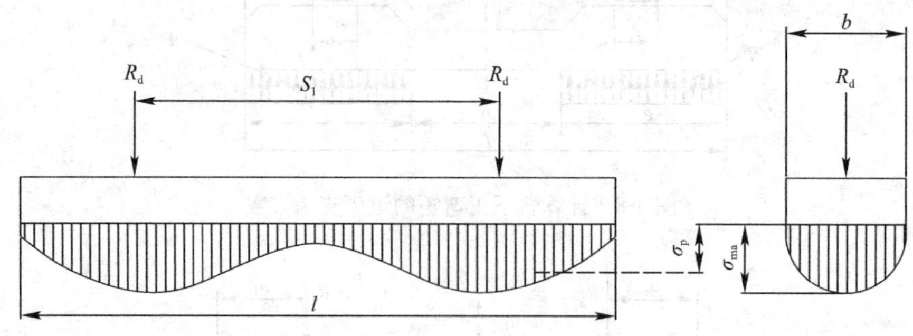

图 4-10 道床顶面应力分布

$$\sigma_b = \frac{R_d}{be'}(\text{MPa}) \tag{4-38}$$

式中 R_d——钢轨动压力（N）；

b——轨枕底面的宽度，木枕 $b=220$mm，混凝土轨枕 $b=275$mm；

e'——轨枕有效支承长度（mm），木枕 $e'=1100$mm，Ⅰ型混凝土轨枕 $e'=950$mm，Ⅱ型混凝土轨枕，其中间不容许支承在不捣实的道床上，所以按式（4-39）计算 e'，即

$$e' = \frac{3L}{8} + \frac{e}{4} \tag{4-39}$$

当 $L=2500$mm，$e=950$mm 时，由上式得 $e'=1175$mm。

道床顶面上的最大压应力按式（4-40）计算：

$$\max\sigma_b = m\sigma_b(\text{MPa}) \tag{4-40}$$

式中 m——道床应力分布不均匀系数，取 $m=1.6$。

(2) 道床内部及路基顶面应力计算

道床顶面的应力通过道床本身传递至路基面。计算道床和路基面应力有以下三种方法：有限单元法、弹性半空间理论和近似计算法（道床摩擦角扩散法）。近似计算法的特点是道床顶面压应力通过道砟颗粒相互传递，分层扩散，随着道床厚度的增加，应力逐渐减小，直至路基面。

近似计算方法比较简单，而且在强度计算中，计算道床应力的目的仅是确定道床厚度，因此，目前常用第三种方法计算道床应力。用近似法计算道床竖向应力时，应作如下的简化假定：

① 轨枕压力以扩散角 φ 按直线扩散规律从道床顶面向下传递到路基面。

② 不考虑相邻轨枕的影响。

③ 传递到路基面的压应力，达到基本分布均匀的要求。

道床应力以扩散角向下传递，如图 4-11 所示。

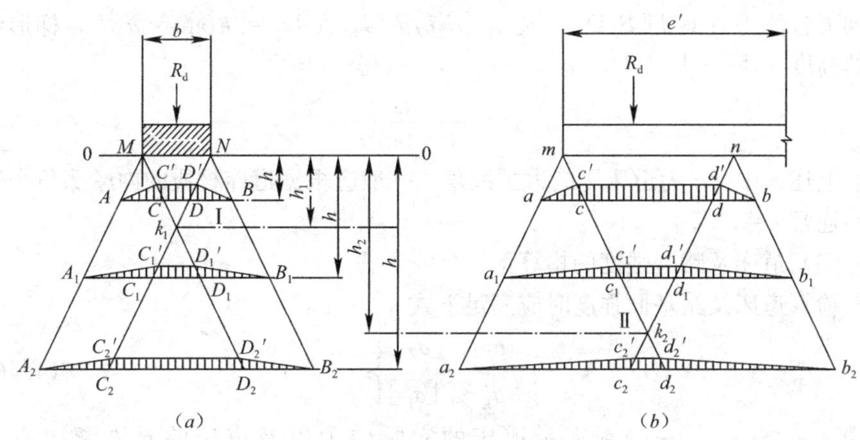

图 4-11 道床应力传递图

自 MN 和 m、n 点分别以扩散角 φ 绘出扩散线 MA，MC，ND，NB，ma，mc，nd，nb 等。内扩散线 MC 与 ND 相交于 k_1 点，mc 与 nd 相交于 k_2 点。过 k_1 和 k_2 点作水平线Ⅰ和Ⅱ，它们距轨枕底面的深度分别为 h_1 和 h_2。由图 4-11 可得

$$h_1 = \frac{b}{2}\cot\varphi, h_2 = \frac{e'}{2}\cot\varphi \tag{4-41}$$

这两条水平线Ⅰ和Ⅱ将道床划分为三个不同的区域，三个区域代表三个不同的道床厚度。

① $0 \leqslant h \leqslant h_1$

在第一区域中，道床的深度为 $0 \leqslant h \leqslant h_1$。在此区域内的道床压应力的分布为一梯形台体，如图 4-11 上的 $AC'D'BDC$ 和 $ac'd'bdc$。这台体的体积代表这一层的道床压应力值，应与道床顶面压应力相等，由此得此台体的高度（应力）σ_h 为

$$\sigma_h = \frac{R_d}{be'} \tag{4-42}$$

考虑到顶面压应力的不均匀性，顶面的最大压应力 $\max\sigma_b = m\sigma_b$(MPa)，所以在第一区域内的压应力应为

$$\sigma_h = m \cdot \frac{R_d}{be'} \tag{4-43}$$

② $h_1 \leqslant h \leqslant h_2$

在第二区域中，道床的深度为 $h_1 \leqslant h \leqslant h_2$。在此区域中，道床深度已越过内扩散线交点 k_1。图 4-11 中 $A_1C_1'D_1'B_1D_1C_1$ 及 $a_1c_1'd_1'b_1d_1c_1$ 为深度为 h 的压应力分布的梯形台体。$A_1D_1 = 2h\tan\varphi$，$a_1d_1 = ad = e'$，所以梯形台体的高度 σ_h 为 $A_1D_1 \cdot a_1d_1 \cdot \sigma_h = R_d$。

因此

$$\sigma_h = \frac{R_d}{2he'\tan\varphi} \tag{4-44}$$

③ $h>h_2$

第三区域中，道床深度 $h>h_2$，道床深度已超过 k_2 点。在这一层上的应力梯形台体为 $A_2C_2'D_2'B_2D_2C_2$ 及 $a_2c_2'd_2'b_2d_2c_2$。$A_2D_2=2h\tan\varphi=a_2d_2$，梯形台体的高度 σ_h 可以由 $A_2D_2 \cdot a_2d_2 \cdot \sigma_h=R_d$ 求得。

$$\sigma_h = \frac{R_d}{4h^2\tan^2\varphi} \tag{4-45}$$

上述式中，φ 为道床压应力扩散角，一般应根据道砟材质的内摩擦角来确定，通常 $\varphi=35°$。

(3) 道床及路基强度的检算

检算道床及路基面强度时应满足下式：

$$\left.\begin{aligned}\sigma_z \leqslant [\sigma_z]\\ \sigma_L \leqslant [\sigma_L]\end{aligned}\right\} \tag{4-46}$$

式中　σ_z、$[\sigma_z]$——分别表示道床的实际应力以及道床的允许承压应力(MPa)。对于碎石道床：$[\sigma_z]=0.5$MPa；筛选卵石道床：$[\sigma_z]=0.4$MPa；

σ_L、$[\sigma_L]$——分别表示路基的实际应力以及路基的允许承压应力(MPa)。对于新建砂黏土路基：$[\sigma_L]=0.13$MPa；既有砂黏土路基：$[\sigma_L]=0.15$MPa。

4.4.4　算例

【例 4-3】 线路条件：普通铁路，曲线半径 $R=600$m；钢轨：60kg/m，25m 长的标准轨，钢轨材质为 U71 新轨；轨枕：Ⅱ型混凝土轨枕 1760 根/km；道床：碎石道砟，面碴 25cm，垫碴 20cm；路基：砂黏土；钢轨支点刚度 D：检算钢轨强度时，取 30000N/mm，检算轨下基础时，取 70000N/mm。

机车：DF4 内燃机车，三轴转向架，静轴重 23kN，轴距 1.8m，机车构造速度 120km/h。

试检算轨道各部件强度。

【解】

(1) 机车通过曲线轨道的允许速度的确定

对于新建线路，通过 $R=600$m 曲线轨道时的机车允许速度可按 $v_{max}=4.37\sqrt{R}$来计算，得 $v_{max}=105$km/h，然后按此速度来检算各部件的强度。

(2) 钢轨强度的检算

DF4 内燃机车的两个转向架之间距离比较大，彼此的影响甚小，可任选一个转向架的车轮作为计算轮，同时由于三个车轮的轮重和轮距相同，两端的车轮对称，只要任选 1 与 2 轮或 2 与 3 轮作为计算轮来计算弯矩中的一项 $\sum_{i=1}^{n} P_i e^{-kx_i}(\cos kx_i - \sin kx_i)$，其计算结果见表 4-10。

$\sum_{i=1}^{n} P_i e^{-kx_i}(\cos kx_i - \sin kx_i)$ 的计算　　表 4-10

计算轮	计算值	轮位			$\sum_{i=1}^{n} P_i e^{-kx_i}(\cos kx_i - \sin kx_i)$
		1	2	3	
1	P(N)	115000	115000	115000	96813
	x(mm)	0	1800	3600	
	kx	0	2.124	4.248	
	$e^{-kx_i}(\cos kx_i - \sin kx_i)$	1	−0.1645	0.0063	
	$P_i e^{-kx_i}(\cos kx_i - \sin kx_i)$	115000	−18912	725	
2	P(N)	115000	115000	115000	77176
	x(mm)	1800	0	1800	
	kx	2.124	0	2.124	
	$e^{-kx_i}(\cos kx_i - \sin kx_i)$	−0.1645	1	−0.1645	
	$P_i e^{-kx_i}(\cos kx_i - \sin kx_i)$	−18912	115000	−18912	

计算步骤如下：

① 计算 u 值

计算钢轨强度的 D=30000N/mm，按无缝线路的要求，轨枕均匀布置，轨枕间距 a=1000000/1760=568mm，由此可得 $u=D/a$=30000/568=52.8MPa。

② 计算 k 值

$$k=\sqrt[4]{\frac{u}{4EI_x}}=\sqrt[4]{\frac{52.8}{4\times 2.1\times 10^5\times 3217\times 10^4}}=0.00118\text{mm}^{-1}$$

式中　I_x——60kg/m 新轨对水平轴的惯性矩，为 $3217\times 10^4\text{mm}^4$。

③ 计算 $\sum_{i=1}^{n} P_i e^{-kx_i}(\cos kx_i - \sin kx_i)$

以 1 与 2 轮分别为计算轮来计算 $\sum_{i=1}^{n} P_i e^{-kx_i}(\cos kx_i - \sin kx_i)$，并选取其中最大值来计算钢轨的弯矩。由表 4-10 可知，计算轮 1 的 $\sum_{i=1}^{n} P_i e^{-kx_i}(\cos kx_i - \sin kx_i)=96813$，为其中的最大值，用此值来计算静弯矩。

④ 计算静弯矩 M

$$M=\frac{1}{4k}\sum_{i=1}^{n} P_i e^{-kx_i}(\cos kx_i - \sin kx_i)=\frac{1}{4\times 0.00118}\times 96813=20511229\text{N}\cdot\text{mm}$$

⑤ 计算动弯矩 M_d

计算内燃机车运行条件下轨底弯曲应力的速度系数公式为 $\alpha=\frac{0.4v}{100}$，可计算得速度系数为

$$\alpha=\frac{0.4}{100}\times 105=0.42$$

由计算偏载系数 β_p 的公式，式中的 Δh=75mm（根据旅客舒适度原则确定），则得 β_p=0.002×75=0.15。

由表 4-8 查得 R=600 时的横向水平力系数 f=1.60。

将上述系数代入式（4-29）的 M_d，则得

$$M_{d} = M(1+\alpha+\beta_{p})f = 20511229 \times (1+0.42+0.15) \times 1.60$$
$$= 51524207\text{N} \cdot \text{mm}$$

⑥ 计算钢轨的动弯应力 $\sigma_{底}$ 和 $\sigma_{头}$

由表 4-1 可查得新轨的 $W_1 = 396000\text{mm}^3$，$W_2 = 339400\text{mm}^3$，则得轨底和轨头应力为

轨底 $$\sigma_{底} = \frac{M_d}{W_1} = \frac{51524207}{396000} = 130\text{MPa}$$

轨头 $$\sigma_{头} = \frac{M_d}{W_2} = \frac{51524207}{339400} = 151.8\text{MPa}$$

由表 4-9 查得 25m 长的 60kg/m 钢轨的温度应力 $\sigma_t = 51\text{MPa}$，则得钢轨的基本应力为

轨底 $$\sigma_{底} + \sigma_t' = 130 + 51 = 181\text{MPa}$$

轨头 $$\sigma_{头} + \sigma_t = 152 + 51 = 203\text{MPa}$$

U71 新轨的屈服极限 $\sigma_s = 405\text{MPa}$，新轨的安全系数 $k_1 = 1.3$，允许应力 $[\sigma] = \frac{405}{1.3} = 312\text{MPa}$。

上述轨底和轨头的基本应力均小于 $[\sigma]$，符合钢轨的强度检算条件。

(3) 轨枕弯矩的检算

① 计算 u 和 k 值。计算轨枕弯矩时，用 $D = 70000\text{N/mm}$，由此可得 u 和 k 的值：

$$u = \frac{70000}{568} = 123.2\text{MPa}$$

$$k = \sqrt[4]{\frac{u}{4EI_x}} = \sqrt[4]{\frac{123.2}{4 \times 2.1 \times 10^5 \times 3217 \times 10^4}} = 0.00146\text{mm}^{-1}$$

② 计算轨枕反力中的 $\sum_{i=1}^{n} P_i e^{-kx_i}(\cos kx_i + \sin kx_i)$。与计算 $\sum_{i=1}^{n} P_i e^{-kx_i}(\cos kx_i - \sin kx_i)$ 一样，也列表计算，其结果见表 4-11。

$\sum_{i=1}^{n} P_i e^{-kx_i}(\cos kx_i - \sin kx_i)$ 的计算值　　表 4-11

计算轮	计算值	轮位			$\sum_{i=1}^{n} P_i e^{-kx_i}(\cos kx_i - \sin kx_i)$
		1	2	3	
1	P(N)	115000	115000	115000	111643
	x(mm)	0	1800	3600	
	kx	0	2.628	5.256	
	$e^{-kx_i}(\cos kx_i - \sin kx_i)$	1	−0.02742	−0.00177	
	$P_i e^{-kx_i}(\cos kx_i - \sin kx_i)$	115000	−3153.3	−203.5	
2	P(N)	115000	115000	115000	108693
	x(mm)	1800	0	1800	
	kx	2.124	0	2.124	
	$e^{-kx_i}(\cos kx_i - \sin kx_i)$	−0.02742	1	−0.02742	
	$P_i e^{-kx_i}(\cos kx_i - \sin kx_i)$	−3153.44	115000	−3153.44	

取表中最大的 $\sum_{i=1}^{n}P_i e^{-kx_i}(\cos kx_i - \sin kx_i) = 111643\text{N}$

③ 计算轨枕上的动压力 R_d

$$\text{速度系数：}\alpha = \frac{0.3v}{100} = \frac{0.3\times 105}{100} = 0.32$$

$$\text{偏载系数：}\beta_p = 0.002\Delta h = 0.002\times 75 = 0.15$$

$$R_d = (1+\alpha+\beta_p)R = (1+0.32+0.15)\frac{ka}{2}\sum_{i=1}^{n}P_i e^{-kx_i}(\cos kx_i - \sin kx_i)$$

$$= 1.47\times\frac{0.00146\times 568}{2}\times 111643 = 68049\text{N}$$

R_d 约为静轮载的 61.3%，以此计算值来计算轨枕弯矩。

对于Ⅱ型轨枕 L=2500m，a_1=500mm，e=950mm，60kg/m 轨底宽 b'=150mm，代入式（4-36）计算轨下截面正弯矩，得

$$M_g = \left(\frac{a_1^2}{2e} - \frac{b'}{8}\right)R_d = \left(\frac{500^2}{2\times 950} - \frac{150}{8}\right)\times 68049$$

$$= 7677897\text{N}\cdot\text{mm} < [M_g] = 13.3\text{kN}\cdot\text{m}$$

在计算轨枕中间截面负弯矩时，可由式（4-37）得

$$M_c = -\left[\frac{4e^2 + 3L^2 - 12La_1 - 8ea_1}{4(3L+2e)}\right]R_d$$

$$= -\left[\frac{4\times 950^2 + 3\times 2500^2 - 12\times 2500\times 500 - 8\times 950\times 500}{4(3\times 2500 + 2\times 950)}\right]\times 68049$$

$$= -6442937\text{N}\cdot\text{mm} < [M_g] = 10.5\text{kN}\cdot\text{m}$$

轨枕中部支承时产生的负弯矩比中部不支承时的负弯矩大 32%。

（4）道床顶面应力的检算

对于Ⅱ型轨枕，中部 600mm 不支承在道床上时，e'=950mm，中部支撑在道床上时 e'=1175mm，b=275mm，所以按照上述两种支承情况可计算得道床顶面压应力为

$$\sigma_b = \frac{R_d}{be'}m = \frac{6049}{275\times 950}\times 1.6 = 0.216\text{MPa} < [\sigma_b] = 0.5\text{MPa}$$

或

$$\sigma_b = \frac{R_d}{be'}m = \frac{68288}{275\times 1175}\times 1.6 = 0.338\text{MPa}$$

上述 $\sigma_b < [\sigma_b]$=0.50MPa，满足强度条件。

（5）路基面道床压应力的检算

有两种检算方法，一是根据已知的道床厚度，检算路基面的道床压应力；二是根据路基填料的允许应力反算所需的厚度。

第一种计算方法如下：

由式（4-41）计算 h_1 和 h_2：

$$h_1 = \frac{b}{2}\cot\varphi = \frac{275}{2}\cot 35^\circ = 196.4\text{mm}$$

$$h_2 = \frac{e'}{2}\cot\varphi = \frac{1175}{2}\cot 35^\circ = 839.0\text{mm}$$

由前面的计算资料可知，面碴厚 250mm，底碴厚 200mm，道床的计算厚度 $h=250+200/2=350\text{mm}$。所以，计算厚度在 h_1 和 h_2 之间，应按式（4-44）计算，即

$$\sigma_r=\frac{R_d}{2he'\tan\varphi}=\frac{68049}{2\times350\times1175\times\tan35^\circ}=0.12<[\sigma_r]=0.15\text{MPa}$$

第二种计算方法如下：

$$h=\frac{R_d}{2e'[\sigma_r]\tan\varphi}=\frac{68049}{2\times1175\times0.15\tan35^\circ}=276\text{mm}$$

道床厚度的计算值小于实际的道床厚度，满足要求，并采用实际的道床厚度，检算通过。

（6）计算结果汇总

根据以上计算结果，轨道各部件应力或弯矩都未超过标准允许值，轨道强度合格，结果汇总见表 4-12。

轨道各部分强度检算结果汇总　　表 4-12

检算项目	钢轨应力（MPa）		轨枕检算断面弯矩（kN·m）		道床顶面应力 σ_b（MPa）	基床表面应力 σ_r（MPa）
	轨头	轨底	M_g	M_c		
计算值	181	203	7.704798	8.536000	0.338	0.12
允许值	312	312	13.3	10.5	0.5	0.15

4.5　无砟轨道力学分析

无砟轨道的受力分析及结构设计方法与有砟轨道不同，应当依据无砟轨道的受力特点，将无砟轨道进行合理简化后再计算。目前应用较多的是弹性地基上叠合梁的计算方法和梁板有限元计算方法。叠合梁模型是将无砟轨道沿线路纵向或横向截取一定宽度，成为纵向或者横向截梁，而后用叠合梁理论求解的一种方法，与梁板有限元方法相比计算简便，但由于其计算假设的限制，计算结果存在一定差异，经修正后基本能够满足生产需要。

一般来说，无砟轨道力学计算包括多项内容，如列车荷载作用下的轨道结构计算、温度荷载应力作用下的轨道结构计算，以及由于基础变形引起的轨道结构应力计算等。本书在这里主要介绍列车荷载作用下的轨道结构计算理论。

对于无砟轨道在列车荷载作用下的受力计算，以德国和日本的计算理论最具代表性。

德国无砟轨道设计理论包括传统 Rheda、Rheda 2000、旭普林和博格的设计方法，都是采用 Eisenmann 建立的叠合梁理论进行结构计算。首先根据 Winkler 弹性地基梁模型计算列车荷载传递到各扣件支座上的反力，作为作用在叠合梁上的荷载，再根据 Eisenmann 叠合梁理论计算道床板和水硬性材料层叠合为单一梁的相关数据，然后根据 Winkler 弹性地基梁模型计算叠合梁弯矩及边缘应力，作为设计依据。

日本板式轨道在轨道板与底座的设计中多采用弹性地基叠合梁模型计算轨道板与底座的设计弯矩。随着有限元技术的发展，应用有限单元法计算板式轨道的设计弯矩已成为日本板式轨道的标准计算方法，板式无砟轨道有限元模型中，钢轨作为一弹性点支承长梁处理，轨道板用板单元模拟，更符合轨道板的几何特性与受力特性，CA 砂浆调整层采用分布线性弹簧模拟。对于土质路基上的混凝土基础同样以板单元模拟，路基的支承作用同样以分布线性弹簧进行模拟。

我国无砟轨道以前也多采用叠合梁理论进行结构计算。随着计算机技术的发展及有限元平台的广泛使用，应用计算机建立的无砟轨道有限元模型越来越能真实的反映出轨道结构的受力特点，这些模型包括梁板模型、梁体模型等。

4.5.1 叠合梁模型

在叠合梁模型中，为适应和统一桥隧路区段板式或双块式无砟轨道工程设计，既简便易行，又不失一般意义，将钢轨、轨道板、支承层构成的无砟轨道结构在纵向和横向上均视为弹性地基上的叠合梁处理，模型如图 4-12 所示。

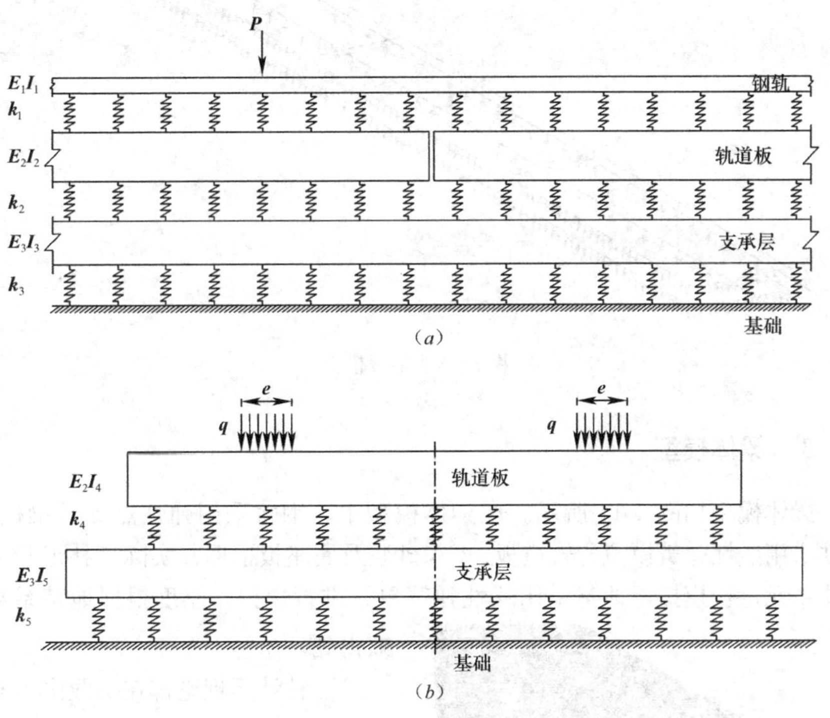

图 4-12　叠合梁模型

(*a*) 纵向计算模型；(*b*) 横向计算模型

注：*e* 为轨下垫板宽度

对于纵向，沿线路纵向取半宽轨道结构计算。钢轨用弹性点支承梁模型模拟，扣件用支点弹簧模拟，轨道板、支承层用梁单元模拟，砂浆垫层用分布弹簧模拟，使得钢轨、轨道板和支承层作为三重叠合梁置于弹性地基上。

钢轨上作用以轮载，计算轨道板纵向的弯矩分布情况。

对于横向，从相邻钢轨扣件中间截取轨道板和支承层截梁，构成弹性地基上的二重叠合梁模型。在钢轨所在位置作用均布荷载（其值为纵向计算中扣件承受的最大压力除以轨下垫板面积），计算轨道板横向的弯矩分布情况。

4.5.2　梁板模型

在梁板模型中，钢轨采用弹性点支承梁模型，扣件采用线性弹簧模拟，轨道板与支承层由于在其厚度方向上的尺寸远小于长度和宽度方向上的尺寸，采用弹性薄板进行模拟，砂浆调整层采用均布线性弹簧或实体模拟（便于砂浆压应力的输出），模型如图 4-13 所示。

为消除边界影响，模型选取三块轨道板进行计算，以中间轨道板作为研究对象。该理论的计算模型物理概念清楚，与叠合梁模型相比，梁板模型与无砟轨道的结构特点更为接近。

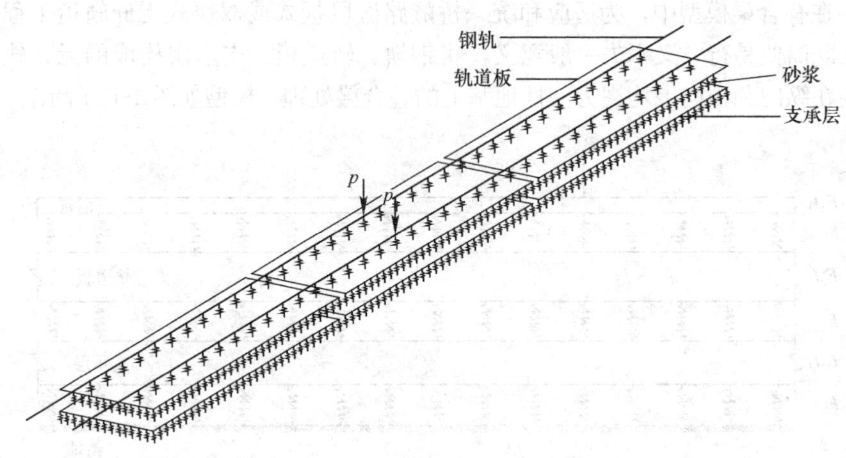

图 4-13　梁板模型

4.5.3　梁体模型

梁体模型如图 4-14 所示。在梁体模型中，钢轨采用弹性点支承梁模型，扣件采用线性弹簧模拟，轨道板、CA 砂浆及底座板根据其实际拓扑形状采用实体单元进行模拟，地基采用线性弹簧单元进行模拟，刚度根据地基系数等效得到。

图 4-14　梁体模型

三种计算理论都在实践中得到了应用，各有不同的特点。总体上，叠合梁理论在计算横向弯矩时忽略了相邻枕跨的约束作用，从而使得结果偏大，需要对其结果进行修正才能更接近于实际。梁体有限元理论的自由度较多、计算时间较长、后处理复杂，但是采用梁体有限元实体模型可以真实模拟无砟轨道板的空间结构，对于列车荷载、温度效应的反映更接近实际，建议在研究中需要做详细应力分析时使用。梁板理论中轨道板、底座板采用弹性地基板模拟，较符合无砟轨道的结构特点与受力特点，可有效地反映轨道板、底座板的空间弯曲变形，在钢轨直接施加轮载即可同时得到轨道板、底座板的纵、横向弯矩，适应性比叠合梁理论更强。

小结及学习指导

本章主要介绍了轨道力学分析的基本内容，包括轨道的静力学计算、轨道结构动力作用的准静态方法，轨道各部件强度检算等。着重叙述了连续弹性基础梁模型的静力学分析、准静态分析等，并结合算例进行了轨道结构的强度检算。

通过本章的学习，要求掌握连续弹性基础梁模型的静力学分析、准静态分析，并结合算例熟悉轨道结构的强度检算。

思考题与习题

4-1 轨道结构力学分析的定义是什么？

4-2 轨道结构静力分析假设条件有哪些？

4-3 轨道结构力学分析的计算模型都有哪些？

4-4 钢轨上主要作用有哪些力？各种力都有什么特点？

4-5 轨道结构强度检算分为哪几个内容？各内容有什么特点？

4-6 winkler 假定是什么？

4-7 为什么说刚比系数是轨道系统特征参数？

4-8 准静态法中如何考虑动力增值因素（以速度小于 120km/h 为例）？

4-9 为什么在进行钢轨弯矩计算时，应考虑横向水平力系数，而在钢轨的位移计算中又不考虑其影响？

4-10 无砟轨道力学分析的主要模型有哪些？

第5章 道 岔

本章知识点

【知识点】 道岔的类型及我国铺设和使用道岔标准形式的特点，单开道岔的主要组成部分及各部分的细部构造，单开道岔几何形位尺寸的确定原则和计算方法，单开道岔总图计算的主要内容及相应的计算方法，提高道岔直向和侧向过岔速度的途径，提速道岔和高速道岔的主要特点和技术要求。

【重　点】 单开道岔的主要组成部分及各部分的细部构造，单开道岔几何形位尺寸的确定原则和计算方法。

【难　点】 单开道岔几何尺寸的计算方法，单开道岔总图计算方法。

5.1 道岔的类型

道岔是指机车车辆从一股轨道转入或越过另一股轨道时所用的轨道连接或交叉设备。由于道岔具有数量多、构造复杂、使用寿命短、限制列车速度、行车安全性低、养护维修投入大等特点，与曲线、钢轨接头并称为轨道的三大薄弱环节。我国铁路道岔的分类方法很多，如图 5-1 所示。

在我国铁路上铺设和使用的道岔有五种标准形式：普通单开道岔（又分为左开和右开）、单式对称道岔、三开道岔、交叉渡线（由四组单开道岔和一个菱形交叉组成）和交分道岔（又分为复式交分和单式交分），各种类型的道岔简图如图 5-2 所示。

普通单开道岔简称单开道岔，占我国各类道岔总数的 90%以上，其主股为直向，侧股由主股向左侧（称左开道岔，见图 5-3*a*）或右侧（称右开道岔，见图 5-3*b*）岔出。单开道岔以其钢轨类型（kg/m）、辙叉号数、允许通过速度、轨距、轨下基础等划分类型。目前我国铁路钢轨类型有 75、60、50、43kg/m 等；辙叉号数有 6、7、9、12、18、30、38、42、50 号等，其中 6、7 号仅用于厂矿企业内部铁路或驼峰下，其他各号则适用于铁路正线和站线，并以 9、12 号最为常用，在需侧线通过高速列车的地段，则需铺设 18、30、

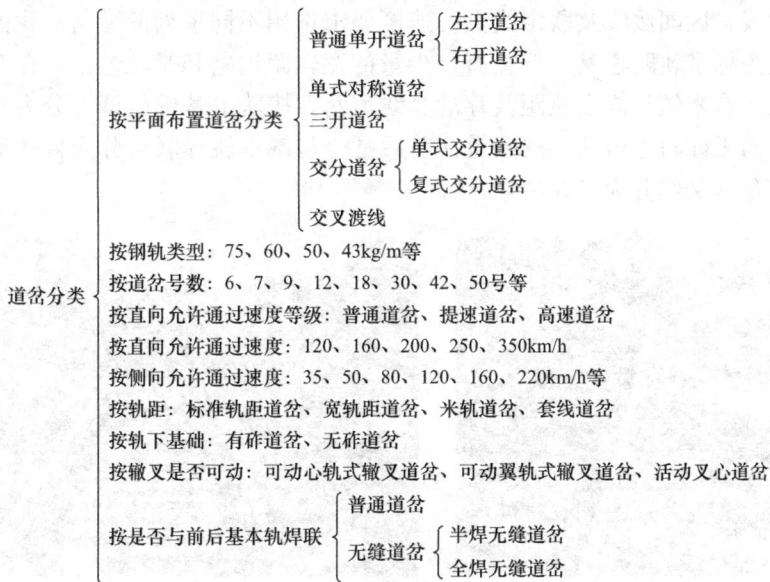

- 道岔分类
  - 按平面布置道岔分类
    - 普通单开道岔
      - 左开道岔
      - 右开道岔
    - 单式对称道岔
    - 三开道岔
    - 交分道岔
      - 单式交分道岔
      - 复式交分道岔
    - 交叉渡线
  - 按钢轨类型：75、60、50、43kg/m等
  - 按道岔号数：6、7、9、12、18、30、42、50号等
  - 按直向允许通过速度等级：普通道岔、提速道岔、高速道岔
  - 按直向允许通过速度：120、160、200、250、350km/h
  - 按侧向允许通过速度：35、50、80、120、160、220km/h等
  - 按轨距：标准轨距道岔、宽轨距道岔、米轨道岔、套线道岔
  - 按轨下基础：有砟道岔、无砟道岔
  - 按辙叉是否可动：可动心轨式辙叉道岔、可动翼轨式辙叉道岔、活动叉心道岔
  - 按是否与前后基本轨焊联
    - 普通道岔
    - 无缝道岔
      - 半焊无缝道岔
      - 全焊无缝道岔

图 5-1　道岔的分类方法

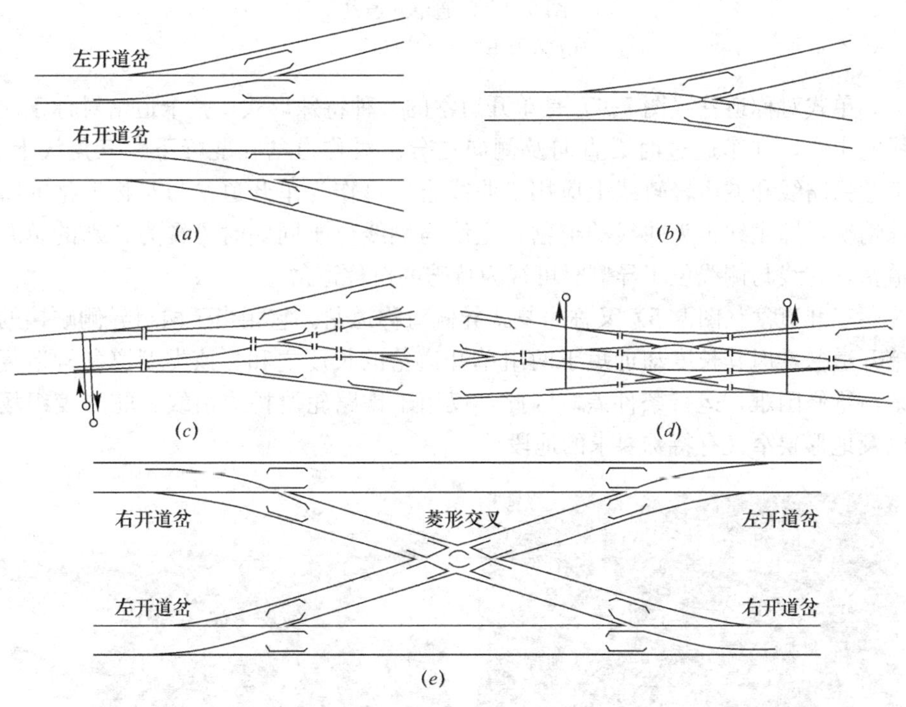

图 5-2　道岔的标准形式

(a) 普通单开道岔；(b) 单式对称道岔；(c) 三开道岔；(d) 交分道岔；(e) 交叉渡线

42、50 号等大号码道岔。按速度等级可分为普通道岔、提速道岔和高速道岔，按直向允许通过速度划分的系列有 120、160、200、250、350km/h 等，按侧向允许通过速度划分的系列有 35、50、80、120、160、220km/h 等。通常道岔号码越大，侧向允许通过速度越高，线路设计时应根据最高设计速度、车

站到发线、区间渡线及联络线上的速度要求选用不同系列的道岔。我国道岔基本上为标准轨距道岔，但也有极少量的宽轨距道岔和米轨道岔，在东南亚铁路上还有米轨与标准轨距共存的套线道岔。按轨下基础类型可分为有砟轨道道岔与无砟轨道道岔。按照道岔前后是否与基本轨焊联可分为普通道岔和无缝道岔（又细分为半焊和全焊）。

(*a*)

(*b*)

图 5-3　普通单开道岔

（*a*）左开道岔；（*b*）右开道岔

单式对称道岔（图 5-4）是单开道岔的一种特殊形式，整个道岔对称于主线的中线，列车通过时无直向及侧向之分。对称道岔在驼峰下、三角线上、工业铁路线和城市轻轨线上应用。曲线道岔可作为单开道岔与对称道岔的特殊情况，即主线也为曲线的道岔，主线与侧线位于同侧时可视为特殊的单开道岔，主线与侧线位于异侧时可视为特殊的对称道岔。

三开道岔（图 5-5）又称为复式异侧对称道岔。它相当于两组异侧顺接的单开道岔，但其长度却远短于两组单开道岔的长度之和。该类型道岔构造复杂，维修困难，运行条件差。因此，仅用于铁路轮渡桥头引线、驼峰编组场以及地形狭窄又有特殊要求的地段。

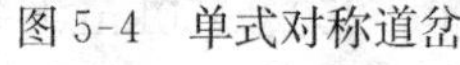

图 5-4　单式对称道岔

图 5-5　三开道岔

交分道岔有单式、复式之分。复式交分道岔（图 5-6）相当于两组对向铺设的单开道岔，实现不平行股道的交叉。它具有道岔长度短，开通进路多及两个主要行车方向均为直线等优点，因而能节约用地，提高调车能力并改善列车运行条件。

交叉渡线（图 5-7）由 4 组类型和号数相同的单开道岔、1 组菱形交叉以及连接钢轨组成，用于平行股道之间的连接，仅在个别特殊场合下使用。

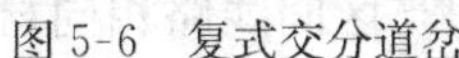

图 5-6　复式交分道岔

图 5-7　交叉渡线

5.2　单开道岔的构造

有砟单开道岔和枕式无砟单开道岔由转辙器、辙叉及护轨、连接部分和岔枕组成，如图 5-8 所示。板式无砟单开道岔由转辙器、辙叉及护轨、连接部分和道岔板组成。

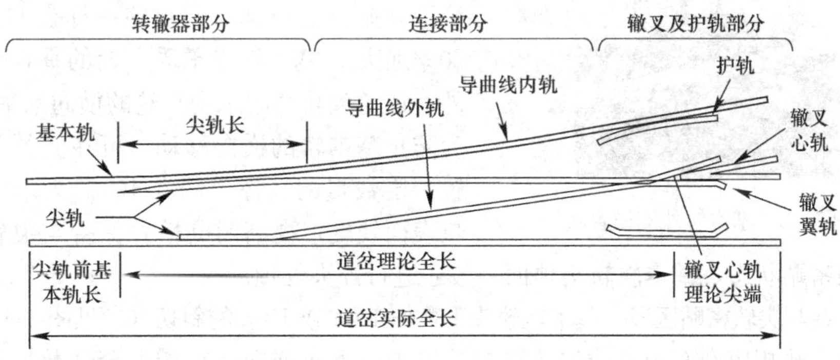

图 5-8　道岔各部分的组成

在我国铁路道岔中占绝大多数的单开道岔构造相对简单，且具有一定代表性，了解和掌握这种道岔的基本特征，对各类道岔的设计、制造、铺设、养护均有十分重要的意义。在本章后续的内容中，以单开道岔为例对道岔的构造、几何形位、总布置图等进行介绍。

5.2.1　转辙器部分

单开道岔的转辙器是引导机车车辆沿主线方向或侧线方向行驶的线路设备，由两根基本轨、两根尖轨、各种联结部件及道岔转换设备组成（图 5-9）。

图 5-9 单开道岔的转辙器

1. 基本轨

基本轨由标准断面的普通钢轨制成，通常采用与区间线路相同材质、相同型号的钢轨。主股为直线；侧股按转辙器各部分的轨距在工厂事先弯折成规定的折线形；侧向过岔速度较高时，侧股可采用曲线形，以保证转辙器各部分侧股轨距相同。

图 5-10 基本轨外侧设置轨撑

普通道岔不设轨底坡，道岔前后 2～3 根轨枕上实现与区间线路轨底坡的过渡。为改善钢轨的受力条件及行车平稳性，提速及高速道岔中基本轨设有1∶40 轨底坡，法国高速道岔与其区间线路一样设有 1∶20 轨底坡。基本轨除承受车轮的垂直压力外，还与尖轨共同承受车轮的横向水平力。为防止基本轨的横向移动，可在其外侧设置一定数量的轨撑（图 5-10）。为增加钢轨表面硬度，提高耐磨性并保持与尖轨良好的密贴状态，基本轨轨头顶面一般还进行淬火处理。

在与尖轨密贴区段，基本轨轨头下颚作 1∶4 或 1∶3 的斜切（参见图 5-13*b*），配合尖轨相应剖面构成藏尖式结构，以提高列车逆向运行的安全性及加强尖轨尖端附近断面。

2. 尖轨

尖轨是转辙器中的最重要部件，依靠尖轨的扳动，将机车车辆引入正线或侧线方向。

尖轨在平面上可分为直线型和曲线型。直线型尖轨制造简单，便于更换，前端的刨切较少，横向刚度大，摆度和跟端轮缘槽较小，可用于左开或右开，断面较粗壮，比较耐磨，但这种尖轨的转辙角较大，列车对其冲击力大，不利于侧向高速行车。曲线型尖轨冲击角较小，导曲线半径大，列车进出侧线比较平稳，有利于机车车辆的高速通过，但曲线型尖轨制造比较复杂，前端刨切较多，并且左右开不能通用。

我国铁路上的大部分12号及以下的道岔，均采用直线型尖轨。新设计的12号及以上道岔直向尖轨为直线型，侧向尖轨为曲线型。曲线型尖轨又分为切线型、半切线型、割线型、半割线型四种，如图5-11所示，主要采用半切线型和半割线型曲线尖轨。为提高尖轨断面的粗壮程度，我国高速道岔中还采用了相离式半切线型尖轨。

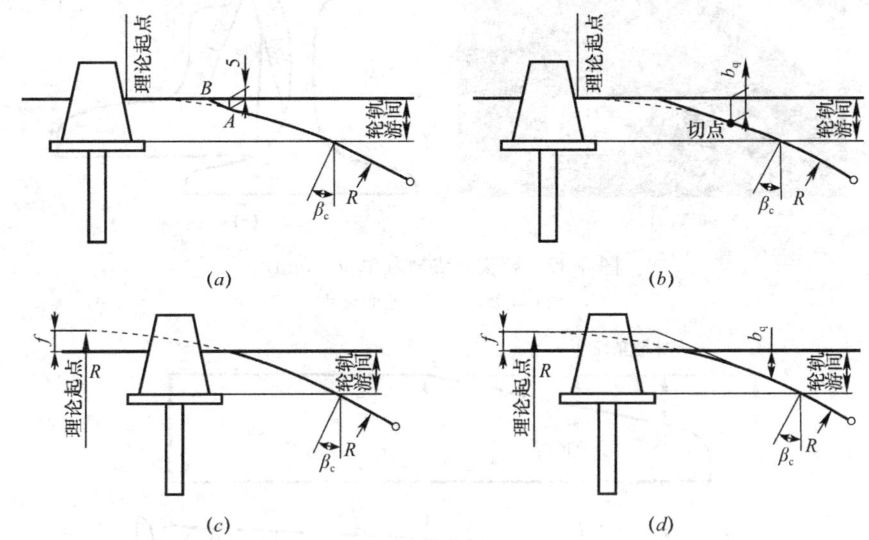

图5-11　尖轨类型

(a) 切线型；(b) 半切线型；(c) 割线型；(d) 半割线型

尖轨采用特种断面钢轨制成，断面粗壮，整体性强，刚度大，稳定性好，我国已广泛推广使用比基本轨矮的矮型特种断面钢轨（简称AT轨），如图5-12所示。

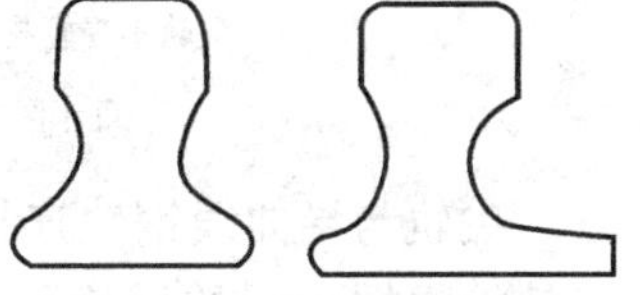

图5-12　AT轨断面示意

道岔号数越大，尖轨的长度越长。相同号数的尖轨，因形式不同其长度又稍有变化。例如在我国铁路上，CHN60轨9号道岔的尖轨最短长度为6.45m，提速道岔尖轨最长为14.12m；12号道岔尖轨的最短长度为11.3m，提速道岔尖轨最长长度为14.25m；18号道岔的尖轨长度为15.68～22.01m。

尖轨与基本轨的贴靠方式通常采用藏尖式（图5-13），可保护尖轨尖端不被车轮扎伤，并使尖轨在动荷载作用下保持良好的竖向稳定性。因基本轨轨颚需要刨切，要求基本轨与尖轨的刨切接触面良好，加工要求严格，并需备用曲、直基本轨。

为保证尖轨具有承受车轮压力的足够强度，规定尖轨顶宽宽于50mm（高速客运专线铁路道岔尖轨顶宽宽于40mm）时方能完全受力，而在尖轨顶宽窄于20mm时，则应完全由基本轨受力，尖轨顶宽20～50mm时为车轮轮载转移的过渡段（图5-14）。为此，尖轨与基本轨之间应保持必要的轨顶面相对高差，对尖轨各个断面的高度都有具体的规定，尖轨尖端较基本轨顶面低

23mm，尖轨顶宽 20mm 处一般较基本轨顶面低 4mm，尖轨顶宽 50mm 以后部分与基本轨等高。

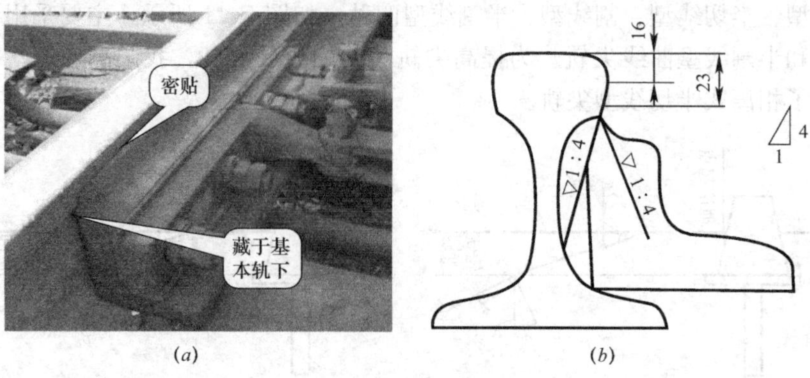

(*a*)　　(*b*)

图 5-13　藏尖式尖轨（单位：mm）

(*a*) 实物图；(*b*) 断面尺寸

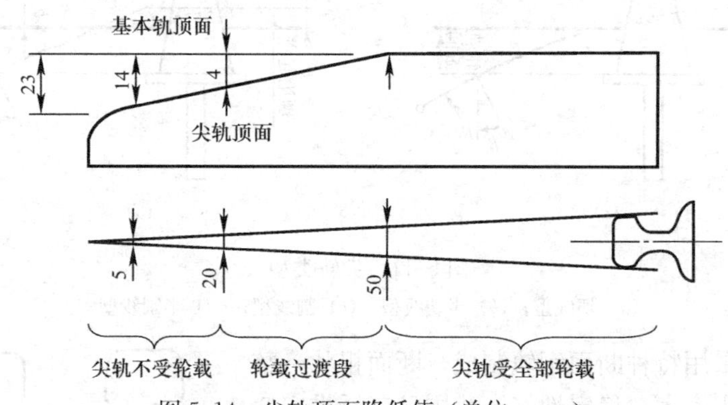

图 5-14　尖轨顶面降低值（单位：mm）

尖轨与导曲线钢轨连接的一端称为尖轨跟端。尖轨的跟部结构既要保证尖轨能根据不同的转辙要求在平面上左右摆动，又要坚固稳定、制造简单、维修方便。我国的道岔主要采用活接头和弹性可弯式跟端结构，如图 5-15、图 5-16 所示。活接头相当于尖端跟端为铰接结构，尖轨可自由扳动，所需转换力小。但结构复杂，稳定性差，是道岔转辙器部分的薄弱环节，常用于直线型尖轨及直向过岔速度低于 120km/h 的道岔。

图 5-15　活接头

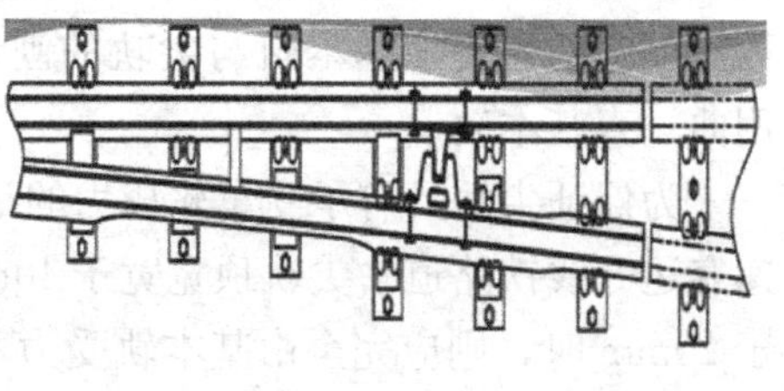

图 5-16　弹性可弯跟端结构

弹性可弯式跟端结构又分间隔铁式和限位器式两种形式。间隔铁鱼尾板式结构主要由间隔铁及联结螺栓等组成。这种结构零件较少，尖轨扳动灵活，在无缝道岔中采用高强度螺栓还可起到由里轨向基本轨传递纵向温度力的作用，最大限度地限制尖轨的伸缩位移。但这种接头易出现病害，尖轨的稳定性较差。在新设计的12号及以上道岔上采用了弹性可弯式尖轨跟部结构。弹性可弯式尖轨在跟端前2～3根轨枕处，将轨底两边削去一部分，形成柔性部位，使尖轨具有从一个位置扳动到另一位置足够的弹性。

在无缝道岔中，为限制尖轨尖端的伸缩位移，在尖轨跟部的基本轨和尖轨轨腰上可安装数个限位器，如图5-17所示，允许尖轨承受一定的温度力，随后再将道岔里侧钢轨的温度力传递给外侧基本轨。

为保证尖轨能够转换到位，通常需设置一定数量的牵引点，尖轨越长，所需要的牵引点数量越多。例如，国产12号道岔尖轨设置了两个牵引点，国产30号、42号道岔尖轨设置6个牵引点。尖轨转换有联动和分动两种形式，联动转换中直曲尖轨通过转辙连杆形成框架结构，并与转辙机相连；分动转换中直曲尖轨分别通过转辙机相连。各牵引点动程近似与其距尖轨跟端的距离成正比。

3. 零、配件

（1）转辙机械（图5-18）。最常用的道岔转换设备有机械式和电动式两类。若按操纵方式分类，则有集中式和非集中式两类。机械式转换设备可以为集中式或非集中式，电动式转换设备则为集中式。道岔转换设备必须具备转换（改变道岔开向）、锁闭（锁闭道岔，在转辙杆中心处尖轨与基本轨之间，不允许有4mm以上的间隙）和显示（显示道岔正位或反位：道岔应规定经常保持向某一线路开通的位置，这个位置称为正位，反之，则称为反位，正位也称为定位）三种功能。

图5-17　限位器

图5-18　转辙机装置

（2）锁闭机构。锁闭有内锁和外锁（图5-19）两种形式。内锁是通过转辙连杆在转辙机内部锁定，因轮轨横向力由转辙机承受，故障率较高；外锁则是通过楔形燕尾锁、拐肘锁及钩型锁等实现尖轨与基本轨在牵引点处锁闭，

可靠性高，列车荷载由锁闭器传递给基本轨。锁闭机构应具有使尖轨牢固锁闭和满足无缝线路尖轨伸缩的双重功能要求。我国时速120km/h以上的道岔采用的是分动钩形外锁转换机构，120km/h及以下的道岔基本上采用的是联动内锁转换机构。

(3) 滑床板（图5-20）。在整个尖轨长度范围内的岔枕顶面上，有承托尖轨和基本轨的滑床板。滑床板有分开式和不分开式两类。不分开式用道钉或锚固螺栓将轨撑、滑床板直接与岔枕连接；分开式是轨撑由垂直螺栓先与滑床板连接，再用道钉或锚固螺栓将垫板与岔枕连接。尖轨放置于滑床板上，与滑床板间无扣件连接。普通道岔中，尖轨一侧基本轨轨底通过滑床台扣压；提速道岔中，滑床板内设有穿销式弹性扣压件对基本轨实施弹性扣压；客运专线道岔中，滑床板内设“几”形弹性扣压件（图5-21）对基本轨实施弹性扣压，扣压力大，基本轨横向稳定性好，可取消基本轨外侧轨撑。为降低尖轨转换中的摩阻力，可在滑床台上喷涂聚四氟乙烯、镍铬镀层等减摩材料以降低表面摩擦系数，或通过设置辊轮机构（图5-21）实现滚动摩擦。

(4) 轨撑（图5-10）。用以防止基本轨倾覆、扭转和纵横向移动的轨撑，安装在基本轨的外侧。它用螺栓与基本轨相连，并用两个螺栓与滑床板连接。轨撑有双墙式和单墙式之分，提速道岔及客运专线道岔中由于扣件扣压力足够大，未设轨撑。

图5-19 钩形外锁转换机构

图5-20 滑床板

图5-21 “几”形弹性扣压件

(5) 顶铁。尖轨刨切部位紧贴基本轨，而在其他部位则依靠安装在尖轨外侧腹部的顶铁，将尖轨承受的横向水平力传递给基本轨，以防止尖轨受力时不正常弯曲，并保持尖轨与基本轨的正确位置。

(6) 各种特殊形式的垫板。例如普通道岔中铺设在尖轨之前的辙前垫板和之后的辙后垫板，铺设在尖轨尖端和尖轨跟端的通长垫板，为保持导曲线的正确位置而设置的支距垫板等。

(7) 道岔拉杆和连接杆（图5-22）。道岔拉杆连接两根尖轨，并与转辙设备相连，以实现尖轨的摆动，故又叫转辙杆。连接杆为连接两根尖轨的杆件，其作用是加强尖轨间的联系，提高尖轨的稳定性。

(8) 密贴检查器（图 5-18）。高速道岔中为保证尖轨与基本轨的密贴，在牵引点间设置密贴检查器，对尖轨完成转换、锁闭及运营过程中可能出现的缝隙、异物实施监督，还对非工作尖轨在第一牵引点处的开口和最小间距部位进行监督，确保道岔可动部件处于最佳技术状态。

图 5-22　道岔拉杆和连接杆

(9) 融雪设备。在基本轨轨底、轨腰或滑床板上安装电加热条（图 5-23*a*），或在轨腰上安装燃气加热设备（图 5-23*b*），或在道岔旁安装盐水喷射设备（图 5-23*c*）。当冬季下雪或下雨时启动加热设备或盐水喷射设备，可及时除去尖轨转换范围内的积雪和积冰，确保道岔可动部件的正常转换，目前在我国北方寒冷地区使用电加热法。

(*a*)

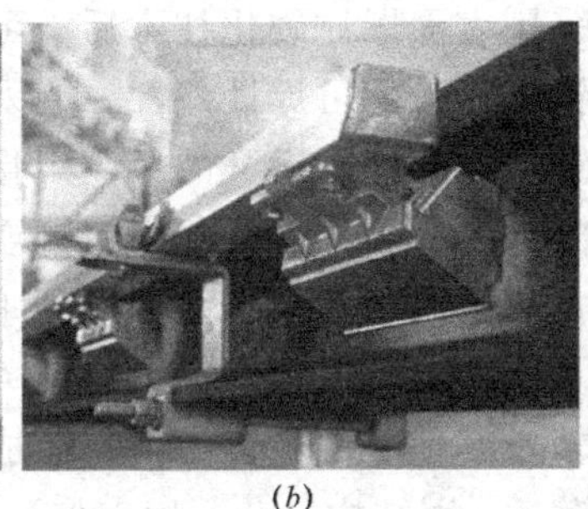
(*b*)

(*c*)

图 5-23　融雪设备

(*a*) 电加热法；(*b*) 燃气加热法；(*c*) 盐水喷射法

(10) 道岔监测系统。可对道岔及其转换设备的各种数据和道岔环境数据进行实时、在线监测，重点关注道岔的综合状态和安全运行，为道岔的维护和使用提供数据，监测参数主要有轮缘槽、转辙机转换阻力、转换时间、转辙机动态力、转辙机工作电流和电压、道岔环境温度和环境湿度、振动加速度等。该设备不是道岔功能所必须的，但可为道岔实现科学养护提供支持。

5.2.2　辙叉及护轨

辙叉是使车轮由一股钢轨越过另一股钢轨的设备。按平面形式，辙叉分为直线辙叉和曲线辙叉两类；按构造类型，分为固定辙叉和可动辙叉两类。普通单开道岔上，以直线式固定辙叉最为常用，提速道岔及客运专线道岔以可动心轨结构为主。

1. 固定辙叉

固定辙叉由叉心、翼轨和联结部件组成，见图 5-24。

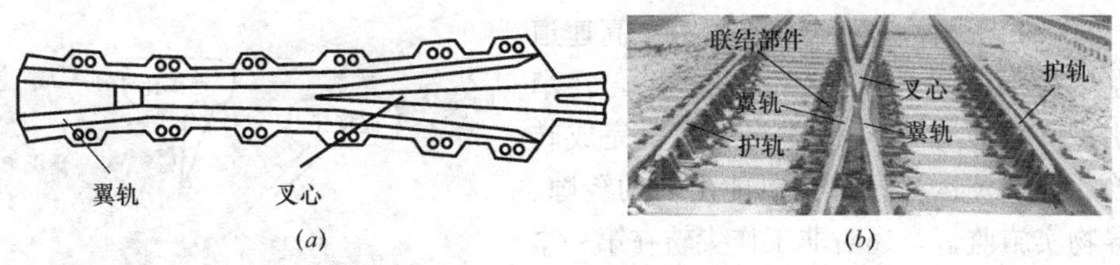

图 5-24 固定辙叉组成

(a) 辙叉示意图；(b) 固定辙叉及护轨实物图

直线式固定辙叉分两种，即整铸辙叉和钢轨组合式辙叉，曲线型固定辙叉生产工艺较复杂，很少采用。

整铸辙叉是用高锰钢浇铸的整体辙叉（图 5-24 为整铸辙叉）。高锰钢是一种锰碳含量均较高的合金钢（含锰约 12.5%，碳 1.2%），具有较高的强度、良好的冲击韧性，经热处理后，在冲击荷载作用下，会很快产生硬化，使表面具有良好的耐磨性能；同时，由于叉心和翼轨同时浇铸，整体性和稳定性好，可以不设辙叉垫板而直接铺设在岔枕上。这种辙叉还具有使用寿命长，养护维修方便的优点。采用表面爆炸硬化技术后，可提高其上道初期的耐磨性。由于普通钢轨与高锰钢辙叉的可焊性差，一般采用普通接头夹板连接，目前我国已开发出普通钢轨与高锰钢辙叉的厂内焊接技术与工艺，使固定辙叉道岔也可应用于跨区间无缝线路中。我国高锰钢辙叉生产技术正在朝高致密和细晶粒化方向发展，辙叉使用寿命一般可达到 1.5 亿吨以上的通过总重。

钢轨组合式辙叉是用钢轨及其他零件经刨切拼装而成的，过去由普通钢轨刨切并组合而成的固定式辙叉，因结构复杂，病害多，养护维修工作量大，故很少使用。随着高强度、高硬度、高耐磨性的贝氏体钢种开发成功，以贝氏体叉心、长心轨、短心轨及翼轨组合而成的新型组合辙叉，因使用寿命长，可与道岔前后钢轨焊接而逐渐被推广应用（图 5-25）。以贝氏体钢轨为叉心、普通钢轨为翼轨的组合结构，辙叉使用寿命一般可达到 2.5 亿吨以上的通过总重，但由于叉心强度大幅度提高，翼轨承受的轮载增大，磨耗加快，影响了辙叉的整体使用寿命，因而相继研发出以合金钢的各种镶嵌结构作为翼轨承载部位的技术成果，使得辙叉整体使用寿命又有进一步的提高。

图 5-25 钢轨组合式辙叉

叉心两侧作用边之间的夹角称为辙叉角 α（图 5-25），其交点称为辙叉理论中心（理论尖端）。由于制造工艺原因，实际上辙叉尖端有 6～10mm 宽度，称为辙叉实际尖端。

辙叉角 α 愈小，道岔号数 N 愈大，两者之间的关系为

$$N=\cot\alpha \tag{5-1}$$

我国道岔号数与辙叉角的对应值

见表 5-1。

道岔号数与辙叉角的关系 **表 5-1**

道岔号数	7	9	12	18	30	42
辙叉角	8°07′48″	6°20′25″	4°45′49″	3°10′47″	1°59′33″	1°21′50″

国外有非整数号的道岔，如德国的 15.3 号道岔；或用辙叉角的正切值表示，如法国的 65 号道岔也表示为 tan0.0154（或 1/65）道岔。

组合辙叉中翼轨由普通钢轨弯折刨切而成，用间隔铁及螺栓和叉心联结在一起，与辙叉间形成必要的轮缘槽，引导车轮行驶。翼轨作用边开始弯折处称为辙叉咽喉，是两翼轨作用边之间的最窄距离。从辙叉咽喉至实际尖端之间，有一段轨线中断的空隙，称为道岔的“有害空间”（图 5-26）。道岔号数愈大，辙叉角愈小，有害空间愈大。车轮通过较大的有害空间时，叉心容易受到撞击。为保证车轮安全通过有害空间，必须在辙叉相对位置的两侧基本轨内侧设置护轨，借以引导车轮的正确行驶方向。

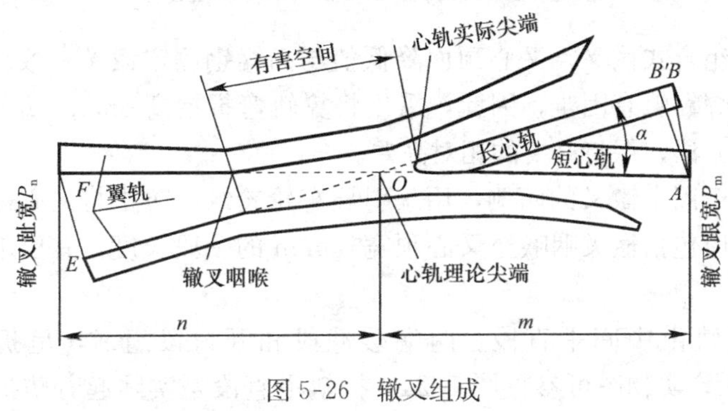

图 5-26 辙叉组成

单开道岔中，辙叉角小于 90°，因此将这类辙叉称为锐角辙叉。交叉渡线和交分道岔中有辙叉角大于 90°的钝角辙叉。

单开道岔辙叉从其趾端到跟端的长度 FA 或 EB，称为辙叉全长。从辙叉趾端到理论中心的距离 FO 或 EO，称为辙叉趾距，用 n 表示。从辙叉跟端到理论中心的距离 AO 或 BO，称辙叉跟距，用 m 表示。辙叉趾端翼轨作用边间的距离 EF 和辙叉跟端叉心作用边间的距离 AB，分别称为辙叉趾宽 P_n 及辙叉跟宽 P_m。

当车轮沿翼轨向叉心方向滚动时，轮轨接触点逐渐外移，锥形或磨耗踏面车轮重心将逐渐下降，当车轮离开翼轨完全滚到心轨后，又恢复到原来的高度，因此，产生了相当于轨道高低及横向不平顺，这种不平顺是由于道岔结构引起的，也称为结构不平顺。反之，列车顺向运行时，也会产生结构不平顺，这是限制列车过岔速度的主要因素之一。为了减少结构不平顺，并防止心轨在其前端断面过分削弱部分承受车轮荷载，采用了提高翼轨顶面和降低心轨前端顶面的做法，并将翼轨顶面做成 1∶20 的横坡，使翼轨和心轨顶面之间保持必要的相对高差。

对高锰钢整铸辙叉，规定叉心顶宽为35mm及其以上部分承受全部车轮压力，而在顶宽20mm及其以下部分则完全不受压力。因此，将翼轨顶面从辙叉咽喉到叉心顶宽35mm这一段以堆焊法加高。为防止车轮撞击心轨尖端，应使该处叉心顶面低于翼轨顶面35mm，如图5-27所示。

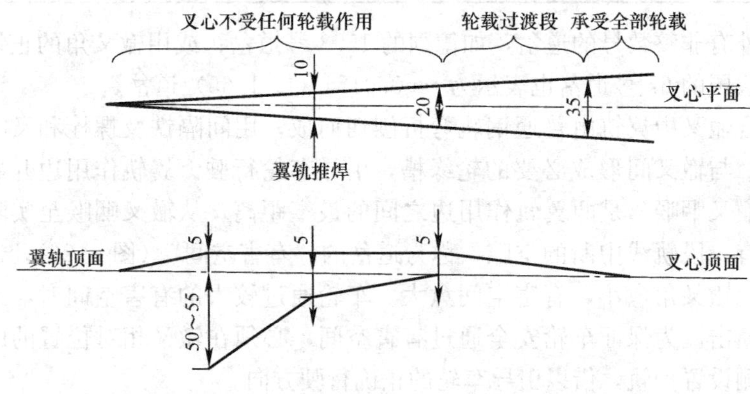

图5-27 整铸辙叉顶面（单位：mm）

对钢轨组合式辙叉，叉心顶面降低值与高锰钢固定辙叉一致。由于在工厂制作时堆焊翼轨有困难，因此，采用将翼轨弯折抬高5mm，并设置1：20顶面横坡的办法，保持必要的相对高差。

护轨设于固定辙叉的两侧，用于引导车轮轮缘，防止与叉心碰撞。护轨的防护范围应包括辙叉咽喉至叉心顶宽50mm的一段长度，并要求有适当的富余。

辙叉护轨由中间平直段、两端缓冲段和开口段组成，呈折线形，如图5-28所示，实物图可参见图5-24。护轨平直段是实际起着防护作用的部分，缓冲段及开口段起着将车轮平顺地引入护轨平直段的作用。缓冲段的冲击角应与列车允许的通过速度相配合。为了提高直向过岔速度，直侧股可采用不同长度、不同冲击角的护轨。国外还有曲线型护轨，我国尚未尝试过。

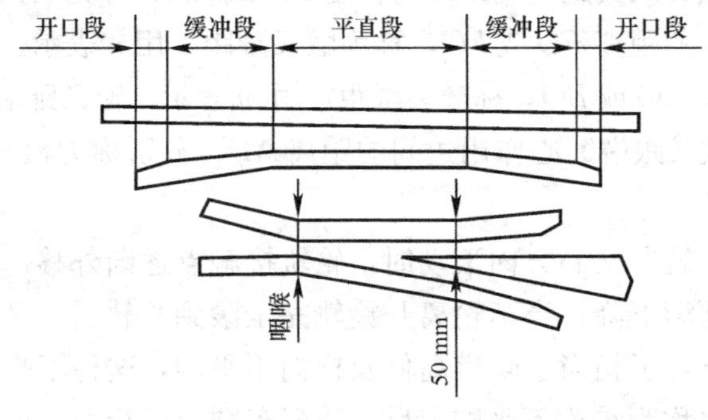

图5-28 护轨

2. 可动辙叉

可动辙叉是指为了保证列车过岔时轨线连续、消除有害空间、大大减少竖向不平顺而使辙叉个别部件可以移动的辙叉。可动辙叉有三种形式：可动心轨式辙叉、可动翼轨式辙叉、活动叉心。

可动心轨辙叉包括两根翼轨、长心轨、短心轨、转换设备及各种联结部件，见图 5-29。可动心轨式辙叉的心轨可动，翼轨固定。为了保证无缝线路温度力能顺利地从心轨传递至翼轨上，一般采用长翼轨结构，用高强度螺栓或胶结的办法用几个间隔铁在心轨跟端处将翼轨与心轨连接起来。这种辙叉结构的优点是列车作用于心轨的横向力能直接传递给翼轨，保证了辙叉的横向稳定性。由于这种结构能够显著地降低辙叉部位的轮轨相互作用，因此可延长辙叉的使用寿命。长期的运营实践表明，可动心轨辙叉的使用寿命为同型号高锰钢整铸辙叉的 6～9 倍，养护维修工作量减少 40%，大大减少了机车车辆通过时的冲击力，提高了过岔容许速度及旅行舒适度。

图 5-29　可动心轨辙叉道岔

心轨一般采用组合结构，长短心轨分别由 AT 轨刨切而成，并在前部采用高强度螺栓或哈克紧固件组成一个整体。德国道岔采用合金钢制作成整体叉心，并与长短心轨焊接在一起，心轨使用寿命长。心轨跟部结构主要有单肢弹性可弯与双肢弹性可弯两种形式。前一种结构（如图 5-29 所示道岔即采用这种结构）中长心轨跟端为弹性可弯式；短心轨跟部为活动斜接头，连接可靠，构造简单，辙叉转换力也较小，我国目前研制的可动心轨辙叉就选用这种形式。后一种结构（图 5-30）中长短心轨可动，长、短心轨跟部均为弹性可弯式，转换时为框架结构，转换力较大，且易形成较大的不足位移，但因消除了钢轨接头，通过合理设置牵引点数量和位置，可满足侧向140km/h 以上的高速行车要求，一般只在高速道岔中使用。

图 5-30　心轨跟端双肢弹性可弯结构

由于可动心轨辙叉中不存在有害空间，可不设置护轨。我国在道岔侧股设置了护轨（参见图 5-29），主要为防止车轮对长心轨曲股侧的磨耗，以保证转换后长心轨能与翼轨密贴。德国高速道岔中未设置护轨，法国高速道岔在直侧股设置了护轨，但不是为了防止车轮对心轨的侧磨，而是为了防止车轮掉道后对心轨损伤，因而护轨轮缘槽较宽。

可动心轨辙叉曲股可较方便地制作成曲线形，因而大号码道岔中一般都是曲线辙叉，有利于缩短道岔长度。

心轨与尖轨一样，也是从尖端开始逐渐加宽、升高，至心轨顶宽 50mm 断面处与翼轨平齐。为提高其耐磨性，可采用淬火轨。为改善轮轨接触条件，提速道岔心轨设置了 1∶40 轨顶坡，翼轨设置了 1∶40 轨底坡。为防止心轨跳动可采取两重防跳措施：心轨尖端设置防跳凸台、翼轨轨腰内侧设置单边间隔铁。

图 5-31 心轨水平藏尖结构

为了进一步提高列车通过可动心轨辙叉部位的行车舒适性，我国客运专线道岔及法国高速道岔中还采用了水平藏尖结构（图 5-31），它将尖端水平藏入翼轨内 9mm，保证心轨尖端有一定的宽度，可减缓列车通过辙叉时的横向不平顺。

心轨的转换也是在滑床台上实现，需要根据转换力、不足位移的大小合理确定牵引点位置及数量。同尖轨一样，也采用多机多点的外锁闭转换机构。为解决心轨第一牵引点转辙连杆从翼轨上穿过的问题，我国提速道岔采取了心轨设置转换凸缘技术，将长心轨尖端部分的 AT 轨长肢扭转成 90%，形成与转辙连杆和表示杆相连的凸缘，所有杆件从翼轨底下穿过，有效地解决了电务杆件连接的可靠性和转换空间不足的问题。德国在无砟轨道高速道岔中采用轨腰开孔连接技术。客运专线道岔中心轨第一牵引点处采用了托钩式转换结构，提高了心轨转换受力点，解决了由于心轨扭转而导致 4mm 不锁闭检查失效的问题，较转换凸缘结构更为稳定可靠。

可动翼轨式辙叉道岔和活动叉心道岔的结构较复杂，稳定性差，一般很少使用。我国时速 160km/h 以上的道岔均采用可动心轨式辙叉。

5.2.3 连接部分

连接部分是转辙器和辙叉之间的连接线路，包括直股连接线和曲股连接线（亦称为导曲线）。直股连接线与区间线路构造基本相同。

导曲线的平面形式可以是圆曲线、缓和曲线或变曲率曲线。我国目前铁路上铺设的大部分道岔导曲线均为圆曲线，当转辙器尖轨或辙叉为曲线形时，尖轨或辙叉本身就是导曲线的一部分，确定导曲线平面形式时应将尖轨或辙叉平面一并考虑，圆曲线两端一般不设缓和曲线。我国 30 号以上的道岔中尖轨采用的是单圆曲线，导曲线则为三次抛物线形缓和曲线，在两道岔对接而形成的单渡线中点处（即道岔尾端）半径为无穷大。当用在线间距大于4.6m的渡线中，可直接在两道岔间插入直线段，客运专线列车动力学试验表明，这种设计完全可以满足行车舒适性的要求。此外，还有采用复合圆曲线的设计，尖轨采用较大半径的圆曲线，以降低列车的冲击力，导曲线在满足行车舒适度的条件下采用较小半径的圆曲线。

导曲线由于长度及限界的限制，一般不设超高，即使设置超高，受列车限界的限制，一般也不能大于15mm，且结构复杂，效果不明显。普通道岔中，未设轨底坡，提速道岔及客运专线道岔中设置了1∶40轨底坡。

为防止导曲线钢轨在动荷载作用下的外倾轨距扩大，可设置一定数量的轨撑或轨距拉杆。还可同区间线路一样设置一定数量的防爬器，以减少钢轨的爬行。在提速道岔及客运专线道岔中，因采用混凝土岔枕及弹性扣件，未设轨距拉杆及防爬器。

连接部分一般配置8根钢轨，直股连接线4根，曲股连接线4根。配轨时要考虑轨道电路绝缘接头的位置和满足对接接头的要求，并尽量采用12.5、25、50m或100m长的标准钢轨。连接部分使用的短轨，一般不短于6.25m，在困难的情况下，不短于4.5m。无缝道岔中，如图5-32所示的直股或侧股中间两接头为胶接绝缘接头，与固定辙叉相连的两接头在焊接困难的情况下也可采用冻结接头，其他接头均为焊接接头。

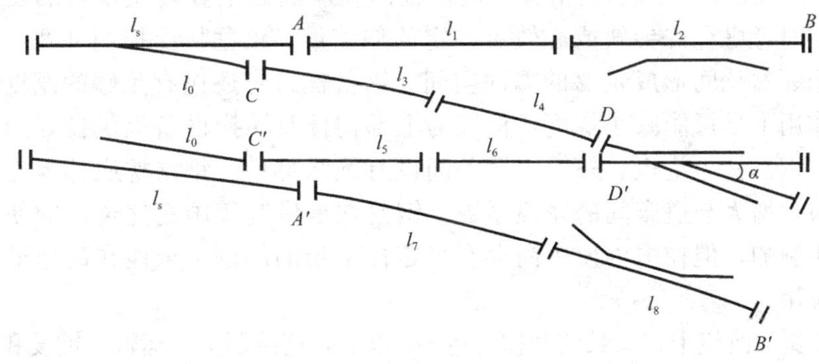

图5-32 道岔连接部分

我国标准的9、12、18号道岔连接部分的配轨见表5-2。

标准道岔的配轨尺寸（mm） **表5-2**

N	9	12	18	N	9	12	18
l_1	5324	11791	10226	l_5	6838	12500	16574
l_2	11000	12500	18750	l_6	9500	9385	12500
l_3	6894	12500	16903	l_7	5216	11708	10173
l_4	9500	9426	12500	l_8	11000	12500	18750

5.2.4 岔枕与道岔板

在我国铁路上，岔枕分为木枕和混凝土枕两类。

木岔枕截面和普通木枕基本相同，长度分为12级，其中最短为2.60m，最长为4.80m，级差为0.20m。而钢筋混凝土岔枕最长者为4.90m，级差为0.10m。

在我国铁路上还存在一定数量的按旧标准加工的岔枕。这类岔枕长度分为16级，其中最短为2.60m，最长为4.85m，级差为0.15m。

岔枕的间距不应大于区间线路上的轨枕间距，通常，混凝土岔枕的间距为60cm。铺设在单开道岔转辙器及连接部分的岔枕，均应与道岔直股方向垂直。辙叉部分的岔枕，应与辙叉角的角平分线垂直，从辙叉趾前第二根轨枕开始，逐渐由垂直于直股方向转到垂直于角平分线。岔枕的间距，在转辙器部分按直线上股计量，在导曲线及转向过渡段按直线下股计量，在辙叉部分按角平分线计量。为改善列车直向过岔时的运行条件，提速道岔中所有的岔枕均垂直于直股方向布置，间距均匀一致，为600mm。

岔枕长度在道岔各部位的差别很大，岔枕端部伸出钢轨工作边的长度M应与区间线路保持一致。为减少道岔上出现过多的岔枕长度级别，需要集中若干长度接近者为一组，误差不超过岔枕标准级差的二分之一。

为了不让转换设备占用轨枕空间，适应大型养路机械设备的需要，提速道岔中还设计并采用了钢岔枕。钢岔枕内腔应满足电务转换设备的安装要求，同时考虑允许尖轨或心轨有一定的伸缩量。钢岔枕要控制外宽，以保证与相邻岔枕间形成足够的捣固空间。钢岔枕自身还应有足够的刚度，在轮载作用下尽可能减小挠度，保证为上部构件及转换设备提供良好的支承条件。钢岔枕与垫板、外锁闭设备间设有绝缘部件。钢岔枕底部焊有不规则条块，增大与道床间的摩擦系数。钢岔枕是借鉴德国高速道岔的使用经验而研制的，但在国内使用尚存在稳定性不足的问题，未能在高速道岔中推广应用。

在交叉渡线中，最长的岔枕可达7m以上，这给制造、运输、铺设和养护均带来了不便，通常会在合适的位置上将长岔枕断开，使每根岔枕的长度不超过5m，两岔枕间通过弹性铰接结构联结起来，该结构只传递沿岔枕的纵向力，而不传递剪力和弯矩。这种结构在德国单开道岔中也有采用，一方面是便于道岔组装运输，另一方面是避免直向行车时，长岔枕对侧股道床的拍打作用，导致道床失稳。

在枕式无砟轨道道岔中，岔枕为低预应力的带钢筋桁架结构（图5-33），岔枕高度小于有砟轨道岔枕，钢筋桁架与现浇混凝土联结强度高，可减缓预制岔枕与现浇混凝土结合面处的开裂。

在板式无砟道岔中，道岔板（图5-34）外形尺寸均不相同，属于超宽预制件，为非预应力钢筋混凝土结构。

图 5-33　无砟道岔岔枕结构

图 5-34　无砟道岔的道岔板

5.3　单开道岔几何形位

5.3.1　道岔各部分轨距

单开道岔中，需要考虑的轨距加宽部位有：基本轨前接头处轨距、尖轨尖端轨距、尖轨跟端直股及侧股轨距、导曲线中部轨距、导曲线终点轨距。道岔各部分的轨距加宽，应有适当的递减距离，以保证行车的平稳性。

提速道岔及客运专线道岔中，除尖轨尖端宽 2mm 处因刨切引起的轨距构造加宽外，其余部分轨距均为标准轨距 1435mm。

普通道岔各部分的轨距比一般轨道有更严格的要求，如有误差，不论是正线、到发线、站线或专用线，一律不得超过＋3mm 或－2mm，有控制锁的尖轨尖端不超过±1mm。客运专线道岔轨距控制得更为严格，各处不得超过±1mm。

5.3.2　转辙器几何形位

道岔转辙器上需要确定的几何尺寸主要有最小轮缘槽 t_{min} 和尖轨动程 d_0。

1. 尖轨的最小轮缘槽 t_{min}

当列车直向通过曲线尖轨道岔时，应保证在最不利条件（具有最小宽度的轮对一侧车轮轮缘紧贴直股尖轨）下，另一侧车轮轮缘能顺利通过而不冲击尖轨的非工作边，如图 5-35 所示。此时，曲线尖轨在其最突出处的轮缘槽比其他任何位置的轮缘槽都要小，故称其为曲线尖轨的最小轮缘槽 t_{min}。要保证轮对顺利通过该轮缘槽，而不以轮对的轮缘撞击尖轨的非工作边，轮缘槽的宽度应取以下最不利组合时的数值：

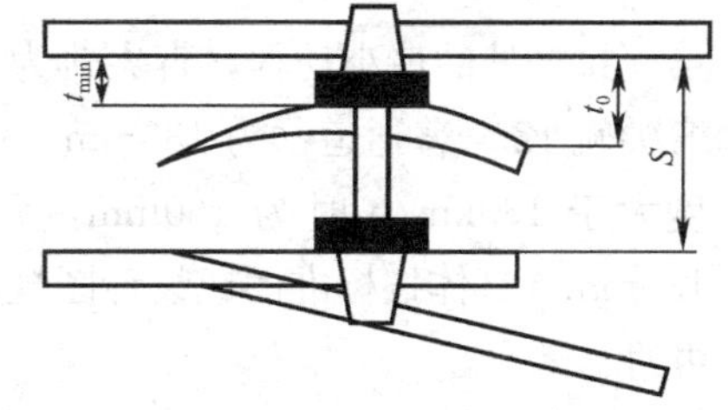

图 5-35　曲线尖轨轮缘槽

$$t_{min} \geqslant S_{max} - (T + d)_{min} \tag{5-2}$$

式中：S_{max} 为曲尖轨突出处直向线路轨距的最大值，计算时还应考虑轨道的弹性扩张 $\varepsilon_3 = 2$mm、道岔轨距允许的最大误差 $\varepsilon_4 = 3$mm 及轮对车轴弯曲后内侧距减小 $\varepsilon_2 = 2$mm。以提速道岔为例，代入具体值，求得：

$$t_{\min} \geqslant (S_{\max} + \varepsilon_3 + \varepsilon_4) - (T_{\min} - \varepsilon_2) =$$
$$(1435 + 2 + 3) - (1350 + 22 - 2) = 70\text{mm}$$

我国实际采用的 $t_{\min} \geqslant 68$mm。$t_{\min}$同时也是控制曲线尖轨长度的因素之一，为缩短尖轨长度，不宜过宽，根据经验，$t_{\min}$可减少至 65mm。

对于直线尖轨来说，$t_{\min}$发生在尖轨跟端。尖轨跟端轮缘槽 t_0 应不小于 74mm。这时跟端支距 $y_g = t_0 + b$，如图 5-36 所示。b 为尖轨跟端钢轨头部的宽度，取 $b=70$mm，代入有关数据，可得 $y_g = 144$mm。

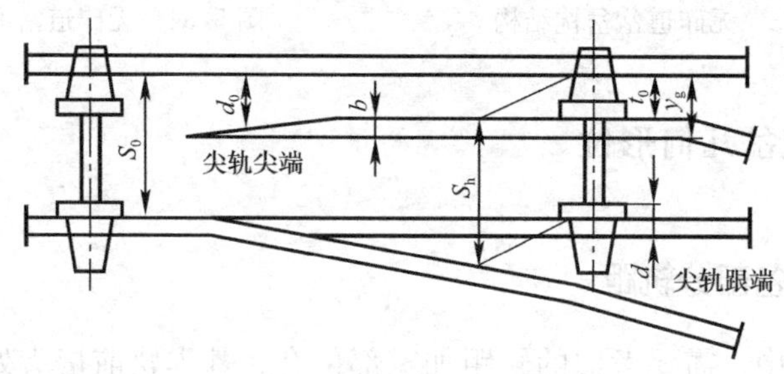

图 5-36　直线尖轨尖端与跟端

2. 尖轨动程 d_0

尖轨动程为尖轨尖端非作用边与基本轨作用边之间的拉开距离，规定在距尖轨尖端 380mm 的第一根拉杆中心处量取，见图 5-37。

图 5-37　尖轨动程

尖轨动程应保证尖轨扳开后，具有最小宽度的轮对对尖轨非作用边不发生侧向挤压。曲线尖轨的动程由 $t_{\min}$、曲线尖轨最突出处的钢轨顶宽、曲线半径 R 等因素确定。对直线尖轨要求尖轨尖端开口不小于（$y_g + S_0 - S_h$）。由于目前各种转辙机的动程也已定型，故尖轨的动程应与转辙机的动程配合。目前大多数转辙机的标准动程为 152mm。

《铁路线路修理规则》规定：尖轨在第一拉杆处的最小动程，直尖轨为 142mm，曲尖轨为 152mm；AT 型弹性可弯尖轨 12 号普通道岔为 180mm，12 号提速道岔为 160mm；18 号道岔允许速度大于 160km/h 时为 160mm，允许速度不大于 160km/h 时为 160mm 或 180mm（具体按标准图或设计图规定办理）；其他型号道岔按标准图或设计图办理。

其他牵引点动程可根据尖轨转换后，按距心轨跟端距离近似线性设计。

5.3.3　导曲线支距

在单开道岔上，导曲线外轨工作边上各点垂直于直向基本轨作用边的距离称为导曲线支距。它对正确设置导曲线并保持其圆顺度起着十分重要的作用。导曲线支距是检查道岔几何不平顺的重要指标之一。

对于定型图的道岔，可查导曲线支距。对于无定型图的道岔，导曲线支距可计算得到。计算导曲线支距的方法有多种，下面以曲线尖轨、单圆曲线型导曲线、导曲线前无短直线的情况为例介绍两种计算方法。

1. 第一种计算方法

取直股基本轨上正对尖轨跟端的 O 点为坐标原点，如图 5-38 所示。

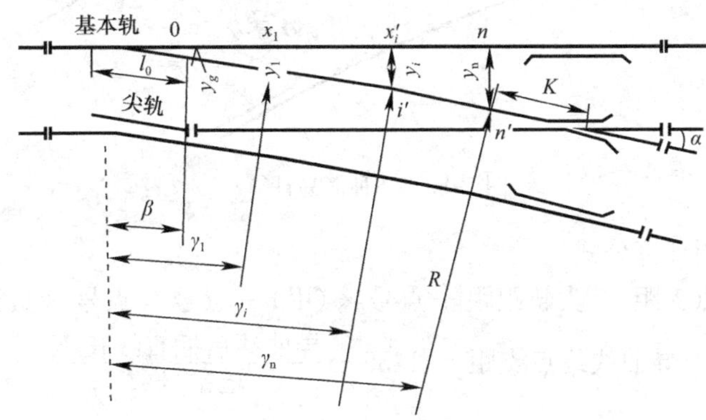

图 5-38　导曲线支距

这时，导曲线始点的横坐标 x_0 和支距 y_0 分别为

$$x_0 = 0, y_0 = y_g \tag{5-3}$$

在导曲线的终点，其横坐标 x_n 和支距 y_n 分别为

$$\begin{aligned} x_n &= R(\sin\gamma_n - \sin\beta) \\ y_n &= y_g + R(\cos\beta - \cos\gamma_n) \end{aligned} \tag{5-4}$$

式中　R——导曲线外轨半径；

β——尖轨跟端处曲线尖轨作用边与基本轨作用边之间形成的转辙角；

γ_n——导曲线终点 n' 所对应的偏角，显然 $\gamma_n = \alpha$。

令导曲线上各支距测点 i 的横坐标为 x_i（依次为 2m 的整数倍），则其相应的支距 y_i 可用式（5-5）近似求得。

$$y_i = y_0 + R\left\{\cos\beta - \cos\left[\text{arc}\sin\left(\sin\beta + \frac{x_i}{R}\right)\right]\right\} \tag{5-5}$$

最后计算得到的 y_n，可用式（5-6）进行校核：

$$y_n = S - K\sin\alpha \tag{5-6}$$

式中　K——导曲线后插直线长。

对于缓和曲线及其他线型的导曲线，采用类似的方法进行计算。

2. 第二种计算方法

计算图如图 5-39 所示。

(1) 计算（甲）（乙）两个基本数

$$(\text{甲}) = \frac{\text{尖轨跟距}}{\text{尖轨长}} \times \text{横距} \tag{5-7}$$

$$(\text{乙}) = \frac{\text{横距} \times \text{横距}}{\text{半径} \times 2} \tag{5-8}$$

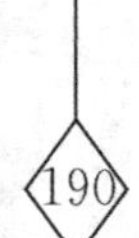

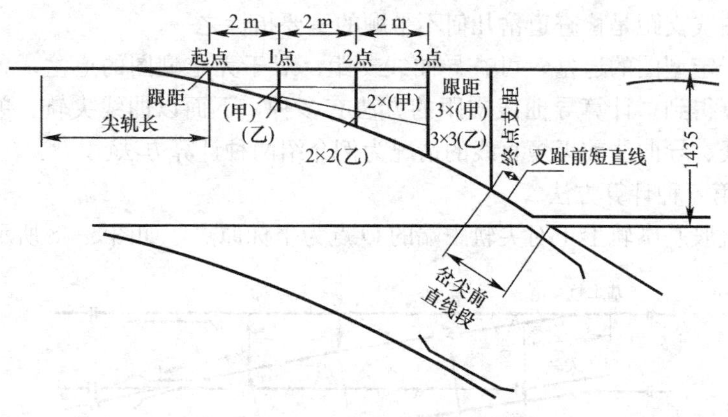

图 5-39　一种简易计算法

(2) 支距计算公式

$$\text{某点支距} = \text{尖轨跟距} + \text{点号} \times (\text{甲}) + \text{点号} \times \text{点号} \times (\text{乙}) \tag{5-9}$$

$$\text{导曲线终点支距} = 1435 - \frac{\text{导曲线后插直线长}\ K}{\text{道岔号数}} \tag{5-10}$$

5.3.4　辙叉及护轨几何形位

1. 固定辙叉及护轨

固定辙叉及护轨需要确定的几何形位主要是辙叉咽喉轮缘槽宽 t_1、查照间隔 D、护背距离 H_b、护轨轮缘槽宽 t_g、翼轨轮缘槽宽 t_w 和有害空间 l_h（需要说明的是，查照间隔 D、护背距离 H_b 也分别称为查照间隔 D_1、查照间隔 D_2）。

(1) 辙叉咽喉轮缘槽宽 t_1

辙叉咽喉轮缘槽确定的原则是保证具有最小宽度的轮对一侧车轮轮缘紧贴基本轨时，另一侧车轮轮缘不撞击辙叉的翼轨（图 5-40）。这时最不利的组合为

$$t_1 \geqslant (S_{max} + \varepsilon_3 + \varepsilon_4) - (T_{min} - \varepsilon_2) - d_{min} \tag{5-11}$$

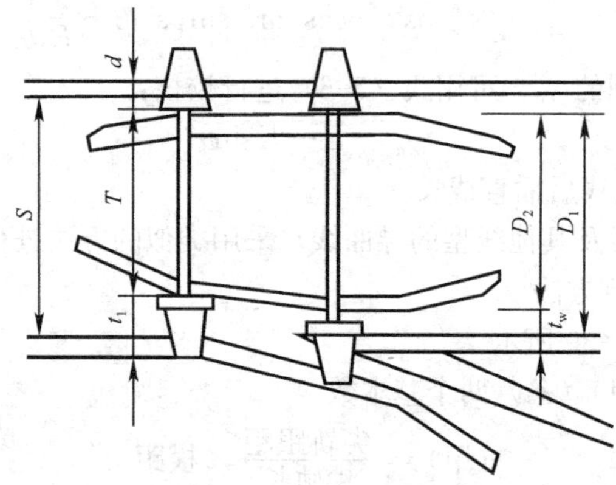

图 5-40　查照间隔与护背距离

具体参见尖轨的最小轮缘槽 t_{min} 计算。

t_1 不宜过宽，否则将不必要地增大有害空间。

(2) 查照间隔 D 及护背距离 H_b

护轨作用边至心轨作用边的查照间隔 D 的确定原则是具有最大宽度的轮对通过辙叉时，一侧轮缘受护轨的引导，而另一侧轮缘不冲击叉心或滚入另一线。这时最不利的组合为

$$D \geqslant (T + d)_{max} \tag{5-12}$$

考虑到车轴弯曲使轮背内侧距增大 2mm，代入具体值，取 $(T+d)$ 较车辆轮更大的机车轮为计算标准，求得

$$D \geqslant (1356 + 2) + 33 = 1391\text{mm}$$

护轨作用边至翼轨作用边的护背距离 H_b 的确定原则是具有最小宽度的轮对直向通过时不被卡住，必须有

$$H_b \leqslant T_{min} \tag{5-13}$$

代入具体值，T 取较机车轮更小的车辆轮为计算标准，并考虑车辆轴上弯后轮对内侧距的减小值 2mm，则

$$H_b = 1350 - 2 = 1348\text{mm}$$

显然，D 只能有正误差，不能有负误差，容许变化范围一般为 1391～1394mm。同样，H_b 只能有负误差，不能有正误差，容许变化范围一般为 1346～1348mm。

(3) 护轨中间平直段轮缘槽 t_{g1}

如图 5-41 所示，护轨中间平直段轮缘槽 t_{g1} 应确保 D 不超出规定的容许范围，其计算公式为

$$t_{g1} = S - D - 2 \tag{5-14}$$

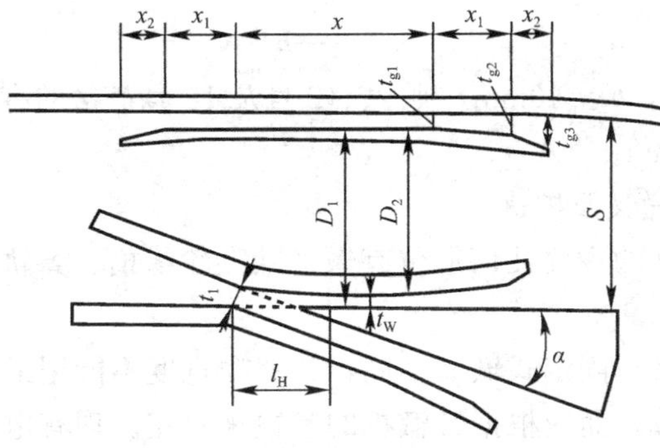

图 5-41 护轨尺寸

式中：2mm 为护轨侧面磨耗限度。取 S=1435mm，D=1391～1394mm，得 t_{g1}=39～42mm，一般取 42mm。

为使车轮轮缘能顺利进入护轨轮缘槽内，护轨平直段两端应分别设置缓冲段及开口段。终端轮缘槽 t_{g2} 应保证与辙叉咽喉轮缘槽 t_1 相同的通过条件，$t_{g2}=t_1=68$mm。在缓冲段的外端，再各设开口段，开口段终端轮缘槽 t_{g3} 应

能保证线路轨距为最大允许值时，具有最小宽度的轮对能顺利通过，而不撞击护轨的终端开口，由此得

$$t_{g3}=1456-(1350+22-2)=86\text{mm}$$

实际采用 $t_{g3}=85\text{mm}$，通过把钢轨头部向上斜切的方法得到。

护轨平直部分长 x，相当于辙叉咽喉起至叉心顶宽 50mm 处止，外加两侧各 100～300mm。缓冲段长 x_1 按两端轮缘槽宽计算确定，开口段长 $x_2=150\text{mm}$。

(4) 辙叉翼轨平直段轮缘槽 t_w

根据图 5-40，辙叉翼轨平直段轮缘槽 t_w 应保证查照间隔和护背距离不超出规定的容许范围，其计算公式为

$$t_w=D-H_b \tag{5-15}$$

采用不同的 D、H_b 组合，得到 t_w 的变化范围为 43～48mm，我国规定采用 46mm，从辙叉心轨尖端至心轨顶宽 50mm 处，t_w 均应保持此宽度。为了减少顺向岔时翼轨的冲击角，也可将翼轨平直段的防护宽度放宽至心轨顶宽 20～50mm 范围内。

辙叉翼轨轮缘槽也有过渡段与开口段，其终端轮缘槽宽度、缓冲段的转折角与护轨相同。辙叉翼轨各部分长度可对照护轨作相应的计算。

(5) 有害空间 l_h

辙叉有害空间长度 l_h 可采用下式计算：

$$l_h=\frac{t_1+b_1}{\sin\alpha} \tag{5-16}$$

式中：b_1 为叉心实际尖端宽度，通常可取为 10mm。因 α 很小，可近似地取 $\frac{1}{\sin\alpha}\approx\frac{1}{\tan\alpha}=\cot\alpha=N$，所以，式 (5-16) 可改写成

$$l_h\approx(t_1+b_1)N$$

取 $t_1=68\text{mm}$，$b_1=10\text{mm}$，则 9、12 号及 18 号道岔的有害空间长分别为 702、936、1404mm。

2. 可动心轨辙叉及护轨

可动心轨辙叉的主要几何形位有辙叉咽喉轮缘槽、翼轨端部轮缘槽、心轨动程。

可动心轨辙叉与固定式辙叉不同，其咽喉宽度不能用最小轮背距和最小轮缘厚度进行计算，而应根据转辙机的参数来决定。现有电动转辙机的动程为 152mm，调整密贴的调整杆的轴套摆度最小可达 90mm，因此，可动心轨辙叉咽喉的理论宽度 t_1 不应小于 90mm，且不大于 152mm。60kg/m 钢轨提速 12 号可动心轨辙叉中，该理论宽度采用 120mm。

翼轨端部的轮缘槽宽度不应小于固定式的辙叉咽喉宽度 (68mm)，一般采用 $t_2>90\text{mm}$。若可动心轨辙叉中设置了防磨护轨，护轨轮缘槽确定的原则为确保心轨不发生侧面磨耗而影响心轨与翼轨的密贴，一般采用与固定辙叉护轨相同的设置值。

心轨第一牵引点处动程由辙叉咽喉轮缘槽宽等因素确定，提速道岔中采用98mm，其他牵引点动程可按与尖轨类似的方法确定。心轨上各牵引点的转换力也需采用有限单元法求解。

5.4 单开道岔总图计算

单开道岔总图计算，包括以下几项主要内容：道岔主要尺寸计算、配轨计算、导曲线支距的计算、各部分轨距的计算、岔枕布置、绘制道岔布置总图、提出材料数量表。

曲线型尖轨又分为切线型、半切线型、割线型、半割线型四种，主要采用半切线型和半割线型曲线尖轨。本节以半切线型尖轨作一总体布置设计。

5.4.1 直线尖轨转辙器的计算

直线尖轨、直线辙叉与曲线尖轨、直线辙叉单开道岔的计算方法和步骤基本一致。在计算时需要考虑如下一些特点：

（1）两根尖轨都是直线形的，因此冲击角、始转辙角和转辙角都是一样的，同时尖轨也比较短。

（2）尖轨的跟部结构通常采用间隔铁鱼尾板式，尖轨非工作边与基本轨工作边之间的最小距离发生在尖轨辙跟处。

（3）一般在导曲线前设置前插直线 K，以减少车轮对尖轨辙跟的冲击。

（4）侧股线路的轨距加宽要大于曲线尖轨。

5.4.2 直线辙叉、曲线尖轨单开道岔的计算

1. 转辙器计算

曲线尖轨大多采用圆曲线，其曲线半径由列车侧向过岔速度确定，通常尖轨的曲率与导曲线的曲率相同，以保证转辙器和导曲线允许列车通过速度相同。半切线型尖轨如图5-42所示。

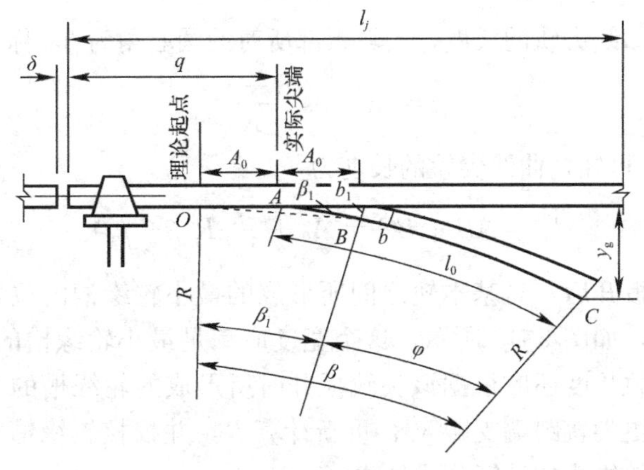

图5-42 半切线型尖轨

半切线型尖轨曲线的理论起点与基本轨相切，在尖轨顶宽为 b_1 处（通常为 20～40mm）开始，将曲线改为切线（若不作改动，则为全切线型），为避免尖轨尖端过于薄弱，在顶宽 3～5mm 处再作一斜切。这种形式的曲线尖轨的侧向行车条件较直线尖轨好，且尖轨比较粗壮，加工也比较简单，因尖轨较粗壮，其耐磨性比全切线型曲线尖轨好，是我国道岔应用较多的尖轨形式。

曲线尖轨转辙器中的主要尺寸包括：曲线尖轨长度 l_0、直向尖轨长度 l_0'、基本轨前端长 q、基本轨后端长 q'、尖轨曲线半径 R、尖轨尖端角 β_1、尖轨转辙角 β 和尖轨辙跟支距 y_g。

尖轨曲线半径通常与导曲线半径相同，保持转辙器与导曲线的容许通过速度一致，并使道岔全长较短。设侧股轨道线路中心线的半径为 R_0，则标准轨距道岔中曲尖轨工作边的曲率半径为 $R=R_0+717.5\text{mm}$。

尖轨尖端角为导曲线实际起点的半径与垂直线的夹角，又叫始转辙角。由图 5-42 可得

$$\beta_1 = \arccos\frac{R-b_1}{R} \tag{5-17}$$

图 5-42 中 AB 线为 B 点的切线，理论切点 O 与 A、B 点所形成的三角形中，有 $OA=AB$。由于始转辙角极小，可近似认为尖轨实际尖端至理论起点的距离与尖轨实际尖端至尖轨顶宽 b_1 处的距离相等。则 A_0 可采用下式计算：

$$A_0 = R\tan\frac{\beta_1}{2} \tag{5-18}$$

基本轨前端长是道岔与连接线路或另一组道岔之间的过渡段。为使两组道岔对接时，道岔侧线的理论顶点能设置在道岔前端接头处，尖轨尖端前部基本轨的长度 q 应不小于 $A_0-\frac{\delta}{2}$（其中 δ 为基本轨端部轨缝）。同时，q 值还应满足轨距递变的限值，即 $q\geqslant\frac{S_0-S}{i}$，$S_0$ 为尖轨尖端处的轨距值，S 为正常轨距值，i 为容许的轨距递变率，i 不应大于 6‰，q 值的长短还应考虑到岔枕的布置。我国在 9 号和 12 号 92 型标准道岔上，基于满足岔枕合理布置的前提，统一采用 $q=2646\text{mm}$。

然后计算曲线尖轨的长度。尖轨跟部所对的圆心角为 β，称为转辙角。

$$\beta = \arccos\frac{R-y_g}{R} \tag{5-19}$$

由图 5-42 可知，曲线尖轨的长度为

$$l_0 = AB + BC = A_0 + \frac{\pi}{180}R(\beta-\beta_1) \tag{5-20}$$

曲线尖轨扳开后，与基本轨之间所形成的最小轮缘槽的位置在尖轨中部的某个位置上，如图 5-43 所示，这个宽度应满足最小轮缘槽的要求。因此，计算所得的尖轨长度还应根据该尖轨扳开时所形成的轮缘槽的宽度来进行调整。这时可变更尖轨跟端支距 y_g，重新计算 l_0，并校核轮缘槽宽度，直至符合要求。最小轮缘槽的计算公式见式（5-2）。

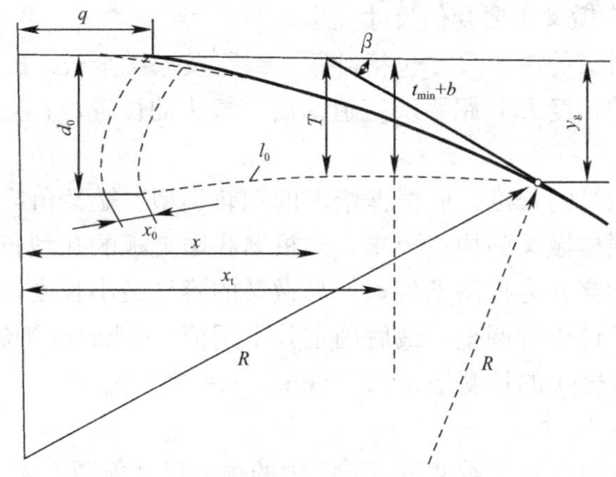

图 5-43　曲线尖轨轮缘槽

设尖轨跟端支距为 y_g，尖轨转辙杆安装在离尖轨尖端 x_0 处，尖轨的动程为 d_0。尖轨扳开后，尖轨突出处距尖轨理论起点的距离为 x，这时该处尖轨工作边与基本轨工作边之间的距离为 T，根据图 5-43，利用曲边三角形的关系，有

$$T \approx \frac{x^2}{2R} + \frac{d_0(l_0 + q - x)}{l_0 - x_0} - b \tag{5-21}$$

令 $\frac{\mathrm{d}T}{\mathrm{d}x}=0$，则可得到尖轨最突出处距尖轨理论起点的距离 x_t 为

$$x_t = \frac{d_0 R}{l_0 - x_0} \tag{5-22}$$

因此尖轨非工作边与基本轨工作边之间的轮缘槽宽为

$$t_{min} = \frac{x_t^2}{2R} + \frac{d_0(l_0 + q - x_t)}{l_0 - x_0} \tag{5-23}$$

尖轨的长度还与跟部的构造有关。如尖轨跟部为间隔铁式，则 l_0 可按式（5-20）计算。如果是弹性可弯式跟部结构，则按公式求得的尖轨长度还需要增加 1.0～2.0m，作为尖轨跟部的固定部分。

转辙器的另一根尖轨为直尖轨。直尖轨以曲线尖轨实际尖端与跟端在水平方向的投影长作为其长度，这样可保持两尖轨的尖端及跟端对齐。直尖轨长 l'_0 为

$$l'_0 = A_0 + R(\sin\beta - \sin\beta_1) \tag{5-24}$$

基本轨后端长 q' 主要决定于尖轨跟端联结结构、岔枕布置及配轨要求。

60kg/m 钢轨 12 号提速单开道岔转辙器中采用的是全切线型尖轨，仅在尖轨尖端轨头宽 2mm 处作补充刨切，使尖端藏于基本轨轨线以内。其主要尺寸的计算原理与半切线尖轨是一致的，基本参数为：$R=350717.5$mm，$q=2916$mm，$b_2=2$mm，$y_g=311$mm，$l_0=13880$mm，$l'_0=13880$mm，尖轨尖端轨距加宽值为 2mm，导曲线理论起点离尖轨实际尖端为 886mm，导曲线实际起点离尖轨实际尖端为 298mm。

2. 锐角固定辙叉主要几何尺寸

锐角固定辙叉的主要尺寸包括趾距、跟距及辙叉全长。趾距影响道岔连接部分及配轨的长度 L_t，跟距决定道岔后端接头的位置，直接影响着道岔的全长。

直线锐角辙叉的长度，应根据给定的钢轨类型、辙叉角或辙叉号数进行计算。首先，根据辙叉的构造要求，即根据我国夹板的孔型布置，以能使各个夹板螺栓顺利穿入为控制条件，计算辙叉的容许最小长度，再按岔枕布置及护轨长度等条件进行调整，最后确定其采用值。60kg/m 钢轨 12 号提速道岔中锰钢固定式辙叉的长度是 $n=2038$mm，$m=3954$m。

3. 道岔主要尺寸

半切线型尖轨、直线辙叉单开道岔中的主要尺寸如图 5-44 所示，图中各项符号的意义如下：

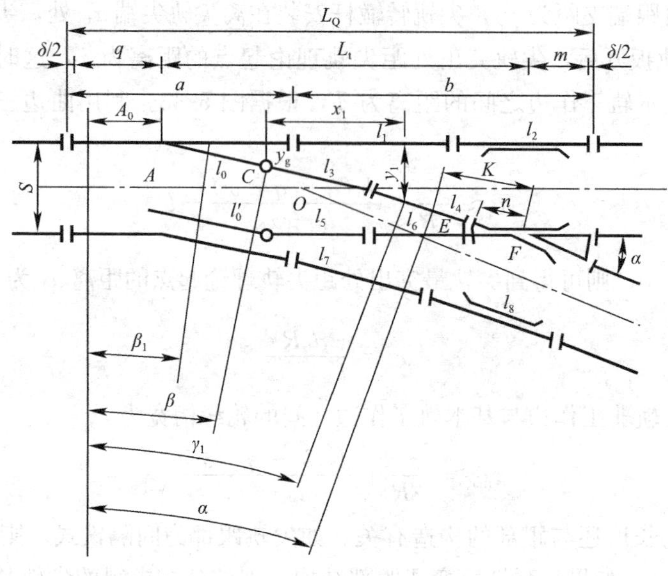

图 5-44　单开道岔总图

辙叉角 α，轨距 S，轨缝 δ，转辙角 β，尖轨长 l_0、l'_0，尖轨跟端支距 y_g，基本轨前端长 q；辙叉趾距 n，辙叉跟距 m；导曲线外轨半径 R、导曲线后插直线长 K。O 点为道岔直股中心线与侧线辙叉部分中心线的交点，又称道岔中心。

需要计算的尺寸如下：

道岔前长 a（道岔前轨缝中心到道岔中心的距离），道岔后长 b（道岔中心到道岔后轨缝中心的距离）；

道岔理论全长 L_t（尖轨理论尖端至辙叉理论尖端的距离）；

道岔实际全长 L_Q（道岔前后轨缝中心之间的距离）；

导曲线后插直线长 K（当 R 为已知时）或导曲线外轨半径 R（当 K 已知时）。

导曲线后插直线段是为了减少车辆对辙叉的冲击作用，避免车轮与辙叉前接头相撞，而使辙叉两侧的护轨完全铺设在直线上，一般要求 K 的长度为 2～4m，最短不得小于辙叉趾距 n 加上夹板长度 l_h 的半数，即 $K_{min} \geqslant n+\frac{l_h}{2}$。

为求得道岔的有关数据，把导曲线外股作用边 $ACDEF$ 投影到直股中线上，得

$$L_t = R\sin\alpha + K\cos\alpha - A_0 \tag{5-25}$$

再把它投影到直股中线的垂直线上，得

$$S = y_g + R(\cos\beta - \cos\alpha) + K\sin\alpha \tag{5-26}$$

由此得道岔各主要尺寸的计算公式为

$$K = \frac{S - R(\cos\beta - \cos\alpha) - y_g}{\sin\alpha} \tag{5-27}$$

或者

$$R = \frac{S - K\sin\alpha - y_g}{\cos\beta - \cos\alpha} \tag{5-28}$$

$$L_Q = q + L_t + m + \delta \tag{5-29}$$

$$b = \frac{S}{2\tan\frac{\alpha}{2}} + m + \frac{\delta}{2} \tag{5-30}$$

$$a = L_Q - b \tag{5-31}$$

【例 5-1】 60kg/m 钢轨 12 号提速道岔曲线尖轨、固定型直线辙叉式单开道岔 $N=12$，$R=350717.5$mm，$n=2038$mm，$m=3954$mm，曲线尖轨长 $l_0=13880$mm，直线尖轨长 $l'_0=13880$mm，基本轨前端长 $q=2916$mm，$S=1435$mm，跟端支距 $y_g=311$mm，$\delta=8$mm，导曲线理论起点离尖轨实际尖端 886mm，导曲线实际起点离尖轨实际尖端 298mm，如图 5-45 所示。

【解】

$$\beta = 2°24'47'', \cos\beta = 0.9991132$$

$$\alpha = 4°45'49'', \cos\alpha = 0.99654580, \sin\alpha = 0.08304495$$

$$\tan\frac{\alpha}{2} = 0.04159431$$

$$K = \frac{S - R(\cos\beta - \cos\alpha) - y_g}{\sin\alpha}$$

$$= \frac{1435 - 350717.5 \times (0.9991132 - 0.99654580) - 311}{0.08304495}$$

$$= 2692\text{mm}$$

$$L_t = R\sin\alpha - A_0 + K\cos\alpha$$

$$= 350717.5 \times 0.08304495 - 886 + 2692 \times 0.99654580$$

$$= 30922\text{mm}$$

$$L_Q = q + L_t + m + \delta = 2916 + 30922 + 3954 + 8 = 37800\text{mm}$$

$$b=\frac{S}{2\tan\frac{\alpha}{2}}+m+\frac{\delta}{2}=\frac{1435}{2\times0.04159431}+3954+4=21208\text{mm}$$

$$a=L_Q-b=37800-21208=16592\text{mm}$$

4. 配轨计算

一组单开道岔，除转辙器、辙叉及护轨外，一般有8根连接轨，分4股，每股2根。所谓配轨就是计算这8根钢轨的长度并确定其接头的位置。

配轨时应考虑如下原则：

(1) 转辙器及辙叉的左右基本轨长度，应尽可能一致，以减少基本轨备件的数量，有利于左右开道岔的互换。

(2) 连接部分的钢轨不宜过短，小号码道岔一般不小于4.5m，大号码道岔不小于6.25m。

(3) 配轨时应保证接头相对，并尽量使岔枕布置不发生困难，同时要考虑安装轨道电路绝缘接头的可能性。

(4) 充分利用整轨、缩短轨、整轨的整分数倍的短轨，做到少锯切，少废弃，选用钢轨利用率较高的方案。

单开道岔配轨计算公式为（见图5-44）：

$$\begin{cases}l_1+l_2=L_Q-l_j-3\delta\\l_3+l_4=\left(R+\dfrac{b_0}{2}\right)(\alpha-\beta)\dfrac{\pi}{180}+K-n-3\delta\\l_5+l_6=L_t-l_0'-n-3\delta\\l_7+l_8=q+l_0-S_0\tan\beta_1+\left(R-S-\dfrac{b_0}{2}\right)(\alpha-\beta)\dfrac{\pi}{180}+K+m-2\delta-l_j\end{cases}\tag{5-32}$$

式中 S_0——尖轨尖端处的轨距；

$S_0\tan\beta_1$——曲线尖轨外轨起点超前内轨起点的距离；

l_j——基本轨的长度；

α、β——以度（°）计；

b_0——轨头宽度。

对60kg/m钢轨12号提速单开道岔进行计算，基本轨长 $l_j=16584$mm，其他数据采用以上计算结果。

$l_1+l_2=37800-16584-3\times8=21192$mm

取 $l_1=7770$mm，$l_2=13422$mm

$l_3+l_4=(350717.5+35)\times2.350555°\times0.01745329+2692-2038-3\times8$
$=15020$mm

取 $l_3=7800$mm，$l_4=7220$mm

$l_5+l_6=30922-13880-2038-3\times8=14980$mm

取 $l_5=7770$mm，$l_6=7210$mm

$l_7+l_8=2916+13880-1437\times0.0003377+(350717.5-1435-35)\times2.350555°\times0.01745329+2692+3954-2\times8-16584=20809$mm

取 $l_7=7804$mm，$l_8=13005$mm。

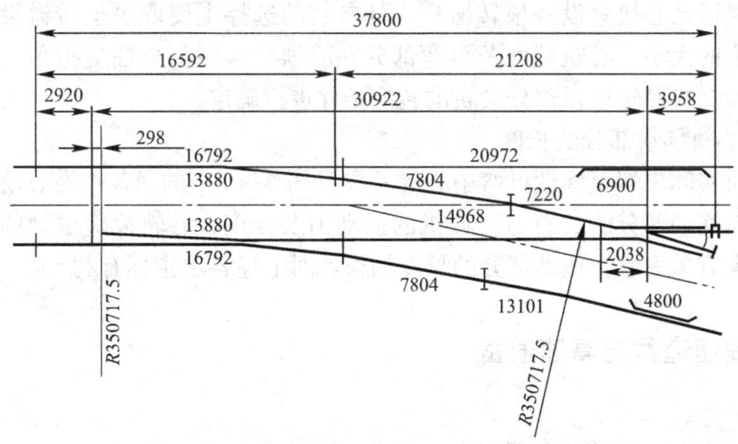

图 5-45　12 号固定型辙叉提速道岔平面主要尺寸

5. 导曲线支距计算

导曲线支距计算已在前边作了介绍。现仍对 60kg/m 钢轨 12 号提速单开道岔进行计算。已知的参数为：$\beta=2°24'47''$，$\alpha=4°45'49''$，$y_g=311$mm。

支距计算起始点为 $x_0=0$，$y_0=y_g=311$mm。

支距计算终点坐标为

$x_n=R(\sin\alpha-\sin\beta)=350717.5\times(0.08304495-0.0421033)=14359$mm

$y_n=S-K\sin\alpha=1435-2692\times0.08304495=1211$mm

其余各点支距可按式（5-5）进行计算。

5.4.3　可动心轨辙叉的计算

1. 主要参数

可动心轨的主要参数有：心轨转换过程中不发生弯折的长度 l_1，弹性肢长 l_2，转辙机必需的扳动力 P，心轨角 β，第一、第二转辙杆处的心轨动程 t_1 和 t_2 等，如图 5-46 所示。

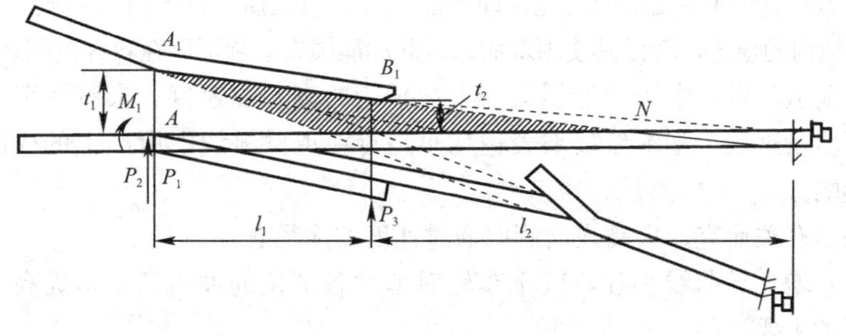

图 5-46　可动心轨辙叉

以单肢弹性可弯心轨为例，在计算这些参数时，心轨 l_1 段为绝对刚体，l_2 段为弹性可弯且一端固定的梁，在第一、第二转辙杆处作用 P_1 和 P_3 力。根据这样的力学模型便可得到这些参数的一系列计算公式。但是上述参数都

是互相关联的未知量，无法直接计算出来，可采用有限元软件求解。

如果可动心轨只设一根转辙杆，其参数的选择主要取决于转辙设备的动程、功率的大小、心轨截面及可弯部分在心轨转换时的弯曲应力值。通常可根据经验，参照转辙器部分尖轨的转换条件进行确定。

2. 心轨摆动部分的长度

心轨实际尖端至弹性可弯中心的一段（图 5-46 中的 AN）为心轨摆动部分。心轨摆动部分的长短与转辙机的扳动力及摆度、心轨危险截面的弯曲应力等因素有关。心轨摆动部分的长度加长，对上述各项指标有利。

5.5 提速道岔与高速道岔

5.5.1 提高过岔速度的途径

列车通过道岔的速度包括直向通过速度和侧向通过速度。道岔的过岔速度是控制线路行车速度的重要因素之一。道岔容许通过速度取决于道岔构件的强度、平顺性及平面形式等方面，这些是保证列车安全平稳运行和旅行舒适度必不可少的条件。

1. 提高侧向过岔速度的途径

就一组单开道岔而言，侧向通过速度包括转辙器、导曲线、辙叉及岔后连接线路这四部分的通过速度，每一部分都影响道岔侧向的通过速度。然而，辙叉部分无论从目前的结构形式、强度条件和平面设计来看，都不是控制侧向过岔速度的关键。岔后的连接线路不属于道岔的设计范围，且一般规定，岔后连接线路的通过速度不低于道岔导曲线的容许通过速度。因此侧向通过速度主要由转辙器和导曲线这两个部位的通过速度来决定。由于导曲线一般不设超高和缓和曲线，且半径较小，这使得列车未被平衡的离心加速度较大。另外，机车车辆由直线进入道岔侧线时，在开始迫使车辆改变运行方向的瞬间，必然会发生车辆与钢轨的撞击，此时，车体中的一部分动能，将转变为对钢轨的挤压和机车车辆走行部分横向弹性变形的位能，即动能损失。动能损失过大将影响旅行舒适度和道岔结构的稳定，降低其使用寿命，因此动能损失必须限制在容许范围之内。

目前道岔设计中用动能损失、未被平衡的离心加速度、未被平衡的离心加速度增量这三个基本参数来表达列车运行在道岔侧线上所产生的横向力的不利影响。

根据有关研究，提高道岔侧向通过速度的途径有：

（1）增大导曲线半径，减小车轮对道岔各部位的冲击角，是提高侧向通过速度的主要途径。

（2）加强道岔结构，有利于提高侧向通过速度。

（3）采用大号码道岔，以增大导曲线半径，这是提高侧向通过速度的有效办法。但道岔号数增加后，道岔的长度也增加了。这需要相应地增加站坪长度，因而在使用上受到限制。

(4) 道岔号数相同的对称道岔和单开道岔，前者的导曲线半径约为后者的2倍，因此，采用对称道岔可提高侧向通过速度30%～40%。但对称道岔的两股均为曲线，使原来为直股的运行条件变差，因而仅适用于两个方向上的列车通过速度或行车密度相接近的地段。

(5) 在道岔号数固定的条件下，改进平面设计，例如采用曲线尖轨、曲线辙叉，也可以达到加大导曲线半径的目的。

(6) 采用变曲率的导曲线，可以降低轮轨撞击时的动能损失和减缓未被平衡离心加速度及其变化率，但仅在大号码道岔中才有实际意义。导曲线设置超高，可以减缓未被平衡离心加速度及其增量，但实际上受道岔空间的限制，超高值很小，只能起到改善运营条件（如防止出现反向超高）的作用，而不能显著提高侧向通过速度。

(7) 减小车轮对侧线各部位钢轨的冲击角，如防止轨距不必要的加宽，采用切线型曲线尖轨，尖轨、翼轨与护轨缓冲段选用尽可能相同的冲击角，与导曲线容许通过速度相配合。

我国现行《铁路线路修理规则》规定的道岔侧向容许过岔速度见表5-3。

侧向允许通过速度（km/h） **表5-3**

尖轨类型	道岔号数							
	8	9	10	11	12	18	30	38
普通钢轨尖轨	25	30	35	40	45	75/80		
AT弹性可弯尖轨					50	75/80	140	140

注：具体根据道岔标准图或设计图规定。

2. 提高直向过岔速度的途径

影响道岔直向通过速度的因素有道岔平面冲击角的影响、道岔转辙器及辙叉部分轮轨关系、道岔轨道竖向刚度、道岔几何形位等。

我国根据运营实践并结合一定理论分析，依据道岔的结构状况，将直向通过速度限制为同等级区间线路容许速度的80%～90%。我国现行《铁路线路修理规则》规定的道岔直向容许过岔速度见表5-4。

直向允许通过速度（km/h） **表5-4**

钢轨	尖轨类型	辙叉类型	道岔号数				
			9	12	18	30	38
43kg/m	普通钢轨尖轨	固定型	85	95			
50kg/m	普通钢轨尖轨	固定型	90	110	120		
50kg/m	AT弹性可弯尖轨	固定型		120			
50kg/m	AT弹性可弯尖轨	可动心轨		160			
60kg/m	普通钢轨尖轨	固定型	100	110			
60kg/m	AT弹性可弯尖轨	固定型		120			
60kg/m	AT弹性可弯尖轨	固定型（提速道岔）	140	160			
60kg/m	AT弹性可弯尖轨	可动心轨		160/200	160/200	160/200	200

注：具体根据道岔标准图或设计图规定。

根据有关研究，提高直向过岔速度的途径有：

(1) 道岔部件采用新型结构和新材料，结构不断强化，制造与组装精度不断提高。这是提高直向过岔速度的根本途径。

(2) 道岔的平面及构造要采用合理的形式及尺寸，以消除或减少影响直向过岔速度的因素。

(3) 道岔的轨道刚度要进行均匀化处理，以消除影响直向过岔速度的动态不平顺。

可采取下列具体措施来提高和保持直向过岔速度：

(1) 转辙器部分可采用特种断面尖轨代替普通断面钢轨，采用弹性可弯式固定型尖轨跟部结构，增强尖轨跟部的稳定性。避免道岔直线方向上不必要的轨距加宽。将尖轨及基本轨进行淬火，增强耐磨性。

(2) 采用轨距对称加宽结构设计或优化轮轨关系，缩短轮载过渡段长度，以减缓横向不平顺。

(3) 采用活动心轨型辙叉代替固定辙叉，保证列车过岔时线路连续，从根本上消灭有害空间，并使道岔强度大大提高。

(4) 适当加长翼轨、护轨缓冲段长度，减小冲击角，或采用不等长护轨，以满足直向高速度的要求。

(5) 采用水平藏尖式结构设计或优化轮轨关系，以减缓竖向及横向不平顺。

(6) 为减少车辆直向过岔时车轮对护轨的冲击，可以使用弹性护轨。

(7) 设置轨底坡，改善轮轨接触关系。

(8) 采用混凝土岔枕代替木枕，增加道岔的稳定性。

(9) 采用弹性扣件，在钢轨及铁垫板下均设橡胶垫层，基本轨采用双侧弹性扣压结构，增加道岔弹性。

(10) 消除道岔中钢轨接头，采用无缝线路技术。

(11) 合理设置扣件系统刚度，采用刚度均匀化技术，使岔区内及与区间线路相连接地段轨道整体刚度尽可能一致或均匀过渡，以减缓动力不平顺。

(12) 优化尖轨及辙叉顶面降低值、固定辙叉顶面横坡，改变固定辙叉中翼轨平直段的防护范围，减小翼轨冲击角。

(13) 优化大号码道岔中牵引点数量及位置，尽可能消除尖轨及可动心轨中的不足位移。

(14) 采用减磨滑床台及滚轮结构，确保长大尖轨转换到位，优化外锁闭机构，使之能适应无缝道岔尖轨的伸缩。

(15) 加强道岔结构，可动心轨道岔中采用特种断面翼轨。

(16) 尖轨采用一根钢轨制造，避免出现焊接接头。

(17) 加强限位器结构，避免引起尖轨跟端变形。

(18) 尖轨及可动心轨跟端轨底不作削弱，不设柔性点。

(19) 提高道岔各部件的加工精度，严格控制组装误差，避免混凝土长岔枕的收缩徐变引起道岔水平不平顺及预埋件的定位误差引起轨距和方向不平顺。

（20）加强道岔的维修保养，及时修换磨耗超限的道岔零部件，保持道岔处于良好的技术状态。

5.5.2 提速道岔

随着国民经济的发展，人民生活水平的提高，要求铁路快捷、方便、安全舒适。因此，将繁忙干线旅客列车的运行速度提高到160～200km/h，货物列车提高到80～100km/h就具有重要的意义。为适应速度的提高，铺设提速道岔为必不可少的措施。

我国自行设计制造的提速道岔为CHN60型U71V钢轨12号道岔，有高锰钢整铸辙叉和可动心轨辙叉两类，道岔基础主要为混凝土岔枕。转辙器部分的尖轨用60AT轨制造，跟部结构为弹性可弯式，外锁闭装置。尖轨和可动心轨为两点或三点分动牵引扳动，采用Ⅱ型或Ⅲ型扣件。实践证明，我国的提速道岔设计先进，制造精良，列车通过道岔时运行安全平稳，养护工作量小，已达到国际先进水平。

我国目前在主要干线上适应提速要求的提速道岔优于现有普通道岔的特点主要为：

（1）道岔各部位轨距均为1435mm，各钢轨件均设置1∶40的轨底坡，改善了道岔区的轮轨相互作用条件，提高了列车通过道岔区的平顺性。

（2）岔枕的布置均垂直于直股中心线，带钢岔枕的道岔全长范围内岔枕间距均为600mm。各类转换设备、密贴检查器以及外锁闭装置全部隐藏在钢岔枕内。对不带钢岔枕的间距也进行了调整，这样，提速道岔无论采用木岔枕或混凝土岔枕，均能保证留有足够的空间，便于捣固作业。

（3）尖轨用60AT轨制作，长度为12.4～14.2m，两尖轨间不设连接杆，采用分动转换方式，总扳动力低于转辙机的额定荷载。尖轨跟部设有限位器，既可控制尖轨爬行，又可起到释放和传递无缝道岔温度力的作用。

（4）可动心轨辙叉采用钢轨组合式，翼轨用CHN60钢轨或模锻特种断面轨制造。心轨用60AT轨制造。在心轨第一牵引点处的轨底下部采用热锻工艺锻出转换柄，转换杆通过翼轨底与转辙机连接。翼轨有长短两种类型，无缝道岔采用长翼轨型，普通道岔采用短翼轨型。为防止心轨侧磨，侧线设分开式护轨，用CHN50钢轨制作，护轨顶面高出基本轨顶面12mm。

（5）尖轨和可动心轨均设两个或三个牵引点，并安装外锁闭装置。尖轨上装有密贴检查器，对尖轨与基本轨的密贴进行监测。

（6）高锰钢整铸辙叉翼轨缓冲段冲角由46′减缓至34′，直向护轨缓冲段冲角由50′减缓至30′。这样就减小了冲击，有利于提高直向过岔速度。

（7）道岔各部分钢轨顶面均进行全长淬火。

（8）道岔直股钢轨全部采用焊接接头，与高锰钢整铸辙叉连接采用冻结或胶接接头，并开始使用可焊岔心。

(9) 混凝土岔枕的承载能力：正弯矩为23.6kN·m，负弯矩为−17.7kN·m，比Ⅲ型枕分别提高22.9%和0.6%，岔枕顶面为无挡肩设计，长度为2.6～4.8m。

(10) 除尖轨和可动心轨处外，无论是木岔枕还是混凝土岔枕，轨下及垫板下均设有弹性垫层。

5.5.3 高速道岔

1. 高速道岔的定义及分类

直向容许通过速度达250km/h及以上的道岔均可称为高速道岔。在高速铁路中，道岔有其特殊的要求。高速道岔在功能上和结构上与常速道岔相比，虽没有原则上的区别，但它们的安全性和舒适性要求更高。近几年来，各国铁路根据高速运行时机车车辆与道岔相互作用的特点，对高速道岔的平纵断面、构造、制造工艺、道岔范围内的轨下基础及养护维修均进行了大量的研究，设计和制造出一系列适用于不同运行条件的高速道岔。

高速道岔分两类：一类是适用于直向高速行车的道岔。这类道岔不仅应用在新设计的高速线路上，以保证列车直向高速通过，也可用于由普通线路改建成为高速铁路的线路上，使车站平面布置变动减少。这类道岔一般为常用号码道岔。另一类是直向和侧向都能通过高速列车的大号码道岔。它们一般铺设在新建的高速线路上以及旧线改建时列车需要高速通过的部位。2005年以前，我国尚没有高速道岔的设计、制造、供货经验，为满足大规模高速客运专线铁路的建设需要，铁道部考虑了从德国直接采购、以市场换取法国技术、自主研发三种高速道岔解决方案，因此目前我国高速铁路上存在着中国、德国、法国技术的高速道岔，三者各有其技术特点：

中国、德国、法国为我国客运专线所设计的时速350km/h道岔均与其设计的时速250km/h道岔号码及平面线形相同，其中我国技术客运专线道岔系列为18、42、62号，法国技术客运专线道岔系列为18、41、58号，德国技术客运专线道岔系列为18、50号等。

2. 高速道岔的技术要求

高速道岔的技术要求主要体现在以下几方面：

(1) 高速度。高速道岔直向允许通过速度达到了250、350km/h，基本上实现了与区间等速运行，侧向允许通过速度最高也达到了160、220km/h，大幅度提高了过岔通过能力。高速度决定了高速道岔的平面线形、结构设计、制造组装、运输铺设、养护维修比提速和普速道岔有更高的技术要求。

(2) 高安全性。道岔本身具有安全性低的特点，在高速列车过岔时一旦发生脱轨，将会造成灾难性的后果，因此高速道岔的设计检算速度要求为直向允许通过速度加10%，侧向允许通过速度加10km/h。此外，在道岔结构设计中要提高其可靠性，必要时还要安装融雪设备和监测系统，保证高速道岔的正常工作状态。

(3) 高平稳性。以平稳性保安全性是高速铁路的养护维修原则之一，对高速道岔也是如此。为提高列车高速过岔时的横向平稳性，道岔导曲线可采用半径较大的圆曲线或圆缓、缓圆缓等线形，可通过设置轨距加宽、缩短轮载过渡范围、采用水平藏尖结构等措施来优化轮轨关系设计，可通过控制尖轨及心轨顶面高差、修正性打磨钢轨顶面轮廓等措施来确保正确的轮轨关系。可通过设置合理的扣件系统刚度及刚度匹配、岔区整体刚度的均匀化设计来提高列车过岔时的竖向平稳性。

(4) 高可靠性。我国提速道岔一直未能较好解决以下两大技术难题：一是无缝道岔尖轨、心轨等可动部件的伸缩转换卡阻问题，当轨温变化幅度较大或气温骤变时，无缝道岔的尖轨及心轨伸缩位移较大，造成锁闭机构卡死，道岔不能正常转换，道岔号码越大，年轨温差越大的地区，这种现象越严重；二是在心轨一动处因转换凸缘锁闭点较低，当心轨出现“翻背”现象，心轨工作边与翼轨工作边不贴靠时，电务表示杆无法有效检测，出现检查失效的问题。高速道岔的高安全性要求其结构必须具有高可靠性，因此需应用工电一体化系统设计理念，对工电结合部进行优化设计。

(5) 高平顺性与高精度。高平顺性是确保高速列车安全平稳过岔的保证，首先要求道岔各部件的制造要达到高精度，其次要求高速道岔在厂内组装平台上进行预组装，以消除其原始不平顺，再次要求高速道岔的运输、吊装等不得导致长大轨件发生变形，最后要求高速道岔的铺设和养护要满足机械化、专业化、标准化和精细化的作业要求，特别是在无砟轨道基础上，一旦铺设过程中出现了较大的不平顺，在后期养护维修中是很难调整的。此外，在结构设计中还要优化牵引点布置，以保证长大轨件转换过程中不出现转换不到位、轨距减小等现象。

(6) 较好的适应性。为节约土地、控制沉降，高速铁路修建了大量的高架车站，因此要求高速道岔与桥梁间具有较小的静动力相互作用、较好的在桥梁上铺设的适应性。此外，山区高速铁路站坪两侧的线路坡度一般较大，这要求区间单渡线道岔还应具有较好的在大坡道上铺设的适应性。

(7) 较少的维修工作量。高速道岔的养护维修只能在开窗点内封闭施工，从提速及普速道岔养护维修工作量大的特点来看，必须强化高速道岔结构，提高其可靠性，降低养护维修工作量，否则就无法满足高速道岔高平顺与高安全性的要求。

3. 高速道岔的主要特征

以下从平纵断面和构造方面来介绍高速道岔的主要特征。

(1) 平纵断面方面

① 导曲线线形以圆曲线为主，也有少数采用变曲率曲线的，如法国用于渡线的 UIC60 轨 tan0.0154 (1/65) 道岔的导曲线采用单支三次抛物线，半径最大处位于导曲线终点（曲线形辙叉跟端），侧向容许通过速度为 220km/h。瑞士铁路在 UIC-54E1：25 道岔中采用螺旋曲线。另外，英国、意大利等国铁路也采用缓和曲线作导曲线。

② 采用大半径的曲线形尖轨，从尖轨尖端到最大可能冲击断面的半径较

导曲线部分大。尖轨与基本轨工作边在平面上多为切线形，这样可减小列车逆向进入道岔侧线时的冲角。

③ 各部位轨距小于常速道岔的轨距，通过减小游间，使机车车辆平顺通过。如法国、德国、苏联的单开道岔轨距分别缩减 2～5mm。但我国新型的 CHN60 钢轨 12 号提速道岔，各部位均仍保持 1435mm 的标准轨距。

④ 根据车轮滚动面、辙叉外形尺寸及相互位置的分布情况，经数理统计分析，提出了优化的辙叉纵横断面。

⑤ 采用可动部件辙叉（如可动心轨、可动翼轨或其他可动部件）消灭有害空间。

⑥ 在大号码道岔中导曲线外轨设置超高。有些国家的道岔设置轨底坡或轨顶坡，以进一步改善列车舒适度。

⑦ 大号码道岔全长大大增加，法国的 65 号道岔全长为 209m，德国的 42 号道岔全长为 154m，瑞士的 28 号道岔全长为 100m。

(2) 构造方面

① 在基本轨与尖轨的贴靠部位，对基本轨轨距线以下的轨头下颚作 1∶3 的刨切，以获得藏尖式结构。这种措施对确保逆向行车安全，防止尖轨尖端被轧伤，并使尖轨在动荷载作用下，保持良好的竖向稳定性是十分有效的。在可动心轨辙叉中心，心轨与翼轨的贴靠部位同样采用这种结构形式，对心轨尖端也起到良好的保护作用。另外，心轨采用防跳装置，例如心轨尖端设防跳间隔铁（图 5-47），密贴段设有防跳卡铁，后端设防跳顶铁（图 5-48）来防止心轨的跳动。

图 5-47　防跳间隔铁

图 5-48　防跳顶铁

② 采用高度比基本轨矮的特种钢轨加工成尖轨，尖轨为弹性可弯式。尖轨跟部轧制成与普通轨相同的截面，与连接轨直接焊接相连。尖轨跟部有局部刨切的，也有不作刨切的，这样可以大大提高转辙器的稳定性和可靠性。

③ 大号码道岔的尖轨一般较长，为保证尖轨转换可靠及扳动到位，常使用多根转辙杆。如法国 UIC60tan0.0154 道岔，尖轨长为 57.50m，采用 6 根转辙杆。德国 UIC60 轨 1∶26.5 道岔，尖轨长为 31.740m，采用 4 根转辙杆。在长尖轨下设置了尖轨扳动时的减摩擦装置，例如转辙器部分基本轨采用了弹性夹扣压（图 5-49）及辊轮转换结构（图 5-50），可保证基本轨的横向稳

定性，降低尖轨转换阻力。

图 5-49　弹性夹扣压

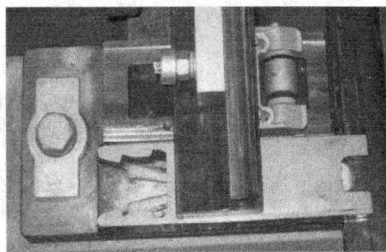

图 5-50　辊轮转换结构

④ 采用特种断面的护轨钢轨。护轨轨面高于基本轨，这样可增加护轨与车轮的接触面，更有效地引导车轮，减少心轨磨耗。

⑤ 焊接道岔部位的接头，能提高高速列车过岔时的走行平稳性。

⑥ 在道岔范围内使用新型轨下基础，以便与区间线路的轨下基础类型一致。

⑦ 增加道岔监测系统。我国研制的 TMS 道岔状态实时监测系统可监测道岔密贴、最小轮缘槽、转辙机转换阻力、转换时间、转辙机工作电流和电压、环境温度和湿度、转辙机动态力、振动加速度、尖轨尖端轨距等。德国道岔采用 ROADMASTER2000 道岔监测系统，主要监测尖轨的位置、转辙机的电流、电压、拉力、转换时间、最小轮缘槽、钢轨纵向力、钢轨温度等。

⑧ 在寒冷地区增加电加热融雪装置。

大量的实测动车试验及运营实践表明，中国高速道岔技术经过近几年的发展，在设计理论、结构设计、制造铺设等方面均取得显著的进步，整体技术水平已与德法两国相当，我国自主研发的高速道岔已开始在各客运专线上使用，为我国高速铁路的建设提供了设备保障。

小结及学习指导

本章内容包括道岔的类型、构造及几何尺寸等，同时介绍了不同道岔各部件尺寸的计算方法与配轨原则。着重叙述了单开道岔的构造、尺寸及布置图，提高道岔直向和侧向过贫速度的途径，并对新型提速道岔和高速道岔平纵断面与构造特点进行了介绍。

通过本章的学习，要求熟悉道岔的类型及我国铺设和使用道岔标准形式的特点，掌握单开道岔的主要组成部分及各部分的细部构造，单开道岔几何形位尺寸的确定原则和计算方法，单开道岔总图计算的主要内容，提高道岔直向和侧向过岔速度的途径，了解单开道岔总图的计算方法，提速道岔和高速道岔的主要特点和技术要求。

思考题与习题

5-1 什么是道岔？道岔的功能是什么？

5-2 在我国铁路上铺设和使用的道岔有哪几种标准形式？各种道岔都有哪些特点？

5-3 单开道岔由哪些主要部分组成？画出普通单开道岔图，并分别阐述各组成部分功用。

5-4 藏尖式尖轨有哪些优点？

5-5 辙叉有哪些类型？各自的特点是什么？

5-6 什么是辙叉角？道岔号数与辙叉角的关系如何？

5-7 为什么在普通道岔辙叉部位的基本轨要设置护轨？护轨保护哪一段范围？护轨分哪几段？

5-8 什么是有害空间？其大小与什么因素有关？怎样消除有害空间？

5-9 道岔的几何形位包括哪些主要尺寸？

5-10 什么是尖轨动程？如何量取？

5-11 什么是导曲线支距？导曲线支距有什么作用？

5-12 辙叉的查照间隔 D 和护背距离 H_b 是根据什么原则确定的？具体尺寸有什么规定？

5-13 单开道岔总图计算包括哪几项内容？

5-14 提高道岔的直向和侧向过岔速度的途径有哪些？

5-15 简述提速道岔和高速道岔的特点。

第6章 无缝线路

本章知识点

【知识点】无缝线路概述，无缝线路的基本原理，无缝线路的稳定性，一般无缝线路结构设计方法，桥上无缝线路及跨区间无缝线路。

【重　点】无缝线路基本原理，一般无缝线路结构设计方法。

【难　点】设计锁定轨温确定，桥上无缝线路，跨区间无缝线路。

6.1 概述

无缝线路是把标准钢轨焊接成长钢轨的线路，又称焊接长钢轨线路。无缝线路是铁路技术进步的标志，是轨道结构近百年来最突出的改进与创新。

实践证明，无缝线路由于消灭了大量钢轨接头轨缝，因而具有行车平稳、旅客舒适、机车车辆和轨道的维修费用少、使用寿命长等一系列优点。大量的研究资料表明，从节约劳动力和延长设备寿命方面计算，无缝线路比有缝线路可节约养护维修费用35％～75％。

6.1.1 国内外无缝线路发展历程

1915年，欧洲在有轨电车轨道上开始使用焊接长钢轨，焊接轨条长度约为100～200m。20世纪30年代，世界各国开始在铁路上进行铺设试验，到了20世纪50～60年代，由于焊接技术的发展，无缝线路得到了应用和迅速发展。

德国早在1926年就在普通线路上试铺了120m的焊接钢轨，1935年正式铺设1km长的无缝线路试验段，1945年做出了以无缝线路为标准线路的规定，1974年无缝线路达到了52000km，到2007年已达76000km，约占全部营业线路的80％。

苏联1935年在加里宁铁路的莫斯科近郊车站线路上铺设了第一根焊接轨条轨道，长约600m。由于大部分地区温度变化幅度较大，最大达115℃，影响了无缝线路的发展，直到1956年才正式开始铺设。到1961年，苏联已铺设无缝线路约1500km，至2007年已有无缝线路50000km。由于地区轨温变化幅度较大，苏联的无缝线路除采用温度应力式外，还有一部分为季节性放散应力式。

美国于1930年开始在隧道内铺设无缝线路，1933年开始铺设区间无缝线路，之后时有间断，发展比较缓慢。从1955年开始进行大量的铺设，1970年以后每年以8000km以上的速度增长，最多时每年铺设达到10000km，至20世纪80年代末，铺设里程就达到120000km，是世界上铺设无缝线路最多的国家。

法国铺设无缝线路也较早，于1948～1949年间对无缝线路进行了大量的铺设试验后即推广应用，到1970年有无缝线路约12900km，并以每年约660km的速度发展，至2007年法国无缝线路总长已达20500km，占营业线路的59%。法国的温度应力式无缝线路多使用钢轨伸缩调节器，但近年来正逐步取消区间线路的调节器。法国的钢轨焊接技术十分先进，成功地解决了锰钢辙叉和钢轨的焊接技术。

日本是最早修建高速铁路的国家，于20世纪50年代开始铺设无缝线路，20世纪60年代东海道新干线首次实现一次性铺设无缝线路，长轨两端连接伸缩调节器可以伸缩。日本普通线路上的无缝线路采用60km/g钢轨、混凝土轨枕，在新干线上采用板式轨道结构。日本非常重视轨道结构的强化，同时逐步取消区间钢轨伸缩调节器，加大钢轨连续焊接的长度。

我国于1957年开始在京沪两地各铺设1km无缝线路，次年才进行大规模的试铺。1961年底我国共铺设无缝线路约150km，20世纪60～70年代对特殊地段（桥梁、隧道、小半径曲线、大坡道等）铺设的无缝线路进行了理论和试验研究，并取得了成功，为在线路上连续铺设无缝线路创造了条件。至1999年底，我国累计铺设无缝线路总长达27310km。2000～2002年，我国成功完成了秦沈客运专线一次铺设跨区间无缝线路的施工，京广、京沪、京哈、陇海等主要干线目前均已铺成无缝线路。

近年来，我国高速铁路得到了迅猛发展，截至2017年底，我国高速铁路客运专线的通车里程已经接近了2万km，按照《铁路“十三五”发展规划》，到2020年，我国客运专线将达到3万km以上。我国高速铁路全线采用跨区间无缝线路，高速铁路无缝线路技术包含内容更加广泛，涉及的技术难点更多，我国铁路工作者经过多年的研究与实践，逐步攻克了这些难点，在高速铁路无缝线路设计、施工、运营维护等方面均走在了世界的前列。《高速铁路设计规范》规定，新建线路必须全部采用跨区间无缝线路。

综上所述，随着轨道结构的加强、实践经验的丰富以及轨道理论研究的深入，各国铁路都在逐步扩大无缝线路铺设的范围，并积极地发展跨区间无缝线路。

6.1.2 无缝线路的类型

无缝线路根据处理钢轨内部温度应力方式的不同，可分为温度应力式和放散温度应力式两种。目前世界各国绝大多数国家均采用温度应力式无缝线路。

在温度应力式无缝线路上，长轨条之间铺设2～4根普通轨（称为缓冲轨）或钢轨伸缩调节器。长钢轨和普通钢轨之间采用普通钢轨接头，采用高强度接头螺栓以提高钢轨接头阻力。无缝线路铺设后，焊接长钢轨因受接头和道床纵向阻力的约束，两端自由伸缩受到一定的限制，中间部分的自由伸缩则完全受到限制，因而在钢轨中产生温度力，其大小随轨温变化幅度而异。这种无缝线路铺设简单，养护方便，故得到了广泛应用，但由于钢轨要承受强大的温度力，钢轨的强度和稳定性必须满足设计要求。

放散温度应力式无缝线路，又分为自动放散式和定期放散式两种，适用于年轨温差较大的地区。自动放散式是为了消除和减少钢轨内部的温度力，允许长轨条自由伸缩，在长轨两端设置钢轨伸缩接头。大桥上、道岔两端为释放温度力，一般铺设自动放散式无缝线路，在长轨两端设置伸缩调节器。定期放散温度应力式无缝线路结构形式与温度应力式基本相同。根据当地轨温条件，把钢轨内部的温度应力每年调整放散 1～2 次。放散时，松开焊接长钢轨的全部扣件，使它能够自由伸缩，放散内部温度应力，应用更换缓冲区不同长度调节轨的办法，保持必要的轨缝。定期放散温度应力式无缝线路在苏联和我国年温差较大的地区试用过，目前已很少使用。

根据无缝线路的铺设位置、设计要求的不同，可分为路基无缝线路（有砟或无砟轨道）、桥上无缝线路、岔区无缝线路等；根据长钢轨接头的联结形式，可分为焊接无缝线路和冻结无缝线路。

根据无缝线路轨条长度，是否跨越车站，可分为普通无缝线路、全区间无缝线路和跨区间无缝线路。全区间无缝线路是整个区间无钢轨普通接头，但与车站道岔仍用普通钢轨组成的缓冲区隔开。跨区间无缝线路是将连续几个区间的钢轨焊接起来，区间线路也与道岔焊接或用胶接接头，信号闭塞区间用胶接绝缘接头。

从理论上讲，无缝线路的轨条长度可以无限长，这是发展跨区间无缝线路的理论基础。跨区间无缝线路的优点非常突出：长轨条贯穿整个区间，并与车站的无缝道岔焊联，取消了缓冲区，彻底实现了线路的无缝化，全面提高了线路的平顺度与整体强度，充分发挥了无缝线路的优越性；取消了缓冲区，轨道部件的耗损和养护维修工作量进一步减少；消灭了钢轨接头，进一步改善了列车运行条件；伸缩区与固定区交界处因温度循环而产生的温度力峰，以及伸缩区过量伸缩不能复位而产生的温度力峰，都由于伸缩区的消失而消失，有利于轨道的稳定和维修管理；防爬能力较强，纵向力分布比较均匀，锁定轨温容易保持，线路的安全性和可靠性得到提高；长轨条温度力升降平起平落，不会形成温度力峰，可适度提高锁定轨温，从而提高轨道的稳定性。可见大力发展跨区间无缝线路是一项具有重大技术经济意义的举措。

总体来说，铺设无缝线路时，除在大桥上为减少墩台和轨道的受力、变形而设置伸缩调节器外，在一般线路上则采取轨条与轨条、轨条与道岔直接焊联的形式，这是无缝线路结构的发展方向。

6.1.3　无缝线路的关键技术

无缝线路的发展经过了一段较长的时间，在这一过程中，无缝线路的各项有关技术得到了发展。一般无缝线路的轨条长度为 1～2km，两长轨条之间

有缓冲区，长轨条两端又有伸缩区，所以轨条长度为1km的无缝线路，缓冲区和伸缩区的长度就要占30%～40%。在这一区段，线路的维修养护工作与普通线路相差无几。随着钢轨焊接、胶接绝缘接头和无缝道岔这三项关键技术的发展，近几年我国的跨区间无缝线路得到了大力发展，这也就大大减少了伸缩区和缓冲区，从而减少线路的维修养护工作量。

钢轨焊接是无缝线路的关键技术。我国最早采用电弧焊，后来采用了铝热焊，继而又采用了气压焊和接触焊，钢轨接头的焊接质量不断提高。在20世纪60年代铺设无缝线路初期，在工厂主要采用气压焊，现场采用铝热焊。实践证明，电接触焊的质量最好、效率高、成本低，焊接接头的疲劳强度较高，能达到要求，是目前普遍采用的一种有效可行的焊接方法。铝热焊设备简单，便于携带和移动，适用于施工现场使用。法国的拉伊台克铝热焊质量较高。近几年，我国积极引进和应用现场移动接触焊，大大提高了钢轨接头的焊接质量，为我国大力发展跨区间无缝线路提供了设备和技术保障。现在我国在工厂主要采用电接触焊，现场采用小型气压焊或铝热焊。长轨条的焊接方式有两种，建立固定焊接工厂，在工厂里把标准长度钢轨连续焊接成定长度的长轨条（我国一般焊接成200～500m长），然后用运轨专用列车运到线路上再焊接成设计长度的长轨条（一个闭塞区间的长度约1000～2000m）；用移动焊轨列车在线路上把标准长度的钢轨焊接成设计长度的长轨条。

钢轨胶接绝缘接头也是铺设跨区间无缝线路的关键技术之一，世界上一些工业发达的国家，大力发展和推广使用胶接绝缘接头。美国3M公司的胶接绝缘接头质量最优，其用于132RE钢轨的胶接绝缘接头整体剪切强度达2948.4kN，钢轨与夹板的相对位移不超过0.25mm。日本研究开发的一种以变性橡胶环氧树脂为主要成分的60kg/m钢轨胶接绝缘接头，其整体剪切强度达1800kN。俄罗斯铁路研制的钢轨胶接绝缘接头，整体剪切试验值为2900kN，并广泛用于跨区间无缝线路上。

世界各国铁路都十分重视区间线路长钢轨与道岔相互焊联问题，这是因为道岔部位结构复杂，轨道电路也较复杂，而站内道岔与信号机之间距离较短，如采用缓冲区，则站内短轨太多，钢轨接头也就很多，影响列车速度的提高并增加线路的维修养护工作量。目前一般采用道岔区钢轨直接与区间线路钢轨焊联和采用胶接绝缘接头两种方法。而区间线路长钢轨与道岔焊联的主要技术难点是无缝线路的纵向力造成道岔的纵向位移和增大道岔所受的附加纵向力，影响道岔区域轨道安全运行，此外道岔所用的钢材与区间钢轨所用的钢材也不相同，造成两种不同钢种钢轨的焊联，技术要求较高。

6.2 无缝线路的基本原理

6.2.1 无缝线路温度力计算

由于无缝线路轨条很长，当轨温发生变化时，在长钢轨中就会产生轴向温度力。轨温上升，长轨条中产生轴向压力；轨温下降，长轨条中产生轴向拉力。为了保证无缝线路安全运行，无缝线路长钢轨中的温度力必须满足强度和稳定性的要求。

当轨温变化 Δt 而自由伸缩时，一根长为 l 的钢轨伸缩量为：

$$\Delta l = \alpha \cdot l \cdot \Delta t \tag{6-1}$$

式中 α——钢轨的线膨胀系数，取 11.8×10^{-6}/℃；

l——钢轨长度（m）；

Δt——钢轨温度变化幅度（℃），又称轨温差。

如果钢轨受到阻力而不能随轨温的变化而自由伸缩时，则在钢轨中产生温度力，由虎克定律可得钢轨的温度应力为：

$$\sigma_t = E \cdot \varepsilon_t = E \cdot \frac{\Delta l}{l} = \frac{E \cdot \alpha \cdot l \cdot \Delta t}{l} = E \cdot \alpha \cdot \Delta t \tag{6-2}$$

式中 E——钢的弹性模量，取 2.1×10^5MPa；

ε_t——钢轨的温度应变。

把 E、α 代入式（6-2），可求出钢轨内部的温度应力为：

$$\sigma_t = 2.48\Delta t(\text{MPa}) \tag{6-3}$$

单根钢轨所受的温度力为：

$$P_t = \sigma_t \cdot F = 2.48\Delta t \cdot F(\text{N}) \tag{6-4}$$

式中 F——钢轨截面积（mm^2）。

由式（6-3）和式（6-4）可知：

（1）长钢轨中的温度力只与轨温变化幅度有关，而与钢轨长度无关，这是跨区间无缝线路的理论依据，所以控制长钢轨中温度力大小的关键是控制轨温的变化幅度 Δt。

（2）钢轨中的温度力大小除了与轨温变化幅度有关外，还与钢轨截面积有关，在同样轨温变化幅度条件下，钢轨截面积越大，钢轨中的温度力也越大。如轨温变化 1℃ 所产生的温度力，对于 75、60、50kg/m 钢轨分别为 23.6、19.2、16.3kN。

6.2.2 轨温

轨温与气温有所不同，影响轨温的因素比较复杂，如气候变化、风力大小、日照强度、线路走向和所分析部位等。在无缝线路温度力计算过程中，要涉及最高轨温 T_{max}、最低轨温 T_{min}、中间轨温 T_t 和锁定轨温 T_e。根据国内外的大量研究资料表明，最高轨温比当地最高气温高 18～25℃（计算时取 20℃），最低轨温比当地最低气温低 2～3℃（计算时取最低轨温与最低气温相等）。中间轨温是最高轨温和最低轨温的平均值，最大轨温差是最高轨温与最低轨温之差。

根据我国历年长期观测的气象资料，全国各地的最高轨温、最低轨温、中间轨温和最大轨温差如表 6-1 所示。

全国各地区的最高、最低轨温、中间轨温和最大轨温差（℃） 表6-1

地区	最高轨温	最低轨温	中间轨温	最大轨温差	地区	最高轨温	最低轨温	中间轨温	最大轨温差
北京	62.6	−27.4	17.6	90	昆明	52.3	−5.4	23.5	57.7
天津	65.0	−22.9	21.1	87.9	贵阳	61.3	−7.8	26.8	69.1
石家庄	62.7	−26.5	18.1	89.2	济南	62.5	−19.7	21.4	82.2
太原	61.4	−29.5	16.0	90.9	青岛	56.6	−20.5	18.1	77.1
呼和浩特	58.0	−36.2	10.9	94.2	南京	63.0	−14.0	24.5	77.0
沈阳	59.3	−33.1	13.1	92.4	上海	60.3	−12.1	24.1	72.4
大连	56.1	−21.1	17.5	77.2	杭州	62.1	−10.5	25.8	72.6
长春	59.5	−36.5	11.5	96.0	合肥	61.0	−20.6	20.2	81.6
哈尔滨	59.1	−41.4	8.9	100.5	福州	59.8	−2.5	28.7	62.3
齐齐哈尔	60.1	−39.5	10.3	99.6	厦门	58.5	−2.0	28.3	60.5
郑州	63.0	−17.9	22.6	80.9	广州	58.7	−0.3	29.2	59.0
武汉	63.1	−18.1	22.5	81.2	衡阳	61.3	−7.9	26.7	69.2
西安	65.2	−20.6	22.3	85.8	长沙	63.0	−11.3	25.9	74.3
兰州	59.1	−23.3	17.9	82.4	南宁	60.4	−2.1	29.2	62.5
西宁	53.5	−26.6	13.5	80.1	柳州	59.2	−3.8	27.7	63.0
银川	59.3	−30.6	14.4	89.9	拉萨	49.4	−16.5	16.5	65.9
乌鲁木齐	60.7	−41.5	9.6	102.2	香港	56.1	0.0	28.1	56.1
成都	60.1	−5.9	27.1	66.0	蚌埠	64.5	−19.4	22.6	83.9
重庆	64.0	−2.5	30.8	66.5	南昌	60.6	−9.3	25.7	69.9
台北	58.6	−2.0	28.3	60.6	深圳	58.7	−0.2	29.5	58.9
洛阳	64.2	−20	22.1	84.2	桂林	59.7	−5.0	27.4	64.7

锁定轨温，又称零应力轨温。设计、施工、运营情况不同，运用锁定轨温的概念不同。设计确定的锁定轨温称为设计锁定轨温，施工确定的锁定轨温称为施工锁定轨温，无缝线路的运行过程中处于温度力为零状态时的轨温称为实际锁定轨温。这三个概念不能混淆，否则会产生误解。如常说锁定轨温发生变化，是指实际锁定轨温发生变化，而设计锁定轨温和施工锁定轨温，一旦设计和施工完成，记入技术档案，作为日后线路养护维修的依据，不允许随意改变。

6.2.3 线路纵向阻力

轨温变化时，影响钢轨两端自由伸缩的原因来自于线路纵向阻力的抵抗。线路阻力分为接头阻力、扣件阻力和道床阻力。

1. 接头阻力

钢轨两端接头处由夹板通过螺栓拧紧，产生了阻止钢轨纵向位移的阻力，称为接头阻力。接头阻力由钢轨与夹板之间的摩擦力和螺栓的抗剪力提供，为了安全，我国铁路轨道的接头阻力 P_H 仅考虑钢轨与夹板间的摩阻力。

$$P_H = n \cdot s \tag{6-5}$$

式中 s——钢轨与夹板间对应一个螺栓的摩阻力；

n——接头一端螺栓个数，对于6孔夹板，$n=3$。

每个螺栓产生的摩阻力与螺栓的拉力 P 和钢轨与夹板之间的摩擦系数有关，夹板的受力如图6-1所示。夹板螺栓拧紧后，在夹板与钢轨的上下接触面上产生水平反力 T，P 越大，T 也越大（$P=2T$）。N 为钢轨与夹板接触面的法向力，R 为 N 与 T 的合力。据此可知

$$R=\frac{P}{2\cos\theta}=\frac{P}{2\sin(\alpha+\varphi)} \tag{6-6}$$

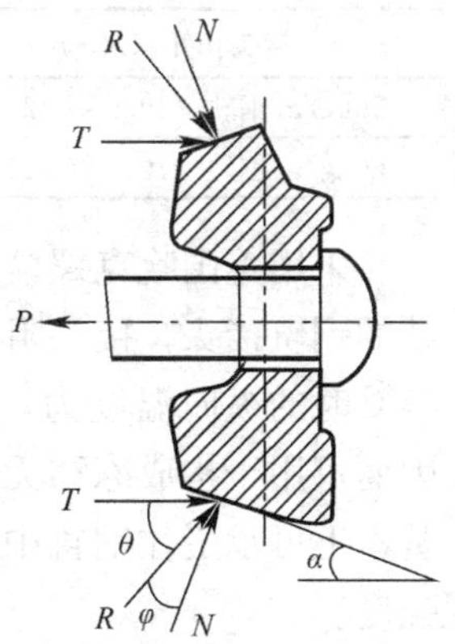

图6-1　夹板受力图

从图6-1可知，$\theta=90°-(\alpha+\varphi)$，$\cos\theta=\sin(\alpha+\varphi)$，$\tan\alpha=i$，$i$ 为夹板与钢轨接触面的斜率，60kg/m钢轨取1/3，50kg/m钢轨取1/4。当钢轨与夹板之间发生相对移动时，两者接触面就会产生摩擦力 F，F 将阻止钢轨与夹板的相对移动。摩阻力的计算式为

$$F=f\cdot N=\frac{Pf\cos\varphi}{2\sin(\alpha+\varphi)} \tag{6-7}$$

每块夹板有轨头和轨底两个接触面，两块夹板就有4个接触面，所以1个螺栓产生的摩阻力为

$$s=4F=\frac{2Pf\cos\varphi}{\sin(\alpha+\varphi)} \tag{6-8}$$

钢与钢的摩擦系数一般为0.25，可得 $\cos\varphi=\cos(\arctan 0.25)$，$\sin(\alpha+\varphi)=\sin(\arctan i+\arctan 0.25)$，所以可得60kg/m钢轨 $s=0.90P$，50kg/m钢轨的 $s=1.03P$，即一个螺栓产生的摩阻力接近一个螺栓的拉力。

所以接头阻力为

$$P_{\mathrm{H}}=ns=\frac{2nPf\cos\varphi}{\sin(\alpha+\varphi)}\approx n\cdot P \tag{6-9}$$

接头阻力与螺栓直径、材质、拧紧程度和夹板孔数有关。在其他条件不变的情况下，螺栓拧得越紧，接头阻力越大。螺栓的扭力矩与螺栓拉力的关系可用经验公式表示。

$$T=K\cdot D\cdot P \tag{6-10}$$

式中　T——拧紧螺帽时的扭力矩（N·m）；

K——扭矩系数，取0.18～0.24；

D——螺栓直径（mm）；

P——螺栓拉力（kN）。

列车通过钢轨接头时产生的振动，会使扭矩力下降，接头阻力值降低。根据国内测定数据，最低的接头阻力可降低到静力测定值的40%～50%。所以要定期检查接头螺栓，使之保持良好的工作状态。《铁路线路维修规则》规定，无缝线路钢轨接头采用10.9级螺栓，扭矩应保持在700～900N·m之间。表6-2为我国铁路计算时采用的接头阻力值。

不同扭矩时的钢轨接头阻力 P_H（kN） **表 6-2**

接头扭矩（N·m）	300	400	500	600	700	800	900	1000
50kg/m 钢轨，10.9 级 ϕ24 螺栓	150	200	250	300	370	430	490	
60kg/m 钢轨，10.9 级 ϕ24 螺栓	130	180	230	280	340	490	510	570

采用美国哈克螺栓和全螺纹自锁高强度螺栓（扭矩 1100N·m 以上）联结的钢轨接头，接头阻力达 700～900kN，可承受 60kg/m 钢轨温度变化 36～47℃时的纵向温度力，钢轨接头处于冻结状态，轨缝基本上不会发生变化，因而可用于构成冻结无缝线路。而胶接绝缘接头的阻力可达 1500～3000kN，基本上可承受住钢轨中的纵向力，不会拉开轨缝，因而可视为与焊接接头等强度。

2. 扣件阻力

扣件阻力就是钢轨和轨枕之间的阻力。试验表明，有螺栓扣件的阻力与螺栓扭矩和摩擦系数的大小有关，扣件扭矩越大，扣压力越大，扣件能提供的阻力也越大。对于无螺栓扣件，由弹条的变形量确定扣件的扣压力。一般情况下，可实测扣件的扣压力与扣件阻力之间的关系。钢轨与轨枕的相对位移和扣件阻力之间的关系也并非线性，在钢轨发生初始位移时，扣件阻力的增长率最大，随着位移的增大，阻力的增长率减小，当钢轨位移达 2mm 时，扣件阻力的增长率将很小。

扣件垫板压缩和磨损、无螺栓扣件弹条徐变都可导致扣压力下降，扣件阻力也随之下降。此外，列车通过时的振动，会使螺帽松动，导致扣压力下降。《铁路线路维修规则》规定，扣板扣件扭矩应保持在 80～120N·m；弹条扣件为 100～150N·m。各类扣件的扣压力如表 6-3 所示。

各类扣件的扣件阻力值（每组）（N） **表 6-3**

扣件类型	初始状态扣件转矩（N·m）		垫板压缩 1mm 时扣件扭矩（N·m）		以往采用计算值（N）	建议采用值（N）
	70～80	140～150	70～80	140～150		
ω 弹条扣件	11900	21900	9030	11600		9000
70 型	12500	19000	4220	6750	3000	4000
67 型	10100	18000	6230	9800	5500	6000
K 型	7500	15000			7500	7500
道钉混合式扣件	500				400	500
防爬器	16000				20000	15000

3. 道床纵向阻力

道床纵向阻力是指道床抵抗轨道框架纵向位移的阻力。一般是以每根轨枕阻力 R 或每延米分布阻力 r 表示。道床纵向阻力是抵抗钢轨伸缩，防止轨道纵向爬行的重要参数。道床纵向阻力要受到道砟材质、颗粒大小、道床断面、道床密实度、脏污程度、轨道框架质量等因素的影响。只要钢轨与轨枕间的扣件阻力大于道床阻力，则无缝线路长钢轨的温度力将完全由道床阻力和接头阻力承担。

道床阻力由轨枕底与道床顶面的阻力和枕木盒中的道砟阻力所组成。从图 6-2 可知，在正常状态下，单根轨枕的纵向阻力随着位移的增大而增加，当轨枕位移达到一定值后，枕木盒中道砟颗粒之间的啮合被破坏，因此，位移再增大，阻力也不再增大。在正常条件下，混凝土轨枕位移小于 2mm，木枕位移小于 1mm，道床纵向阻力呈现线性增长，位移超过此临界值后，纵向阻力增加减缓甚至下降。

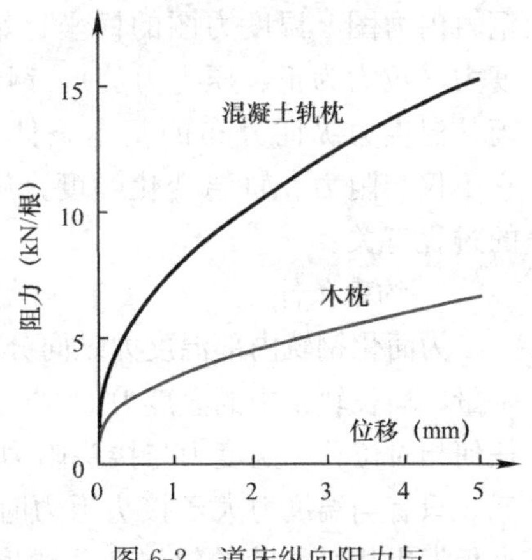

图 6-2　道床纵向阻力与轨枕位移的关系曲线

在无缝线路设计中，线路阻力取轨枕位移为 2mm 时相应的道床纵向阻力值，具体见表 6-4。

道床纵向阻力表　　表 6-4

线路特征		单枕的道床纵向阻力（kN）	一股钢轨下单位道床纵向阻力（N/cm）		
			1667 根/km	1760 根/km	1840 根/km
木枕线路		7.0	—	61	64
混凝土枕线路	Ⅰ型	10.0	—	87	91
	Ⅱ型	12.5	—	109	115
	Ⅲ型	18.3	152	160	—

此外，线路的维修养护作业在一定程度上破坏了道床的原状，使得道床阻力降低，需要通过一定运量后，线路得到列车的碾压，道床阻力才能恢复到原有值。道床纵向阻力与道床密实程度关系最为显著，北京交通大学所测试的道床清筛前后道床纵向阻力结果如表 6-5 所示。

道床清筛前后的纵向阻力　　表 6-5

作业项目	清筛前	筛边挖盒	枕后	枕后挖盒	综合捣固	筛后 3d	筛后 7d	筛后 15d	筛后 30d
纵向阻力（kN/根）	13.8	6.78	2.5	3.7	6.8	8.35	8.8	9.7	12.6
道床密实程度（%）	100.0	49.1	18.1	26.8	49.2	60.5	63.8	70.2	91.0

由于线路维修作业扰动道床，致使道床纵向阻力降低，为了保证轨道稳定性，只有采取限制施工作业轨温的方法来保证无缝线路的正常工作状态。对于一次铺设跨区间无缝线路的新建铁路线路，如秦沈客运专线，根据《秦沈客运专线有砟轨道工程施工技术细则》规定，无缝线路锁定并经整理作业后，要求道床纵向阻力达到 12kN/枕以上。

6.2.4　温度力图

温度力图常用来表示温度力沿长钢轨的纵向分布，故温度力图实质是

钢轨内力图。温度力图的横坐标轴表示钢轨长度，纵坐标轴表示钢轨的温度力（拉力为正、压力为负）。钢轨内部温度力和钢轨外部阻力随时保持平衡是温度力纵向分布的基本条件。焊接长钢轨温度力分布并不是均匀的。它不仅与阻力、轨温变化幅度、施工过程等因素有关，而且还与轨温变化的过程有关。

1. 约束条件

为简化钢轨内部温度力纵向分布的计算，通常假定钢轨接头阻力 P_H 为一常量。当长轨条中的温度力 P_t 小于接头阻力 P_H 时，钢轨与夹板之间不发生任何相对位移。温度力与接头阻力相等是钢轨与夹板发生相对移动的临界状态，只有当温度力大于接头阻力时，两者才发生相对移动。据此可知钢轨与夹板发生相对移动的轨温变化幅度为 $\Delta t_H=P_H/2.48F$。当轨温反向变化时，长轨条中的温度力减小，当温度力变化幅度小于接头阻力时，接头阻力不反向；当温度力变化幅度大于接头阻力时，接头阻力开始反向，但钢轨与夹板不发生相对反向移动；当长轨条中的温度力反向变化幅度大于 2 倍接头阻力时，钢轨与夹板才发生相对反向移动。

接头阻力被克服后，如温度力继续上升，则钢轨产生位移，道床阻力开始阻止钢轨的伸缩。但道床纵向阻力的产生体现在道床对轨枕的相对位移阻力，随着轨枕位移根数的增加，道床阻力也相应增大。为了计算方便，将单根轨枕的阻力换算成钢轨单位长度的阻力 r，并取常量，所以道床纵向阻力是以阻力梯度的形式分布，在钢轨的各个截面，温度力是不相等的。

2. 基本温度力图

无缝线路锁定后，轨温单向变化时，温度力沿钢轨纵向分布的规律称为基本温度力图，图 6-3 是钢轨锁定后，轨温下降后的基本温度力图。

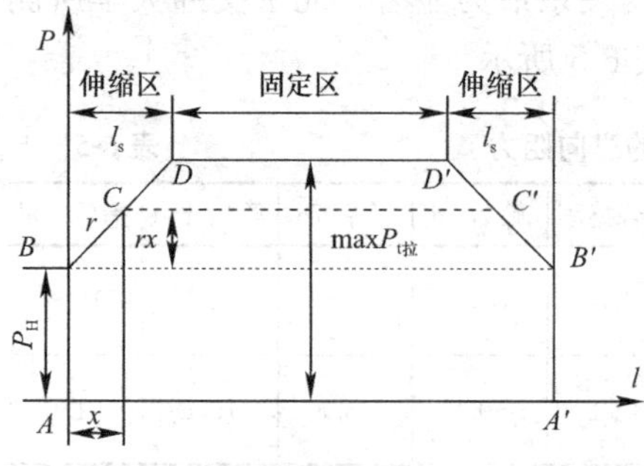

图 6-3　长轨条中的基本温度力图

当轨温等于锁定轨温时，在长轨条中温度力为零，即 $P_t=0$，如图 6-3 中的 A-A'线。

当轨温下降，$\Delta t=T-T_{sf}=\Delta t_H$ 时，$P_t=P_H$，轨端无位移，温度力在整个长轨条中仍均匀分布，如图 6-3 中的 B-B'线。

当轨温进一步下降，$\Delta t>\Delta t_H$ 时，$P_t>P_H$，道床阻力开始发挥作用，轨端出现收缩位移，在 x 长度范围内放散部分温度力，$P_t=P_H+rx$，温度力线为 B-C-C'-B'。

当轨温降至最低轨温 T_{min} 时，钢轨中产生最大温度拉力，此时 x 达到最大值 l_s，即为无缝线路伸缩区长度，温度力线为 B-C-D-D'-C'-B'。此时的固定区内的钢轨温度拉力达最大，即 $\max P_{t拉}=2.48\Delta t_{min}F$。伸缩区长度为

$$l_s=\frac{\max P_{t拉}-P_H}{r} \tag{6-11}$$

3. 轨温反向变化时的温度力图

前述为轨温从 T_{sf} 向 T_{min} 单向变化时，长轨条中温度力的变化情况。当轨温达到最低后，气温开始回升，轨温也就开始升高，所以轨温是随气温循环往复变化的。这时长轨条中的温度力变化与前述的轨温单向变化有所差别，而且与锁定轨温的取值也有关系。

如图 6-4 所示的温度力图，是锁定轨温 T_{sf} 大于中间轨温 T_z 的条件下，轨温变化的方向是 $T_{sf}\rightarrow T_{min}\rightarrow T_{sf}\rightarrow T_{max}$。

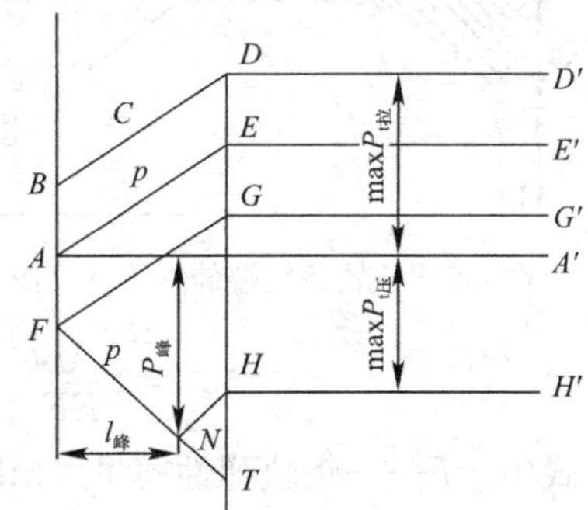

图 6-4　轨温反向变化时的温度力图

轨温最低时的温度力线为 B-C-D-D'。

轨温上升幅度小于 Δt_H 时，整条温度力线平移，钢轨接头所受的拉力也同时减小。当轨温上升幅度等于 Δt_H 时，钢轨接头阻力为零，温度力线为 A-E-E'。

轨温上升幅度大于 Δt_H，钢轨接头的受力开始反向，即受压。温度力线继续平移。当轨温变化幅度达 $2\Delta t_H$ 时，钢轨接头达到受压的接头阻力 P_H，固定区的温度力仍为温度拉力，道床阻力仍未反向。温度力线为 F-G-G'。

轨温上升幅度大于 $2\Delta t_H$，钢轨接头阻力被完全克服，钢轨开始伸长，道床阻力开始局部反向，如 F-N 段所示。

轨温上升至最高轨温 T_{max} 时，由于 $\Delta t_{拉max}>\Delta t_{压max}$，所以 $\max P_{t拉}>\max P_{t压}$，固定区只能达到 H-H' 线，而达不到 T 点，N-H 段的道床阻力仍不能反向，于是 F-N 线和 N-H 线相交，形成温度力峰值 $P_峰$，如图 6-4 所示，其值大小为：

$$P_峰=\frac{1}{2}(\max P_{t拉}+\max P_{t压}) \tag{6-12}$$

式（6-12）说明，温度压力峰值的大小与锁定轨温无关。温度力峰值位置为：

$$l_峰=\frac{1}{r}\left[\frac{1}{2}(\max P_{t拉}+\max P_{t压})-P_H\right] \tag{6-13}$$

温度力峰值的出现与锁定轨温和中间轨温有关。

当 $T_{sf}>T_z$，轨温变化为 $T_{sf}\rightarrow T_{min}\rightarrow T_{sf}\rightarrow T_{max}$ 时，则就会在伸缩区出现温度压力峰值（如前述）。

当 $T_{sf}>T_z$，轨温变化为 $T_{sf}\rightarrow T_{max}\rightarrow T_{sf}\rightarrow T_{min}$ 时，则就会在伸缩区出现温度拉力峰值。

当 $T_{sf}=T_z$，轨温变化为 $T_{sf}\rightarrow T_{min}\rightarrow T_{sf}\rightarrow T_{max}$，或 $T_{sf}\rightarrow T_{max}\rightarrow T_{sf}\rightarrow T_{min}$ 时，则都不会在伸缩区出现温度压力峰值。在轨温上升和下降过程中，在伸缩区会出现温度力峰值，但小于 $(\max P_{t拉}+\max P_{t压})/2$。

温度压力峰值是引起无缝线路失稳的重要隐患，特别是在春夏之交的 3～5 月份，发生的概率最大，所以在线路养护维修作业时，应特别注意伸缩区无缝线路的稳定性。

4. 轨端伸缩量计算

从温度力分布可知，无缝线路长轨节中部承受大小相等的温度力，钢轨

不能伸缩，称为无缝线路固定区。在两端，温度力是变化的，在克服道床纵向阻力阶段，钢轨有少量的伸缩，称为伸缩区。伸缩区两端的调节轨，称为缓冲区。在设计中要对缓冲区的轨缝进行计算，因此需对长轨及标准轨端的伸缩量进行计算。

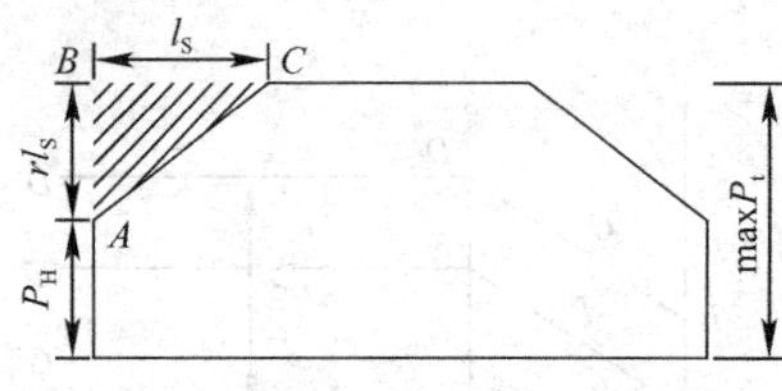

图 6-5　长轨条轨端伸缩量计算图

（1）长轨一端的伸缩量

由图 6-5 可见，阴影线部分为克服道床纵向阻力阶段释放的温度力，从而实现了钢轨伸缩。由材料力学可知，长轨条端部伸缩量 $\lambda_{长}$ 与阴影线部分面积的关系为

$$\lambda_{长}=\frac{\Delta ABC}{EF}=\frac{r\cdot l_s^2}{2EF}=\frac{(\max P_t-P_H)^2}{2EFr} \tag{6-14}$$

式中　E——钢轨弹性模量（MPa）；

F——钢轨断面面积（cm^2）。

（2）标准轨一端的伸缩量

缓冲区标准轨轨端伸缩量 $\lambda_{短}$ 的计算方法与 $\lambda_{长}$ 基本相同。标准轨的温度力图如图 6-6 所示。由于标准轨长度较短，克服了接头阻力后，在克服道床纵向阻力阶段，由于轨枕根数有限，道床纵向阻力总和很快被全部克服；此后，钢轨可以自由伸缩，温度力得到释放。标准轨内最大的温度力只有 $P_H+r\cdot l/2$（l 为标准轨长度）。标准轨一端温度力释放的面积为阴影线部分 $BCGH$。同理，可得到轨端伸缩量 $\lambda_{短}$ 的计算公式为

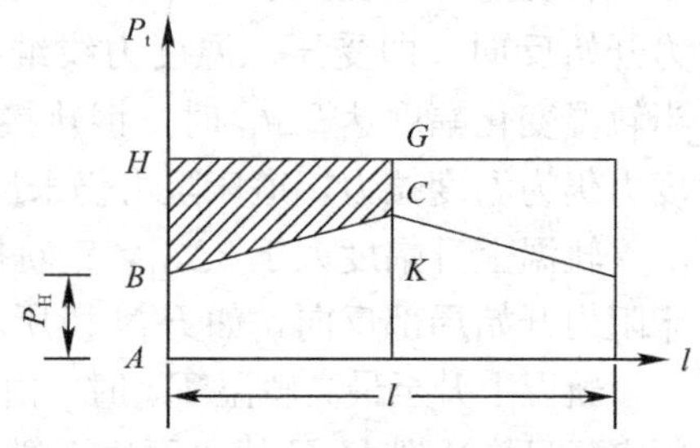

图 6-6　标准轨轨端伸缩量计算图

$$\lambda_{短}=\frac{BKGH}{EF}-\frac{\Delta BKC}{EF}=\frac{(\max P_t-P_H)\cdot l}{2EF}-\frac{rl_2}{8EF} \tag{6-15}$$

式中　$\max P_t$——从锁定轨温到最低或最高轨温时所产生的温度力。

6.3　无缝线路的稳定性

6.3.1　稳定性概念

在夏季高温季节，无缝线路的钢轨内部会产生巨大的温度压力，容易引起轨道横向变形。在列车动力或人工作业等干扰下，轨道弯曲变形有时会突然增大，这一现象常称为胀轨跑道（臌曲），在理论上称为丧失稳定。这对列车运行的安全是个极大的威胁。

无缝线路稳定性分析的主要目的是研究轨道臌曲发生的规律，分析其产生的力学条件及主要影响因素，计算出保证线路稳定的允许温度压力。因此，稳定性分析对无缝线路的设计、铺设及养护维修具有重要的理论和实践意义。

从国内外大量的室内模型试验、现场实际轨道稳定性试验以及对现场事故的观察分析表明，无缝线路的胀轨跑道可分为三个阶段，即持稳阶段、胀轨阶段和跑道阶段，如图 6-7 所示。图中纵坐标为钢轨压力 P_t，横坐标为轨道横向弯曲变形矢度 f_0+f，f_0 为钢轨的原始弯曲矢度。胀轨跑道总是从轨道的薄弱地段（即有原始弯曲不平顺）开始。在持稳阶段，即图中的 AB 段，随着轨温的升高，温度压力随之增加，但轨道不增大横向弯曲变形，B 点的温度力 P_{KA} 称为第一临界温度力。胀轨阶段，即图中的 BK 段，随着轨温的进一步升高，温度压力也进一步增加，轨道出现微小的横向弯曲变形，目视不甚明显。跑道阶段，当温度压力达到临界值 P_K 时，这时轨温稍有升高或轨道稍受外部干扰时，轨道就会突然发生横向臌曲，使积蓄于轨道中的能量突然释放，道砟抛出，轨枕裂损，钢轨发生较大变形，此为跑道阶段，即图中 K 点以后段，此时轨道稳定性完全丧失，其变形矢度可达 30～50cm。跑道导致轨道严重破坏，甚至颠覆列车，造成严重后果。跑道后的线路状态如图 6-8 所示。

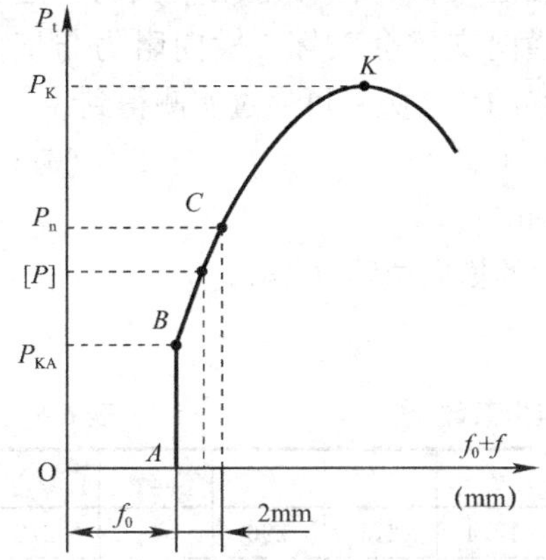

图 6-7　无缝线路胀轨跑道过程图

图 6-8　无缝线路的胀轨跑道

胀轨跑道的物理实质是轨道框架抵抗弯曲的能力，尤其是道床横向分布阻力已约束不住轨道横移和弯曲变形的发展，以致整个轨道失去平衡，从而使积存于轨道框架内的巨大弹性势能尤其是钢轨轴向的压缩变形能，突然释放出来。这个过程是在瞬间完成的，具有明显而强烈的动态特征。

6.3.2　影响无缝线路稳定性的因素

大量调查表明：大多数的胀轨跑道事故并非温度压力过大所致，而是由于对影响无缝线路稳定的因素认识不足，在养护维修中破坏了这些因素而发生的。因此，研究无缝线路必须研究其丧失稳定与保持稳定两方面的因素，注意发展有利因素，克服、限制不利因素，防止胀轨跑道事故，以充分发挥无缝线路的优越性。

1. 保持稳定的因素

（1）道床横向阻力

道床抵抗轨道框架横向位移的阻力称为道床横向阻力。它是保证无缝线路稳定性的主要因素之一。苏联的研究资料表明，在稳定轨道框架的力中，65%是由道床提供的，钢轨为25%，扣件为10%。

道床横向阻力是由轨枕两侧、底部与道砟颗粒之间的摩擦力和枕端的砟肩横移的阻力组成。其中，道床肩部占20%～30%，轨枕两侧占20%～30%，轨枕底部占50%。道床横向阻力可用单根轨枕的横向阻力Q和道床单位长度横向阻力q表示，$q=Q/a$（N/cm），a为轨枕间距。

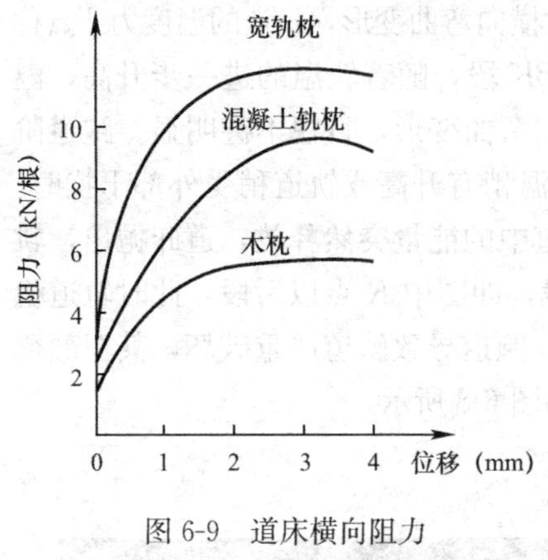

图6-9 道床横向阻力

图6-9为实测得到的道床横向阻力与轨枕横向位移的关系曲线。可以看出：随着轨枕的重量增加，横向阻力不断增大；横向阻力与轨枕横向位移呈非线性关系，阻力随位移的增加而增加；当位移达到一定值时，横向阻力接近常量，位移继续增大时，道床的横向支撑会破坏。横向阻力与横向位移的相互关系可通过实测得到：

$$q = q_0 - By^Z + Cy^{1/N} \qquad (6\text{-}16)$$

式中 q_0——初始道床横向阻力（N/cm）；

y——轨道弯曲时，各截面轨枕的横向位移（cm）；

B、C、Z、N——阻力系数，见表6-6。

道床横向分布阻力系数 **表6-6**

线路特征		q_0	B	C	Z	$1/N$
木枕	道床肩宽40cm，1840根/km	12.4	215	296	1	2/3
	道床密实，标准断面，1840根/km	20.0	8.0	60	1.7	1/3
混凝土枕	Ⅰ型，道床肩宽40cm，1840根/km	15.0	444	583	1	3/4
	Ⅰ型，道床密实，标准断面，1840根/km	22.0	38	110	1.5	1/3
	Ⅱ型，1760根/km	11.6	214.8	597.5	1	3/4
	Ⅱ型，1840根/km	12.1	225.1	624.6	1	3/4
	Ⅲ型，1667根/km	14.6	357.2	784.7	1	3/4
	Ⅲ型，1760根/km	15.4	366.6	819.7	1	3/4

无缝线路丧失稳定大多是由于维修作业不当，降低了道床横向阻力而发生的。因此要对影响道床横向阻力的因素有所了解，以利于指导养护维修工作。影响道床横向阻力的因素很多，下面主要从道床的材料、肩宽以及维修作业方式等方面进行分析。

1）道砟

道床由道砟堆积而成，道床的饱满程度和道砟的材质、粒径尺寸对道床横向阻力都有影响。道床的饱满程度关系到轨枕与道砟接触面的大小及道砟之间的相互结合程度，饱满的道床可以提高道床的横向阻力。

道砟的材质不同，提供的阻力也不一样。根据国外资料，砂砾石道床比碎石道床阻力低 30%～40%；粒径较大的道砟提供的横向阻力比较大，例如粒径由 25～65mm 减小到 15～30mm 时，横向阻力将降低 20%～40%。

2）道床肩部

适当的道床肩宽可以提供较大的横向阻力，但并不等于肩宽愈大，横向阻力也越大。轨枕端部的横向阻力是轨枕横移挤动道床肩部道砟棱体时的阻力。如图 6-10 所示，轨枕挤动道床肩部，最终的破裂面是 BC，且与轨枕端面的夹角为 $45°+\frac{\phi}{2}$，滑动体的宽度可用式（6-17）计算。

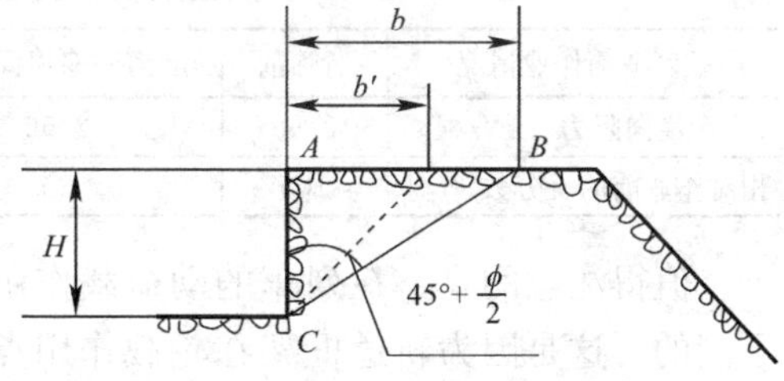

图 6-10　轨枕端部道床破裂面示意图

$$b = H\tan\left(45° + \frac{\phi}{2}\right) \tag{6-17}$$

式中　H——轨枕埋入道床的深度；

　　ϕ——道砟内摩擦角，一般取 35°～50°。

对于混凝土轨枕，H=228mm，ϕ=38°，则可得 b=470mm。道床肩部宽度在 550mm 以上对增加道床横向阻力作用不大。

在道床肩部堆高道砟，加大了道砟滑动体的重量，增加了道床横向阻力，道床肩部的堆高形式如图 6-11 所示。图 6-11（a）、（b）和（c）的堆高形式可增加的道床横向阻力分别为 29%、34%和 40%。

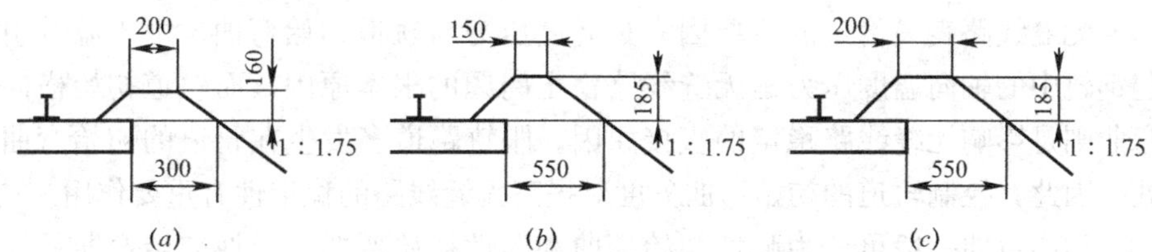

图 6-11　道床肩部堆高示意图

不同的道砟材质具有不同的黏聚力和内摩擦角，因而道砟的摩阻力也不相同。如砂砾石道砟的阻力要比碎石道砟的阻力低 30%～40%。道砟粒径对横向阻力也有影响，在一定粒径范围内，道砟粒径大，则横向阻力也大。

3）线路维修作业的影响

线路养护维修作业中，凡扰动道床，如起道捣固、清筛等改变道砟间或与轨枕间的接触状态，都会导致道床阻力下降，线路维修作业前后道床横向阻力的变化情况见表 6-7。

维修作业前后道床横向阻力　　　　**表 6-7**

作业项目	作业前	扒砟	捣固	回填	夯拍	逆向拨道 10mm
道床横向阻力（kN/根）	8.48	7.52	5.44	6.00	6.40	2.48
相对作业前的百分数（%）	100	89	64	71	75	29

线路中修破底清筛，整个道床会被扰动，道床阻力下降最大，清筛过后

阻力才逐渐恢复，清筛后道床横向阻力的变化如表 6-8 所示。

破底清筛前后道床横向阻力 **表 6-8**

破底清筛作业情况	清筛前	起道一遍捣固两遍	当天取消慢行后	作业后第二天
道床横向阻力（kN/根）	8.66	2.56	3.26	4.05
相对作业前的百分数（%）	100	30	36	47

值得注意的是，在列车的动荷载作用下，每根轨枕所提供的横向阻力是不同的。这是因为轨道框架在轮载作用点下产生正挠曲，而在距轮载作用点以外一段长度范围内会出现负挠曲使两转向架之间的轨道框架最大抬高量达 0.1～0.3mm，从而大大削弱这一范围内轨枕所能提供的横向阻力。

(2) 轨道框架刚度

轨道框架刚度是抵抗轨道横向臌曲的另一重要因素。轨道框架刚度为在水平面内，两股钢轨的横向刚度加上钢轨与轨枕节点间的阻矩之和。

1) 两股钢轨的横向刚度即为 $2EJ_y$（J_y 为一根钢轨对竖直轴的惯性矩）。

2) 扣件阻矩与轨枕类型、扣件类型、扣压力及钢轨相对于轨枕的转角 β 有关。阻矩 M 可表示为：

$$M = H \cdot \beta^{1/\mu} (\mathrm{N \cdot cm/cm}) \tag{6-18}$$

式中 H、μ——阻矩系数。对于弹条Ⅰ型扣件，螺母扭矩为 100N·m，则 $H=2.2\times10^4$，$\mu=2$。

2. 丧失无缝线路稳定因素

无缝线路丧失稳定的主要因素是温度压力与轨道初始弯曲。由于温升引起钢轨中的轴向温度压力是无缝线路稳定问题的根本原因，而轨道初始横向弯曲则是影响无缝线路稳定的直接原因。胀轨跑道多发生在轨道的初始弯曲处。因此，控制轨道的初始弯曲矢度对提高无缝线路的稳定性有重要作用。

初始弯曲一般可分为弹性初始弯曲和塑性初始弯曲。弹性初始弯曲是在温度力和列车横向力的作用下产生的；塑型初始弯曲是钢轨在轧制、运输、焊接和铺设过程中形成的。现场调查表明，大量塑性初始弯曲矢度为 3～4mm，测量的波长为 4～7m，塑性初始弯曲矢度占总初始弯曲矢度的 58.33%。

6.3.3 无缝线路稳定性的统一公式

统一无缝线路稳定性计算公式的基本假定为：整个轨道框架为铺设于均匀介质（道床）中的一根细长压杆；轨道弹性原始弯曲为半波正弦曲线，塑性原始弯曲为圆曲线，在变形过程中变形曲线端点无位移、曲线长度不变；不考虑扣件系统变形能。

1. 计算图式

统一无缝线路稳定性计算公式的计算图示如图 6-12 所示。

假设弹性原始弯曲与温度压力作用下的变形曲线线形相同，采用正弦曲线，即

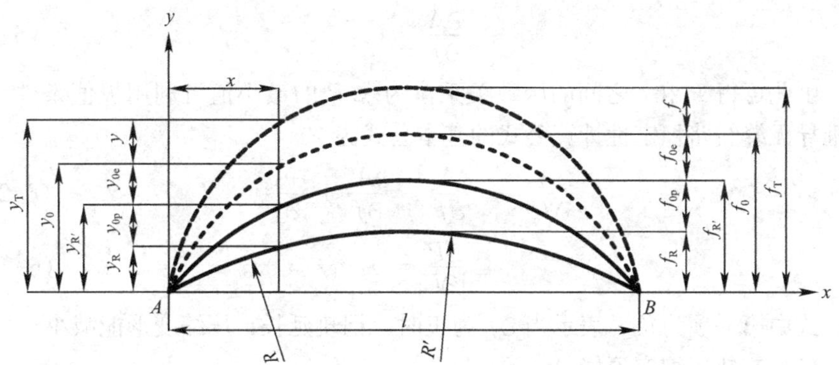

图 6-12　统一无缝线路稳定性计算公式的计算图示

$$y_{0e} = f_{0e}\sin\frac{\pi x}{l_0} \tag{6-19}$$

式中　f_{0e}——弹性原始弯曲矢度；

l_0——弹性原始弯曲半波长，通常取为 4.0m。

塑性原始弯曲假设为圆曲线，并采用下列公式计算：

$$y_{0p} = \frac{(l_0 - x)x}{2R_0} \tag{6-20}$$

式中　R_0——塑性原始弯曲半径，$R_0=\frac{l_0^2}{8f_{0p}}$；

f_{0p}——塑性原始弯曲矢度。

温度压力作用下的轨道变形曲线为

$$y_f = f\sin\frac{\pi x}{l} \tag{6-21}$$

式中　f——变形曲线矢度；

l——变形曲线弦长；

y_f——轨道横向变形量。

对于半径为 R 的圆曲线轨道，理想状态下其变形曲线为：

$$y_R = \frac{(l-x)x}{2R} \tag{6-22}$$

对于具有塑性原始弯曲的圆曲线，其变形曲率为

$$\frac{1}{R'} = \frac{1}{R_0} + \frac{1}{R} \tag{6-23}$$

总的原始变形曲线为 $y_0=y_{0e}+y_{0p}$，总的变形曲线为 $y_T=y_f+y_0$。

2. 公式推导

轨道框架总变形能为变形曲线长度 l 和变形矢度 f 的函数，应用势能驻值原理，应有

$$dA = \frac{\partial A}{\partial f}\delta f + \frac{\partial A}{\partial l}\delta l = 0 \tag{6-24}$$

由于假定曲线在变形过程中弦长 l 是不变的，故式（6-24）第二项为 0。δf 为任意不为零的微小值，故须有

$$\frac{\partial A}{\partial f}=0 \tag{6-25}$$

由此可得 P 和 l 之间的函数关系，为求 P 的最小值可利用极值条件，从而推导无缝线路稳定性计算公式的基本公式为

$$\frac{\partial A}{\partial f}=-\frac{\partial A_1}{\partial f}+\frac{\partial A_2}{\partial f}+\frac{\partial A_3}{\partial f} \tag{6-26a}$$

$$\frac{\partial P}{\partial l}=0 \tag{6-26b}$$

式中第一项为负，表示当 ∂f 为正时，钢轨延长，压缩变形能减小。

(1) 钢轨压缩变形能 A_1

钢轨在温度压力 P 作用下产生轴向压缩，压缩变形能为：

$$A_1=P\cdot\Delta l \tag{6-27}$$

式中 Δl——曲线变形过程中，钢轨弧长的变化值，$\Delta l=\Delta l_{\mathrm{T}}-\Delta l_0$，前一项为变形后的弧弦差，后一项为变形前的弧弦差。

显然 $$\Delta l_0=\int_0^l(\mathrm{d}s-\mathrm{d}x)=\int_0^l\sqrt{1+(y_0')^2}\,\mathrm{d}x-\int_0^l\mathrm{d}x\approx\frac{1}{2}\int_0^l(y_0')^2\mathrm{d}x \tag{6-28}$$

同样，$\Delta l_{\mathrm{T}}=\dfrac{1}{2}\displaystyle\int_0^l(y_{\mathrm{T}}')^2\mathrm{d}x$

代入式 (6-27) 中得

$$A_1=P\left[\frac{\pi^2}{4l}(f^2+2ff_{0\mathrm{e}})+\frac{2l}{\pi R'}\right]$$

$$\frac{\partial A_1}{\partial f}=\frac{P}{2}\left[\frac{\pi^2}{l}(f+f_{0\mathrm{e}})+\frac{4l}{\pi R'}\right] \tag{6-29}$$

(2) 轨道框架弯曲变形能 A_2

轨道框架弯曲变形能 $A_2=\displaystyle\int M\frac{\mathrm{d}\theta}{2}$（式中：$M$ 为弯矩，θ 为转角），由两部分组成：一是原始弹性弯曲内力矩 $M_{0\mathrm{e}}$ 所产生的变形能 $\displaystyle\int_0^l M_{0\mathrm{e}}\mathrm{d}\theta_{\mathrm{f}}$；二是在变形过程中因新增加的内力矩 M_{f} 所产生的变形能 $\dfrac{1}{2}\displaystyle\int_0^l M_{\mathrm{f}}\mathrm{d}\theta_{\mathrm{f}}$。故

$$A_2=\frac{1}{2}\int_0^l M_{\mathrm{f}}\mathrm{d}\theta_{\mathrm{f}}+\int_0^l M_{0\mathrm{e}}\mathrm{d}\theta_{\mathrm{f}} \tag{6-30}$$

式中：$\mathrm{d}\theta_{\mathrm{f}}=y_{\mathrm{f}}''\mathrm{d}x$，$M_{\mathrm{f}}=2EJ_{\mathrm{y}}y_{\mathrm{f}}''\mathrm{d}x$，$M_{0\mathrm{e}}=2EJ_{\mathrm{y}}y_{0\mathrm{e}}''\mathrm{d}x$。最后得

$$A_2=\frac{EJ_{\mathrm{y}}\pi^4}{l^3}\left(\frac{f^2}{2}+f\cdot f_{0\mathrm{e}}\right)$$

$$\frac{\partial A_2}{\partial f}=\frac{EJ_{\mathrm{y}}\pi^4}{l^3}(f+f_{0\mathrm{e}}) \tag{6-31}$$

(3) 道床形变能 A_3

轨道框架变形时，由于道床具有阻力且被假定为弹性介质，因而在道床内储存形变能。在变形范围内，道床单位横向阻力 q 随轨枕位移量大小而异，不仅在横向上是变量，在纵向上也是变量，因此：

$$A_3 = \int_0^l \int_0^{y_f} q dy dx \tag{6-32}$$

将式（6-16）的道床横向阻力表示式代入上式中，得：

$$\begin{aligned} A_3 &= \int_0^l \left(q_0 y_f - \frac{B}{Z+1} y_f^{Z+1} + \frac{CN}{N+1} y_f^{1+1/N} \right) dx \\ &= \frac{2}{\pi} l q_0 f - \frac{BC_z}{2(Z+1)} f^{Z+1} + \frac{CNC_n}{N+1} f^{1+1/N} l \end{aligned}$$

$$\frac{\partial A_3}{\partial f} = \left(\frac{2}{\pi} q_0 - \frac{BC_z}{2} f^z + CC_n f^n \right) l = \frac{2}{\pi} Ql \tag{6-33}$$

式中　C_z——常系数，是 Z 的函数，当 $Z=1$ 时，$C_z=1$；

C_n——常系数，是 N 的函数，当 $N=1.5$ 时，$C_n=0.535$，当 $N=1.333$ 时，$C_n=0.526$。

将式（6-29）、式（6-31）、式（6-33）代入式（6-26a）中，可得

$$P = \frac{\dfrac{EJ_y \pi^5 (f + f_{0e})}{2l^4} + Q}{\dfrac{(f + f_{0e})\pi^3}{4l^2} + \dfrac{1}{R'}} \tag{6-34}$$

式中分子为抵抗轨道横向变形的单位长度抗力，分母为曲率，可见，曲线轨道半径 R 越小，容许的计算温度压力也越小。利用式（6-26b）可求得

$$l^2 = \frac{1}{Q} \left[\frac{2EJ_y \pi^2}{R'} + \sqrt{\left(\frac{2EJ_y \pi^2}{R'} \right)^2 + \frac{EJ_y \pi^5}{2} (f + f_{0e}) Q} \right] \tag{6-35}$$

式中　Q——等效道床阻力，当 $f=0.2$cm 时，取值见表 6-9。

等效道床阻力（N/cm）　　**表 6-9**

轨枕铺设根数	碎石道床、木枕		碎石道床、混凝土枕	
	肩宽 30cm	肩宽 40cm	肩宽 30cm	肩宽 40cm
1760	—	—	76	84
1840	54	62	79	87
1920	56	65	—	—

当 $f=0.2$cm 时，由式（6-35）求得变形曲线的弦长 l，如果 l 与 $l_0=4$m 有较大出入，再假设 $l_0=l$，并在弹性原始弯曲曲率不变的条件下，按下式重新计算其矢度：

$$f'_{0e} = l_0^2 \frac{f_{0e}}{400^2} \tag{6-36}$$

将 f'_{0e} 代入式（6-35）重新计算 l，如果 l 与最后假定的 l_0 相差不大，就可将 f_{0e} 及相应的 l 值代入式（6-34）计算出计算温度力 P_N，再除以安全系数 K，即可得到轨道框架的允许温度压力。

$$[P] = \frac{P_N}{K} \tag{6-37}$$

式中，安全系数 K 取 1.3。

6.4　一般无缝线路结构设计方法

一般无缝线路设计，主要指区间内的无缝线路设计，其主要内容为确定

设计锁定轨温和无缝线路结构计算两部分。

6.4.1　设计锁定轨温的确定

由于长轨条在锁定施工过程中轨温是不断变化的，因而施工锁定轨温应该是一个范围，通常为设计锁定轨温 $T_e \pm 5℃$，困难条件下也可严格控制施工锁定轨温的变化范围，取为 $T_e \pm 3℃$。实际锁定轨温为零应力状态轨温，在设计检算时为安全起见，取最大升温为最高轨温与施工锁定轨温下限之差，最大降温为施工锁定轨温上限与最低轨温之差。

1. 根据强度条件确定允许降温幅度

无缝线路钢轨应有足够的强度，以保证在弯曲应力、温度应力及其他附加应力的共同作用下，钢轨仍能安全工作。所以要求钢轨能承受的各种应力总和不超过规定的容许值 $[\sigma_s]$，即

$$\sigma_d + \sigma_t + \sigma_c \leqslant [\sigma_s] \tag{6-38}$$

式中　σ_d——钢轨承受在轮载作用下的最大弯曲应力（MPa）；

σ_t——温度应力（MPa）；

σ_c——列车制动应力（MPa）；

$[\sigma_s]$——钢轨容许应力，$[\sigma_s]=\dfrac{\sigma_s}{K}$；

σ_s——钢轨钢的屈服强度；极限强度为 785MPa 的钢轨，$\sigma_s=405$MPa；极限强度为 883MPa 的钢轨，$\sigma_s=457$MPa；

K——安全系数。一般钢轨 $K=1.3$，再用轨 $K=1.35$。

则可求得允许的钢轨降温幅度 $[\Delta T_d]$ 的计算式为

$$[\Delta T_d] = \frac{[\sigma_s] - \sigma_{1d} - \sigma_c}{E\alpha} \tag{6-39}$$

式中　σ_{1d}——轨底下缘动弯应力，由轨道强度计算得。

2. 根据稳定条件确定允许升温幅度

从理论分析和实践观察都表明，钢轨的升温幅度不由强度控制，而是由稳定性控制。在计算允许温升时，采用 6.3 节中的无缝线路稳定性计算结果 $[P]$，按下式计算钢轨的允许温升 $[\Delta T_c]$。

对于路基上无缝线路　$$[\Delta T_c] = \frac{[P]}{2E\alpha F} \tag{6-40a}$$

对于桥上无缝线路　$$[\Delta T_c] = \frac{[P] - 2P_l}{2E\alpha F} \tag{6-40b}$$

式中　P_l——桥上无缝线路一根钢轨附加伸缩力和挠曲力中的最大值。

3. 设计锁定轨温的确定

设计锁定轨温 T_e 按式（6-41）计算（图 6-13）。

$$T_e = \frac{T_{max} + T_{min}}{2} + \frac{[\Delta T_d] - [\Delta T_c]}{2} \pm \Delta T_k \tag{6-41}$$

式中　T_{max}、T_{min}——铺轨地区的历史最高、最低轨温；

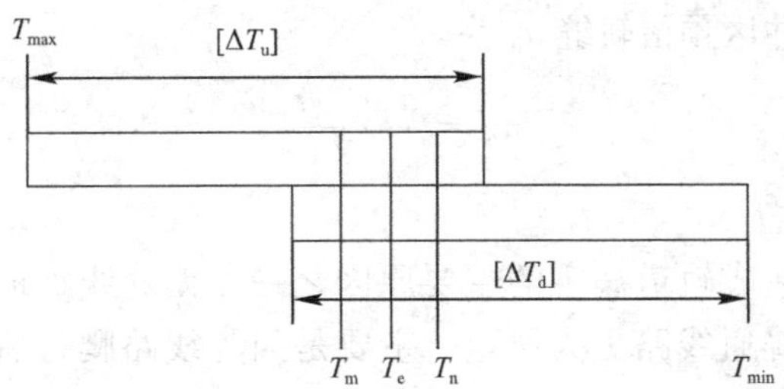

图 6-13　锁定轨温计算图

$\frac{T_{max}+T_{min}}{2}$——中间轨温；

ΔT_k——设计锁定轨温修正值，可根据当地具体情况取 0～5℃。

无缝线路铺设时，施工锁定轨温应有一个范围，一般取设计锁定轨温±5℃，则

施工锁定轨温上限 $T_m=T_e+5$℃；

施工锁定轨温下限 $T_n=T_e-5$℃；

且需满足 $T_{max}-T_n<[\Delta T_u]$ 和 $T_m-T_{min}<[\Delta T_d]$。

6.4.2　无缝线路结构计算

1. 轨条长度

轨条长度应考虑线路平、纵断面条件，道岔、道口、桥梁、隧道所在位置，原则上按闭塞区间长度设计轨条长度，一般长度为 1000～2000m。轨条长度最短一般为 200m，特殊情况下不短于 150m。在长轨之间、道岔与长轨之间、绝缘接头处，需设置缓冲区，缓冲区一般设置 2～4 根同类型的 25m 长标准轨。

对于缓冲区、伸缩区以及区间接头的布置，均有一系列规定，设计时执行《无缝线路铺设及养护方法》中的有关规定。

2. 伸缩区长度

伸缩区长度按 $l_s=(\max P_{t拉}-P_H)/r$ 和 $l_s=(\max P_{t压}-P_H)/r$ 计算，两者取大值。但一般将伸缩区长度取 50～100m，即取标准轨长度的整倍数。

3. 预留轨缝设计

长轨条一端的伸缩量 $\lambda_{长}$ 按式（6-14）计算，标准轨一端的伸缩量 $\lambda_{短}$ 按式（6-15）计算。确定预留轨缝的原则与普通线路轨缝的原则相同。缓冲区中，标准轨之间的预留轨缝与普通线路相同。长轨条与标准轨之间的预留轨缝计算方法如下：

按冬季轨缝不超过构造轨缝 a_g 的条件，可得预留轨缝上限 $a_{上}$ 为

$$a_{上}=a_g-(\lambda_{长}+\lambda_{短}) \tag{6-42}$$

按夏季轨缝不顶严的条件，可计算其下限为

$$a_{下}=\lambda'_{长}+\lambda'_{短} \tag{6-43}$$

式中　$\lambda_{长}$、$\lambda_{短}$——从锁定轨温至当地最低轨温时，长轨、短轨一端的缩短量；

$\lambda'_{长}$、$\lambda'_{短}$——从锁定轨温至当地最高轨温时，长轨、短轨一端的缩短量。

无缝线路缓冲区预留轨缝 a_0 为

$$a_0 = \frac{a_{上} + a_{下}}{2} \tag{6-44}$$

4. 防爬器设置

线路爬行是造成轨道病害的主要原因之一。无缝线路地段，如发生线路爬行，其后果比普通线路更为严重，主要是因为线路爬行后，在长轨条中的温度力分布不均匀，改变了锁定轨温，产生了胀轨跑道和钢轨拉断的隐患。

在无缝线路伸缩区上，因钢轨要产生伸缩，必须有足够的接头阻力和道床阻力与长钢轨中的温度力平衡，如果接头阻力和道床阻力较小，就会使得伸缩区长度较长，增加了无缝线路养护的难度。为充分发挥道床阻力的作用，在进行无缝线路结构设计时，要保证扣件阻力大于道床阻力。如扣件阻力不足，则需安装防爬器以增大钢轨与轨枕之间的阻力，见式（6-45）：

$$P_{防} + nP_{扣} \geqslant nR \tag{6-45}$$

式中 $P_{防}$——一对防爬器的阻力（N），见表 6-3；

$P_{扣}$——一根轨枕上的扣件阻力（N）；

R——一根轨能提供的道床阻力，见表 6-4；

n——两对防爬器之间的间隔轨枕数。

缓冲区设置的防爬器与伸缩区相同。缓冲区为木枕时，一般应增设防爬器；缓冲区为混凝土轨枕时，由于扣件的阻力较大，一般不设防爬器。

6.5 桥上无缝线路及无缝道岔设计

6.5.1 桥上无缝线路设计

1. 桥上无缝线路概述

在桥梁上铺设无缝线路可以减轻列车车轮对桥梁的冲击，改善列车和桥梁的运营条件，延长设备使用寿命，减少养护维修工作量。这些优点在行车速度提高时尤为显著。

桥上无缝线路的受力情况和路基上不同，除受到列车动载、温度力、制动力等的作用外，还受到由于桥梁的伸缩或挠曲变形位移而产生额外的纵向附加力作用。因温度变化梁伸缩引起相互作用力，称为伸缩力。因列车荷载梁的挠曲而引起的相互作用力，称为挠曲力。与此同时，钢轨也对桥跨结构施加大小相等、方向相反的反作用力。此外，桥上无缝线路钢轨一旦断裂，不仅危及行车安全，也将对桥跨结构施加断轨力。列车在桥梁上紧急制动或启动时，将在轨面作用纵向摩擦力，并通过梁轨间的约束，使桥梁承受制（启）动力。所有这些作用力，均将通过桥跨结构作用于墩台上。

因此，设计桥上无缝线路时，为保证轨道及桥梁结构的安全，提高行车的平稳性和舒适性，必须充分考虑无缝线路与桥梁的相互作用，严格控制轨道与桥梁相互作用的附加力；控制长轨条的纵向力，保证无缝线路稳定性和钢轨强度；控制钢轨折断时的断缝，确保行车安全；控制桥梁墩台的纵向水平力值，确保桥梁的安全使用。

我国从 1963 年开始，先后在一些中小跨度的多种类型桥梁上铺设无缝线路，并对桥上无缝线路梁轨相互作用的原理进行大量的试验研究。根据梁轨相互位移所产生的相互作用理论，对伸缩力和挠曲力进行了深入的研究。研究了多种类型桥梁上无缝线路纵向力作用规律，以及桥梁墩顶位移等多种因素的影响，建立了桥上无缝线路伸缩力、挠曲力的计算原理和计算方法。应用以上研究成果，成功地在南京、武汉、九江长江大桥等多座桥梁上铺设了无缝线路，并编制了《新建铁路桥上无缝线路设计暂行规定》，为桥上无缝线路的推广应用奠定了基础。

2. 梁轨相互作用原理

梁轨相互作用原理是分析桥上无缝线路纵向力产生的基础，这一原理说明了产生纵向力的充要条件为：梁轨相对位移和线路纵向阻力的作用。在无砟轨道上线路纵向阻力指扣件阻力，在有砟轨道指道床阻力与扣件阻力中的较小值。线路纵向阻力的大小对梁轨受力情况有很大影响，从减小纵向力考虑，减小扣件纵向阻力是有利的；但过小的线路阻力会使焊接长钢轨低温断裂后产生过大的轨缝，影响行车安全。因此对扣件纵向阻力要有一个合理取值。我国桥上无缝线路设计中线路纵向阻力一般取为常量，若有实测数据也可采用非线性阻力。

钢轨与桥梁间的相互作用关系是求得钢轨纵向力与位移分布、墩台受力和墩顶位移的关键所在，是对钢轨、墩台进行强度和稳定性检算，从而进行桥上无缝线路结构设计的依据。下面将通过建立梁轨相互作用的基本微分方程来分析说明梁轨相互作用原理。

任取一微段 dx 长的钢轨为自由体来分析其平衡条件，如图 6-14 所示。设钢轨以受拉为正，x 坐标以向右为正，梁的位移 Δ 和钢轨位移 y 均以向右为正。梁、轨相对位移 z 为

$$z = y - \Delta \tag{6-46}$$

以 $p(z)$ 表示梁、轨间的纵向约束阻力，P 为作用于钢轨和梁上的纵向分布荷载，当 z 为正时，$p(z)$ 取正号，指向左侧。

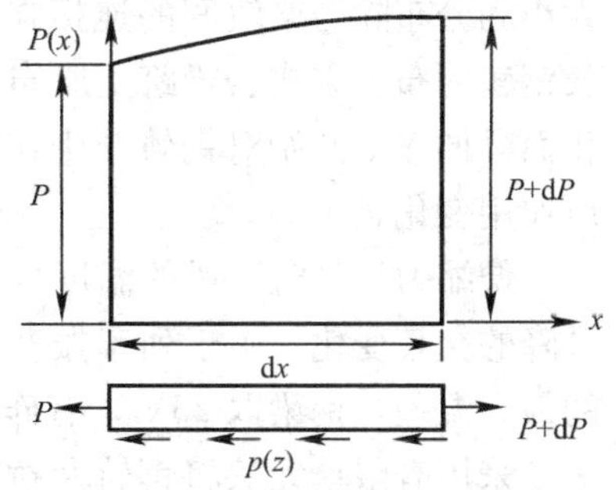

图 6-14　钢轨受力示意图

由钢轨作用力平衡条件有：

$$dP - p(z)dx = 0 \tag{6-47}$$

由钢轨变形条件有：

$$\frac{dy}{dx} = \frac{P}{EF} \tag{6-48}$$

将式（6-46）、式（6-47）代入式（6-48）可得梁轨相对位移微分方程为：

$$\frac{d^2 z}{dx^2} = \frac{1}{EF}p(z) - \frac{d^2\Delta}{dx^2} \tag{6-49}$$

式中，梁的位移Δ包含有因梁伸缩或挠曲变形产生的位移Δ_0及因墩台受到纵向力作用而产生的墩顶位移δ。设梁长为l，墩台刚度为K，则墩顶位移为：

$$\delta = \frac{1}{K}\int_0^l p(z)\mathrm{d}x \tag{6-50}$$

在考虑墩顶纵向位移及纵向约束阻力的非线性特性后，上述微分方程为一非线性系统，需要采用数值方法求解，同时力的叠加原理不适用，因而伸缩力、挠曲力、断轨力及制动力一般不进行叠加计算。

3. 桥上无缝线路纵向力

桥上无缝线路纵向力计算时，采用下列基本假定：

① 假设桥梁固定支座能完全阻止梁的伸缩，活动支座抵抗伸缩的阻力可略而不计，固定支座承受的纵向力全部传递至墩台上。梁在支座外的悬出部分，计算伸缩量时不考虑。

② 在计算伸缩力时，梁的温度变化仅为单纯的升温或降温，不考虑梁温升降的交替变化，一般取一天之内的最大梁温差计算梁的伸缩量。

③ 对挠曲力、伸缩力、断轨力、伸缩区温度力、牵引（制动）力分别计算，轨道及桥梁墩台检算考虑最不利组合。

④ 有砟桥上不考虑梁端头道砟断面所传递的纵向力，也不考虑桥梁护轨对无缝线路纵向力及位移的影响。

⑤ 桥梁墩台顶纵向刚度假定为线性，包含在支座顶面纵向水平力作用下的墩身弯曲、基础倾斜、基础平移及橡胶支座剪切变形等引起的支座顶面位移中。

(1) 伸缩力的计算

伸缩力是由于梁体温度变化后伸缩对钢轨作用的纵向力，所以伸缩力的大小和分布除与梁轨间的连接强度即线路纵向力、梁的伸缩量有关外，还与长钢轨的布置方式、梁跨支座布置方式等因素有关，其作用过程是当温度变化而梁伸缩就开始对钢轨产生作用，随着温度升降循环变化，钢轨也发生拉压作用变化。

伸缩力计算时，梁的温度变化仅考虑为单纯的升温或降温，不考虑梁温升降的交替变化。由于列车振动要释放部分温度力，一般取一天内可能出现的最大温差，钢梁取25℃，有砟混凝土桥取15℃，无砟混凝土梁取20℃。

采用有限单元法将钢轨及桥梁离散成有限长梁，只承受纵向力，发生纵向位移。设有限单元长为l_0，共有N个梁跨，某梁长为L_i，墩台纵向刚度为K_i，钢轨节点位移为y_i，钢轨节点左端温度力为P_i。规定钢轨向右位移为正，作用力以向右为正。对于钢轨节点，其所受作用力如图6-15所示，作用力平衡条件为：

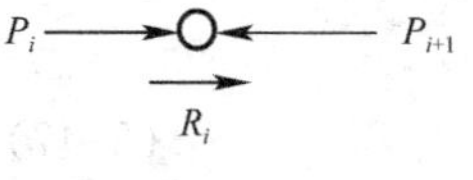

P_i　P_{i+1}　R_i

图6-15　钢轨节点所受作用力

$$P_{i+1} = P_i + R_i \tag{6-51}$$

式中　R_i——梁轨间的约束阻力，在路基上即为线路阻力，$R_i = p(z) \cdot l_0$。

由于钢轨节点所受纵向力为温度力，而不是附加温度力，因而两钢轨节点间的位移存在着如下关系：

$$y_{i+1} = y_i + \frac{(P_{i+1} - P_t)l_0}{EA} \tag{6-52}$$

式中 P_t——长轨条固定区温度力；

E——钢轨弹性模量；

A——钢轨截面积。

补充 N 个固定支座墩台纵向位移的未知量，在第 i 个梁跨上，钢轨单元数 $M=L_i/l_0$，钢轨节点约束阻力编号为 $R_{i1} \sim R_{iM}$，墩台纵向位移为：

$$\delta_i = -\frac{1}{K_i}\sum_{j=1}^{M} R_{ij} \tag{6-53}$$

该梁上翼缘对应于钢轨节点处的纵向位移为：

$$\Delta_{ij} = \Delta_{0i} + \delta_i \tag{6-54}$$

考虑到桥上轨条的结构，还需补充纵向力及位移的协调条件。当计算长轨条两端位于固定区时，钢轨第一个节点及最后一个节点处的温度力与位移协调条件为：

$$\begin{aligned} P_1 = P_t, y_1 = 0 \\ P_n = P_t, y_n = 0 \end{aligned} \tag{6-55}$$

若长轨条两端为普通接头，且固定区温度力大于接头阻力 P_H，则边界条件如下所示，否则可视为固定区。

$$P_1 = P_H, P_n = P_H \tag{6-56}$$

若桥梁两端钢轨计算长度不足，钢轨边界节点温度力与位移间存在如下关系：

$$y_1 = \frac{(P_1 - P_t)^2}{2EFr} \tag{6-57}$$

式中 r——线路阻力梯度。

若钢轨伸缩调节器中心位于第 i 节点与第 $i+1$ 节点间，则式（6-55）的位移协调条件将不存在，改为温度力的平衡条件：

$$P_{i+1} = 0 \tag{6-58}$$

若该处为普通接头，或者是考虑伸缩调节器基本轨与尖轨的阻力时，上述温度力协调条件变为：

$$P_{i+1} = P_H \tag{6-59}$$

通过以上的计算，可以求出桥上无缝线路伸缩附加力。

（2）挠曲力的计算

在列车荷载作用下，梁跨和钢轨都会发生挠曲变形。由于梁轨间发生相对位移，通过线路阻力给钢轨施加纵向水平力，即挠曲力。与此同时这个力以大小相等，方向相反的方式反作用于桥梁传至墩台。计算挠曲力时，荷载一般采用中活载，客运专线采用 ZK 荷载，不考虑列车速度系数的冲击力作用。

挠曲力计算不考虑冲击系数的影响，列车荷载作用下梁上翼缘的纵向位移与列车荷载形式、入桥方向、入桥距离等均有关，需假设列车荷载分段进入梁内，计算最不利的挠曲力。通常简支梁在相邻两孔梁上布置荷载计算；

连续梁分别在边跨（1跨）和固定支座至梁端的多跨梁上布置荷载计算，取较大值。挠曲力计算荷载示意如图6-16、图6-17所示。

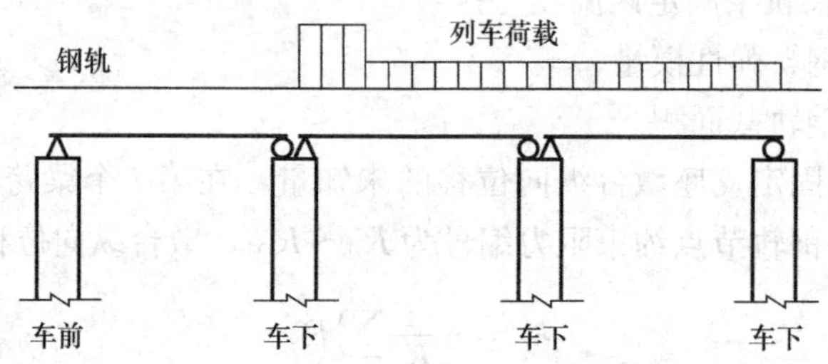

图6-16 简支梁计算挠曲力荷载示意

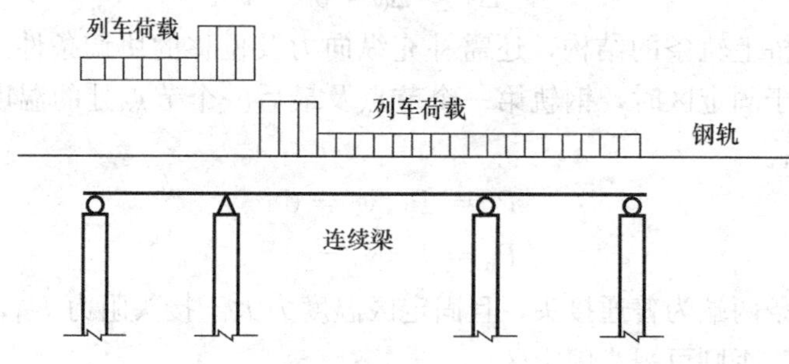

图6-17 连续梁计算挠曲力荷载示意

梁在荷载作用下产生挠曲变形，其上翼缘收缩，下翼缘伸长，梁的各截面产生转角。在梁的固定支座处，其下翼缘的伸长受到固定支座的约束，因而梁挠曲时，梁各截面上翼缘的位移就是梁的平移和旋转的组合。连续刚构桥因墩台与桥梁固结在一起，在计算时需考虑墩台的变形，其他特殊形式的桥梁结构，需采用专用软件计算在列车荷载作用下的梁上翼缘的纵向位移。

挠曲力计算时，钢轨、梁体纵向力及位移的计算方法和伸缩力基本相同。但挠曲力计算时，所用的梁轨相对位移线路阻力与计算伸缩力时情况不一样，此时的线路阻力有的部位是有荷载条件下的阻力，有的部位是无荷载下的阻力，活载中的煤水车与机车下的线路阻力相同。行车方向对挠曲力也有影响，一般是以梁的固定端迎车计算得的挠曲力较大，原因是很显然的：固定端处梁位移最大，从列车由固定端进入梁跨开始，梁轨相对位移所作用的纵向力一直是在有荷载状态下产生的，在固定端的位移最大，线路纵向阻力最大，钢轨作用着最大的挠曲拉力。但是在二跨梁的情况下，在活动端迎车时所检算的墩上前方的梁跨上为无载时最为不利。所以在对钢轨强度和墩台稳定检算时应进行分析比较，分别对待。

桥上无缝线路挠曲力实测结果表明：从机车所在梁起，其后第三孔梁上，虽然梁轨相对位移不等于零，但由于列车振动，使第三孔梁上的挠曲力调整和放散，因而第三孔梁挠曲力实测值很小。根据这一测试结果，在挠曲力计算时，简支梁在相邻两孔梁上布置活载。混凝土连续梁在边跨或固定支座一端的多跨梁上布置荷载，计算时略去第三跨梁及其以后的挠曲力，取以上两种工况中挠曲力的较大值。

挠曲力可分为车前挠曲力和车下挠曲力，车下挠曲力用于墩台检算，需考虑列车活载作用于墩台上，因竖向支座处的偏心竖向荷载引起的墩身弯矩通常与车下挠曲力引起的墩身弯矩方向相反，故不是最不利情况；车前挠曲力是指在空载情况下的墩台纵向力，引起的墩身弯矩较大，因而在进行墩台检算时多采用车前挠曲力。对于高墩桥同样要考虑墩顶位移的影响。

（3）断轨力计算

考虑在当地最低轨温时，单股钢轨在梁上最不利位置折断。钢轨折断并不是因为其拉应力超过正常的允许限度，而是钢轨或焊接接头存在质量缺陷，导致钢轨在那些受力相对较大的地方折断，通常情况下只是一股钢轨折断，双股钢轨或双线四股钢轨同时折断的概率极小，可不用考虑。断轨力计算时不考虑桥梁温度变化引起的伸缩位移和荷载作用下的挠曲位移。

在计算断轨力时，可不考虑桥梁上翼缘的位移，此时只考虑墩台顶的纵向位移，桥梁上翼缘各处位移与固定支座处位移相等。我国规范规定，对于干线铁路：无砟桥 $[\lambda]\leqslant 10$cm，有砟桥 $[\lambda]\leqslant 8$cm；对于客运专线：一般情况取 $[\lambda]\leqslant 7$cm，困难情况下 $[\lambda]\leqslant 9$cm。如超过容许值，需要重新布置轨条，调整线路阻力分布。

（4）制动力计算

在计算制动力时，可不考虑桥梁上翼缘的位移，此时只考虑墩台顶的纵向位移，桥梁上翼缘各处位移与固定支座处位移相等。我国桥上无缝线路设计在过去较少考虑制动力的计算，在《铁路桥涵设计基本规范》中将桥墩顶承受的纵向制动力取值为桥上静活载的10%，桥台顶取为15%进行检算。但国外高速铁路桥上无缝线路设计中，对制动力的计算较为重视，形成了较完善的理论体系，如列车荷载长度、大小、检算规程等。我国在近年来才开始重视制动力的计算，并从控制钢轨制动附加力的角度考虑，提出了墩台顶最小纵向水平刚度的限值。

在机车车辆轴重确定的情况下，轨面制动力的大小取决于轨面制动力率，为轮轨间摩擦系数（可取为0.164）与单根钢轨上荷载分布的乘积。制动力作用方向与列车前进方向相同，一般对全桥或伸缩力、挠曲力较大位置处进行检算。制动力计算时不考虑桥梁温度变化引起的伸缩位移和荷载作用下的挠曲位移。

为保证有砟轨道道床的稳定，列车制动或牵引时，梁轨快速相对位移不宜大于4mm；为保证扣件系统的稳定性，设有钢轨伸缩调节器时，小阻力扣件范围内梁轨快速相对位移不宜大于30mm。

4. 桥上无缝线路线桥墩一体化计算理论

当前，较为成熟的桥上无缝线路计算模型是基于梁轨相互作用的桥上无缝线路线桥墩一体化计算模型，可用于各种桥型的伸缩力、挠曲力、断轨力及制动力计算，如图6-18所示。

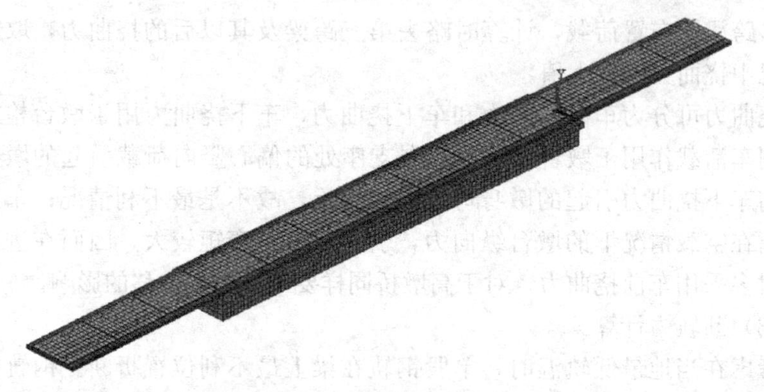

图 6-18 线桥墩一体化计算模型

模型中，桥梁的纵向位移、制（启）动力是主动作用，通过梁轨间的纵向约束带动长轨条发生纵向位移，在长轨条中产生纵向附加力；同时梁轨间的纵向约束力又以相反的方向作用在桥梁上，并传递至固定支座上，带动墩台产生纵向位移，使桥梁上翼缘的纵向位移发生改变，可见线、桥、墩是一个相互作用的耦合系统。通过数值方法求解该系统的平衡位置，即可得到钢轨中的纵向力、位移及桥梁纵向位移、墩台纵向力及位移。

5. 桥上无缝线路设计要点

桥上无缝线路设计要求合理选择轨道结构形式、长轨条布置和锁定方式，使墩台、轨道受力及钢轨折断的断缝不超过允许值，并保证轨道具有足够的稳定性和强度，对于桥上板式无砟轨道，还应保证轨道板凸形挡台及 CA 砂浆的强度。

(1) 轨条布置原则

桥上长轨条的布置应根据桥梁设备情况、自动闭塞区段绝缘接头设置的要求、施工条件和维修条件来确定。一般说来，设计整根轨条通过全桥，使桥梁位于无缝线路固定区，尽量不使用伸缩调节器，这样就有结构简单、桥上不需要特殊设备、完全消除桥上的钢轨接头、减少冲击力、维修方便等优点。尽量使桥上无缝线路设计锁定轨温与桥头路基无缝线路一致，便于现场管理。

桥上无缝线路经检算需要铺设钢轨伸缩调节器时，应遵循以下原则：采用曲线形钢轨伸缩调节器；可在桥梁端头布置单伸缩调节器，在跨中布置双向伸缩调节器，以尽量减少尖轨相对路基或桥梁的位移；选型应与列车速度匹配，动程能满足基本轨伸缩要求；伸缩调节器基本轨的材质应与长轨条相同；应在伸缩调节器基本轨一侧设置不少于 100m 的小阻力扣件，同时为便于管理，同一梁跨上最好为同一种扣件；应确保伸缩调节器尖轨不跨越桥梁伸缩缝；钢轨伸缩调节器不宜铺设在竖曲线及曲线地段。

(2) 轨道检算

1) 钢轨断缝检算。在断轨力计算中，判断钢轨折断时的断缝能否满足规范要求。

2）钢轨强度检算。检算钢轨强度是否在允许范围内，σ_c 为伸缩附加应力或挠曲附加应力中的较大值与制动附加应力之和。

3）无缝线路稳定性检算。计算公式见式（6-60）。

$$(T_{max}-T_n)\alpha EF+\Delta P\leqslant\frac{[P]}{2} \tag{6-60}$$

式中　ΔP——伸缩压力或挠曲压力中的较大值与制动附加压力之和。

4）道床稳定性检算。在制动力计算中，检算梁轨快速相对位移是否满足规范要求。

5）其他检算。如桥上采用板式无砟轨道，应考虑无缝线路纵向力对 CA 砂浆和凸形挡台的影响，增加纵向力组合作用下的检算。

（3）桥梁墩台检算

桥上无缝线路纵向力是在考虑了最不利情况下的计算结果，钢轨断轨力、制动力均是在线路纵向阻力已接近或达到临界值时产生的。由于列车动载的作用，产生挠曲力时，伸缩力已有所放散，因此墩台检算时，同一根钢轨作用在墩台上的各项纵向力不作叠加。无缝线路作用于桥梁墩台的纵向力，分主力、附加力和特殊力。伸缩力、挠曲力是经常作用在桥梁墩台的纵向力，按主力计算，制动力按附加力考虑，断轨力是偶然作用于墩台上的纵向力，出现概率较少，按特殊力考虑。

桥梁墩台检算用的荷载组合有主力、主力＋附加力、主力＋特殊力、主力＋附加力＋特殊力，并分为单双线采用不同的纵向力组合，这四种组合方式下，容许应力的提高系数分别为 1.0、1.2、1.4、1.4。桥梁墩台检算内容包括：墩台顶水平位移、墩台身强度及合力偏心、基底应力及合力偏心、基底倾覆和滑动稳定性等；桥梁固定支座应进行支座锚固螺栓强度检算；钢桁梁应进行桥面系杆件强度检算。桥梁墩台设计荷载除按《铁路桥涵设计基本规范》TB10002.1—2005 规定组合外，还应考虑其他纵向力的组合，具体可参考《铁路无缝线路设计规范》。

检算墩台时，伸缩力、挠曲力、断轨力作用点为墩台支座铰中心，检算支座时伸缩力、挠曲力、断轨力作用点为支座顶中心，台顶断轨力作用点为台顶。简支梁桥墩顶纵向水平线刚度应不小于表 6-10 的规定；简支梁桥台顶纵向水平线刚度不宜小于 3000kN/cm・双线。

简支梁桥墩顶纵向水平线刚度限值　　　　**表 6-10**

跨度（m）	⩽12	16	20	24	32	40	48
桥墩顶线刚度（kN/cm・双线）	120	200	240	300	400	700	1000

注：单线墩台顶的最小水平线刚度限值按表中规定值的 1/2 计。

我国的高速铁路及客运专线大桥上铺设无砟轨道无缝线路时，应对制动力、伸缩力、断轨力、断板力和施工温差的影响进行分析，对桥上无缝线路结构进行专门设计。如桥上采用 CRTSⅡ板式轨道，则需在混凝土底座板和桥梁间设置两布一膜滑动层，可不设置伸缩调节器结构；桥上无砟轨道采用

双块式等结构时，则需考虑根据桥上无缝线路钢轨受力、梁轨相对位移等的影响，进而确定是否设置伸缩调节器。

6.5.2 桥上无缝道岔设计

随着高速铁路、客运专线和快速客货混跑铁路的建设与发展，由于环保要求或地形条件的限制，将会有越来越多的无缝道岔设置在大桥、特大桥或高架结构上。桥上无缝道岔结构复杂，每跨梁上线路情况均不同，必须考虑道岔与桥梁的相互位置关系；道岔结构存在伸缩区，即使桥梁不伸缩，钢轨温度的变化也会引起道岔与桥梁的相互作用。由于桥上无缝道岔必须满足列车安全平稳运行、无缝道岔结构本身的正常安全使用、桥梁结构合理受力等多方面需要，桥上无缝道岔不仅综合了桥上无缝线路、一般无缝道岔以及大跨度桥梁的技术特点，而且衍生出一系列新的技术难点，成为跨区间无缝线路发展中的又一个重大技术课题。

1. 国内外研究现状

在桥上无缝道岔研究方面，德国规范对于道岔梁的梁型、道岔距离梁缝的距离都有明确的规定，道岔厂商对道岔各敏感部位位移的限值是德国桥上无缝道岔设计的重要依据。德国针对桥上无砟轨道无缝道岔建立了轨道-桥梁有限元计算模型，考虑了钢轨-道床板-桥梁的相互作用，但并没有考虑温度荷载作用下里股钢轨伸缩对基本轨的影响，所铺设的桥上无缝道岔也未见相关的研究资料。

法国在路基上无缝道岔设计中，提出基本轨温度力峰值约为固定区温度力的1.4倍；针对桥上有砟轨道建立了桥上无缝道岔计算模型，初步研究了道岔和桥梁位置关系。

日本根据两轨相互作用原理对路基上无缝道岔温度力进行了计算，认为基本轨最大温度力与基本温度力的比值取1.35较为合理；对于桥上无缝道岔的研究则较少，日本新干线虽在桥上铺设了一组无缝道岔，但尚未见到关于其实际使用情况的资料。

由于国外相关设计理念与国内存在较大差异，桥上无缝道岔设计方法也远未成熟，其研究成果仅具有一定的参考价值。

我国对路基上的无缝道岔、一般桥上无缝线路进行了大量的研究工作，已经形成了较为成熟的设计理论。对于桥上无缝道岔设计，国内多从准静态分析角度，对桥上无缝道岔的力学特性进行了不同程度的研究。如北京交通大学、西南交通大学、铁道第四勘察设计院、中国铁道科学研究院的有限元方法以及中南大学的广义变分原理方法等，但各种计算理论相差很大，模型和参数也各不相同，结果有很大差别。尽管各单位分别建立了桥上无缝道岔分析模型，但由于桥梁与无缝道岔力学特性的复杂性，大多仅从纵向力学分析的角度对温度荷载作用下桥上无缝道岔本身的受力、变形进行了计算和分析，较少对其他因素的影响规律进行深入研究，如道岔横向受力与变形、列车荷载作用、梁的形式及支座布置方式、道岔与桥梁的相对位置等。

在动力分析方面，最近几年北京交通大学、中国铁道科学研究院、西南交通大学、同济大学及中南大学都做了大量的研究工作，然而目前的研究大多集中在车辆-轨道-桥梁系统、车辆-道岔系统、车辆-桥梁系统等动力特性的分析方面，对车辆-道岔-桥梁系统的研究仍然不够深入，较少见到集车辆、桥梁和无缝道岔于一体的相关研究成果。

2. 桥上无缝道岔设计原则

根据道岔-桥梁空间耦合静力学和车-岔-桥竖横向耦合动力学的研究成果，结合国外高速铁路建设中对桥上铺设无缝道岔的认识，在对桥上无缝道岔进行设计或研究桥上无缝道岔力学特性时，达成以下几点共识，但仍在理论研究和验证阶段。

(1) 道岔转辙器及辙叉部分不得跨越梁缝。道岔的尖轨和可动心轨的活动部分没有扣件扣压，几何形位不易保持，尖轨和心轨处存在较大的动力不平顺，这种不平顺如果与梁缝处的动力不平顺相叠加，将会减少道岔和桥梁的使用寿命，增加工务部门的养护维修工作量，严重时甚至会影响行车安全。

(2) 道岔导曲线部分不宜跨越梁缝。梁缝处相邻桥梁端部在温度荷载或车辆荷载作用下产生位移差，将会引起道岔方向不平顺，不利于道岔保持良好状态，影响道岔的正常使用。因此，从保证道岔平顺性角度考虑，导曲线不宜跨越梁缝。另外，道岔护轨如果置于梁缝处，因梁端折角影响，将使护轨所受的横向力增大，影响护轨的使用安全，因此道岔护轨也不宜跨越梁缝。道岔应置于连续梁、刚构等整体梁上，而不宜置于简支梁上；单渡线可视为整组道岔，将整个单渡线置于整跨梁上。

(3) 为有效控制道岔钢轨的变形，同时减小桥上无缝道岔钢轨的温度力，非道岔区宜采用较小的纵向阻力值；为减小梁轨相对位移及钢轨附加纵向力，八字渡线区两联连续梁之间宜布置一孔以上简支梁。

(4) 整组道岔所在桥面应为整体式结构。在横向上，若单渡线、单组道岔跨越横向梁缝，则可能因为两片梁的纵向错动较大而导致道岔变形严重。道岔不得布置在路桥过渡段上。

(5) 由于道岔与桥梁间的纵向相互作用较复杂，梁端通常是附加纵向力较大处，若较大的附加纵向力作用于道岔上或者距离道岔较近将导致道岔受力与变形加剧，导致卡阻、限位器变形等现象发生，影响无缝道岔的正常使用。因此，道岔首尾距离梁端应有一定的距离。

(6) 应注意控制梁体的竖向挠度、水平挠度、最大扭转角、竖向自振频率。道岔是高速铁路中的关键设备，目前是按在路基上所允许的各种几何不平顺确定容许通过速度，其安全储备量本身要小于区间轨道，若道岔置于桥梁上时，桥体的竖向及水平挠度、自振频率限值应大于区间轨道。为保证桥梁变形满足道岔技术要求，桥梁截面形式宜采用抗弯刚度较大的整体箱梁结构，尽量不采用T型梁。

(7) 无缝道岔梁的结构形式可选择混凝土连续梁、混凝土简支梁、混凝土连续刚构桥。应优先考虑连续梁桥，不宜将无缝道岔铺设在简支梁上；车

站咽喉区道岔，除高速正线无缝道岔需采用连续梁外，由于速度不高，其余到发线无缝道岔可采用简支梁结构。

6.6 跨区间无缝线路

6.6.1 跨区间无缝线路特点

1. 跨区间无缝线路发展简况

跨区间无缝线路是在完善了桥上无缝线路、高强度胶接绝缘接头、无缝道岔等多项技术以后，把闭塞区间的绝缘接头乃至整区间甚至几个区间（包括道岔、桥梁、隧道等）都焊接（或胶接、冻结）在一起，最终取消了缓冲区的无缝线路，是与高速重载铁路相适应的轨道结构。

根据无缝线路受力原理，理论上讲无缝线路的轨条长度可以无限长。目前在普通无缝线路上，由于各种原因，轨条长度一般在1500m左右。由于现有无缝线路仍存在缓冲区，无缝线路的优越性没有完全充分发挥。随着高速重载运输的发展，要求必须强化轨道结构，全面提高线路的平顺性和整体性。为此要求把缓冲区消除，延长无缝线路轨条，甚至与道岔焊连成一体，成为跨区间无缝线路。跨区间无缝线路最大限度地减少了钢轨接头，实现了线路的无缝化，消除了缓冲区和伸缩区的影响，这是当代无缝线路的重要发展方向。

道岔结构无缝化设计是跨区间无缝线路设计中的一项重要内容，是实现区间无缝线路与道岔区焊联的关键技术。从提速道岔开始，我国一直在进行无缝道岔结构形式的改进、电务转换设备对尖轨及心轨伸缩的适应性研究、无缝道岔设计理论与方法的优化研究、无缝道岔与区间轨条的焊联技术开发、无缝道岔铺设与养护维修技术的积累工作，并取得了显著的成绩。目前，无缝道岔技术已成功应用于我国的多条提速线路及客运专线。

从1993年开始，我国先后在京山、京广、大秦线上铺设了4处轨节长度为20km的跨区间无缝线路试验段。京山、京广线试验段采用进口60kg/m全长淬火轨，大秦线铺设的75kg/m轨采用了TK-Ⅲ型混凝土枕和无螺栓新型扣件，为我国发展跨区间无缝线路提供了科学实践的依据。之后，各铁路局竞相铺设跨区间无缝线路，使其数量猛增。目前，我国的新建客运专线和高速铁路均采用跨区间无缝线路技术。

2. 跨区间无缝线路的特点

跨区间无缝线路从本质上说与普通无缝线路没有什么区别，但其在结构、铺设、养护、维修等方面具有不同的特点，并带来很多新的技术问题。主要特点如下：

(1) 胶接绝缘接头和冻结接头的广泛应用

整体性好、强度高、刚度大、绝缘性能好、寿命长、养护少的胶接绝缘接头的研制成功是跨区间无缝线路得以发展的重要前提，这种胶接接头的使用寿命可达到与基本轨同步的水平。此外，当焊接条件不具备而又希望消灭轨缝时，也可采用冻结接头，全螺纹自锁紧防螺母与高强度螺栓配合使用，可实现高强度冻结接头，在无缝道岔、缓冲区上推广应用具有现实意义。

(2) 道岔无缝化技术

无缝道岔内各轨条间存在着极为复杂的承力、传力和位移关系，且由于长轨条在列车制（启）动较多的区段、长大坡道或变坡点附近，容易产生不均匀爬行的现象，这种爬行一般会受到道岔的阻碍，导致道岔的受力变形规律更为复杂。弄清并掌握无缝道岔中钢轨受力与变形的复杂关系，是无缝道岔设计、铺设和养护的关键。

(3) 跨区间无缝线路的焊接和施工

由于跨区间无缝线路不是一次完成铺设，要使整个轨条温度力均匀，即锁定轨温一致，在铺设施工中，如何组织施工队伍，安排施工程序，使得铺设、焊接、放散应力、锁定等工作有序进行，且保证锁定轨温符合要求，就成为施工中的一个关键问题。

(4) 跨区间无缝线路的养护维修方法

跨区间无缝线路养护维修实施起来比较困难，须严格控制作业轨温，同时应配有快速切割、拉轨方便、焊接简便等相应的施工设备，便于处理各种应急情况。另外在道岔区由于钢轨受力状态较为复杂，而道岔的各部件结构和尺寸要求较严，在有温度力状态下如何作业尚没有经验。这些都有待进一步研究和实践。

6.6.2 跨区间无缝线路设计

跨区间无缝线路不论是新线或运营线结合大修铺设，其线路平纵面设计与普通无缝线路设计一样。跨区间无缝线路与普通无缝线路的不同在于轨条贯穿整个区间或区段，其长轨条不可能一次铺成，为此将长轨条分成若干个单元轨条，然后分次焊联铺入。单元轨条长度多长为合理，需要进行设计。此外还包括单元轨条的锁定轨温、轨条位移观测桩的设置、道岔区温度纵向力位移、轨道稳定和强度检算内容。

1. 单元轨条长度设计

跨区间无缝线路长轨条长度设计与普通无缝线路不同，其设计是一次铺入长度的设计，即单元铺设长度的设计。跨区间无缝线路按单元轨节和单组道岔划分管理单元。单元轨节长度的确定应根据线路条件、工点情况、施工工艺及方法等因素综合确定。

2. 锁定轨温设计

跨区间无缝线路应考虑路基、岔区及桥上无缝线路的允许温升和允许温降计算结果，综合确定线路的设计锁定轨温，为便于跨区间无缝线路的管理，路基、桥梁、隧道、岔区内应采用相同的设计锁定轨温。但遇到长大隧道、长大桥梁等特殊情况时，也可分级采用不同的设计锁定轨温。

3. 爬行观测桩的设置

通过爬行观测桩的观察与换算，分析研究锁定轨温有无变化、纵向力的分布是否均衡。位移观测桩的设置应满足《铁路线路修理规则》（铁运[2006] 146号）要求，观测桩必须预先埋设牢固，在单元轨节两端就位后立即进行标记，标记应明显、耐久、可靠。对于高速铁路及客运专线，无缝线路、无缝道岔的受力和变形规律难以把握，位移观测桩可参考相关规定进行专门设计。

4. 无缝道岔单元轨条设计

无缝道岔铺设中通常将岔内所有接头先焊接后，在合适的锁定轨温范围内，再与区间长轨条焊接，此时将无缝道岔视为一个特殊的单元轨节。此外，无缝道岔也是跨区间无缝线路中的重点观测对象，在岔头、岔尾及辙跟处均设置位移观测桩，虽然其长度达不到200m，但也应作为一个单元进行管理。因此，在跨区间无缝线路中均将单组无缝线路道岔作为一个单元轨节进行设计。

对于新建铁路一次性铺设无缝线路技术的要求非常严格，诸如轨道结构、路基的构造、施工装备和工艺等，都有更高的标准和更严格的要求。新建铁路一次性铺设无缝线路归纳起来，应具备以下三个条件：

(1) 稳固的基础；

(2) 先进的施工装备和施工技术；

(3) 平顺的轨道几何形位。

只有满足以上条件，才能保证新建铁路一次性铺设无缝线路的质量状态，确保列车运行的安全性和旅客乘坐的舒适性。

小结及学习指导

本章的内容包括无缝线路的基本原理、稳定性计算，无缝线路稳定性影响因素和一般无缝线路结构设计等，着重叙述无缝线路基本原理和统一无缝线路稳定性计算公式，同时还介绍了跨区间无缝线路设计的内容。

通过本章的学习，要求熟悉无缝线路的发展历程、类型及关键技术，掌握无缝线路的基本原理及一般无缝线路结构的设计方法，熟悉桥上无缝线路及跨区间无缝线路的基本概念。

思考题与习题

6-1 试述无缝线路的优点。

6-2 无缝线路有哪些类型？

6-3 简述无缝线路的关键技术。

6-4 无缝线路可以无限长铺设的理论依据是什么？

6-5 锁定轨温都包括哪些？三种锁定轨温之间的关系如何？

6-6 如何确定允许温升和允许温降？

6-7 跨区间无缝线路的优点有哪些？其设计包含哪些内容？

6-8 钢轨接头阻力如何计算？扣件阻力的作用是什么？

6-9 影响无缝线路稳定性的因素有哪些？如何提高无缝线路的稳定性？

6-10 试用公式说明无缝线路设计锁定轨温的求解过程。

6-11 试述普通无缝线路结构设计的方法和过程。

第7章 轨道结构的修理与管理

本章知识点

【知识点】 本章主要介绍铁路轨道结构维修与管理的相关基本知识，重点叙述了铁路轨道检测与质量评定、养护维修技术、无缝线路养护维修技术和修理机械等。

【重　点】 线路轨道状态的检测和评定方法。

【难　点】 无缝线路的养护维修技术。

铁路线路是铁路运输的基础设施，这一连续的长大工程结构物，在机车车辆荷载作用和自然条件影响下，随着通过总重的累积，不同类型轨道结构（如有砟轨道和无砟轨道）必然产生不同程度的残余变形，使线路平顺性恶化，轨道结构及部件产生伤损。因此，必须对不同类型的轨道结构进行及时科学的检测和修理，以提高设备质量，确保轨道状态良好并符合技术标准，保证列车运行平稳、安全和正点。

轨道结构的修理与管理应建立在科学检测的基础上。目前，随着信息技术的发展，其在线路维修方面的应用越来越深入。现代化的轨检车、钢轨探伤车、GPS、探地雷达以及图像采集和处理等科学检测手段的应用，为线路维修的科学性奠定了坚实的基础。

轨道结构的修理与管理工作是一门集材料科学、金属学、力学、轨道动力学、机械、电子、计算机、通信、传感器、网络等多种自然科学及现代管理学科于一体，跨部门、跨学科、跨专业的综合性科学。铁路轨道的修理根据其运营条件的不同有其特点和修理标准。

跨区间无缝线路是轨道结构技术进步的重要标志，是实现轨道结构现代化的最佳选择，它以无可非议的优越性得到各国铁路的承认。它具有轨道结构强度高、行车条件好、无缝线路工况佳、养护维修材料和劳力消耗少的优点。跨区间无缝线路与普通无缝线路的基本原理是一致的，因此，普通无缝线路的设计计算、施工养护的理论和方法，也适用于跨区间无缝线路。然而，跨区间无缝线路作为一种新型的轨道，在其结构条件、受力状态及施工养护等方面也有其新的特点。加强跨区间无缝线路的养护与维修工作是保证行车安全，充分发挥效能的关键。

7.1 线路设备修理

7.1.1 线路设备修理原则

我国《铁路线路修理规则》（铁运［2006］146 号）将线路设备修理分为线路设备大修和维修。线路设备大修的基本任务是根据运输需要及线路设备损耗规律，有计划、按周期地对线路设备进行更新和修理，恢复和提高线路设备强度，增强轨道承载能力。线路设备维修的基本任务是保持线路设备完整和质量均衡，使列车能以规定速度安全、平稳和不间断地运行，并尽量延长线路设备使用寿命。

线路设备大修应贯彻“运营条件匹配，轨道结构等强，修理周期合理，线路质量均衡”的原则，坚持全面规划、适度超前、区段配套的方针，并应采用无缝线路。

线路设备维修应贯彻“预防为主，防治结合，修养并重”的原则，按线路设备技术状态的变化规律和程度，相应地进行综合维修、经常保养和临时补修，有效地预防和整治线路病害，有计划地补偿线路设备损耗，以取得较好的技术经济效益。

线路设备大修应由大修设计和施工专业队伍承担，采用必要的施工机械和运输车辆，并安排与施工项目相适应的施工天窗。

为实现工务设备修理的科学性、合理性和经济性，我国铁路工务部门，始终坚持“线桥结构现代化、施工作业机械化、企业管理科学化”发展方向，实行检修分开制度，突出专业修、机械修和天窗修的特点，积极采用新技术、新材料、新工艺，不断推进工务部门科技进步和提高科学管理水平，确保列车能以规定速度安全、平稳、舒适和不间断地运行。

推动“严检慎修”、“准确修”和“精细修”先进维修理念，要进一步规范线路修理流程，通过综合分析轨检车、车载式晃车仪等动态检测数据和设备结构的静态检查数据，准确查找病害原因，研究确定方案，进行维修设计，然后进行作业，并严格作业验收。坚决实行维修设计，提高大型养路机械的作业质量和作业效率。探索“人机网合一”的先进工法，提高作业水平。严格修理作业标准，建立维修保质期制度，对维修作业质量进行跟踪、评价和考核，促进维修作业质量的稳步提升。

有序推进线路等级管理。一是结合线路运营速度、年通过总重等具体情况，对管内线路设备科学划分等级。对各等级线路分别制定不同的技术标准和管理标准，优化修程设置，合理配置人员、机力和成本资源。二是结合轨道质量评价办法，建立基于设备状态的线路等级管理办法，充分利用动静态检测数据，按照状态评价标准划分线路等级，明确修理期限，实现对设备的针对性管理和修理。

建立和完善科学养修体系。深入推进检养修分开体制改革，合理设置段、车间专业检查机构，强化装备和技术力量；结合生产力布局调整，有效整合

生产资源，强化专业修理和综合修理力量；合理界定检、养、修机构的职责范围，做到管理有序。规范设备修程管理，合理安排周期性修理。

1. 普速铁路工务设备维护与管理

我国普速铁路工务设备按线路、桥隧建筑物和路基三类进行专业修理，设置线路维修和大修，桥隧建筑物检查、维修和大修，路基维修和大修等修程。工务设备维修基本任务是根据工务设备技术状态的变化规律和程度，及时安排维修，有效地预防和整治病害，保持工务设备完整和质量均衡，并尽量延长设备使用寿命。工务设备大修基本任务是根据设备技术状态和运输需要，有计划地对设备进行更新、修理，恢复和提高设备强度，保持或增强设备承载能力。

(1) 工务设备检测与维修

中国铁路总公司基础设施检测中心、铁路局工务检测所和大型养路机械运用检修段分别负责和承担利用轨检车、钢轨探伤车对线路进行周期性检测和钢轨周期性探伤。铁路桥梁检定评估由铁路部门授予的专业桥梁检定技术队伍承担，专业桥梁检定队伍按技术水平分为甲、乙、丙三个等级，并分别承担其技术等级规定范围内的桥梁检定工作。铁路局实行局（工务处)、工务段（工务机械段)、车间、工区四级管理，工务段按检修分开的原则，下设线路车间、桥隧车间、检查监控车间和综合机修车间，根据需要还可设置机械化维修、道口、路基等车间。线路车间下设线路工区和机械化维修工区，未设检查监控车间的工务段在线路车间设置检查监控工区，实现检查与维修分开和异体监督。检查监控车间（工区）按规定的项目和周期进行设备检查分析，并及时传递检查信息；线路车间负责安全生产的组织实施；线路工区主要负责线路设备巡查、临时补修、故障处理；机械化维修车间（工区）主要负责综合维修、配合大机维修作业和经常保养；综合机修车间负责钢轨、道岔焊补，养路机械的维修保养，工具制作、修理及线路配件修理等工作。线路综合维修，由工务机械段负责综合维修的大型养路机械作业项目，工务段配合施工，并负责其他作业项目和质量验收；当大型养路机械维修不能覆盖时，由工务段按检修分开的原则组织综合维修和质量验收。桥隧车间下设桥隧检查工区和保养工区，或将检查工区和保养工区合并成立检查保养工区，同时设置机械化维修工区（或工队)，有长大隧道或隧道较多的工务段，还视情况设置专门工区负责隧道通风、照明及消防工作。桥隧检查工区负责桥隧设备及附属安全检查设施的日常检查和观测；保养工区负责经常保养工作；机械化维修工区（或工队）负责桥隧设备及附属安全检查设施的综合维修工作。路基车间负责管内路基维修及设备管理工作。路基工区负责设备的检查、综合维修、经常保养及重点病害的观测和危险地段的巡守工作。路基重点维修工区负责小型病害整治及单项重点工作。不设路基车间的工务段，路基维修及设备管理工作由线路（桥梁）车间负责。风沙地区的工务段设置治沙领工区和治沙工区。

(2) 工务设备大修

由大修设计和施工专业队伍承担，部分零小大修工程，由工务段施工。

铁路局负责审查、确定大修计划，审批大修设计文件，根据需要委托施工监理，监督检查施工管理以及组织工程验收。工务段负责提报大修建议计划，对大修施工进行安全质量监督管理，参加工程竣工验收。施工单位依据大修设计文件，制定施工方案，编制施工组织设计，采用必要的施工机械和运输车辆，安排与施工项目相适应的施工天窗，科学组织大修施工，工程竣工后进行大修验收和质量评定，以确保施工的安全、质量和进度。

(3) 实行天窗修制度

除设备检查以外，所有影响行车的施工、维修作业均在天窗时间内实施，遵循“行车不施工、施工不行车”的原则。天窗是指列车运行图中不铺画列车运行线或调整、抽减列车运行线为施工和维修作业预留的时间，按用途分为施工天窗和维修天窗。普速铁路施工天窗包括技改工程、线桥大中修及大型养路机械作业、接触网大修及改造时，不应少于180分钟。而维修天窗，双线不应少于120分钟，单线不应少于90分钟。维修天窗在时间安排上应与施工天窗重叠套用，除春运、节假日及中国铁路总公司调度命令停止外，原则上每月每区间不应少于20次（双线为单方向）。施工作业、维修作业和设备故障处理设置驻调度所（站）联络员、现场防护员，工务在进行行车设备施工、维修、处理故障和恢复时应与行车调度员或车站值班员办理上线登记、销记手续。凡在施工计划（包括有关施工电报以及临时增加的施工日计划）、维修天窗修作业计划内公布的施工作业项目，均应在《行车设备施工登记簿》登记、销记；其他作业项目包括应急处理时，驻站联络员在《行车设备检查登记簿》登记、销记。

2. 高速铁路工务设备维护与管理

高速铁路天窗原则上不应少于240分钟。我国高速铁路的运营维护管理模式为：工务部门秉承“安全、秩序、舒适”的理念，坚持“预防为主、防治结合、严检慎修”的维护原则，本着“资源综合、专业强化、集中管理”和“精干、高效”的原则，建立了“检修分开、专业化和属地化管理”的维修体制和“动静态检查—综合诊断评价—修理方案制定审批—开‘天窗’修理—‘确认车’确认”修理模式，保持了高速铁路工务设备的高平顺性、高稳定性和高可靠性。

高速铁路工务设备按线路、桥隧建筑物、路基、防灾系统、精密工程控制网分类实施专业维护和管理。依据中国铁路总公司相关规定和与铁路局签订的委托运输管理协议，铁路局负责受委托范围内高速铁路工务设备的安全、维护和管理。高铁设备运营维护管理可由专门设立的高铁工务段负责，也可由既有工务段负责。高铁工务设备实行铁路局（集团公司）、工务段、车间、工区四级管理。线路车间管辖的线路长度无砟轨道为营业里程200～300km左右，有砟轨道为100km左右。线路车间下设工区，工区管辖的线路营业长度无砟轨道为营业里程100km左右，有砟轨道在每个车站设置工区。站间距较小的城际铁路、山区、高原和严寒地区的车间和工区管辖线路长度适当缩短。路桥检查车间的管辖营业长度宜在300km左右，不超过400km；路桥检查车

间下设路桥检查工区，管辖营业长度 100km 左右，山区路段适当缩小管辖长度。路桥检查车间负责桥隧、路基设备的日常管理；路桥检查工区负责桥隧和路基设备、附属及安全检查设施的日常检查、观测及适量的保养工作。未设路桥检查车间的，设置路桥检查工区。跨越大江大河的大型钢梁桥，专门设置钢梁、机修工区；长大隧道或隧道群设置专门的检查工区。维修技术特别复杂，难度大且铁路局专业维修单位不能胜任的，经充分论证，按规定程序，委托具备资质的公司实施。

中国铁路总公司基础设施检测中心、铁路局工务检测所和大型养路机械运用检修段受委托承担利用综合检测列车、钢轨探伤车对线路进行周期性检测和钢轨周期性探伤。大型养路机械运用检修段或工务机械段受委托承担利用大型养路机械对线路进行修理。

防灾系统、精密工程控制网等专业性强的项目，由客专公司委托铁路局之外的第三方负责维护。

为确保安全，高速铁路严格执行天窗修制度，在天窗以外，任何人员不得进入栅栏以内。高速铁路正线、到发线天窗一般为垂直天窗，天窗时间不少于 240 分钟。高速铁路天窗计划实行“周计划、日确认”的管理方式，周计划为：工务段每周通过局域网向路局申报下周天窗修作业计划，经业务处室审核，运输部门审批同意后，工务段组织实施；日确认为：运输部门当日公布次日计划，工务段确认、核对后实施。工务在进行行车设备施工、维修、处理故障和恢复时应与行车调度员或车站值班员办理上线的登记、销记手续。高速铁路在正式运营前开行确认列车，利用当日运营的首列动车组，在天窗结束与正式运营前的时间段内往返运行一遍，工务、电务、供电等固定设备管理单位技术人员上机车添乘，分别对各自专业管理设备状态和线路环境进行确认，确保状态良好、线路限界以内无侵限机具、材料或影响列车运行的其他异物等。

7.1.2　线路设备维修管理组织

线路设备大修施工应由专业队伍承担，并有固定的生产人员作为基本队伍。大修施工单位必须具备如下设施：①铁路局应根据近、远期规划，统筹安排，修建必要的大修基地。大修基地应有足够的配线和场地，具备必要的生产和生活设施，交通便利；②配备与大修施工任务相适应的施工机械、交通运输工具、通信设备和相应的检修设施；③配备宿营车辆等必要的流动生活设施。

线路设备大修施工单位应依据设计文件进行现场调查和施工测量，研究制定施工方案；按工程件名及批准的施工计划编制施工组织设计。线路设备大修施工必须认真贯彻执行“安全第一、预防为主”的方针，严格执行各项施工作业标准，科学组织施工，确保施工安全、质量和进度。施工单位应建立健全各种施工、运输和装卸机械的管理制度，加强设备台账和技术档案的管理，实行岗位责任制，严格执行设备检修保养制度，保证配件储备，提高设备完好率。施工单位应建立健全材料管理制度。

工务段的管辖范围：正线延长单线以500～700km为宜，双线以800～1000km为宜，特殊情况下由铁路局规定；山区铁路或管辖范围内有编组站或一等及以上车站时，管辖正线长度可适当减少。线路车间的管辖范围：正线延长单线以60～80km为宜，双线以100～120km为宜。线路工区的管辖范围：正线延长以10～20km为宜。

工务段应按检修分开的原则，下设线路车间、检查监控车间和综合机修车间，根据需要还可设机械化维修、道口、路基等车间。线路车间下设线路工区和机械化维修工区，未设检查监控车间的工务段应在线路车间设置检查监控工区。其他车间可根据需要设置工区。

线路设备维修实行检修分开制度。检修分开的基本原则是实行专业检查和机械化集中修理，实现检查与维修的一体监督。检查监控车间（工区）应按规定的项目和周期进行设备检查分析，并及时传递检查信息；线路车间负责安全生产的组织实施；线路工区主要负责线路设备巡查、临时补修、故障处理；机械化维修车间（工区）主要负责综合维修、配合大机维修作业和经常保养；综合机修车间负责钢轨、道岔焊补，养路机械的维修保养，工具制作、修理及线路配件修理等工作。

综合维修组织形式为工务机械段负责综合维修的大型养路机械作业项目，工务段配合施工，并负责其他作业项目和质量验收；当大型养路机械维修不能覆盖时，由工务段按检修分开的原则组织综合维修和质量验收。

工务段设有路基工区时，路基维修工作由路基工区负责；未设路基工区时，路基维修工作由线路工区负责，并根据路基设备数量配置相应定员。凡影响行车的线路施工、维修作业均应在天窗内进行，用于线路大、中修及大型养路机械作业的施工天窗不少于180分钟，维修天窗根据维修作业需要合理安排，并应做到综合利用，平行作业。

7.2 铁路轨道检测与质量评定

铁路轨道检测主要包括几何形位和轨道结构及部件的状态检测。我国铁路对轨道几何尺寸的管理，实行静态管理与动态管理相结合的管理模式。线路和道岔轨道几何尺寸管理值标准，包括轨距、水平、三角坑、轨向、高低等项目。

7.2.1 铁路线路的静态和动态检查

工务段段长、副段长、指导主任、检查监控车间主任、线路车间主任和线路工长应定期检查线路、道岔和其他线路设备，并重点检查薄弱处所，具体办法由铁路局规定。对检查结果应进行认真分析，对超过临时补修管理值的处所应及时处理。应积极采用轨道检查仪检查线路，提高线路静态检查质量，加强线路设备状态分析，指导线路养修工作。

1. 线路静态检查

设有检查监控车间的工务段，应由检查监控车间有计划地对工务段管辖线路设备进行月度周期性检查，线路车间参加月度周期性检查并负责检查监控车间检查内容以外的检查工作。

未设检查监控车间的工务段，应由线路车间组织检查监控工区有计划地对线路车间管辖线路设备进行月度周期性检查，组织线路工区参加月度周期性检查并进行检查监控工区检查内容以外的检查工作。

(1) 线路设备检查内容及检查周期

1) 正线线路和道岔，每月应检查 2 次（当月有轨检车检查的线路可减少 1 次）；其他线路和道岔，每月应检查 1 次。轨距、水平、三角坑应全面检查，轨向、高低及设备其他状态应全面查看，重点检查，对伤损钢轨、夹板和焊缝应同时检查。

2) 曲线正矢，每季度应至少全面检查 1 次。

3) 对无缝线路长轨条纵向位移（爬行），应每月观测 1 次。

4) 对钢轨焊接接头的表面质量及平直度，应每半年检查 1 次。

5) 对严重线路病害地段和薄弱处所，应经常检查。

检查结果应做好记录。

(2) 线路静态检测设备

1) 道尺

道尺（轨距尺）（图 7-1）或数字道尺（图 7-2）是检测铁路轨道轨距、水平和超高的主要静态测量工具。数字道尺是智能化的基于计算机的轨道几何形位静态测量工具，其特点是测量精度高、速度快、自动化程度高、显示清晰直观、检定方便快捷、节省维修费用。

图 7-1　道尺（轨距尺）

图 7-2　数字道尺

2) 轨道检查仪

轨道检查仪也称轨检小车，如图 7-3 所示，是用于测量轨道静态几何参数的小型推车。配有各种高精度的传感器、无线电通信设备、户外计算机，借助专业软件用于控制测量和数据存储管理，数据采集速度快、数量大，对采集到的数据能及时地进行分析与报警，用于现场指导维修、复核和验收作业。线路检查仪可以测量轨道的几何尺寸及三维绝对坐标，自动测量轨距、水平

(三角坑)、高低和轨道360°横断面。

3）弦线

弦线用于检测轨道的高低和方向，如图7-4所示，其标准有10m长、20m长和40m长弦线等。图7-5是用弦线测量轨道的方向，图7-6是用弦线测量轨道的高低。

图7-3 轨道检查仪（轨检小车）

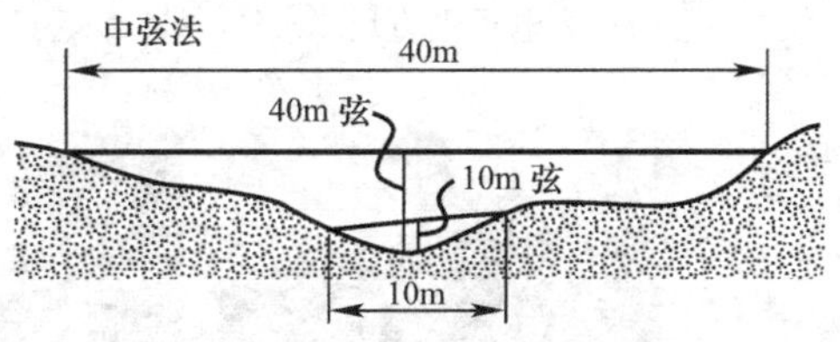

图7-4 弦线高低的测量

图7-5 测量轨道的方向

图7-6 测量轨道的高低

4）基尺和电子平直尺

对钢轨波磨等不平顺，通常采用基尺和塞尺进行测量。塞尺厚度为0.1～1.0mm不等，可随意组合成各种厚度。基尺通常是不易变形的钢板尺或特制钢尺，长度约为50～120cm。在钢轨顶部放置基尺，在波磨波谷或低接头处试塞各种厚度的塞尺。这种检测方法的精度低，但简便易行。电子平直尺（图7-7）是目前使用的较为精确的静态测量钢轨平顺性、焊缝及波磨的检测设备。

5）无缝线路爬行观测设备

进行无缝线路维修必须掌握轨温，观测钢轨位移，分析锁定轨温变化。当长轨条铺设锁定之后，即在与观测桩相对应的钢轨上做好标记（图7-8），作为观测钢轨爬行的观测点。在日常管理中，要对爬行观测桩和轨长标定的设标点进行定期观测，并互相核对。如发现两观测桩之间有位移，则进一步对两观测桩之间的设标点进行取标测量，详查发生位移的实际段落所在。核定后进行局部应力调整，使之均匀。使用光学准直仪和对中器来进行观测，如图7-9所示。

图7-7 电子平直尺

图7-8 贴在钢轨上的测标

(*a*)

(*b*)

图7-9 无缝线路爬行观测

(*a*) 对中器；(*b*) 光学准直仪

图7-10 轨检车

2. 线路动态检查

(1) 检测手段

线路动态检查主要是通过轨检车（图7-10）的检查，了解和掌握线路局部不平顺（峰值管理）和线路区段整体不平顺（均值管理）的动态质量，指导线路养护维修工作。目前还使用添乘仪、车载动态检查仪等辅助动态检测手段。

目前轨检车是我国干线轨道检测的主要设备。轨检车可加强轨道动态检测力度，及时掌握轨道质量状态，正确指导线路养护维修，确保铁路运输安全，轨检车检查已成为铁路工作中的一项重要基础工作。

轨检车由检测装置和数据处理系统两大部分组成。检测装置包括：惯性基准轨道不平顺测量装置、激光轨距测量装置（图7-11）和多功能振动测量装置等。数据处理系统包括模数转换器、计算机、打印机等。

目前我国轨检车按检测系统类型划分为四类：GJ-3型、GJ-4型、GJ-4G型和GJ-5型；按车辆速度等级划分为：120km/h等级、140km/h等级和160km/h等级。

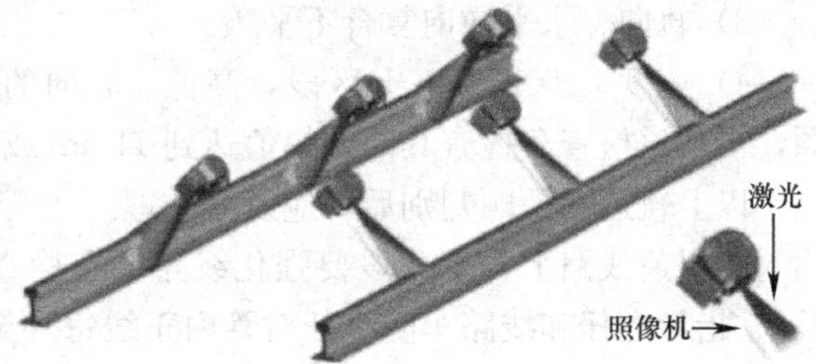

图 7-11　激光轨距测量装置

(2) 检查评定标准

轨检车对线路局部不平顺（峰值管理）检查评定标准。

1）各项偏差等级扣分标准：Ⅰ级每处扣 1 分，Ⅱ级每处扣 5 分，Ⅲ级每处扣 100 分，Ⅳ级每处扣 301 分。

2）线路动态评定标准：线路动态评定以“千米”为单位，每千米扣分总数为各级、各项偏差扣分总和。每千米线路动态评定标准分为：优良（扣分总数在 50 分及以内）、合格（扣分总数在 51～300 分）和失格（扣分总数在 300 分以上）。

3）轨检车检查结果应分线、分段汇入轨检车线路评分统计报告表中。

(3) 动态检测周期

轨检车动态检测周期一般根据运量和线路状态确定。

中国铁路总公司轨道检查车，对允许速度大于 120km/h 的线路及其他主要繁忙干线进行定期检查。铁路局轨道检查车，对允许速度大于 120km/h 的线路每月检查不少于 2 遍（含中国铁路总公司轨道检查车检查），对年通过总重不小于 80Mt 的正线 15～30 天检查 1 遍，对年通过总重为 25～80Mt 以内的正线每月检查 1 遍，对年通过总重小于 25Mt 的正线每季度检查 1 遍，对状态较差的线路可适当增加检查遍数。

中国铁路总公司轨道检查车检测中发现的问题，应及时通知有关单位，检查后及时将检测报告提交有关单位，每月末（或年底）向中国铁路总公司提交月度（或年度）检测、分析报告（含轨检车线路评分统计报告表）。铁路局轨道检查车检测中发现的问题，应立即通知工务段，检查后向有关单位通报检查结果，每月上旬（或年初）向中国铁路总公司提交上月（或上年度）检查、分析报告（含轨检车线路评分统计报告表）。

对线路区段整体不平顺（均值管理）动态质量指标—轨道质量指数（TQI）超过管理值的线路，应有计划地安排维修或保养。

工务段（或由工务段通知管内施工的责任单位）应对轨检车查出的Ⅲ级超限处所及时处理，对查出的Ⅳ级超限处所立即限制行车速度并及时处理。

(4) 应重视轨道不平顺的判别

1）周期性连续三波及多波的轨道不平顺中，幅值为 10mm 的轨向不平顺、12mm 的水平不平顺、14mm 的高低不平顺。

2）对于 50m 范围内有 3 处大于以下幅值的轨道不平顺：12mm 的轨向不平顺、12mm 的水平不平顺、16mm 的高低不平顺。

3）轨向、水平逆向复合不平顺。

4）速度大于 160km/h 区段，高低、轨向的波长在 30m 以上的长波不平顺，当轨道检查车检查其高低幅值达到 11mm 或轨向幅值达到 8mm 时。

以上轨道不平顺判别后，应及时处理。

在提速线路上，工务段要强化线路动态检查意识，工务段段长（或副段长）、指导主任和线路车间主任对管内正线每月至少应用添乘仪检查 1 遍。发现超限处所和不良地段，应及时通知线路车间或工区进行整修，并在段添乘检查记录簿上登记。

机车轨道动态监测装置对年通过总重不小于 25Mt 或允许速度大于 120km/h 的线路每天至少检查 1 遍。具体使用及管理办法由铁路局规定。

7.2.2　铁路轨道不平顺的质量评定

1. 轨道静态不平顺的质量评定

轨道静态检测评价标准按铁路的行车速度、线路类别、作业类别确定。在《铁路线路修理规则》（铁运［2006］146 号）中，制定了综合维修、经常保养、临时补修等各项维修作业验收标准的三道防线，使轨道几何尺寸经常保持良好和质量均衡。

2. 轨道动态不平顺的质量评定

线路动态不平顺是指线路不平顺的动态质量反映，主要通过轨道检查车检测。提速 200～250km/h 的区段，线路检查要以动态检查为主，采用动静态检查相结合的方式。

（1）轨道检查车对轨道动态局部不平顺（峰值管理）检查的项目为轨距、水平、高低、轨向、三角坑、车体垂向振动加速度和横向振动加速度七项。各项偏差等级划分为四级：Ⅰ级为保养标准，Ⅱ级为舒适度标准，Ⅲ级为临时补修标准，Ⅳ级为限速标准。

（2）轨道质量指数（TQI——Track Quality Index）

轨道检查车检查线路区段整体不平顺（均值管理）的动态质量用轨道质量指数（TQI）评定。轨道质量指数（TQI）是反映轨道不平顺质量状态的统计特征值。其将线路划分为 200m 或 500m 一个单元区段，每 250mm 采集轨距、轨向（左、右）、高低（左、右）、水平及三角坑等七项不平顺参数，每单元区段每单项采集 800 或 2000 个数据，经计算机处理得出标准差的统计特征值，以单项或七项和来表示轨道几何不平顺状态的程度。

$$\mathrm{TQI} = \sum_{i=1}^{7} \sigma_i \tag{7-1}$$

$$\sigma_i = \sqrt{\frac{1}{n}\sum_{j=1}^{n}(x_{ij} - \overline{x_{ij}})^2} \tag{7-2}$$

式中　σ_i——各项几何偏差的均方差（或标准差），表示不平顺值对于它们平均值的偏离程度，值越小，平顺性越好；

x_{ij}——各项几何偏差在单元区段中连续采样点的随机测值；

$\overline{x_{ij}}$——x_{ij} 的算数平均值；

n——单元区段采样点个数，每米采集 4 个，当区段长为 200m 时，$n=4\times200=800$，当区段长为 500m 时，$n=4\times500=2000$。

TQI 实质是对轨道几何偏差值离散程度的描述，能较准确地反映轨道质量状态和轨道状态的恶化程度，可用数值明确表示各个轨道区段的好坏；能作为各级工务管理部门对轨道状态进行宏观管理和质量控制的依据，能用于编制轨道维修计划，指导养护维修作业；用于计算轨道质量指数的轨道几何量值的原始数据容易采集和记录，计算简便；TQI 数值与轨道质量状态的对应关系明确，易于被现场人员掌握和使用，表 7-1 为我国根据轨道质量指数确定的轨道质量指数管理值。

轨道质量指数（TQI）管理值 **表 7-1**

项目			高低	轨向	轨距	水平	三角坑	TQI
管理值	$\upsilon_{max}\leqslant160$m/h		2.5×2	2.2×2	1.6	1.9	2.1	15.0
	$\upsilon_{max}>160$km/h		1.5×2	1.6×2	1.1	1.3	1.4	10.0
	200m/h$\leqslant\upsilon_{max}\leqslant$250m/h	波长范围为 1.5～42m	1.3×2	1.2×2	0.7	1.1	1.2	8.0
		波长范围为 1.5～70m	2.8×2	2.0×2				

注：波长范围为 1.5～42m 的单项标准差单元区段计算长度为 200m，波长范围为 1.5～70m 的单项标准差单元区段计算长度为 500m。

轨道状态图（图 7-12）是将线路上 TQI 数据（或单项指数）以直方图的形式表示出来，图中横坐标表示单元区段的位置，纵坐标表示 TQI 数值的大小，横线是 TQI 管理目标值，从轨道状态图可直观地看出轨道状态的好坏，以便进行质量控制。轨道状态图是将同一区段不同时间的 TQI 数值用直方图表示出来，它表示某段线路的轨道结构及道床的稳定状态。维修作业对轨道状态的影响可用维修前后 TQI 数值的代数差即维修改善量来表示，它是衡量维修作业好坏的指标。采用 TQI 指导编制养护维修计划，将突破传统的周期修的框架，打破工区界限，哪里状态不好就维修哪里，并实行养修分开，由工务段领导的机械化维修队负责综合维修，还可克服工区能力不足等缺点，有利于将有限人力物力用在最需要的地方，也有利于全段质量的均衡。在工务管理中经常利用排序程序，按照单元轨道区段质量状态的好坏，对 TQI 值由小到大排序，给出轨道区段质量状态顺序图，可供维修管理人员根据维修能力和轻重缓急制定维修作业计划。

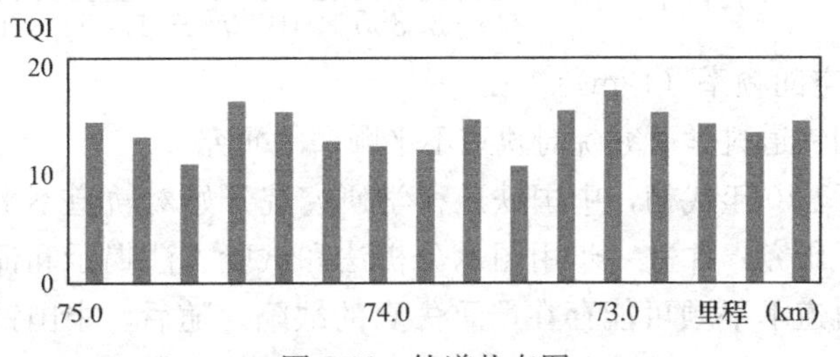

图 7-12　轨道状态图

3. 轨道不平顺谱

轨道不平顺谱能清楚地描述轨道不平顺的幅频特征，可以科学合理地对

轨道不平顺状态进行评定和诊断。我国对轨道不平顺谱的研究起步较早，1960～1970 年长沙铁道学院和中国铁道科学研究院就开始利用地面检测设备和轨道检测车这两种不同测量设备分别对轨道不平顺谱进行了研究。

(1) 长沙铁道学院（现中南大学）对轨道不平顺谱的研究

长沙铁道学院在 1965 年、1979 年、1982 年用地面测量法先后 3 次对轨道不平顺进行了实测，并用 FFT 法和最大熵谱估计法获得了京广线郑州—五里堡区间（50kg/m 普通线路），京广线猴子石—长沙南站（50kg/m 普通线路），京广线桃林—范家园（50kg/m 无缝线路）3 段约数百米的轨道无轮载作用和有轮载作用下高低、轨向、水平、轨距 4 种轨道不平顺谱。其中无轮载作用下的高低不平顺采用精密水平仪测量，轨向不平顺采用弦测法测量；有轮载作用下的“弹性不平顺”是用百分表或应变式位移传感器测量。长沙铁道学院揭开了我国进行轨道不平顺谱的研究序幕，并首先对获取轨道不平顺谱的方法进行了研究。

通过以上研究，长沙铁道学院给出的一级干线铁路的轨道不平顺谱的表达式为（单位：$mm^2 \cdot m$）：

左、右钢轨和轨道中心线高低不平顺谱分别为：

$$S_{vr}(f) = S_{vl}(f) = 9.836 \times 10^{-4} \frac{f^2 + 1.023 \times 10^{-2}}{f^4 + 1.863 \times 10^{-2} f^2 + 6.67 \times 10^{-7}} \tag{7-3}$$

$$S_v(f) = 2.755 \times 10^{-3} \frac{f^2 + 8.879 \times 10^{-1}}{f^4 + 2.524 \times 10^{-2} f^2 + 9.61 \times 10^{-7}} \tag{7-4}$$

左、右钢轨和轨道中心线轨向不平顺谱分别为：

$$S_{ar}(f) = S_{al}(f) = 1.049 \times 10^{-2} \frac{f^2 + 1.530 \times 10^{-3}}{f^4 + 1.598 \times 10^{-2} f^2 + 2.514 \times 10^{-5}} \tag{7-5}$$

$$S_a(f) = 9.404 \times 10^{-3} \frac{f^2 + 9.701 \times 10^{-2}}{f^4 + 3.768 \times 10^{-2} f^2 + 2.666 \times 10^{-5}} \tag{7-6}$$

水平不平顺谱

$$S_e(f) = 5.100 \times 10^{-8} \frac{f^2 + 6.346 \times 10^{-3}}{f^4 + 3.157 \times 10^{-2} f^2 + 7.791 \times 10^{-6}} \tag{7-7}$$

轨距不平顺谱

$$S_g(f) = 7.001 \times 10^{-3} \frac{f^2 - 3.863 \times 10^{-2}}{f^4 - 3.355 \times 10^{-2} f^2 - 1.464 \times 10^{-5}} \tag{7-8}$$

式中　f——空间频率（1/m）。

(2) 中国铁道科学研究院对轨道不平顺谱的研究

从 20 世纪 70 年代初，中国铁道科学研究院开始对轨道不平顺的连续测量方法进行了研究，并进一步用图示分析法和试验方法揭示和证实了弦测法测量随机性轨道不平顺可能存在严重失真的缺陷。随后，中国铁道科学研究院成功研制出基于惯性基准的轨道不平顺检测系统，为大量获取高低、水平等轨道不平顺随机样本数据提供了必要的连续检测手段。1977～1978 年，中国铁道科学研究院首次用轨道检测车测量高低和水平不平顺，并用快速傅立叶变换（FFT）方法计算分析得出了近百公里不同养护状态和结构特征的轨道高低、水平不平顺谱（包括 50kg/m 和 60kg/m 钢轨、混凝土轨枕和木枕、无缝线路和有缝线路等轨道）。

1988 年中国铁道科学研究院实测我国石太线的轨道垂向短波不平顺，采用 Colmar 钢轨磨耗测量仪进行测量。通过数据回归分析，中国铁道科学研究院提出了我国 50kg/m 钢轨线路垂向短波不平顺谱表达式为：

$$S(f) = 0.036 f^{-3.15} \tag{7-9}$$

式中　f——空间频率（1/m），波长范围为 0.01～1m。

1991 年中国铁道科学研究院测量分析了 60kg/m 型无缝线路缓冲区、50kg/m混凝土枕有缝线路和混凝土桥上 50kg/m 木枕有缝线路区段的 256 个接头不平顺样本的统计特征。研究发现，钢轨接头不平顺的确为非平稳随机过程，其均值和位置有关，提出了非平稳不平顺的模拟方法——有限随机变量模拟法，并对轮轨动力分析模型和非平稳随机振动的计算进行了研究和探讨。

1999 年中国铁道科学研究院完成了铁道部重点课题“我国干线轨道不平顺功率谱”。课题对轨道不平顺谱的数据采集、处理、计算、分析进行了较全面深入地研究，利用 FFT 法和最大熵法提出了我国主要干线不同轨道结构、质量状态以及曲线、桥梁、钢轨焊接接头等特殊地段的轨道不平顺谱。高低、水平和轨向不平顺谱采用系数不同的统一解析式表示，公式为：

$$S(f) = \frac{A(f^2 + Bf + C)}{f^4 + Df^3 + Ef^2 + Ff + G} \tag{7-10}$$

式中　$S(f)$——轨道不平顺功率谱（$\text{mm}^2 \cdot \text{m}$）；

f——不平顺空间频率谱（m^{-1}）；

A、B、C、D、E、F、G——轨道不平顺谱系数。

表 7-2 给出了我国京哈、京广、京沪三大重载提速干线的轨道谱拟合曲线的特征系数。

我国提速干线轨道谱的拟合曲线特征参数　　表 7-2

参数	A	B	C	D	E	F	G
高低	0.6650	−1.4375	0.5737	0.8138	1.9123	−0.1234	0.0063
轨向	0.7052	−1.6253	0.7151	−2.5977	3.7128	−2.2691	0.0112
水平	0.1214	−2.1603	2.0214	4.5089	2.2227	−0.0396	0.0073

2000 年中国铁道科学研究院利用 SAILENT 钢轨纵断面测量仪实测京山线和广深线的大量焊接接头轨面不平顺样本，并对钢轨焊接接头轨面不平顺谱的谱估计方法进行了研究，包括对焊接接头区轨面不平顺的非平稳特征研究，把小波分析方法引入焊接接头不平顺谱分析，利用小波分析方法对焊接接头不平顺谱的估计作了尝试研究。

2005～2008 年，中国铁道科学研究院对既有线轨道不平顺谱进行了深入研究，提出了既有线 120～160km/h、160～200km/h、200～250km/h 和京津城际铁路轨道不平顺谱；2008 年，对客运专线轨道不平顺谱进行了研究，初步得到

了客运专线轨道不平顺谱；2009、2010年，又对武广高速铁路和京沪高速铁路无砟轨道的轨道不平顺谱进行了试验研究，提出了高速铁路无砟轨道轨道不平顺谱拟合公式；2010～2011年，对成都铁路局既有线轨道不平顺谱进行了进一步研究，得到成都铁路局既有线不同速度等级线路轨道不平顺谱拟合公式。中国铁道科学研究院通过对我国轨道不平顺谱的系列研究，已经掌握了轨道不平顺谱的获取和构建方法，初步得到了既有线和高速铁路轨道不平顺谱拟合公式形式，轨道不平顺谱采用分段幂函数描述，拟合公式为 $S(f)=Af^{-k}$。轨道不平顺谱可用于不同线路轨道状态对比，识别线路存在的周期性不平顺，分析轨道状态变化规律，为车辆、线路、桥梁设计和评估提供依据。

(3) 美国轨道谱

美国联邦铁路管理局（FRA）根据大量实测资料得到线路不平顺功率谱密度，拟合成一个以截断频率和粗糙度常数表示的偶次函数。其波长范围可达1.524～304.8m，轨道分为六个级别。

轨道高低不平顺

$$S_v(\Omega)=\frac{kA_v\Omega_c^2}{\Omega^2(\Omega^2+\Omega_c^2)} \tag{7-11}$$

轨道方向不平顺

$$S_a(\Omega)=\frac{kA_a\Omega_c^2}{\Omega^2(\Omega^2+\Omega_c^2)} \tag{7-12}$$

轨道水平及轨距不平顺

$$S_c(\Omega)=S_g(\Omega)\frac{4kA_v\Omega_c^2}{(\Omega^2+\Omega_c^2)(\Omega^2+\Omega_s^2)} \tag{7-13}$$

式中　$S(\Omega)$——轨道不平顺功率谱密度 $[\mathrm{cm^2/(rad/m)}]$；

Ω——轨道不平顺的空间频率（rad/m）；

A_v、A_a——粗糙度常数（$\mathrm{cm^2\cdot rad/m}$）；

Ω_c、Ω_s——截断频率（rad/m）；

k——安全系数，可根据要求在0.25～1.0之间选取，一般取为0.25。

所有轨道级别的粗糙度参数及截断频率如表7-3所示，表7-3中还列出了根据行车安全标准制定的不同等级线路所允许的车辆最高运行速度。

美国AAR轨道谱参数　　　　**表7-3**

参数		线路等级					
		一级	二级	三级	四级	五级	六级
$A_v(\mathrm{cm^2\cdot rad/m})$		1.2107	1.0181	0.6816	0.5376	0.2095	0.0339
$A_a(\mathrm{cm^2\cdot rad/m})$		3.3634	1.2107	0.4128	0.3027	0.0762	0.0339
Ω_s(rad/m)		0.6046	0.9308	0.8520	1.1312	0.8209	0.4380
Ω_c(rad/m)		0.8245	0.8245	0.8245	0.8245	0.8245	0.8245
允许最高速度(km/h)	货车	16	40	64	96	128	176
	客车	24	48	96	128	144	176

(4) 德国高速轨道谱

轨道高低不平顺

$$S_v(\Omega)=\frac{A_v\Omega_c^2}{(\Omega^2+\Omega_r^2)(\Omega^2+\Omega_c^2)} \tag{7-14}$$

轨道方向不平顺

$$S_a(\Omega)=\frac{A_a\Omega_c^2}{(\Omega^2+\Omega_r^2)(\Omega^2+\Omega_c^2)} \tag{7-15}$$

轨道水平不平顺

$$S_c(\Omega)=\frac{A_v\cdot b^{-2}\cdot\Omega_c^2\cdot\Omega^2}{(\Omega^2+\Omega_r^2)(\Omega^2+\Omega_c^2)(\Omega^2+\Omega_s^2)} \tag{7-16}$$

轨距不平顺

$$S_g(\Omega)=\frac{A_g\Omega_c^2\Omega^2}{(\Omega^2+\Omega_r^2)(\Omega^2+\Omega_c^2)(\Omega^2+\Omega_s^2)} \tag{7-17}$$

式中，高低、方向不平顺功率谱密度 $S_v(\Omega)$、$S_a(\Omega)$、$S_g(\Omega)$ 的单位为“m^2/(rad/m)”；水平不平顺由于采用倾角度量，因而其功率谱密度 $S_c(\Omega)$ 的单位为“1/(rad/m)”；Ω 为轨道不平顺的空间频率（rad/m）；Ω_c、Ω_r、Ω_s 是截断频率（rad/m）；A_v、A_a、A_g 是粗糙度常数（$m^2\cdot rad/m$）；b 为左、右滚动圆距离的一半（m），一般可取 0.75m。

粗糙度系数和截断频率见表 7-4，是基于轨距不平顺在－3～3mm 内变化经试算得出的参考值。

德国轨道谱粗糙度系数及截断频率　　表 7-4

轨道级别	Ω_c(rad/m)	Ω_r(rad/m)	Ω_s(rad/m)	A_a($m^2\cdot rad/m$)	A_v($m^2\cdot rad/m$)	A_g($m^2\cdot rad/m$)
低干扰	0.8246	0.0206	0.4380	2.119×10^{-7}	4.032×10^{-7}	5.32×10^{-8}
高干扰	0.8246	0.0206	0.4380	6.125×10^{-7}	1.08×10^{-6}	1.032×10^{-7}

注：“低干扰”适用于德国时速 250km/h 以上的高速铁路，“高干扰”适用于德国普通铁路。

7.2.3 铁路轨道设备状态的检测与评定

1. 线路设备状态评定

线路设备状态的好坏直接影响行车的平稳和安全。线路设备状态评定是对正线线路设备质量基本状况的检查评定，是考核各级线路设备管理工作和线路设备状态改善情况的基本指标。线路设备状态评定结合秋检资料分析，是安排线路大、中维修计划的主要依据。每年 7 月份，铁路局应组织工务段结合秋季设备检查，对管内正线全面评定一次。每年 10 月 20 日前，由铁路局汇总和分析评定结果，上报中国铁路总公司。线路设备状态评定应以“km”为单位（评定标准见表 7-5），满分为 100 分，100～85 分为优良，85（不含）～60 分为合格，60 分以下为失格。

线路设备状态评定评分标准　　表 7-5

编号	项目	扣分条件	计算单位	扣分（分）	说明
1	慢行	线路设备不良（不含路基）	处	41	检查时现存慢行处所

续表

编号	项目	扣分条件	计算单位	扣分（分）	说明
2	道床	翻浆冒泥	每延长 10m	4	
		道床不洁率大于 25%（在枕盒底边向下 100mm 处取样）	每延长 100m	8	道床不洁率指通过边长 25mm 筛孔的颗粒的质量比
3	轨枕	木枕失效率超过 8%	每增 1%	8	
		混凝土枕失效率超过 4%	每增 1%	8	
4	钢轨	一年内新生轻伤钢轨（不含曲线磨耗）	根	2	长轨中 2 个焊缝间为 1 根
		现存曲线磨耗轻伤钢轨	每延长 100m	4	按单股计算
		一年内新生重伤钢轨（不含焊缝）	根	20	长轨中 2 个焊缝间为 1 根
		无缝线路现存重伤钢轨（不含焊缝）	根	20	长轨中 2 个焊缝间为 1 根
		无缝线路现存重伤焊缝	个	20	

2. 线路设备保养质量评定

线路、道岔保养质量评定，是考核线路、道岔养护质量的基本指标，也是安排维修计划的主要依据之一。

正线线路和正线、到发线道岔的保养质量评定应由工务段组织，采取定期抽样的办法进行。具体组织办法由各铁路局制定。线路保养质量评定应以“km”为单位（评定标准见表 7-6），满分为 100 分，100～85 分为优良，85（不含）～60 分为合格，60 分以下为失格。道岔保养质量评定应以组为单位（评定标准见表 7-7），满分为 100 分，100～85 分为优良，85（不含）～60 分为合格，60 分以下为失格。

线路保养质量评定标准　　**表 7-6**

项目	编号	扣分条件	抽查数量	单位	扣分（分）	说明
轨道几何尺寸	1	超过经常保养标准容许偏差	轨距、水平、三角坑连续检测 100m；轨向、高低全面查看，重点检测	处	4	选择线路质量较差地段检查。曲线正矢全面检测。曲线正矢超过容许偏差，每处扣 4 分
	2	超过临时补修标准容许偏差		处	41	
	3	允许速度大于 120km/h 线路轨距变化率大于 1‰，其他线路大于 2‰（不含规定的递减率）		处	2	
钢轨	4	钢轨接头顶面或内侧面错牙大于 2mm	全面查看，重点检测	处	4	错牙大于 3mm 时，每处扣 41 分
	5	轨缝大于构造轨缝或连续 3 个及以上瞎缝。普通绝缘接头轨缝小于 6mm	全面查看，重点检测	处	8	轨缝在调整轨缝轨温限制范围以内时检查。“未及时”是指钢轨折断后超过一天未进行临时处理或进入设计锁定轨温季节超过一个月未进行永久处理
	6	轨端肥边大于 2mm	全面查看，重点检测	处	4	
	7	无缝线路钢轨折断未及时进行临时处理或插入短轨未及时进行永久性处理	全面查看	处	16	

续表

项目	编号	扣分条件	抽查数量	单位	扣分(分)	说明
轨枕	8	钢轨接头或焊缝处轨枕失效，其他处轨枕连续失效	全面查看，重点检测	处	6	
	9	每处调高垫板超过 2 块或总厚度超过 10mm	连续查看，检测 100 头	头	1	使用调高扣件，每头超过 3 块或总厚度超过 25mm
连接零件	10	铁垫板、橡胶垫板、橡胶垫片道钉、扣件缺少	连续查看 100 头	块、头	1	一组扣件的零件不全，按缺少一个扣件计算
	11	道钉浮离或扣件前、后离缝大于 2mm 的超过 12%	连续检测 50 头	每增 2%	1	
	12	扣件扭矩（扣压力）不符合规定或弹条扣件中部前端下颚离缝大于 1mm 者超过 12%	连续检测 50 头	每增 1%	1	
	13	接头螺栓缺少、松动或扭矩不符合规定	全面查看，抽测 4 个接头扭矩	个	8/2	
防爬设备	14	防爬器、支撑缺损或失效	连续查看，检测防爬器、支撑各 50 个	个	2	
	15	爬行量超过 20mm，观测桩缺损、失效，无缝线路位移观测无记录	全面检测	km	16	爬行超过 30mm 扣 41 分
道床	16	翻浆冒泥 $v_{max}>160km/h$	全面查看	孔	5	
		翻浆冒泥 $120km/h<v_{max}\leqslant160km/h$	全面查看	孔	3	
		翻浆冒泥 $v_{max}\leqslant120km/h$	全面查看	孔	1	
	17	肩宽不足、不饱满、有杂草	全面查看	每 20m	2	单侧计算
路基	18	排水沟未疏通	全面查看	每 10m	1	单侧计算
	19	路肩冲沟未修补	全面查看	每 10m	1	单侧计算
	20	路肩有大草	全面查看	每 10m	1	单侧计算
道口	21	铺面缺损、松动，护桩缺损	全面查看	块(个)	4	
	22	护轨不符合标准	全面检测	处	16	
标志	23	线路标志缺少或不规范、不清晰或错误	全面查看	个	1	

道岔保养质量评定标准 **表 7-7**

项目	编号	扣分条件	抽查数量	单位	扣分(分)	说明
轨道几何尺寸	1	轨距、水平、轨向、支距、高低超过经常保养标准容许偏差	轨距、支距、水平全面检测；轨向、高低全面查看，重点检测	处	4	同时检测线间距小于 5.2m 的连接曲线，用 10m 弦测量，连续正矢差超过 4mm，每处扣 4 分
	2	轨距、水平、轨向、支距、高低超过临时补修标准容许偏差		处	41	
	3	查照间隔、护背距离、尖趾距离超过容许限度	全面检测	组	41	

续表

项目	编号	扣分条件	抽查数量	单位	扣分（分）	说明
钢轨	4	钢轨接头顶面或内侧面错牙超过2mm	全面查看，重点检测	处	4	错牙大于3mm时，每处扣41分
	5	存在以下病害之一：①尖轨尖端与基本轨或可动心轨尖端与翼轨不靠贴大于1mm；②尖轨、可动心轨顶面宽50mm及以上断面处，尖轨顶面低于基本轨顶面、可动心轨顶面低于翼轨顶面2mm及以上；③尖轨、可动心轨工作面伤损，继续发展，轮缘有爬上尖轨、可动心轨的可能；④内锁闭道岔两尖轨相互脱离时，分动外锁闭道岔两尖轨与连接装置相互分离或外锁闭装置失效时	全面查看，重点检测	组	41	
	6	存在以下病害之一：①尖轨、可动心轨侧弯造成轨距不符合规定；②尖轨、可动心轨顶面宽50mm及以下断面处，尖轨顶面高于基本轨顶面、可动心轨顶面高于翼轨顶面2mm及以上；③曲股基本轨的弯折点位置或弯折尺寸不符合要求，造成轨距不符合规定；④基本轨垂直磨耗，50kg/m及以下钢轨，在正线上超过6mm，到发线上超过8mm，其他站线上超过10mm；60kg/m及以上钢轨，在允许速度大于120km/h的正线上超过6mm，其他正线上超过8mm，到发线上超过10mm，其他站线上超过11mm（33kg/m及其以下钢轨由铁路局确定）；⑤其他伤损达到钢轨轻伤标准时	全面查看，重点检测	组	16	
	7	轨缝大于构造轨缝或有连续3个及以上瞎缝，普通绝缘接头轨缝小于6mm	全面查看，重点检测	处	4	
	8	轨端肥边大于2mm	全面查看，重点检测	处	4	含胶接绝缘钢轨
岔枕	9	接头岔枕失效，其他处岔枕连续失效	全面查看，重点检测	处	6	
联结零件	10	尖轨、可动心轨与滑床板间缝隙大于2mm	全面检测	块	2	一组扣件的零件不全，按缺少一个扣件计算
	11	连杆、顶铁、间隔铁及护轨螺栓缺少，顶铁离缝大于2mm	全面检测	个、块	8	
	12	心轨凸缘螺栓缺少、松动	查看检测	个	41	
	13	长心轨与短心轨联结螺栓缺少、松动	查看检测	个	41/16	

续表

项目	编号	扣分条件	抽查数量	单位	扣分（分）	说明
连接零件	14	接头螺栓缺少、松动或扭矩不足	全面查看	个	8/2	
	15	其他螺栓缺少、松动	全面查看	个	1	
	16	垫板、道钉、胶垫、扣件缺少	全面查看	个、块	1	一组扣件的零件不全，按缺少一个扣件计算
	17	道钉浮离、扣件扭矩（扣压力）不符合规定或弹条扣件中部前端下颚离缝大于1mm者、轨距挡板前、后离缝大于2mm，不良者超过12%	各连续检测50个	每增1%	1	
轨道加强设备	18	转辙和辙叉部分轨撑离缝大于2mm，其他部分轨撑或轨距杆损坏、松动	全面查看、检测	个、根	1	
	19	防爬器、支撑缺损或失效	全面查看	个	2	
	20	道岔两尖轨尖端相错量大于20mm、无缝道岔位移超过10mm或无观测记录	全面查看	组	16	
道床	21	翻浆冒泥 v_{max}>160km/h	全面查看	孔	5	
		翻浆冒泥 120km/h<v_{max}≤160km/h	全面查看	孔	3	
		翻浆冒泥 v_{max}≤120km/h	全面查看	孔	1	
	22	肩宽不足、不饱满、有杂草	全面检测	组	4	
警冲标	23	损坏或不清晰	全面查看	组	8	缺少或位置不对，扣41分
标记	24	缺少、不清晰或错误	全面查看	处	1	

7.3 线路设备修理基本内容

线路设备修理分为线路设备大修和线路设备维修。

线路设备修理工作内容有普通线路换轨大修、铺设无缝线路前期工程、铺设无缝线路、成段更换再用轨（整修轨）、线路中修、成组更换道岔和岔枕、成段更换混凝土枕、道口大修以及隔离栅栏大修。另外还有线路、道岔综合维修，线路、道岔经常保养，线路、道岔临时补修等内容。

7.3.1 线路设备大修及其基本内容

线路设备大修的主要内容是全面更换新钢轨，全面清筛、补充道床，成组更换道岔和岔枕，成段更换轨枕。线路大修一般根据钢轨疲劳和伤损情况周期性地进行，也可根据要求（如几次大面积提速）对不适应运输的设备进行大修改造，同时可根据现场需要对某一地段设备进行单项大修。

线路大修管理，一是要保证设备大修投入，保持设备大修总量，严格坚

持大修技术条件，通过积极采用先进工艺进一步提高大修质量。二是加强大型养路机械运用的统筹调配，扩大其周期性修理的覆盖范围，提高捣固车、清筛机使用效率。三是充分发展和利用信息化、网络化的管理平台，为提高管理效率和管理水平提供先进的手段。

1. 线路设备大修分类

(1) 线路大修

铁路线路是行车的基础，由于结构的组合性、散体性以及荷载的随机性，随着残余变形的积累和发展，当线路上的钢轨疲劳伤损、轨形不符合要求、不能满足铁路运输需要时，必须进行线路大修。钢轨的伤损发展情况是全面更换新钢轨的换轨大修依据。

线路大修分为普通线路换轨大修和无缝线路换轨大修。对于条件不允许的区段采用普通轨道结构形式，能够铺设无缝线路的区段必须采用无缝线路，并尽可能发展全区间或跨区间无缝线路。

(2) 成段更换再用轨、整修轨（以“千米”计）

(3) 成组更换道岔和岔枕（以“组”计）

(4) 成段更换混凝土枕（以“根”计）

(5) 道口大修（以“万元/处”计）

(6) 隔离栅栏大修（以“千米”计）

(7) 其他大修（以上未涵盖的线路设备大修项目及其他大修）

(8) 线路中修

在线路大修周期内，道床严重板结或脏污，其弹性不能满足铁路运输需要时，应进行线路中修。石灰岩道砟应结合中修有计划地更换为一级道砟。

在无路基病害、采用一级道砟和道床污染较轻、使用大型养路机械按周期进行修理的区段，在有计划地进行边坡清筛的情况下，应取消线路中修。线路大修、线路中修可统称为线路设备大修。

2. 线路设备大修内容

线路大修的任务是彻底消除线路永久变形，对线路的损耗部分实行周期性的更新和修理，恢复或提高设备强度，其主要工作内容如下：

(1) 普通线路换轨大修

普通线路换轨大修主要包括：清筛道床，补充道砟，改善道床断面，整治基床翻浆冒泥和超过15mm的冻害，石灰岩道砟应结合大修有计划地更换为一级道砟；校正、改善线路纵断面和平面状况；更换Ⅰ型混凝土枕、失效轨枕和严重伤损混凝土枕，补足轨枕配置根数，有计划地将木枕成段更换为混凝土枕；全面更换新钢轨、桥上钢轨伸缩调节器、联结部件、绝缘接头及钢轨接续线，更换不符合规定的护轨；成组更换新道岔和新岔枕；安装轨道加强设备；整修路肩、路基面排水坡，清理侧沟，清除路堑边坡弃土；整修道口及其排水设备；抬高因线路换轨大修需要抬高的道岔、桥梁以及加高挡砟墙；补充、修理并刷新用于工务管理的各种线路标志、信号标志、位移观测桩及备用轨架；回收旧料，清理场地，设置常备材料。

(2) 铺设无缝线路前期工程

铺设无缝线路前期工程主要包括：清筛道床，补充道砟，改善道床断面，整治基床翻浆冒泥和超过 15mm 的冻害，石灰岩道砟应结合大修有计划地更换为一级道砟；校正、改善线路纵断面和平面状况；更换Ⅰ型混凝土枕、失效轨枕、严重伤损混凝土枕，补足轨枕配置根数，有计划地将木枕成段更换为混凝土枕；抽换轻伤有发展的钢轨，更换失效的联结部件；均匀轨缝，螺栓涂油，锁定线路；整修路肩、路基面排水坡，清理侧沟，清除路堑边坡弃土；整修道口及其排水设备；抬高因线路换轨大修需要抬高的道岔、桥梁，加高挡砟墙；补充、修理并刷新用于工务管理的各种线路标志、信号标志、位移观测桩及备用轨架；回收旧料，清理场地，设置常备材料。

(3) 铺设无缝线路

铺设无缝线路主要包括：焊接和铺设新钢轨；更换联结部件、桥上钢轨伸缩调节器及不符合规定的护轨；铺设胶接绝缘钢轨（接头）并按设计锁定轨温锁定线路，埋设位移观测桩；整修线路，安装轨道加强设备；整修道口；回收旧料，清理场地，设置常备材料。

(4) 成段更换再用轨（整修轨）

成段更换再用轨主要包括：①更换再用轨（整修轨）普通线路：更换再用轨及整修轨、联结部件、绝缘接头及接续线，更换不符合规定的护轨；更换失效轨枕以及严重伤损混凝土枕；整修线路，安装轨道加强设备；整修道口及其排水设备；回收旧料，清理场地，设置常备材料。②更换再用轨（整修轨）无缝线路：清筛道床，补充道砟，改善道床断面状况，整治基床翻浆冒泥，石灰岩道砟应结合大修有计划地更换为一级道砟；校正、改善线路纵断面和平面状况；更换失效轨枕、严重伤损混凝土枕，补足轨枕配置根数，有计划地将木枕成段更换为混凝土枕；焊接、铺设再用轨（整修轨），更换联结部件，更换不符合规定的护轨，铺设胶接绝缘钢轨（接头）并按设计锁定轨温锁定线路，埋设位移观测桩；整修线路，安装轨道加强设备；整修路肩、路基面排水坡，清理侧沟，清除路堑边坡弃土；整修道口及其排水设备；补充、修理并刷新用于工务管理的各种线路标志、信号标志及备用轨架；回收旧料，清理场地，设置常备材料。

(5) 成组更换道岔和岔枕

成组更换道岔和岔枕主要包括：铺设新道岔和岔枕，铺设无缝道岔时，含焊接钢轨、铺设胶接绝缘钢轨（接头）并按设计锁定轨温锁定道岔、埋设位移观测桩等；更换道砟；整修道岔及其前后线路，做好排水工作；回收旧料，清理场地。

(6) 成段更换混凝土枕

成段更换混凝土枕主要包括：全面更换混凝土枕及扣件，螺栓涂油，整修再用枕螺旋道钉；清筛道床，补充道砟，整治基床翻浆冒泥和超过 15mm 的冻害；整修线路，安装轨道加强设备；整修路肩、道口及其排水设备；封闭宽枕间的缝隙；回收旧料，清理场地，设置常备材料。

(7) 道口大修

道口大修主要包括：整修道口平台；更换道口铺面、护轨；改善防护设备；清筛道床，更换失效轨枕、严重伤损混凝土枕，整修线路及排水设备；回收旧料，清理场地。

(8) 隔离栅栏大修

隔离栅栏大修主要包括：更换隔离栅栏网；更换或整修隔离栅栏立柱；回收旧料，清理场地。

(9) 线路中修

线路中修主要包括：清筛道床，补充道砟，改善道床断面状况，整治基床翻浆冒泥；校正、改善线路纵断面和平面状况；更换失效轨枕和严重伤损混凝土枕；普通线路（含无缝线路缓冲区）抽换轻伤有发展的钢轨，更换失效的联结部件；均匀轨缝，螺栓涂油，整修补充防爬设备，对无缝线路进行应力放散或调整，按设计锁定轨温锁定线路；整修路肩、路基面排水坡，清理侧沟，清除路堑边坡弃土；整修道口及其排水设备；补充、修理并刷新用于工务管理的各种线路标志、信号标志、位移观测桩及备用轨架；回收旧料，清理场地，设置常备材料。

7.3.2　线路设备维修及其基本内容

1. 普通线路、道岔的设备维修

线路设备维修应贯彻“预防为主，防治结合，修养并重”的原则，按线路设备技术状态的变化规律和程度，相应地进行综合维修、经常保养和临时补修，有效地预防和整治线路病害，有计划地补偿线路设备损耗，以取得较好的技术经济效益。线路设备维修应实行天窗修制度，并实行检修分开的管理体制。线路设备修理应采用新技术、新设备、新材料、新工艺和先进的施工作业方法，优化劳动组织，提高劳动生产率和施工作业质量，降低成本；改进检测方法，推行信息化技术，健全并严格执行安全管理和检查验收制度。

(1) 综合维修

综合维修指根据线路变化的规律和特点，以全面改善轨道弹性、调整轨道几何尺寸和更换、整修失效零部件为重点，以大型养路机械为主要作业手段，按周期、有计划地对线路进行的综合性维修，以恢复线路完好技术状态。综合维修工作内容如下：根据线路、道岔状态起道、拨道和改道，全面捣固；普通混凝土枕地段，捣固前撤除所有调高垫板；混凝土宽枕地段，垫砟与垫板相结合；调整线路各部分尺寸，用绳正法等拨正曲线；清筛整合严重不洁道床和边坡土垄，整治道床翻浆冒泥，补充道砟并整理道床；更换、放正和修理轨枕；调整轨缝，整修、更换和补充轨道加强设备，整治线路爬行和锁定线路；矫直硬弯钢轨，焊补和整治接头病害，打磨钢轨，有目的地整修道岔尖轨、辙叉和护轨；有计划地采用打磨车对钢轨进行预防性或修理性打磨；整修、更换和补充联结部件，并有计划地涂油；整修路肩，疏通排水设备，清除道床杂草和路肩杂草；修理、补充和刷新线路标志，整修道口及其排水设备，收集旧料，其他病害的预防和整治。

(2) 经常保养

经常保养指根据线路变化情况，以养路机械为主要作业手段，对全线进行有计划、有重点的经常性养护，以保持线路质量处于均衡状态。经常保养包括以下工作内容：根据轨道几何尺寸超过经常保养容许偏差管理值的状态，成段整修线路；适当处理道床翻浆冒泥，均匀道砟并整理道床；更换和修理轨枕；调整轨缝，锁定线路；焊补、打磨钢轨，整治接头病害；有计划地成段整修扣件，螺栓涂油；无缝线路应力放散或调整；更换伤损钢轨、尖轨、辙叉、护轨和基本轨，并对断轨进行焊接修复；整修防沙、防雪设备，整治冻害；整修道口，疏通排水设备，清除道床杂草和路肩杂草；周期短于综合维修的其他单项工作。

(3) 临时补修

临时补修指以小型养路机械为主要作业手段，及时对线路几何尺寸超过临时补修容许偏差管理值及其他不良处所进行的临时性整修，以保证行车安全和平稳。临时补修包括以下工作内容：整修轨道几何尺寸超过临时补修容许偏差管理值的处所；更换或处理折断、重伤钢轨及桥上、隧道内轻伤钢轨；更换达到更换标准的伤损夹板，更换折断的接头螺栓、道岔护轨螺栓、可动心轨凸缘与接头铁联结螺栓、可动心轨咽喉和叉后间隔铁螺栓、长心轨与短心轨联结螺栓、钢枕立柱螺栓等；调整严重不良轨缝；疏通严重淤塞的排水设备，处理严重冲刷的路肩和道床；整修严重不良的道口设备，其他需要临时补修的工作。

(4) 季节性作业

在线路维修中，应针对地区、气候特点，适时进行季节性维修作业。季节性作业主要包括以下工作内容：春融时期，要加强线路和山体检查，及时发现冻害处所并进行整修，疏通排水设备，调整轨缝，螺栓涂油，整治翻浆冒泥，消灭失效轨枕群，回收路边散存道砟，防止“春融乱道”；夏季，要提前组织好防洪工作，尤其是在南方多雨地带，对轨道应注意调整轨缝防止胀轨跑道；冬季前，应做好各项防寒工作，全面整修线路和拨正曲线，加强线路越冬工作；风沙地区应在风沙季节加强线路检查，及时清除线路上的积沙、杂物，必要时设置防沙设备。

2. 高速铁路设备的养护维修

客运专线和高速铁路的维修管理有别于普通铁路既有线。应贯彻“预防为主、防治结合、严检慎修”的原则，根据线路状态的变化规律，合理安排养护与维修，做到精确检测、全面分析、精细修理。养护维修应实行天窗修制度，实行检、修分开的管理体制和专业化管理。充分利用现代化信息化技术，建立维修管理信息系统，实现信息化管理。高速铁路养护维修包括钢轨、道床、无缝线路及道岔等的养护维修，各项养修均可分为计划维修和临时补修两部分。

(1) 钢轨的养护维修

钢轨养护维修应根据钢轨的使用状态及伤损变化规律和程度，合理安排

钢轨的养护与维修。

钢轨的计划维修指周期性的修理和根据检测车动态检查、人工静态检查结果及钢轨外形和伤损状况，对钢轨分区段进行有计划、有重点的经常性修理。计划维修包括：对新铺设钢轨进行预打磨；对运营一段时间的钢轨进行预防性打磨；根据钢轨廓形和表面伤损检测结果，结合线路动态检测情况，以大型打磨车为主要手段对钢轨进行综合性修理；对病害已超过整治限度的钢轨进行综合修理和其他需要计划维修的工作。

钢轨的临时修理指对达到轻伤和重伤的钢轨进行的临时性修理和处理。临时修理包括：对达到轻伤的钢轨进行加固和修理；对达到重伤及折断的钢轨进行紧急处理及更换以及其他需要临时修理的工作。

（2）无砟道床的养护维修

无砟道床的养护维修应根据其状态的变化规律和伤损等级安排养护维修。高速铁路应严格执行天窗修制度，天窗应为垂直天窗，时间不得少于4h。应采用先进的检测和作业手段，利用天窗进行无砟轨道的检查和维修。

无砟道床的计划维修指根据动、静态检测结果及轨道结构状态变化情况，以整修扣件及无砟道床伤损为重点，对无砟轨道有计划经常性修理，以恢复其完好技术状态，保持质量均衡。计划维修的主要内容如下：对轨道质量指数超过管理值的区段进行整修；整修扣件，有计划地对扣件涂油；对无砟道床达到Ⅱ级伤损及以上的进行修补；疏通排水通道；修理、补充和油刷标志及其他工作。

无砟道床的临时补修指及时整修超过临时补修容许偏差管理值、影响结构功能的伤损及其他不良处所，以保证行车平稳和安全。临时补修的主要内容如下：对无砟轨道几何尺寸超过临时补修容许偏差管理值的处所进行整修；对无砟道床达到Ⅲ级伤损的处所进行修补；修补、更换失效的无砟道床；更换失效的扣件系统，其他需要临时补修的工作。

（3）无缝线路的养护维修

无缝线路应根据其状态合理安排养护与维修。

计划维修指根据动、静态检测结果及轨道结构状态变化情况，以调整轨道几何尺寸和更换、整修伤损部件、全面打磨钢轨为重点，对无缝线路有计划地进行修理，以恢复其完好技术状态，保持质量均衡。计划维修主要内容包括：采用打磨车对钢轨、道岔进行预防性或修理性打磨；根据线路、道岔状态对有砟线路进行起道、拨道和改道，并全面捣固；调整线路、道岔及钢轨伸缩调节器各部尺寸；打磨焊缝，矫直钢轨硬弯，更换伤损钢轨；锁定线路、道岔；整修扣件并有计划地对联结部件涂油；整修、更换轨道伤损部件；根据位移和锁定轨温情况，有计划地对无缝线路进行应力调整或放散；补充道砟，整理道床；疏通排水设备；修理、补充和油刷线路标志及其他工作。

临时补修指及时整修超过临时补修容许偏差管理值及其他不良处所，以保证行车安全和平稳。临时补修主要内容如下：对轨道几何尺寸超过临时补修容许偏差管理值的处所进行整修；更换（或处理）折断、重伤钢轨，修理和加固轻伤钢轨；更换失效的螺纹道钉、岔枕（道岔板）螺栓、可动心轨凸缘与接头铁联结螺栓、可动心轨咽喉和叉后间隔铁螺栓等联结部件；更换钢轨伸缩调节器失效的垫板螺栓、轨撑螺栓、伸缩标尺等零部件；疏通淤塞的排水设备和其他需要临时补修的工作。

（4）道岔和调节器更换和养护维修

道岔和调节器的维修分为计划维修和临时补修。道岔的计划维修指根据动、静态检测结果及轨道结构状态变化情况，以调整轨道几何尺寸和更换、整修伤损部件、全面打磨钢轨为重点，对道岔和调节器进行有计划地修理，以恢复其完好技术状态，保持质量均衡。

计划维修的工作内容如下：对钢轨及焊缝进行预打磨或预防性打磨；根据道岔和调节器状态进行起道、拨道和改道，并全面捣固；调整道岔和调节器各部尺寸；修补超标的无砟道床裂缝，修复伤损的岔枕和无砟轨道板；整修、更换道岔和调节器伤损部件，并有计划地复紧各部螺栓和对联结部件涂油；根据位移和锁定轨温情况，有计划地对道岔两端无缝线路进行应力调整或放散；转换设备（包括转辙机、转换锁闭器、外锁闭装置、密贴检查器、安装装置、导管传动装置等设备）日常养护、集中检修和年度重点工作；修理、补充和油刷道岔和调节器标志及其他工作。

临时补修的工作内容如下：对道岔和调节器几何尺寸超过临时补修容许偏差管理值的处所进行整修；更换（或处理）折断、重伤钢轨件，修理和加固轻伤钢轨；更换失效的岔枕、顶铁、各部间隔铁螺栓等；处理状态不良的转换设备、更换失效部件、故障修复；道岔状态变化、调整引起的转换设备的维修养护工作；更换或修理影响列车运行安全和平稳的道岔和调节器部件；疏通淤塞的排水设备及其他需要临时补修的工作。

7.4 无缝线路的养护维修技术

为保持无缝线路良好的轨道状态，防止高温的胀轨跑道和低温的断轨事故，确保行车安全，在无缝线路养护维修工作中，应充分掌握无缝线路的原理，除遵守普通线路有关规定的要求外，还须遵守针对无缝线路特点所提出的一些要求和规定。

养护维修工作中应严格控制锁定轨温变化，进行无缝线路养护维修作业，必须测量和掌握轨温，观测钢轨位移，按实际锁定轨温安排作业，并严格遵守无缝线路维修作业轨温条件和“两清、三测、四不超”制度。定期做好无缝线路锁定工作，保持无缝线路经常处于稳定状态；养护维修工作中应注意强化轨道整体结构，要注重做好补充均匀道砟、堆高砟肩、夯拍道床、整修扣件、复紧螺栓等提高线路阻力的作业，以及进行必要的设备加强工作，强化轨道整体结构，提高轨道抗变形的能力；养护维修工作中应保持轨道的平顺性，要坚持设备检查制度，根据实际状态安排作业计划，要注重整治道床板结翻浆、轨枕空吊板、轨向不良及几何尺寸超限等，并有计划地安排钢轨

打磨、焊补及整治死弯等修理作业，努力提高轨道的平顺性。

7.4.1 无缝线路养护维修技术要求和计划安排

应根据无缝线路类型、季节特点、锁定轨温和线路状态，合理安排全年的维修计划，在低温季节，对锁定轨温较低或薄弱的地段进行综合维修，在较低轨温时，如需更换钢轨或夹板，可采用钢轨拉伸器进行作业。在高温季节，对锁定轨温较高的地段进行综合维修。高温季节可安排矫直钢轨硬弯、钢轨打磨、焊补等作业，不应安排综合维修和影响线路稳定的作业，如起道、拨道和清筛道床等作业。

如必须进行综合维修或成段保养时，应有计划地对无缝线路先进行放散作业，并在轨温符合要求时，重新做好放散和锁定线路工作。其他保养和临时补修，可采取调整作业时间的办法进行。

无缝线路综合维修计划，应以单元轨条为单位安排作业。进行无缝线路维修作业，必须掌握轨温，观测钢轨位移，做好相应的记录。分析锁定轨温变化，按实际锁定轨温，根据作业轨温条件进行作业，严格执行“维修作业半日一清，临时补修作业一撬一清”和“作业前、作业中、作业后测量轨温”制度，并注意做好以下各项工作：

(1) 在维修地段按需要备足道砟；

(2) 起道前应先拨正线路方向；

(3) 起、拨道设备不得安放在铝热焊缝处；

(4) 列车通过前，起道、拨道应做好顺坡、顺撬；

(5) 扒开的道床应及时回填、夯实。

无缝线路养护维修作业特点：由于无缝线路较普通线路，在结构和技术要求上都有自己的特点，因此在养护维修作业中，也具有其特点。

(1) 具有季节型特点

无缝线路的突出问题是要与轨温斗争。无缝线路的全年维修计划要根据不同的季节特点和规律，以及其锁定轨温和线路状态合理安排，并充分考虑“冬防断、夏防胀”的计划预防性原则。气温较低的季节，在锁定轨温较低或较薄弱地段进行综合维修；气温较高的季节，在锁定轨温较高地段进行综合维修；高温季节应不安排综合维修和影响线路稳定性的作业。

(2) 作业要受轨温条件限制

无缝线路的维修计划，必须根据作业项目对道床稳定性的影响程度、锁定轨温的高低进行安排。影响稳定性的作业项目要安排在气温比较接近锁定轨温的4～5月或9～10月进行，并要按锁定轨温的高低合理确定时间。6～8月的高温季节禁止做破坏轨道稳定性的工作，如必须进行综合维修或成段保养时，一定要先放散后作业，以后要在设计锁定轨温范围内，重新做好放散和锁定线路工作。其他保养、临时补修作业调整作业时间，要使作业轨温符合规定。

因此，工务段必须把准确掌握锁定轨温，加强管内轨温观测分析，掌握轨温变化规律，作为无缝线路养护维修工作的前提。

无缝线路养护维修的原则：

（1）基本原则

1）贯彻以预防为主，防治结合、修养并重为原则，有计划地进行综合养护维修。

在计划维修中要突出“五项重点工作”：加强锁定提高线路阻力；整修轨道几何尺寸，特别是拨正方向；消灭钢轨硬弯和空吊板；清筛不洁道床；综合整治钢轨接头，修理钢轨。

2）作业时，要坚持“严、全、细”要求。

即作业温度条件和标准要严，作业项目要全，工作要细。

3）严格控制温度力及其他附加力处于合理范围内。

4）加强线路结构，增强线路阻力和轨道框架刚度。

（2）一般要求

1）锁定轨温要准确可靠。实际锁定轨温是在设计锁定轨温±5℃范围以内锁定的，若锁定轨温不准，则会直接影响维修作业的安全，必须有计划地进行应力放散与应力调整。

2）缓冲区全部接头螺栓应经常保持拧紧达到规定扭力矩。

3）各种配件按规定设置齐全，无失效。

4）防爬设备齐全，无失效。

5）线路方向良好。

6）道床经常保持良好。

7）路基应无下沉、翻浆冒泥等病害。

7.4.2 维修作业的轨温条件及注意事项

无缝线路作业必须遵守下列作业轨温条件。

1. 混凝土枕（含混凝土宽枕）无缝线路维修作业轨温条件见表 7-8 和表 7-9。

混凝土枕无缝线路维修作业轨温条件（一）　　表 7-8

作业项目及作业量 / 范围线路条件	连续扒开道床不超过 25m，起道高度不超过 30mm，拨道量不超过 10mm	连续扒开道床不超过 50m，起道高度不超过 40mm，拨道量不超过 20mm	扒道床、起道、拨道与普通线路相同
直线及 $R \geqslant 2000$m	+20℃	+15℃ −20℃	±10℃
800m$\leqslant R<$2000m	+15℃ −20℃	+10℃ −15℃	±5℃
400m$\leqslant R<$800m	+10℃ −15℃	+5℃ −10℃	

注：作业轨温范围按实际锁定轨温计算。

混凝土枕无缝线路维修作业轨温条件（二）　　表 7-9

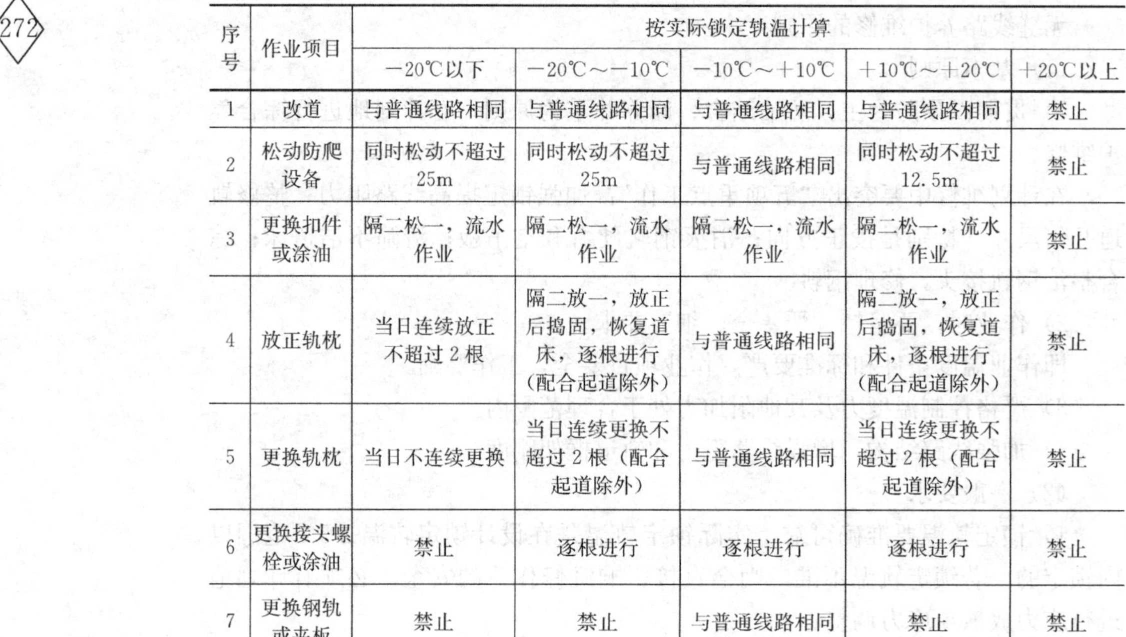

序号	作业项目	按实际锁定轨温计算				
		−20℃以下	−20℃～−10℃	−10℃～+10℃	+10℃～+20℃	+20℃以上
1	改道	与普通线路相同	与普通线路相同	与普通线路相同	与普通线路相同	禁止
2	松动防爬设备	同时松动不超过25m	同时松动不超过25m	与普通线路相同	同时松动不超过12.5m	禁止
3	更换扣件或涂油	隔二松一，流水作业	隔二松一，流水作业	隔二松一，流水作业	隔二松一，流水作业	禁止
4	放正轨枕	当日连续放正不超过2根	隔二放一，放正后捣固，恢复道床，逐根进行（配合起道除外）	与普通线路相同	隔二放一，放正后捣固，恢复道床，逐根进行（配合起道除外）	禁止
5	更换轨枕	当日不连续更换	当日连续更换不超过2根（配合起道除外）	与普通线路相同	当日连续更换不超过2根（配合起道除外）	禁止
6	更换接头螺栓或涂油	禁止	逐根进行	逐根进行	逐根进行	禁止
7	更换钢轨或夹板	禁止	禁止	与普通线路相同	禁止	禁止
8	不破底清筛道床	逐孔倒筛夯实	逐孔倒筛夯实	逐孔倒筛夯实	逐孔倒筛夯实	禁止
9	处理翻浆冒泥（不超过5孔）	与普通线路相同	与普通线路相同	与普通线路相同	禁止	禁止
10	矫直硬弯钢轨	禁止	禁止	禁止	与普通线路相同	与普通线路相同

2. 混凝土枕（含混凝土宽枕）无缝线路，当轨温小于实际锁定轨温−30℃时，伸缩区和缓冲区禁止进行维修作业。

3. 木枕地段无缝线路作业轨温按表7-8和表7-9规定减小5℃，当轨温小于实际锁定轨温−20℃时，禁止在伸缩区和缓冲区进行维修作业。

4. 在跨区间无缝线路上的无缝道岔尖轨及其前方25m范围内综合维修，作业轨温范围为实际锁定轨温±10℃。

7.4.3　应力放散与调整

无缝线路的应力放散与调整，是线路大维修工作的一项重要作业。无缝线路的铺设一年四季都要进行，这就必然发生锁定轨温不在设计范围之内，夏季超出上限、冬季低于下限的情况。运营线路局部位移与变形，也是常见的事。这就决定了线路的大维修工作都应包括应力放散与调整。

无缝线路的应力放散与调整，是把没有在设计允许的锁定轨温范围内锁定的无缝线路，以及运营中锁定轨温发生了变化的无缝线路，经放散或调整后，重新锁定，使锁定轨温处在设计允许范围内。

无缝线路应力放散是指在轨温适当时，将接头夹板、中间扣件和防爬设备松开，采取措施使钢轨伸缩，释放内部应力，再重新锁定。在固定区的温度应力不均匀的情况下，为使其均匀，就需要在固定区或局部地段松开扣件及防爬设备，使钢轨内部应力相互调整，称为无缝线路应力调整。

有时无缝线路的强度和稳定性会受到影响，需要进行应力放散，影响因素包括：

(1) 由于条件限制，实际锁定轨温不在设计锁定轨温范围以内，或左右股轨条的实际锁定轨温相差超过5℃；

(2) 锁定轨温不清楚或不准确；

(3) 跨区间和全区间无缝线路的两相邻单元轨条的锁定轨温差超过5℃，同一区间内单元轨条的最低、最高锁定轨温相差超过10℃；

(4) 铺设或维修作业方法不当，使轨条产生不正常的伸缩；

(5) 固定区或无缝道岔出现严重的不均匀位移；

(6) 夏季线路轨向严重不良，碎弯增多；

(7) 通过观测或测试，发现长轨条产生不正常的伸缩，温度力分布不均匀；

(8) 因处理线路故障（如冬季断轨再焊或更换严重伤损部件）或其他施工改变了原锁定轨温；

(9) 低温铺设轨条时，拉伸不到位或拉伸不均匀。

无缝线路应力放散和调整施工前，应详细了解该地段无缝线路的铺设、养护维修、更换部件和相关的观测资料。充分作好施工前的准备，包括制定施工计划及安全措施，组织人力，备齐料具等。无缝线路应力放散或调整后，必须做好记录并按实际锁定轨温，及时修改有关无缝线路技术资料和位移观测标记。

无缝线路应力放散方法有两类：一是控制温度法，即在适合的轨温范围内，使钢轨自由伸缩，尽量达到零应力状态，放散应力后再锁定，滚筒放散法就属于这一类；二是长度控制法，即依靠外力，强迫钢轨伸缩，如滚筒放散法、列车碾压法、机械拉伸法。

(1) 滚筒放散法

封锁线路后，松开钢轨扣件（包括防爬器），抬起长轨节，每隔15～20根轨枕，撤除钢轨胶垫，在承轨槽上放置30mm直径的滚筒（钢管或圆钢），使长轨节放在滚筒上，再使用撞轨器适当撞击长轨节，使钢轨正常伸缩，观察长钢轨的位移量，当钢轨不再伸缩时，撤除滚筒，使钢轨落槽，重新拧紧扣件锁定钢轨。

(2) 机械拉伸法

在新线铺设和既有线维修无缝线路时，由于施工条件限制，在低温放散时，为了满足设计锁定轨温的要求，当轨温低于设计锁定轨温时，采用滚筒和拉轨器等设备，拉长轨节，达到计算的拉长量后，再锁定钢轨。

(3) 列车碾压法

列车碾压法是在设计锁定轨温范围内，将扣件和防爬器松动，利用列车

通过时的振动以及轨温变化，使钢轨长度改变，强迫其放散温度应力。过去该方法常用于木枕或扣板扣件地段，由于弹条扣件的阻力比较大，只能解开，不易松开，现在很少应用。

无论采用何种方法放散无缝线路应力，都要求保证放散均匀。为此在放散应力时，应每隔 50m 设置一个观测点，观测钢轨位移和扣件松动情况，及时排除放散故障，保证钢轨纵向位移合理、应力放散均匀和锁定轨温准确。

应力放散时需要的计算内容包括：放散量、预留轨缝及锯轨量。其中放散量为：

$$\Delta L = \alpha L(t_2 - t_1) \tag{7-18}$$

式中　ΔL——放散量；

α——钢的线膨胀系数；

L——需要放散的钢轨长度；

t_1——放散后的锁定轨温；

t_2——原锁定轨温。

运营过程中，钢轨会产生爬行。考虑原锁定轨温受不均匀爬行的影响，及因钢轨受长时间反复碾压后，可能出现塑性变形，使原锁定轨温降低。因此原锁定轨温变为：

$$t_2 = t_{原锁} \pm \Delta t \tag{7-19}$$

式中　$t_{原锁}$——原铺设时的锁定轨温；

Δt——由固定区始、终点爬行量差值换算的轨温变化。

$$\Delta t = (l_{始} - l_{终})/\alpha L' \tag{7-20}$$

式中　L'——固定区长度；

$l_{始}$、$l_{终}$——固定区始端（以列车运行方向为始端）、终端的观测爬行量。

若 $l_{始} > l_{终}$，说明由于纵向拉力使钢轨拉长了，原锁定轨温 t_2 提高了；反之若 $l_{终} > l_{始}$，t_2 下降了。

为了调整轨缝，需要在缓冲区换上适当长度的钢轨，因为备用轨多为标准轨，故需要锯轨，锯轨量应为：

$$\lambda = \Delta L + \left(\sum a_{预} - \sum a_{原}\right) \pm b \tag{7-21}$$

式中　$\sum a_{预}$、$\sum a_{原}$——分别为缓冲区预留轨缝总和、原轨缝总和；

b——整治线路爬行时钢轨的移动量，如与应力放散方向相反，b 为正，反之为负。

无缝线路应力调整是指固定区出现较大的不均匀纵向位移，例如每 100m 内出现 10mm 以上的不均匀纵向位移，或出现轨缝过大或过小的现象，以及不正常钢轨伸缩。从整段无缝线路角度看，钢轨长度没有改变，这种局部应力不均匀，只需在接近或略高于实际锁定轨温条件下，松开局部扣件和防爬器，用列车碾压法或滚筒放散法进行钢轨应力调整。若轨缝过大或过小，伸缩不正常时，可松开接头夹板和扣件，利用轨温差进行调整。

7.4.4 胀轨跑道原因及其防治措施

1. 胀轨跑道的原因

胀轨跑道是轨道丧失稳定时出现的线路变形。当温度升高，钢轨轴压力增大，线路缓慢的出现弹性弯曲，这种现象称为胀轨；当轴压力继续增大，超过临界后，线路突然在最薄弱地段鼓出带有明显的动态特征，这种现象称为跑道。

从理论分析和实践经验得知，无缝线路胀轨跑道的原因，不是温度力过高，就是线路阻力下降或线路方向偏差超限。

无缝线路的稳定性建立在温度压力与线路各种阻力相互平衡的基础上。温度压力的增大，轨道的原始不平顺较大，道床横向阻力降低，扣件松动，扣压力不足及轨道框架刚度下降等都可能导致胀轨跑道。其主要诱发因素有：

（1）轨道原始弯曲

钢轨原始弯曲包括塑性弯曲和弹性弯曲。资料证明胀轨跑道多发生在原始弯曲处，因为原始弯曲矢度越大，临界失稳应力越小。此外，线路方向严重不良，钢轨碎弯多，增加了轨道不平顺，也可能造成线路的胀轨跑道。

（2）线路爬行

由于列车动力作用使扣件扭矩降低以及列车对钢轨的纵向作用力使钢轨发生爬行，导致钢轨的不正常收缩，产生较大的不均匀纵向位移，使钢轨实际轨温降低，从而提高了钢轨最大温度压力。

（3）轨道框架刚度

轨道框架自身具有抵抗失稳的能力，重型轨道框架要比一般轨道框架的刚度大，混凝土枕轨道框架比木枕轨道框架的刚度要大。当扣件扣压力不足或失效后以及道钉浮起都会降低轨道框架的整体性，从而使线路发生胀轨失稳。

（4）道床横向阻力

测试结果表明，砟肩宽度越大，道床横向阻力越大，但宽度增加到一定数值后道床阻力趋于常数。此外，其他道床病害如连续空吊板和翻浆冒泥，道砟捣固、清筛等作业后也会降低道床横向阻力。还应注意线路设备状态不良，尤其是道床密实度、断面尺寸等不符合标准，会使轨道约束阻力严重下降。

（5）维修作业不当

在进行线路修理时，超温、超长、超高等违章作业，或是作业后的道床阻力、结构强度未能恢复到应有程度，例如在低温时焊复断轨后，未采取拉伸钢轨措施，导致该处实际锁定轨温偏低，由此造成高温时线路承受过高的温度应力；又如，在养护维修作业时轨温超过允许作业轨温的条件下进行起道、拨道和扒砟等减小道床阻力的维修作业后，会在线路薄弱地段发生胀轨跑道现象；冬季违规在低于允许作业轨温的条件下进行类似维修作业，由于道床纵向阻力的减小，线路发生收缩变形，整治扣件后即降低了锁定轨温，

产生失稳隐患。

据统计分析，70%以上的胀轨跑道事故都发生在作业中或作业后的当天或第二天。

2. 胀轨跑道的防治

(1) 道床横向阻力可以有效防止钢轨发生胀轨跑道现象，要保持道床几何尺寸符合设计标准，注意夯拍肩部道砟，保证密实。

(2) 铺设无缝线路后要进行必要的复查，对有原始弯曲的钢轨进行必要的矫正。按照维修计划定期检查扣件的扭矩是否符合技术要求，减小线路爬行量。

(3) 进行线路大中修时，对于影响线路稳定性的作业必须要在锁定轨温范围内进行，否则必须先放散应力再施工。维修养护作业要做到“两清三测四不超”。复线地段要沿列车运行方向的逆向进行作业。

(4) 无缝线路发生胀轨跑道有一个渐变过程，通过观测和检查可以及时发现胀轨跑道的先兆进而采取措施。因此，当温差变化较大或在高温季节，需要增加巡道班次。检查时要把方向变化作为观察重点，并要认真检查钢轨爬行量。

(5) 特别要加强无缝线路单元轨条交界处、桥涵两侧、过渡段、曲线地段和变坡点附近等易产生钢轨内力峰值或钢轨受力变化频繁地段的线路养护。

工务部门应备齐工（机）具和材料，加强技术培训和演练，提高胀轨应急处理能力。

3. 胀轨跑道后的处理

当线路连续出现碎弯并有胀轨迹象时，必须加强巡查或派专人监视，观测轨温和线路方向的变化。若碎弯继续扩大，应设置慢行信号防护，进行紧急处理。线路稳定后，恢复正常行车。

作业中如出现轨向、高低不良，起道、拨道省力，枕端道砟离缝等胀轨迹象时，必须停止作业，并及时采取防胀措施。

无论作业中或作业后，发现线路轨向不良，用10m弦测量两股钢轨的轨向偏差。当平均值达到10mm时，必须设置慢行信号，并采取夯拍道床、填满枕盒道砟和堆高砟肩等措施；当两股钢轨的轨向偏差平均值达到12mm，在轨温不变的情况下，过车后线路弯曲变形突然扩大时，必须立即设置停车信号防护，及时通知车站，并采取钢轨降温等紧急措施，消除故障后放行列车。

发现胀轨跑道时必须立即拦停列车。有条件时可采取浇水或喷洒液态二氧化碳等办法降低钢轨温度，整正线路，夯拍道床，按5km/h放行列车。现场派人监视线路，并不间断地采取降温措施，待轨温降至接近原锁定轨温时，再恢复线路和正常行车速度。

无降温条件或降温无效时，应立即截断钢轨（普通线路应拆开钢轨接头）放散应力，整正线路，夯拍道床，首列放行列车速度不得超过5km/h，并派专人看守，整修线路，逐步提高行车速度。

无缝线路作业，必须遵循作业轨温条件。无缝线路发生胀轨跑道时，应对胀轨跑道情况按规定内容做好登记。

7.4.5 无缝线路钢轨重伤和断轨处理

1. 探伤检查发现钢轨重伤时，应及时切除重伤段，实施焊复。探伤检查发现钢轨焊缝重伤时，应及时组织加固处理或实施焊复。

2. 断轨的处理要求

若钢轨折断，应立即处理，并记录现场情况，如断缝值和断轨时轨温等数据。断轨处理方法包括：

（1）紧急处理

当钢轨断缝不大于 50mm 时，应立即进行紧急处理。在断缝处上好夹板或鼓包夹板（图 7-13），用急救器固定。为防止断缝扩大，在断缝前后各 50m 拧紧扣件，并派人看守，限速 5km/h 放行列车。如断缝小于 30mm，放行列车速度可为 15～25km/h。有条件时应在原位焊复，否则应在轨端钻孔，上好夹板或鼓包夹板，拧紧接头螺栓，然后可适当提高行车速度。

图 7-13　鼓包夹板

（2）临时处理

钢轨折损严重或断缝大于 50mm 时，紧急处理后，不能立即焊接修复时，应封锁线路，切除伤损钢轨部分，在两锯口之间，插入长度不短于 6m 的同型号钢轨，轨端钻孔，安装接头夹板，用 10.7 级螺栓拧紧。在插入的短轨前后各 50m 范围内，拧紧扣件后，按正常速度放行列车，但列车速度不得大于 160km/h。

临时处理或紧急处理时，应先在断缝两侧轨头非工作边做出标记，标记间距离约为 8m，并准确丈量两标记间的距离和轨头非工作边一侧的断缝值，做好记录。

（3）永久处理

对紧急处理或临时处理的钢轨，应及时插入短轨进行焊复，恢复无缝线路轨道结构。

① 采用小型气压焊或移动式接触焊时，插入短轨长度应等于切除钢轨长度加上 2 倍的顶锻量。先焊好一端，焊接另一端时，先张拉钢轨，使断缝两侧标记的距离等于原丈量距离减去断缝值加顶锻量后再焊接。

② 采用铝热焊时，插入短轨长度等于切除钢轨长度减去 2 倍的预留焊缝值。先焊好一端，焊接另一端时，先张拉钢轨，使断缝两侧标记的距离等于原丈量距离减去断缝值后再焊接。

③ 在线路上焊接时，气温不应低于 0℃。放行时，焊缝温度应低于 300℃。

进行焊复处理时，应保持无缝线路锁定轨温不变，并如实记录两标记间钢轨长度在焊复前后的变化量。

7.4.6　跨区间和桥上无缝线路养护维修

在跨区间无缝线路上的无缝道岔尖轨及其前方 25m 范围内综合维修，作业轨温范围为实际锁定轨温±10℃。应加强胶接绝缘接头的养护，做好轨端肥边打磨和道床捣固工作。

胶接绝缘接头拉开时，应立即拧紧接头两端各 50m 线路的钢轨扣件，并加强钢轨爬行观测。当绝缘接头失效时，应立即更换，并进行永久处理。如暂时不能实施永久处理，可更换为普通绝缘接头，进行临时处理。但进行永久处理时，应保证修复后的无缝线路锁定轨温不变。

当无缝道岔的辙叉、尖轨及钢轨伤损或磨耗超限需要更换时，可更换为普通辙叉、尖轨及钢轨，采用冻结接头进行临时处理，并尽快恢复原结构。

桥上无缝线路养护维修应注意做好以下工作：

(1) 按照设计规定，保持桥上无缝线路钢轨扣件的布置方式和拧紧程度。

(2) 单根抽换桥枕时，应在实际锁定轨温＋10℃～实际锁定轨温－20℃范围内进行，起道量不应超过 6cm。

(3) 上盖板油漆、更换铆钉或成段更换、放正桥枕等需要起道作业时，应在实际锁定轨温＋5℃～实际锁定轨温－15℃的范围内进行。

(4) 对桥上钢轨焊缝应加强检查，发现伤损应及时处理。

(5) 若有桥上伸缩调节器时，应定期检查伸缩量，发现异常时，应及时分析原因并整治。伸缩调节器的尖轨与基本轨出现肥边，应及时打磨。

(6) 对于桥上无缝线路，应定期观测钢轨的纵向位移量，并做好记录。固定区位移量超过 10mm 时，应分析原因，及时整治。

每年春、秋季应在允许作业轨温范围内，逐段整修扣件及接头螺栓，整修不良绝缘接头，对接头螺栓及扣件进行除垢涂油，并复拧，使其达到规定的标准值。使用长效油脂时，按油脂实际有效期安排除垢涂油工作。

7.4.7　无缝道岔养护维修

无缝道岔养护维修工作应严格控制锁定轨温变化。每一个岔区为一个单元轨节，应加强岔区的锁定工作，保持锁定轨温变化不得超过±5℃；要经常检查防止道岔纵爬横移，要经常保持道床断面，切实做好扣件养护，及时消除道床翻浆、排水不良、几何尺寸超限等病害，提高线路阻力，达到下部稳、上部准、纵不爬、横不移；必须保证保持道岔整体结构性能，要加强检查、养护工作，保证各部配件齐全、有效，处于正常工作状态。

在进行道岔养护维修作业的同时，要参照无缝线路养护维修的方法安排作业，执行“一准、两清、三测、四不超、五不走”等有关制度，严禁违章蛮干。

无缝道岔中尖轨、辙叉及钢轨发生重伤或磨耗需要更换时，应直接进行永久处理；当尖轨、钢轨损坏时，可临时更换普通尖轨、钢轨，采用夹板联结、冻结接头；当可动心轨辙叉损坏时，在岔枕上更换一组特制垫板，换一根短轨（长度 13.26m），两端用夹板联结、冻结接头，开通直股，限速 25km/h。在采取以上临时措施后，应尽快安排永久处理；当焊缝发生重伤时，可先用夹板加固，而后进行永久处理；当焊缝发生折断时，可先锯切掉焊筋或折断部分，插入长度 4.8m 的短轨，用普通夹板或插入短轨头用长孔夹板联结，并根据现场情况决定开通时是否限速。

首先无缝道岔养护维修工作应严格控制锁定轨温变化，每一个岔区为一个单元轨节，应加强岔区的锁定工作，保持锁定轨温变化不得超过±5℃；二是要经常检查防止道岔纵爬横移和保持道床断面，切实做好扣件养护，及时消除转换卡阻、间隔铁破裂、限位器变形、几何尺寸超限、道床翻浆、排水不良等病害，提高线路阻力，达到下部稳、上部准、纵不爬、横不移；三是必须保持道岔整体结构性能，要加强检查、养护工作，保证各部配件齐全、有效，处于正常工作状态。

7.5 铁路线路修理机械

目前铁路线路修理针对不同状态，使用小型和大型机械进行作业。大型修理机械的特点是重型、高效、要求施工“天窗”比较长，施工时需要严密组织。大型养路机械包括：综合捣固车、动力稳定车、道床清筛车、道床配砟整形车、钢轨打磨列车、路基面整治机械等。小型维修机械包括液压起拨道器、液压捣固机、轨缝调整器、方枕器、直轨器、钻孔机、钢轨切割机（锯轨机）、拉伸器、打磨机等。

1. 综合作业捣固车

综合作业捣固车（图 7-14）用于铁路线路的新线施工、既有线大中清筛作业和运营线路维修作业，对轨道进行自动抄平、起拨道、道砟捣固作业，提高道床石砟的密实度，增加轨道的稳定性，消除轨道的方向偏差，左、右水平偏差和前、后高低偏差，使轨道线路达到线路设计标准和线路维修规则的要求，保证列车的安全运行。捣固车的组成为：车架、起道拨道（图 7-15）、捣固装置（图 7-16）、动力稳定器、走行传动装置、抄平装置等。作业前，先将测量小车降落到钢轨上就位，转换为作业状态。捣镐下插到道砟内，振动的捣镐使道砟颗粒重新排列和密实。

2. 道床路基修整机

（1）路基面整治、道床更新机械

路基面整治、道床更新机械（图 7-17）可加强路基承载能力，主要作用为铺设土工织物、铺设路基面保护层、回收旧道砟，能回收道床顶面 20～25cm 的旧砟并粉碎，粉碎后的石粒与新砂、卵石混合铺于路基面并碾平压实，然后在路基上铺纤维布，最后铺新砟。

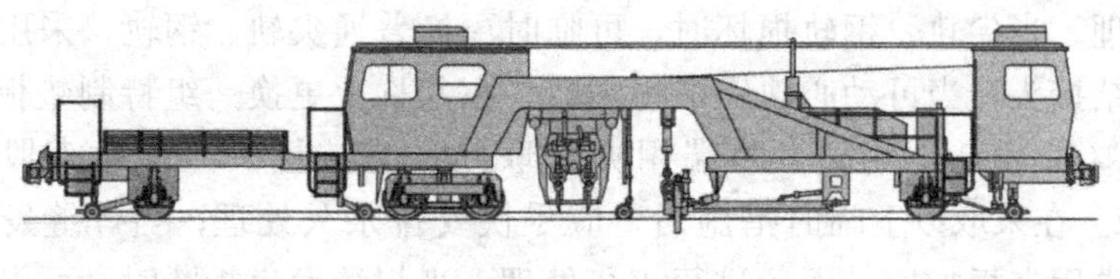

图 7-14　综合作业捣固车

图 7-15　起道、拨道装置

图 7-16　捣固装置

图 7-17　路基面整治、道床更新机械 AHM800-R

（2）道床清筛机

道床清筛机（图 7-18）用于线路大、中修时的道砟清筛作业。不拆卸轨枕，即可通过安装于本机上的提砟机构、混砟输送装置、筛分装置、污土输送装置等作业机构及低速走行系统实现对道床的连续清筛作业。

（3）道床配砟整形车

道床配砟整形车（图 7-19）可进行道床双向配砟整形作业和单向清扫作

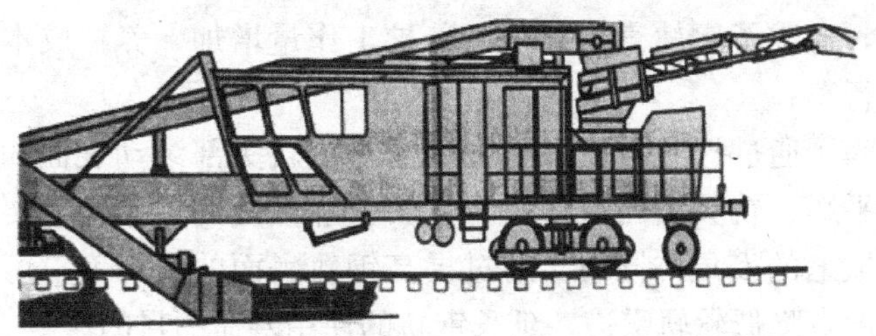

图 7-18　道床清筛机

业，也可用于新建铁路和既有线的大、中修作业。它可将散放在路肩的道砟收入道床，并按捣固作业要求将道砟分配到钢轨两侧及轨枕盒中，捣固作业后，将道床整理成标准断面。

图 7-19　配砟整形车

3. 大修铺设无缝线路作业车

大修铺设无缝线路作业车 SUM-Q（图 7-20、图 7-21）可用于更换钢轨和轨枕，将旧钢轨、旧轨枕拆除，推平道床，铺新钢轨和新轨枕。

图 7-20　大修铺设无缝线路作业车 SUM-Q

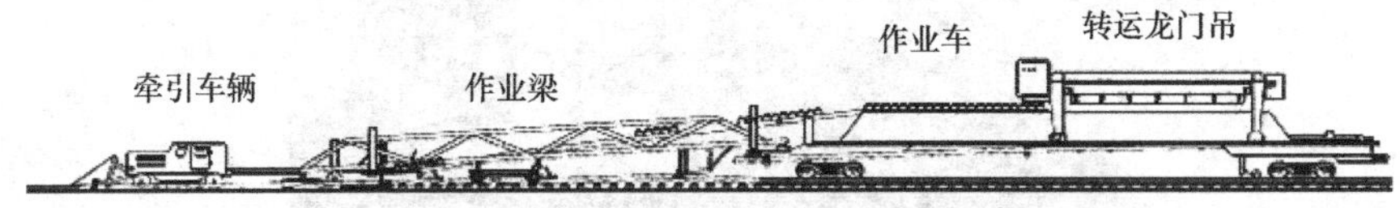

图 7-21　铺轨作业车

4. 钢轨打磨列车

(1) 钢轨正线打磨列车

由于列车的动力作用、自然环境和钢轨本身质量等原因，钢轨经常会发生伤损情况，造成了钢轨寿命缩短、养护工作量增加、养护成本增加，甚至会严重影响行车。

打磨是为了通过打磨机或者打磨列车对钢轨头部滚动表面的打磨，消除钢轨表面不平顺、轨头表面缺陷并将轨头轮廓恢复到原始设计要求，从而减缓钢轨表面缺陷的发展。同时，通过提高钢轨表面的平滑度，可达到改善旅客乘车舒适度，降低轮轨噪声，延长钢轨的使用寿命的目的。

钢轨打磨列车（图 7-22）带有特殊设计的打磨装置（图 7-23），可打磨钢轨顶面的波形磨耗、毛刺、曲线钢轨的侧磨、钢轨踏面与轨距角处的剥离，可修复轨头轮廓，延长钢轨的使用寿命，改善线路质量。此外还可作轨面检查，并依据轨道原始形状对磨损的钢轨进行修复使其恢复到轮轨接触合理的状态。

图 7-22　钢轨打磨列车

图 7-23　打磨装置

钢轨打磨分为矫正性打磨、过渡性打磨、预防性打磨、周期性打磨以及特殊性打磨。为了实现钢轨打磨的最佳质量，通常要根据作业地段的线路等级、运输能力、钢轨断面目标、作业前钢轨情况、打磨周期、封锁时间等多方面因素来确定打磨方案。

（2）道岔打磨车

道岔打磨的目的在于保证道岔良好的工作性能，使列车能安全、平稳地通过道岔。CMC-16 型道岔打磨车是我国和瑞士 SPE NO 公司合作生产的新型道岔打磨机械，其中“C”表示道岔，“MC”表示打磨车，“16”表示打磨砂轮数量，如图 7-24 所示。

图 7-24　CMC-16 型道岔打磨车

5. 移动闪光接触焊列车

图 7-25 闪光接触焊列车

移动闪光接触焊列车（图 7-25）是无缝线路建设施工中的重要设备，其性能直接影响钢轨焊接接头的质量。主要解决高速重载线路对钢轨焊缝的高要求和目前现场焊轨质量不稳定的问题，可满足铁路线路无缝化以及线上焊、线下焊和锁定焊的要求。移动式闪光焊列车能够在不依赖外接电源的情况下，实现连续闪光焊和脉动闪光焊。

钢轨移动式闪光焊接就是将悬吊式焊机头和适合野外作业的柴油发电机组装入集装箱内，焊机头由吊机系统起吊，利用轨道车将装有两集装箱的平板车配合推进在线路上进行焊接的方法。焊轨作业车由焊机集装箱和动力集装箱两大部分组成，其中焊机集装箱由集装箱、焊机、吊机及其附件组成，动力集装箱由集装箱、柴油发电机组及其附件组成，配备有轨道车实现移动。焊接时轨道牵引车将装有两集装箱的平板车牵引到工作现场后，打开动力集装箱，启动柴油发电机组发电。同时准备焊接接头，打开焊机集装箱后门，启动遥控手柄按钮，回缩集装箱外棚将焊机移动出来，启动泵站，放下焊机，开始焊接。焊接完成后，转动吊机至一定角度，焊接另一股钢轨接头。完成后，由轨道车牵引车辆到下一个 25m 轨缝处，进行下一次钢轨焊接。

移动式焊轨作业车配有柴油发电机组，既可以在基地也可以在线路上进行焊接作业，特别适合在新铺设的线路上进行作业。焊轨作业车焊轨作业效率高，焊接质量好，当配有拉伸器时，可以焊接线路上的联合接头；但是，焊接作业时发电机组产生的烟尘大，噪声大，环境污染严重；同时在既有线上焊轨时，焊轨车占道时间长，不适合运输繁忙线路上的焊轨作业。

近年来，我国在钢轨闪光焊机的研发与生产方面有了快速发展，我国自主化研发的 YHG-1200TH 移动式钢轨闪光焊机通过了有关部门的评审，已应用于多项国家重点铁路施工工程。YHG-1200TH 型移动式交流钢轨闪光焊性能稳定、可操控性好、造价低，专门用于铁路施工现场钢轨焊接的闪光焊，可以替代国外同类产品。

6. 动力稳定车

动力稳定车（图 7-26）在新建铁路铺砟、起道、捣固作业以后进行动力稳定作业，恢复道床阻力，从而提高捣固作业后的线路质量。

按作业时机械排列顺序，道床整形配砟车、捣固车和动力稳定车可组成 MDZ 机组，消除线路沉陷、校正线路的纵断面和平面位置。

7. CPH 型道岔铺换机组

CPH 型道岔铺换机组是用于高速铁路、新线铁路和既有铁路道岔铺换的设备，如图 7-27 所示。该机组由若干上位机、下位机、临时轨道和辅助系统

图 7-26　动力稳定车

组成，每台上位机、下位机均由 1 台进口柴油发动机为各自的液压系统提供动力，还配备了先进的无线电遥控和完备的安全监控系统。该机组作业时，通过对道岔组件的升降、横移、纵移及控制，完成对道岔的更换和铺设。以 1 台上位机和 1 台下位机为 1 组计算，2 组即可进行联合作业，可实现多达 12 个组的联合作业，可一次完成长达 80m 左右道岔的铺换任务。通过 2 个频段的设置还可以将整个机组分成 2 个小机组在同一地点同时施工而不互相干扰。

图 7-27　CPH 型道岔铺换机组

图 7-28　轨道作业检测车

8. 轨道作业检测车

轨道作业检测车是用来检测轨道的几何状态和不平顺状况，以便评价轨道几何状态的特种车辆，简称轨检车，如图 7-28 所示。轨检车由检测装置和数据处理系统两大部分组成。检测装置包括：惯性基准轨道不平顺测量装置、光点轨距测量装置和多功能振动测量装置等。数据处理系统包括：模数转换器、计算机、打印机等。

9. 综合检测车

综合检测列车是在运营动车组的基础上经过特殊设计、集成各种检测设备而成的一种专门用于基础设施状态检测的设备。综合检测的内容主要包括轨道几何尺寸、接触网、通信、信号、线路环境等基础设施状态，以及轮轨接触状态、车辆加速度等高速列车的动态性能。定期开展综合检测是保障高速列车运行安全的重要手段。我国较先进的高速综合检测列车 CRH380A-001、CRH380B-002 如图 7-29 和图 7-30 所示。

图 7-29　CRH380A-001 综合检测列车

图 7-30　CRH380B-002 综合检测列车

无缝线路是当今轨道结构的一项重要新技术，由于其消灭了大量的钢轨接头，因而具有行车平稳、旅客乘坐舒适、机车车辆和轨道的维修费用少、使用寿命长等一系列优点。规范要求允许速度为 120（不含）～160km/h 的线路应铺设跨区间或全区间无缝线路，允许速度大于 160km/h 的线路应铺设跨区间无缝线路。无缝线路养护维修的核心问题是锁定轨温，其与普通线路的养护主要区别在于作业的轨温条件。

小结及学习指导

本章介绍了铁路轨道结构修理与管理的相关基本知识，着重叙述了铁路轨道检测与质量评定、养护维修技术、修理机械等内容，并结合高速铁路的轨道状态评价与管理技术标准，对高速铁路的修理特点进行了介绍。

通过本章的学习，要求了解轨道结构维修管理的原则和组织方法，掌握轨道质量检测和质量评定原则、无缝线路维修方法，了解一般线路修理机械。

思考题与习题

7-1　线路设备修理原则是什么？

7-2　铁路轨道静态与动态不平顺检测手段与质量评定方法是什么？

7-3　什么是轨道质量指数 TQI？其实质是什么？

7-4　什么是线路大修？其有哪些内容？

7-5　什么是线路维修？其有哪些内容？

7-6　什么是无缝线路应力放散和应力调整？

7-7　无缝线路应力放散的方法有哪些？如何进行应力放散计算？

7-8　胀轨跑道原因及其防止措施有哪些？

7-9　结合无缝线路的有关理论，阐述无缝线路养护维修的特点。

7-10　查阅资料，阐述目前国内外线路检测的方法和发展方向。

7-11　查阅资料，阐述目前国内外线路修理使用的大型机械类型、用途和特点。

7-12　查阅资料，阐述目前铁路工务信息管理的特点和发展方向。

第8章 城市轨道交通轨道结构

本章知识点

【知识点】 城市轨道交通的轨道结构，常用部件：钢轨、扣件（减震扣件）、轨枕；地铁无砟轨道常见类型以及特征，轨道结构不同部位的减振措施；其他城市轨道交通结构：有轨电车、直线电机、单轨以及磁悬浮轨道结构的工作原理及特点。

【重　点】 城市轨道交通结构部件的结构和病害；常见轨道结构类型、城市轨道交通的减振降噪措施。

【难　点】 掌握城市轨道交通部件结构与病害的特点，掌握减振降噪措施。

城市轨道交通包括地铁、轻轨、有轨电车、直线电机、跨坐式或悬挂式独轨以及磁悬浮等形式。目前地铁这一形式在我国各大城市轨道交通中普遍采用。本章主要介绍地铁轨道结构，并对其他轨道结构做简单介绍。

地铁的轨道结构包括有砟轨道和无砟轨道。有砟轨道一般在土质路基上采用，容易施工，减振降噪性能好，造价低，但轨道建筑高度较高，道床维修量相对较大。无砟轨道建筑高度较小，减少了隧道开挖断面和桥梁恒载，降低了梁的刚度和造价，维修量少，但对桥梁徐变和桥墩的不均匀沉降提出更高的要求。无砟轨道一般用在隧道内和高架桥上，由于其优越性，目前路基段也较多采用。无砟轨道结构形式较多，包括普通的混凝土整体道床和诸多减振轨道，无砟轨道对扣件的调整量、横向阻力、绝缘性能和刚度强度要求较高。

城市轨道交通对轨道结构的减振降噪性能要求较高，应根据环境的不同要求，采用不同减振级别的轨道结构。无砟轨道一般在钢轨、扣件、轨枕或道床上采取相应的减振降噪措施。此外地上线的轨道结构还应具备美化景观的功能。

8.1　城市轨道结构的部件

8.1.1　钢轨的结构与减振

我国城市轨道交通使用的钢轨与一般铁路相似。目前从增加使用寿命、

减少杂散电流及减振降噪的角度考虑，大多数正线采用 60kg/m 钢轨，材质主要是 U71Mn、U75V 等。地铁和轻轨基本使用工字型断面钢轨，有轨电车与城市道路共享路权地段一般选用槽型断面钢轨。槽型断面钢轨有轮缘槽，保证了轨道与道路路面的衔接，并起到保护轮轨的作用，防止脱轨，减小钢轨磨耗，改善机动车的行车条件。槽型断面钢轨在国外有轨电车线路中被大量采用（图 8-1）。

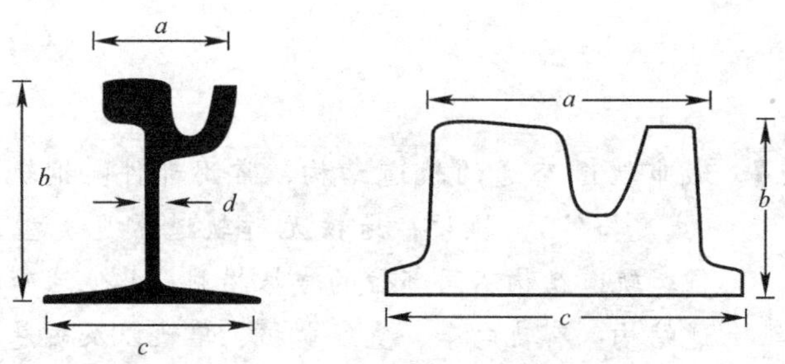

图 8-1　有轨电车槽型断面钢轨

地铁中由于潮湿，钢轨及零配件易发生锈蚀，故应注意钢轨的耐腐蚀性。城市轨道交通一般采用第三轨供电或架空线供电，走行轨作为供电回路。为减小杂散电流，要求钢轨与基础之间有较高的绝缘电阻。

城市轨道钢轨易出现的病害是小半径曲线钢轨侧磨、波磨、钢轨表面伤损、内部核伤及裂纹等。小半径曲线钢轨侧磨较为严重，应考虑钢轨的耐磨性，并及时安装涂油装置。钢轨是电力牵引系统的负回流电路，应具备较大的断面，以减小阻抗，减小迷流，降低能耗和运营成本。由于运营速度和车型单一，40%的城市轨道容易出现钢轨波磨病害（图 8-2）。目前城市轨道出现波磨较多的是轨道减振地段，如减振扣件、弹性短枕、梯形轨枕以及浮置板轨道等都出现过不同程度的钢轨波磨，且波磨形态不同，曲线地段比直线地段严重，尤其是曲线内轨钢轨波磨较为严重。目前解决波磨最有效的方法是进行钢轨打磨。

钢轨是城市轨道的主要振源和噪声源。钢轨和轨下减振主要控制钢轨本身振动及其辐射噪声，并控制振动能量向下部轨道结构的传递。目前控制钢轨振动的措施主要包括钢轨重型化和无缝化、在钢轨上安装动力吸振器、采用埋入式钢轨和钢轨维修。

重型钢轨在受列车冲击时振动相对较小，随着钢轨重量的增加，钢轨的垂向刚度增大，因而采用重型钢轨可有效抑制钢轨的垂向振动。资料表明，车辆在 60kg/m 钢轨上运行产生的轮轨振动较 50kg/m 钢轨降低 10%。采用无缝线路可大大减少钢轨接头，提高轨道的平顺性，降低轮轨噪声约 10dB(A)。

钢轨吸振器的种类很多（图 8-3），包括单点装钢轨吸振器、长条状钢轨吸振器以及迷宫式约束阻尼钢轨吸振器等，主要控制钢轨本身的振动或噪声。单点装钢轨吸振器有主要控制与轨枕间距和钢轨类型有关的 Pinned-Pinned 振动的，也有控制几百赫兹（一般 400Hz）以上振动的；长条状钢轨吸振器的

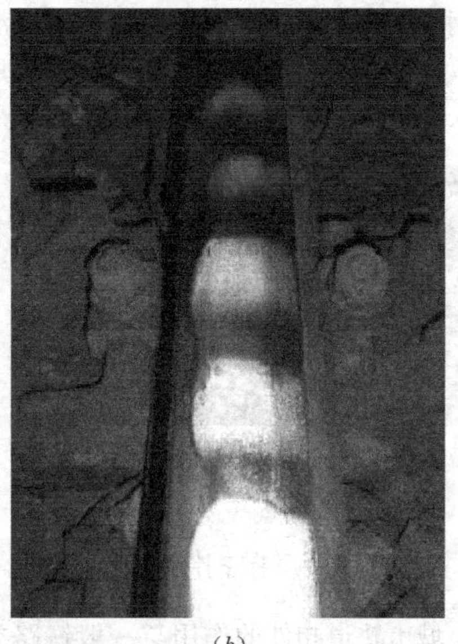

（a）（b）

图 8-2　城市轨道钢轨波磨

（a）有轨电车钢轨波磨；（b）地铁钢轨波磨

约束阻尼结构平行于钢轨结构表面，有效工作面积受钢轨可用表面积制约；迷宫式约束阻尼钢轨吸振器在约束阻尼板上设置了相互交错的翅片，构成蜿蜒曲折的迷宫式阻尼腔室，腔室内设置阻尼材料。

在地铁运营中，如发现某些线路钢轨振动或噪声异常大，或出现与钢轨波磨相关的异常振动情况，在研究确定振动与噪声产生的机理和频率特性后，必要时可以选择加装相应的钢轨吸振器，由于其机理复杂，一定注意根据具体测试情况选择，否则达不到减振降噪的效果。

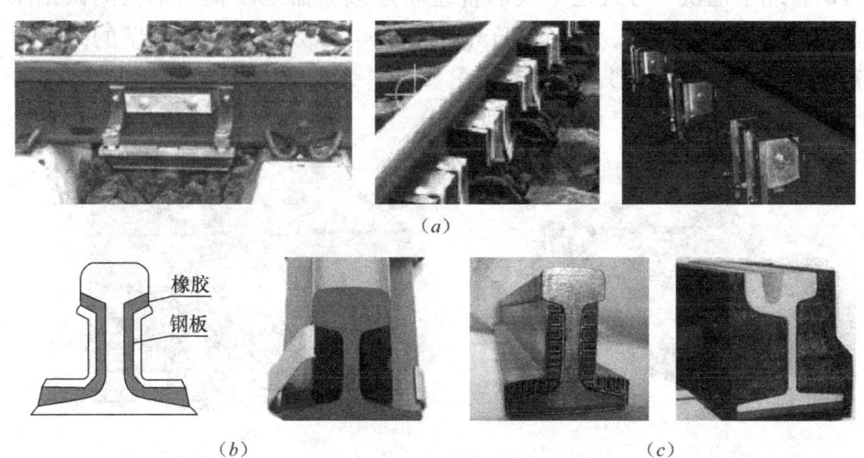

（a）

（b）（c）

图 8-3　各类钢轨吸振器

（a）各类单点装钢轨吸振器；（b）长条状钢轨吸振器；（c）迷宫式约束阻尼钢轨吸振器

若钢轨存在初始不平顺，或存在波磨、剥离和焊缝不良等病害，会加剧轮轨系统的振动和噪声，引起轨道、车辆的剧烈振动并产生二次辐射噪声。

对钢轨进行打磨、全面摩擦管理和涂油等维修管理是降低轮轨振动和噪声的有效措施。南京地铁在对钢轨波磨打磨后，振动明显降低，弹条折断的数量比未打磨前减少。轮轨全面摩擦管理是通过在轮轨界面喷涂薄膜状摩擦调节剂和润滑剂，以抑制波磨的形成和增长，有时会降低轮轨踏面噪声 10dB(A)。

图 8-4　钢轨顶面摩擦管理

日本大江户地铁线在一些曲线地段产生了钢轨波磨，为降低噪声，使用钢轨打磨车进行非对称钢轨踏面打磨，在小半径曲线内轨顶面处安装钢轨摩擦控制装置（图 8-4）。

8.1.2　扣件及减振扣件

城市轨道扣件的作用与一般铁路类似，目前我国城市轨道扣件的种类较多，应根据轨道交通高架线和地下线的不同特点分别选择不同种类的扣件。桥上无砟轨道有专用的小阻力、大调高量扣件，适合桥上无缝线路。城市轨道扣件是控制钢轨振动向下传递的关键环节，具有一定的弹性，目的是降低轨下结构及其基础的振动。目前地铁使用的减振扣件包括：轨道减振器扣件、Lord 粘结垫板减振扣件、双层弹性非线性减振扣件以及 Vangard 先锋扣件等。

（1）轨道减振器扣件

轨道减振器扣件（图 8-5）分为剪切型和压缩型。剪切型减振器扣件是将承轨板、底座与橡胶硫化为整体，利用橡胶的剪切变形耗散能量以达到减振的目的。北京地铁 5 号线地下线的Ⅲ型轨道减振器地段轨道结构测试结果显示，该扣件在 1～80Hz、1～200Hz、1～1000Hz 频段内对隧道壁的减振效果分别为 3～4dB、3～9dB、3～10dB。

(*a*)

(*b*)

图 8-5　轨道减振器扣件

(*a*) 德国的“科隆蛋”型弹性扣件；(*b*) 国内减振器扣件

轨道减振器扣件是在德国“科隆蛋”扣件的基础上改进的，国内多条地铁线路中都采用了轨道减振器扣件，如有应用于隧道的Ⅲ型减振器扣件，有应用于高架线的Ⅳ型减振器扣件。轨道减振器的扣件节点高度较高（约87mm）。目前，一些线路上使用的产品参数与转向架和轮对不匹配，使轮轨之间形成共振峰，导致钢轨异常波磨。北京地铁近几年开通的线路和北美地铁中应用轨道减振器扣件的线路均出现异常钢轨波磨现象。广州地铁1号线曾经因为轨道减振器橡胶圈的剪切变形较大、横向刚度较低，运营后减振性能下降、使用寿命较短，将线路中的减振器扣件全部更换。从目前减振器使用情况看，减振效果参差不齐，选择时应慎重。

（2）Lord扣件

Lord扣件（图8-6）是将承轨板、橡胶和底板硫化为整体，利用橡胶的压缩变形达到减振目的，轨道测试表明其减振效果为5～6dB。其道床垂直振动加速度插入损失为6.2dB，隧道墙壁垂直振动加速度插入损失为6.0dB。Lord扣件的结构高度比轨道减振器低40mm；抗疲劳强度高，使用寿命长，具有较高的绝缘性能和抗腐蚀性能；养护维修方便，具有良好的轨距保持能力和轨面调整能力。

图8-6　Lord扣件

（3）双层弹性非线性减振扣件

双层弹性非线性减振扣件（图8-7）采用分离式结构设计，由轨下胶垫、上层铁垫板、中层橡胶垫板、下层铁垫板和自锁机构等组成，利用两层橡胶垫板的压缩变形实现减振功能。该扣件在国内使用的类型有：GJ-Ⅲ型扣件、上海地铁Z系列减振扣件。已应用的弹性非线性减振扣件减振效果约6～8dB。根据中国铁道科学研究院的减振性能试验报告，双层非线性扣件在80～630Hz频带的减振效果为2.3～15.7dB，频率315Hz处减振量最大。广州地铁公司对GJ-III型扣件进行落锤试验得出其减振量为10dB。

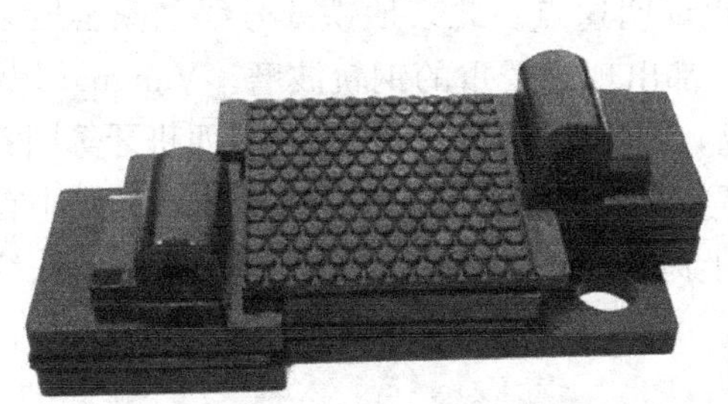

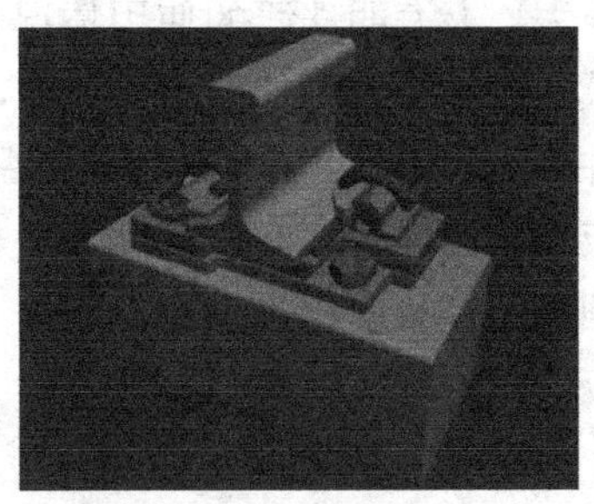

图8-7　双层弹性非线性减振扣件

该扣件节点结构比一般扣件高20mm，有利于在狭小的隧道空间内应用。目前该类扣件已在北京地铁、上海地铁、广州地铁、成都地铁等工程中应用。

(4) Vanguard 先锋扣件

Vanguard 先锋扣件（图 8-8）是一种低刚度弹性扣件，通过弹性支撑块扣紧钢轨两侧轨腰和轨头结合部位的特殊结构设计，使钢轨悬浮于轨下基础上，该扣件系统可提供很低的竖向刚度（7～10kN/mm），从而达到显著的隔振效果。

图 8-8　Vanguard 先锋扣件

广州地铁 1 号线 Vanguard 扣件试验段的测试结果表明，先锋扣件相对单趾弹簧扣件系统在道床上的垂直振动加速度插入损失为 15.6dB，在隧道壁垂直振动加速度插入损失为 15.5dB，横向为 16.3dB。对北京地铁 5 号线的测试结果分析得出，Vanguard 扣件的工作频率在 30Hz 左右，最大减振量达到 40dB。

Vanguard 先锋扣件具有良好的轨距和高低调整能力，能很好地满足轨道几何状态的调整。由于 Vanguard 先锋扣件的扣件结构高度为 37mm，与一般减振地段扣件相当，因此采用 Vanguard 先锋扣件的轨道结构高度与一般扣件整体道床相同。Vanguard 先锋扣件适合于减振要求较高且其他减振措施施工难度较大的地段及将来运营需要更换减振措施的地段。该类扣件施工与维修进度快，仅扣件需要安装工具。

但目前 Vanguard 扣件的一些使用情况表明，其引起的轮轨振动大、辐射噪声大，个别地段产生钢轨波磨。欧洲最新的研究指出该扣件的缺点是轮轨噪声大，上海明珠线的使用情况也证明这点。北京地铁 5 号线刘家窑段以及伦敦地铁应用该扣件的一些地段，都出现过严重的钢轨波磨。Vanguard 先锋扣件为英国 Pandrol 公司专利产品，在英国、美国、意大利、西班牙等国家都有应用。国内最先在广州地铁 1 号线进行试验，并在广州地铁 3 号线中首次得到应用，目前已在北京地铁、上海地铁、广州地铁、香港的多条地铁线路中应用。

8.2　轨枕和道床的结构与减振

地铁轨道结构的有砟轨道结构构造与一般铁路相似，这里重点介绍几种无砟减振轨道结构。

8.2.1 弹性短轨枕和弹性长轨枕道床

目前地铁轨道在枕下采用的减振措施包括：弹性长、短轨枕道床和梯形枕道床等。

（1）弹性短轨枕道床

弹性短轨枕（图 8-9）通过在轨枕下部及周围设橡胶靴套，在轨枕底和橡胶靴套间设橡胶垫层，提供轨道的纵、横向弹性，以此达到降低振动传递的目的。此种轨道结构的减振效果可达 9dB，理想的减振效果可达 10～12dB，在 40～50Hz 频段内的振动衰减为 6～8dB。现场振动测试表明，这种轨道减振效果可达 8～12dB。根据落轴冲击动力计算得到弹性支承块轨道减振效果为 4～8dB。

图 8-9 弹性短轨枕和弹性短轨枕轨道

弹性短轨枕道床的不足之处在于对施工质量要求很高，弹性垫板检查和更换较为困难以及施工时需要二次浇筑。在一些小半径地段也存在不同程度的钢轨波磨现象。

弹性短轨枕是由瑞士发明，并在其地铁首次采用，现在已经被广泛使用，包括美国（华盛顿、巴尔的摩、亚特兰大和费城等）、德国、法国、意大利和日本等国家。我国一些地铁的高等级减振地段也铺设了这种形式的轨道。

（2）弹性长轨枕道床

弹性长轨枕（图 8-10）与弹性短轨枕类似，在轨枕底部设置刚度较低的弹性垫层，并通过弹性隔离层（“套靴”）将弹性垫层及长轨枕与道床隔离，使长轨枕在列车通过时，结构垂向能被压缩一定的行程，从而实现减振。通过对北京地铁机场线 T3 航站楼铺设的弹性长轨枕道床进行落轴试验，得出弹性长轨枕道床边缘处的扣件支承断面及钢轨跨中断面的减振效果分别为 0.4～13.4、3～

图 8-10 弹性长轨枕

11.6dB，其中在小于 160Hz 及大于 400Hz 频带的减振效果较为明显。

弹性长轨枕比弹性短枕稳定性好，且弹性垫板容易更换。不足之处在于轨枕之间的沟槽影响疏散。

8.2.2　梯形枕轨道结构

弹性梯形枕轨道（图 8-11）是通过在预应力纵向长梁下设置弹性聚氨酯高弹垫层，使其浮于混凝土基础之上，或将梯形轨枕埋于道砟之中以达到减振效果。

图 8-11　有砟和无砟梯形枕轨道

弹性梯形枕道床系统固有频率在 25～30Hz，一些研究认为梯形枕轨道在人体能感觉到的频率范围（60～2000Hz）的减振效果较好，其中在 500Hz 频域附近，振动噪声降低高达 30dB。与橡胶浮置板相比，由于其减轻了参振质量，减振效果稍低于浮置板，但是与弹性短枕相比，减振效果略优，试验测试其减振可达 15～18dB，并可以降低结构噪声。北京交通大学地下轨道试验室对弹性梯形轨枕道床进行简谐激励试验得出，轨道支座的 Z 振级降低了 21dB，隧道壁的 Z 振级降低了 16dB。

弹性梯形枕道床具有自重轻、低振动、更换维修支承垫方便、弹性垫使用寿命长、稳定性好等特点。但是列车通过时梯形轨枕本身振动大，其辐射的中低频噪声也大；部分使用弹性梯形轨枕道床的地段，尤其是小半径曲线地段出现了钢轨异常波磨，如北京地铁 4 号线新街口段。

目前，日本、美国以及国内北京、上海、广州、深圳等城市的轨道交通线路中已应用弹性梯形枕道床。另外，目前国内相关产品已经做了改进，其使用性能有待进一步验证。

8.2.3　浮置板轨道结构

道床下减振是通过弹性体把轨道结构上部建筑与基础完全隔离，建立“质量—弹簧”系统，利用整个道床在弹性体上的惯性运动来隔离和衰减列车运行产生的振动。根据道床下弹性体的不同，目前主要有橡胶隔振垫减振道床、橡胶支座浮置板道床和钢弹簧浮置板道床。

(1) 橡胶隔振垫减振道床

橡胶隔振垫减振道床（图 8-12）系统的一阶垂向自振频率一般在 8～

14Hz左右，其隔振效果在20dB左右。实测其降低振动可达20dB以上，根据国内已通车运营线路的测试数据和相应线路的环境保护验收结果，其可降低隧道壁处振动，对应于1～200Hz（不计权）的振动降低值为7～10dB。

图 8-12　橡胶隔振垫减振道床

橡胶隔振垫减振道床构造简单，施工速度快，施工误差小，隧道仰拱（基底）和道床受力均匀，支承面积大，可以很好地抵抗轨道纵向力和横向力，缺点是橡胶材料用量大，易老化，弹性垫层更换困难，可维修性差，对施工过程中的杂物清理及积水清理要求很高。

橡胶隔振垫减振道床目前已在瑞士、法国、西班牙、意大利、罗马、德国、法国、比利时和奥地利等国家的城市轨道线路中采用，国内在香港、北京、广州、深圳、郑州等地城市轨道线路中也有采用。

（2）橡胶支座浮置板道床

橡胶支座浮置板道床（图8-13）是将预制的钢筋混凝土板置于天然橡胶支座上，通过橡胶支座的弹性变形来隔离和缓冲列车运行带来的振动。广州地铁1、2号线铺设的橡胶支座浮置板道床在侧向及纵向也分别设置隔振橡胶垫，其垂向一阶自振频率为14Hz左右，减振效果约16dB。

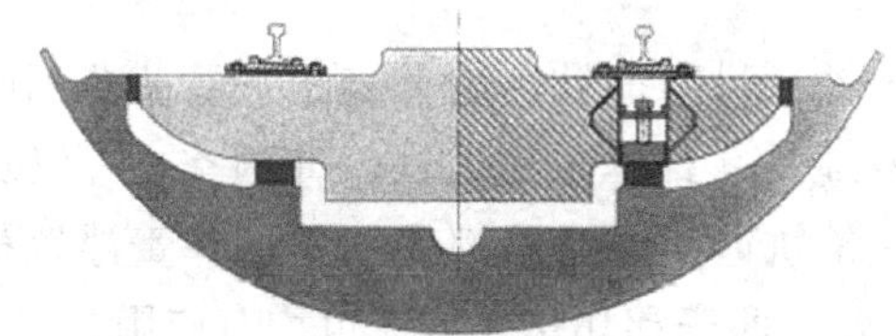

图 8-13　橡胶支座浮置板道床

橡胶支座浮置板轨道抵抗轨道纵向力和横向力的能力差，为了限制变形，必须使剪切模量、弹性模量、垫板厚度、垫板大小十分匹配。如果设计合理，轨道结构的固有频率低，减振效果较好。橡胶支座浮置板轨道施工难度大，若采取凹槽对橡胶垫板进行定位，能有效地提高浮置板的稳定性。但从广州地铁使用来看，它还存在施工工艺、施工精度控制和橡胶支座维修更换、道床排水等问题。

德国的波恩、汉堡、慕尼黑、纽伦堡，美国的亚特兰大、加拿大的多伦多、新加坡，我国香港和广州地铁中均应用了橡胶支座浮置板道床。

（3）钢弹簧浮置板道床

钢弹簧浮置板道床（图8-14）结构将轨道固定在钢筋混凝土质量平台上，

平台再放在由弹簧组成的隔振器上。质量平台可提供足够的惯性质量来抵消车辆产生的动荷载，只有静载和少量残余动荷载通过弹簧传递到基础结构。

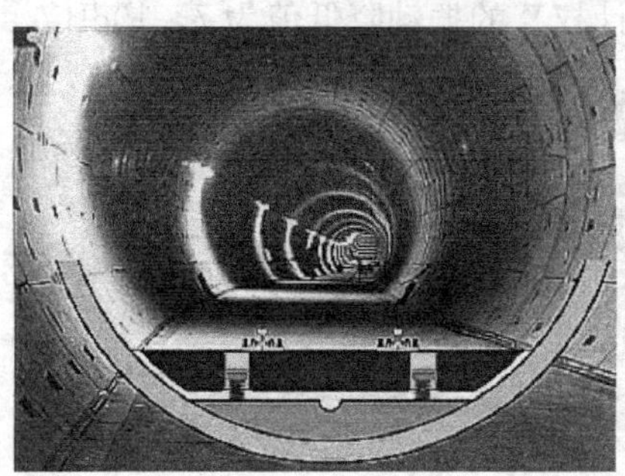

图 8-14 钢弹簧浮置板道床

一般钢弹簧浮置板系统的一阶固有频率可达 5～8Hz，减振效果一般在12～20dB。同济大学通过实测得出，钢弹簧浮置板轨道结构对 8Hz 以上频段的竖向振动有明显的衰减，与普通轨道相比，分频振级最大可减少 30dB以上。

钢弹簧浮置板的减振性能是目前所有减振形式中最优的，适用于线路从敏感建筑物下面或附近通过的情况，尤其对建筑隔振要求较高的场合，如住宅、音乐厅、医院、学校和宾馆等场所。

钢弹簧浮置板轨道的浮置板可采用现场浇筑或预制，施工精度要求较高，维修更换方便，无需动用大型设备，夜间即可更换钢弹簧隔振阻尼器，不影响行车。但应注意与一般道床排水沟衔接过渡等问题。一般列车经过浮置板轨道结构的时候，会发出巨大的“隆隆”的低频噪声，影响乘客乘坐地铁的舒适度。

钢弹簧浮置板轨道在德国柏林地铁、科隆地铁、法兰克福—曼茵茨国际机场楼顶快速客运系统、巴西圣保罗地铁、日本东京地铁、韩国釜山—汉城高速铁路都有应用。国内北京地铁多条轨道交通线路都应用了钢弹簧浮置板整体道床，在深圳、上海、南京、广州、西安和郑州等地铁也均有应用。

8.3 其他城市轨道交通轨道结构

下面将我国应用的其他城市轨道交通轨道结构作简单介绍，其主要包括：有轨电车、直线电机、跨座式独轨及磁悬浮轨道交通的轨道结构。

8.3.1 有轨电车轨道结构

有轨电车轨道结构包括胶轮导轨式和钢轮钢轨式轨道结构。胶轮导轨式轨道结构由导轨和行车道组成，车辆走行系统为橡胶轮胎，起承重作用，导向轮由导轨引导运行（图 8-15）。导轨为铺设于路面中的焊接无缝线路结构。这种胶轮导轨式走行和轨道结构系统的特点是振动噪声非常小，可适应坡度大、半径小的地形。目前在天津和上海的有轨电车使用了新型胶轮导轨式有轨电车系统。

图 8-15　胶轮导轨式走行和轨道结构系统

钢轮钢轨式有轨电车轨道结构使用较为普遍，与传统轨道结构类似，分为有砟轨道和无砟轨道结构。有砟轨道结构与传统的有砟轨道基本一样，造价低、减振降噪效果较好，养护维修方便，一般用在不共享路权的郊区等较为空阔地带（图 8-16）。

图 8-16　有轨电车有砟轨道结构

现代有轨电车无砟轨道结构在市区多采用埋入式轨道结构（图 8-17）。埋入式轨道结构在道路铺面之下，钢轨顶面与道路路面齐平，可以满足与路面交通共享路权的要求。埋入式轨道结构钢轨的固定方式分为有扣件和无扣件两种。

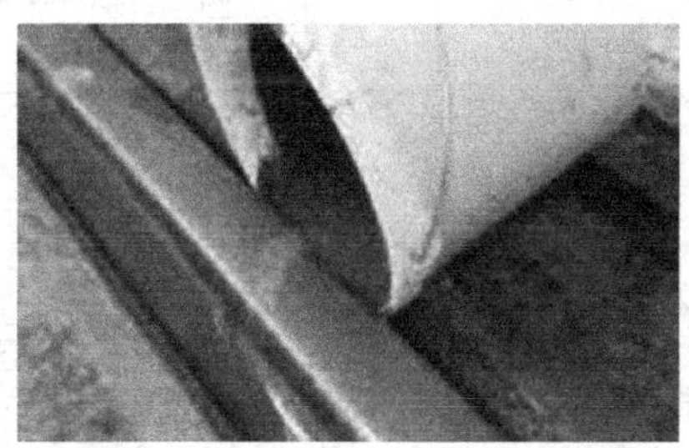

图 8-17　有轨电车无砟轨道结构（钢轨埋入式）

“绿色轨道”结构（图 8-18）是城市有轨电车地面线的最优选择。该轨道结构表面覆盖草坪，有利于减少空气噪声和结构噪声，使轨道与城市融为一体，轨道周边绿色草地明显改善了城市环境。

8.3.2　直线电机轨道结构

直线电机轨道交通采用直线感应电机作为车辆驱动技术，其感应板设置在轨道结构中心线处（图 8-19）。

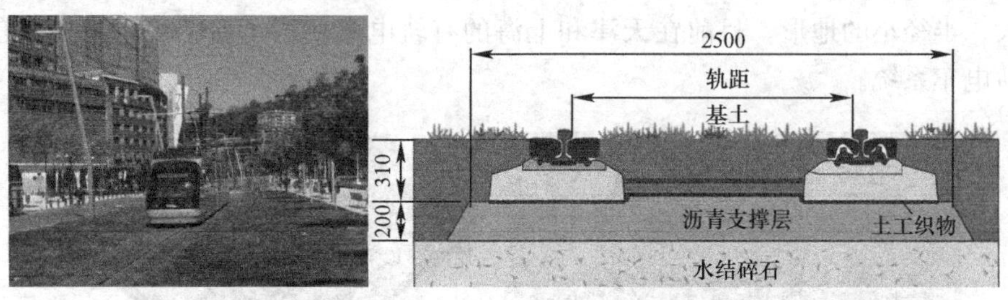

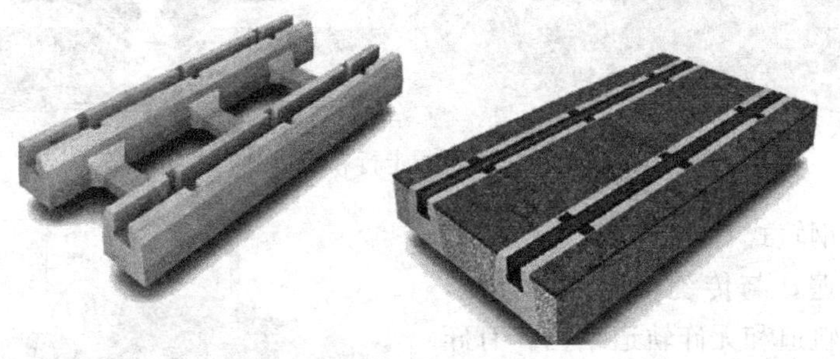

图 8-18　有轨电车绿色轨道结构（单位：mm）

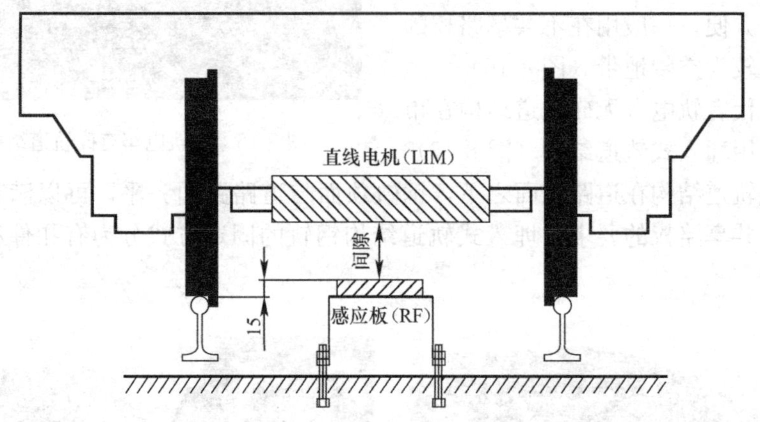

图 8-19　直线电机轨道示意图

直线电机轨道是一种将电能直接转换成直线运动机械能的轨道结构，可以看成是一台旋转电机按径向剖开，并展成平面而成（图 8-20）。当初级绕组通入交流电源时，便在气隙中产生行波磁场，次级在行波磁场切割下，感应出电动势并产生电流，该电流与气隙中的磁场相作用就产生电磁推力。如果初级固定，则次级在推力作用下做直线运动；反之，则初级做直线运动。

在直线电机轨道上电流通过定子电磁铁线圈时，会产生向前方向的磁场，通过与轨道感应板的相互作用产生牵引力。列车靠车轮支承在轨道上，由于感应板固定在轨道上，反作用力推动定子，带动转向架和列车向前运行。

直线电机轨道交通轨道结构主要以无砟轨道结构为主，仅在地面车场线有少量的有砟轨道结构。直线电机无砟轨道结构有弹性长枕式（如北京首都机场线，图 8-21）和预制板式道床结构等形式。

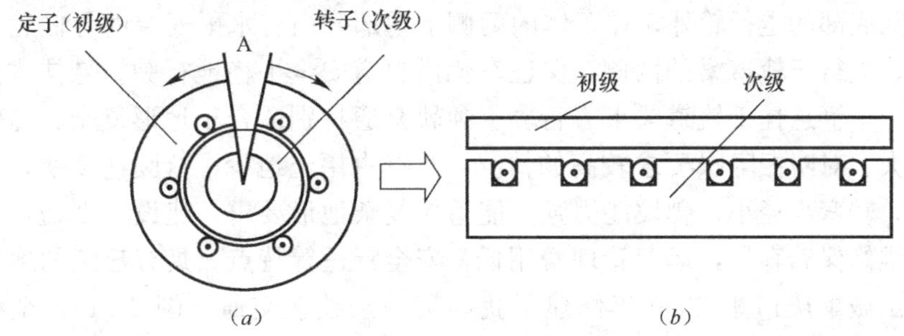

图 8-20 直线电机原理
(a) 沿径向剖开；(b) 把圆周展成直线

感应板与钢轨、轨枕（或道床）以及三轨的尺寸链关系至关重要。车载直线电机本体与在轨道结构上的感应板存在着一定的相互作用，牵引力的作用点在轨道中心，而不是在走行轨上。除了感应板与电机之间作用力及气隙的要求会对轨道结构的形式、设计参数等有一定的影响以外，轨道结构的性能也会对直线电机正常安全的使用产生重要的影响，轨道结构的形式、设计参数、设计方法及安装工艺、养护维修水平等将成为影响该系统能否正常使用的关键。

图 8-21 首都机场线直线电机轨道结构

由于直线电机车辆为小半径车辆，采用径向转向架，道岔可采用小号码道岔，感应板在岔心断开，车辆可依靠惯性前进。

8.3.3 独轨（单轨）系统的轨道结构

独轨交通又称为单轨交通，指车辆在一根轨道上运行的城市轨道交通系统。按车辆跨坐于其上或悬挂于其下行驶分为跨座式独轨（图 8-22）和悬挂式独轨（图 8-23）两种类型。跨座式独轨系统，车辆骑行于轨道梁的上方，

图 8-22 跨座式独轨交通（莫斯科）

图 8-23 悬挂式独轨（德国伍珀塔尔）

车辆除底部的走行轮外，在车体的两侧下垂部分尚有水平安装的导向轮和稳定轮，夹行于轨道梁的两侧，保证车辆沿轨道安全平稳地行驶。悬挂式独轨交通，车辆悬挂于轨道梁下方行驶。独轨交通特别适合于地形复杂、高低起伏较大、对防振降噪要求较高的情况，具有占用土地少，行驶速度快，运量较大，转弯半径小，爬坡能力强，能适应复杂地形要求，建设工期短，造价低，维修保养容易，运营管理费用低，安全舒适等特点。具有丘陵的地理特点的山城重庆市于2000年修建了我国第一条独轨交通（图8-24），全线长17.54km，共设17座车站，于2004年1月完成。全线建成后的客运能力可达到高峰小时运送3万人次。重庆轻轨交通线是我国自行设计、施工的第一条跨座式单轨交通线，分左右线双向行驶，高架轨道梁桥贯穿全线，占总长的83.2%，走行轮距1500mm，轴重11t，最大运行速度75km/h，最大坡度60%，最小半径50m。

跨座式独轨系统不同于一般以轮对（双轨）为支承和导向的轨道交通系统，轨道结构具有独特的构造形式（图8-25），由轨道梁、支柱和基础3大部分组成。

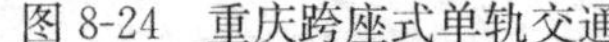
图8-24　重庆跨座式单轨交通

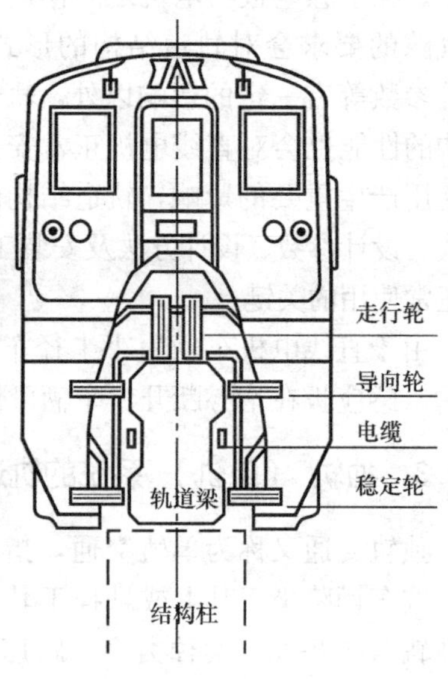

图8-25　独轨导向轮导向系统

悬挂式独轨轨道梁由一定跨距的钢支柱或钢筋混凝土支柱架在空中，车辆悬挂在轨道梁下运行。轨道梁跨距在直线上约为30～50m，在曲线地段为25m。

轨道梁的设计必须要确保轨道的整体线形要求以及较高的结构强度、刚度、竖向挠度、横向抗扭转变形要求。跨座式独轨轨道梁一般为预应力钢筋混凝土结构，跨距通常为20m，跨中标准断面850mm×1500mm（宽×高）（图8-26）。在跨度较大地段采用钢梁和组合梁。两片轨道梁之间的梁缝宽度为30mm，梁缝中心至支座中心的距离为400mm。轨道梁在两侧中部设有刚性滑触式导电轨，在梁内两顶角处设有信号系统ARP/TD感应环线，梁体底部设有供电、通信、信号系统电缆托架，梁下托架在桥墩处设支架绕过支座。

轨道梁在支承车体和车辆运行的同时，也是供电、信号和通信系统等设备的载体，还要考虑牵引供变电、接触网、通信信号控制、避雷器、自动监控、综合接地等电气设施装置的要求，同时要考虑敷设于轨道梁体上的电缆、内部管道等附属物的接口安装和维护条件，以及支座、伸缩缝等的安装。为保证行车的安全和舒适性，梁体的制作和施工安装的质量及精度要求很高。在制造和架设施工过程按线路的平、纵、竖曲线及横向设计要求形成轨道线形。由于线路纵坡、平面曲线、竖曲线、横向曲线超高的影响，几乎每一片轨道梁的线形都不相同。为保证轨道梁的整体线形高精度要求和确保 PC 轨道梁的质量，除车辆段基地现浇 RC 梁外，轨道梁一般为工厂预制，采用能适应各种平、竖曲线的可调活动模板制梁，并经过严格的养护和质量管理。

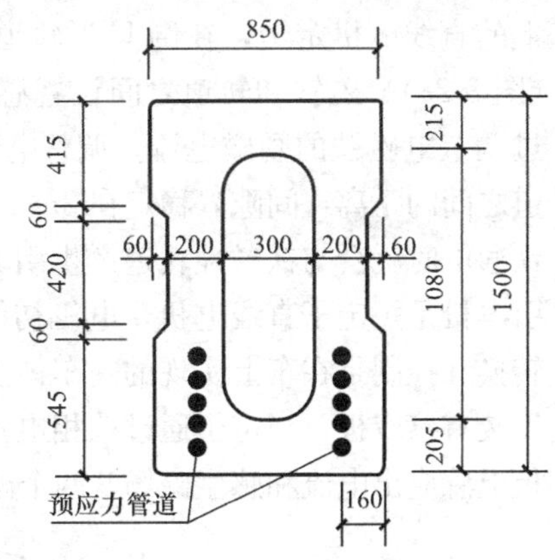

图 8-26　跨中的标准断面尺寸（单位：mm）

跨坐式独轨交通道岔按其结构和线形可分为关节型道岔和关节可挠型道岔。独轨道岔是由道岔梁等机械装置、驱动装置和控制装置等多个子系统组成的集合体，精度要求高，安装较特殊；其可靠性、安全性和复合性要求严格，是技术密集型和机电一体化的典型产品。跨座式单轨道岔由道岔梁、指形接手组、十字形铰、尾轴装置等部件组成。道岔梁之间由可相互转动的指形接手组和可上下及横向转动的 T 形轴连接。指形接手组消除相邻道岔梁的间隙，十字形铰和尾轴可保证道岔回转时该部位产生转角变化，并牵动相关梁进行转位。单轨道岔的转辙驱动系统通过减速器带动摆臂绕减速器中心轴回转而实现道岔梁的横移。大阪独轨交通道岔如图 8-27 所示。

图 8-27　大阪独轨交通道岔

跨座式单轨道岔形体比较笨重，转换一次道岔的时间一般都需要 10s 以上，而且列车还须减速通过道岔，降低了列车平均运速，延长了折返时间，使增加行车密度受到了制约。独轨系统的行车间隔难以低于 2.5min。因此增加运量只能靠加大列车编组。比较而言，悬挂式单轨的道岔转换要比跨座式单轨简单。

8.3.4　磁悬浮轨道交通的轨道结构

一般城市轨道选用中低速磁悬浮列车，其工作原理为磁吸电磁式。中低速磁浮列车采用环抱轨道形式。列车轨道梁两侧为悬空的倒 U 形铁磁性轨道，轨道上铺设了铝质的反应极板。倒 U 形轨道上反应板的正上方是安装在车体

上的直线电机定子，在倒U形轨道的正下方是固定在车体上的悬浮导向磁铁（图8-28）。磁铁和轨道之间设置感应器，实时探测电磁铁与轨道的距离，通过调节电磁铁的励磁电流，调整电磁铁与轨道之间的引力，以保持电磁铁与轨道之间的距离（间隙）稳定在8mm左右，实现列车稳定悬浮。车体上的悬浮磁铁通电时就会与铁磁性轨道产生引力，使得车体向上抬起脱离轨道。列车的牵引电机是短定子直线电机，电机初级（定子）是安装在车体上的，牵引功率的转换和控制是在车上实现的。车体上安装直线电机的定子，其正下方的轨道上安装有感应板，当定子通过三相电流后产生一个移动的磁场，这个磁场在感应板上感应出电流和感生磁场，两个磁场相互作用就产生了推力。

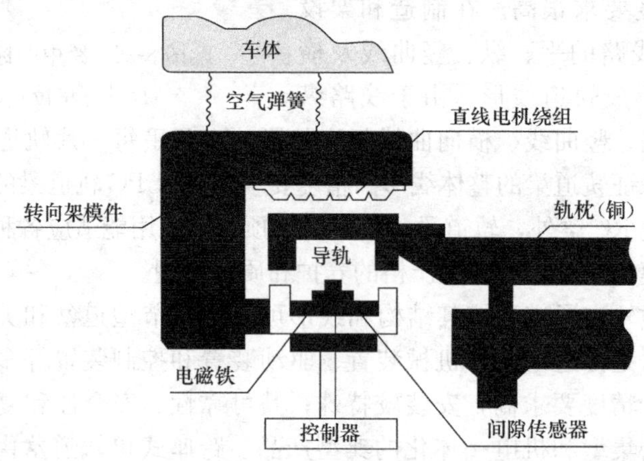

图8-28　磁浮列车悬浮结构示意图

轨道磁悬浮是列车悬浮、行驶和停放的设备，引导机车车辆运行，直接承受来自车辆的荷载，是行车的基础。轨道须坚固稳定，并具有正确的几何形位，以确保列车的安全运行。轨道是由导轨、感应板、轨枕、扣件、伸缩节、承轨台和道岔及附属设备组成。

世界第一条商业运营的高架磁悬浮专线位于上海，西起上海轨道交通2号线的龙阳路站，东至上海浦东国际机场，专线全长29.863km。上海磁悬浮专线是中德合作开发的世界第一条磁悬浮商运线，是世界第一条商业运营的高架磁悬浮专线（图8-29）。

图8-29　磁浮轨道

列车运行时悬浮于轨道之上，没有传统轮轨之间的摩擦，因而对轨道冲击小、振动与噪声低，列车爬坡能力强。磁浮列车系统主要由悬浮系统、推进系统和导向系统三大部分组成。

根据换线方式的不同，道岔可分为单开（左开、右开）道岔、对开道岔、多开道岔以及道岔组合（包括单渡线道岔组合、交叉渡线道岔组合）等形式。磁悬浮轨道支承梁刚度较大，因此道岔的设计和施工较为复杂。该道岔是多跨连续钢梁，长度与道岔侧向允许通过速度有关，侧向过岔速度小于等于200km/h时称为高速道岔，侧向过岔速度小于等于100km/h时称低速道岔，其长度分别为148.6m和78.4m。列车借助钢弯曲道岔换道。当道岔处于正线通过位置时，允许列车以其正常速度行驶通过。道岔可以铺在地面，也可以架设在空中。在停车场和维修保养区换道也可以通过一个轨道组件在移动平台上平行推移来进行。道岔由三部分组成，转辙时道岔钢梁在水平方向上整体移动。

小结及学习指导

本章主要介绍了城市轨道交通的轨道结构，首先介绍了城市轨道交通常用的部件，包括钢轨、扣件（减振扣件）、轨枕；其次从城市轨道交通要求减振降噪的特点出发，介绍了地铁无砟轨道常见类型以及轨道结构不同部位的减振措施；最后介绍了除地铁以外的其他城市轨道交通结构，包括有轨电车、直线电机、单轨以及磁悬浮轨道结构。

通过本章的学习，要求了解城市轨道交通系统的组成；掌握轨道主要组成部件的结构、病害、常见地铁轨道结构类型以及针对不同部位的减振降噪措施。

思考题与习题

8-1 城市轨道交通是如何分类的？传统意义上的城市轨道交通包括哪些类型？

8-2 不同城市轨道交通的特点是什么？

8-3 轨道主要由哪些部件组成？

8-4 简述轨道部件与大铁路的相同点与不同点。

8-5 简述城市轨道钢轨、轨枕的常见病害以及解决办法。

8-6 简述城市轨道交通扣件、轨枕的主要类型。

8-7 简述城市轨道交通常见的轨道结构及优缺点。

8-8 城市轨道结构减震降噪措施有哪些？

8-9 简述直线电机铁路的主要技术优势。

8-10 简述有轨电车的优缺点。

8-11 简述单轨轨道的优缺点。

8-12 简述磁悬浮轨道的优缺点。

参 考 文 献

[1] 李成辉. 轨道［M］. 成都：西南交通大学出版社，2005.

[2] 谷爱军. 铁路轨道［M］. 北京：中国铁道出版社，2005.

[3] 许实儒，童本浩. 铁路轨道基本理论［M］. 北京：中国铁道出版社，1997.

[4] 高速铁路桥上有砟轨道结构形式及参数的研究［R］. 北京：北京交通大学，2009.

[5] 卢耀荣. 无缝线路研究与应用［M］. 北京：中国铁道出版社，2004.

[6] 童大埙. 铁路轨道［M］. 北京：中国铁道出版社，1988.

[7] 郝瀛. 铁道工程［M］. 北京：中国铁道出版社，2001.

[8] 童大埙. 铁路轨道基本知识［M］. 北京：中国铁道出版社，1997.

[9] 中国铁路总公司运输局工务部. 铁路工务技术手册—轨道［M］. 北京：中国铁道出版社，2016.

[10] 张未. 跨区间无缝线路［M］. 北京：中国铁道出版社，2001.

[11] 广钟岩，高慧安. 铁路无缝线路（第四版）［M］. 北京：中国铁道出版社，2005.

[12] 王其昌，陆银根. 新型轨下基础应力分析［M］. 北京：中国铁道出版社，1987.

[13] 王午生，许玉德，郑其昌. 铁道与城市轨道交通工程［M］. 上海：同济大学出版社，2003.

[14] 范俊杰. 现代铁路轨道（第二版）［M］. 北京：中国铁道出版社，2004.

[15] 王其昌，韩启孟. 板式轨道设计与施工［M］. 成都：西南交通大学出版社，2002.

[16] 赵国堂. 高速铁路无碴轨道结构［M］. 北京：中国铁道出版社，2006.

[17] 翟婉明. 车辆—轨道耦合动力学（第二版）［M］. 北京：中国铁道出版社，2000.

[18] 中华人民共和国铁道部. 铁路线路修理规则［M］. 北京：中国铁道出版社，2006.

[19] 国家铁路局. 铁路轨道设计规范 TB 10082—2017［S］. 北京：中国铁道出版社，2017.

[20] 国家铁路局. 铁路线路设计规范 TB 10098—2017［S］. 北京：中国铁道出版社，2017.

[21] 中华人民共和国铁道部. 铁路线路修理规则条文说明［M］. 北京：中国铁道出版社，2008.

[22] 国家铁路局. 高速铁路设计规范 TB 10621—2014［S］. 北京：中国铁道出版社，2014.

[23] 中华人民共和国铁道部. 既有线提速 200km/h 行车组织［M］. 北京：中国铁道出版社，2006.

[24] 中华人民共和国铁道部. 客运专线铁路工程竣工验收动态检测指导意见［S］. 北京：中国铁道出版社，2008.

[25] 中华人民共和国铁道部. 既有线提速 200～250km/h 线桥设备维修规则条文说明［M］. 北京：中国铁道出版社，2008.

[26] 练松良. 轨道工程［M］. 上海：同济大学出版社，2006.

[27] 陈秀方，娄平. 轨道工程（第二版）［M］. 北京：中国建筑工业出版社，2017.

[28] Coenraad Esveld. Modern Railway Track［M］. MRT-Productions，Netherlands，2001.

［29］ 李明华．铁道工务［M］．北京：中国铁道出版社，2006．
［30］ 韩峰．铁道线路工程施工［M］．北京：中国铁道出版社，2007．
［31］ 卢祖文．客运专线铁路轨道［M］．北京：中国铁道出版社，2005．
［32］ 王其昌．高速铁路土木工程［M］．成都：西南交通大学出版社，2000．
［33］ 卢祖文．高速铁路钢轨材质选择［J］．中国铁路，2004．10：35～38．
［34］ 高亮，许有全，刘浪静．直线电机轮轨交通轨道［M］．北京：中国科学技术出版社，2010．

高等学校土木工程学科专业指导委员会规划教材
（按高等学校土木工程本科指导性专业规范编写）

征订号	书名	定价	作者	备注
V21081	高等学校土木工程本科指导性专业规范	21.00	高等学校土木工程学科专业指导委员会	
V20707	土木工程概论（赠送课件）	23.00	周新刚	专业基础课
V22994	土木工程制图（含习题集、赠送课件）	68.00	何培斌	专业基础课
V20628	土木工程测量（赠送课件）	45.00	王国辉	专业基础课
V21517	土木工程材料（赠送课件）	36.00	白宪臣	专业基础课
V20689	土木工程试验（含光盘）	32.00	宋　彧	专业基础课
V19954	理论力学（含光盘）	45.00	韦　林	专业基础课
V20630	材料力学（赠送课件）	35.00	曲淑英	专业基础课
V31273	结构力学（第二版）（赠送课件）	55.00	祁　皑	专业基础课
V20619	流体力学（赠送课件）	28.00	张维佳	专业基础课
V23002	土力学（赠送课件）	39.00	王成华	专业基础课
V22611	基础工程（赠送课件）	45.00	张四平	专业基础课
V22992	工程地质（赠送课件）	35.00	王桂林	专业基础课
V22183	工程荷载与可靠度设计原理（赠送课件）	28.00	白国良	专业基础课
V23001	混凝土结构基本原理（赠送课件）	45.00	朱彦鹏	专业基础课
V31689	钢结构基本原理（第二版）（赠送课件）	40.00	何若全	专业基础课
V20827	土木工程施工技术（赠送课件）	35.00	李慧民	专业基础课
V20666	土木工程施工组织（赠送课件）	25.00	赵　平	专业基础课
V20813	建设工程项目管理（赠送课件）	36.00	臧秀平	专业基础课
V21249	建设工程法规（赠送课件）	36.00	李永福	专业基础课
V20814	建设工程经济（赠送课件）	30.00	刘亚臣	专业基础课
V26097	铁路车站	48.00	魏庆朝	铁道工程专业方向适用
V27950	线路设计	42.00	易思蓉	铁道工程专业方向适用
V27598	路基工程	38.00	刘建坤　岳祖润	铁道工程专业方向适用
V30798	隧道工程	42.00	宋玉香　刘　勇	铁道工程专业方向适用
V31846	轨道结构	44.00	高　亮	铁道工程专业方向适用

注：本套教材均被评为《住房城乡建设部土建类学科专业“十三五”规划教材》。